权威·前沿·原创

皮书系列为

“十二五”“十三五”“十四五”时期国家重点出版物出版专项规划项目

BLUE BOOK

智库成果出版与传播平台

北京蓝皮书
BLUE BOOK OF BEIJING

北京文化发展报告（2022~2023）

ANNUAL REPORT ON CULTURAL DEVELOPMENT OF BEIJING (2022-2023)

北京市社会科学院
主　编／祁述裕
执行副主编／黄仲山
副主编／景俊美　王淑娇　陈　镭

社会科学文献出版社
SOCIAL SCIENCES ACADEMIC PRESS (CHINA)

图书在版编目（CIP）数据

北京文化发展报告．2022-2023／祁述裕主编．--
北京：社会科学文献出版社，2023.7
（北京蓝皮书）
ISBN 978-7-5228-2063-7

Ⅰ．①北… Ⅱ．①祁… Ⅲ．①文化发展-研究报告-
北京-2022-2023 Ⅳ．①G127.1

中国国家版本馆 CIP 数据核字（2023）第 114790 号

北京蓝皮书
北京文化发展报告（2022~2023）

主　　编／祁述裕
执行副主编／黄仲山
副 主 编／景俊美　王淑娇　陈　镭

出 版 人／王利民
责任编辑／王　展
文稿编辑／孙玉铖　刘　燕
责任印制／王京美

出　　版／社会科学文献出版社·皮书出版分社（010）59367127
地址：北京市北三环中路甲 29 号院华龙大厦　邮编：100029
网址：www.ssap.com.cn
发　　行／社会科学文献出版社（010）59367028
印　　装／天津千鹤文化传播有限公司

规　　格／开 本：787mm×1092mm　1/16
印 张：26.5　字 数：398 千字
版　　次／2023 年 7 月第 1 版　2023 年 7 月第 1 次印刷
书　　号／ISBN 978-7-5228-2063-7
定　　价／158.00 元

读者服务电话：4008918866

《北京文化发展报告（2022~2023）》
编　委　会

主要编撰者简介

祁述裕　中共中央党校（国家行政学院）教授，博士生导师，享受国务院政府特殊津贴专家。文化和旅游部“十四五”文化和旅游改革发展规划专家委员会委员、国家发改委服务业专家委员会委员、国家文化公园建设工作专家咨询委员会委员，兼任中国行政体制改革研究会行政文化委员会主任、北京观恒文化发展研究院院长等。主要从事文化政策与文化管理研究，重点研究文化产业、公共文化服务等。参与多项国家文化政策法律法规文件研究和起草。先后承担国家社科基金项目 6 项，承担国家高端智库委托课题、部委委托文化政策课题 60 余项，独著、主编学术著作 30 余部，先后获得中国文化产业 20 年学术贡献奖等各种学术荣誉 20 多项。

黄仲山　文学博士，北京市社会科学院文化研究所副所长、副研究员，北京市文艺学会副会长，主要从事文艺理论、文化理论和首都文化发展研究。在《山东大学学报》《北京社会科学》《浙江学刊》《光明日报》等报纸杂志发表各类论文 100 余篇，出版专著《北京古都变迁与文化话语演变》。主持国家社科基金项目 1 项、北京市社科基金项目 1 项。曾参与编写《中国文学年鉴》《首都网络文化发展报告》等。

景俊美　文学博士，北京市社会科学院文化研究所副所长、副研究员，主要从事文艺理论与批评、戏剧戏曲理论与实践和非物质文化遗产保护研究。在各类报纸杂志发表论文 200 余篇，出版专著《中国传统节日当代精神价值研究》《回望与探索：文艺评论的价值确立与文化立场》。主持国家社科基金艺术学重大项目子课题1项、中国博士后科学基金面上资助项目1项和北京市人才项目2项。

王淑娇 博士，北京市社会科学院文化研究所副研究员，主要研究方向为文艺理论、城市文化。在《外国文学》《中南大学学报》《外国语文》等刊物发表学术论文40余篇，出版专著《弗·施勒格尔与德国古今之争》。主持北京市社科基金项目1项。

陈　镭 北京师范大学博士，北京市社会科学院博士后，北京市社会科学院文化研究所助理研究员、首都文化研究中心专职研究员，北京市文艺学会秘书长。主要从事文艺理论、文化理论、城市文化研究。出版《文化资本与北京文化创意产业》等专著。

摘　要

《北京文化发展报告（2022~2023）》回顾和盘点了2022年首都文化发展建设的总体格局和整体状况，对2022年北京文化发展与建设的新进展、新成就与新动态等进行分析。本书总报告聚焦北京全国文化中心建设展开研究分析，共分为四个部分：第一部分对2022年北京文化发展总体态势与指数进行分析；第二部分盘点与动态分析2022年北京文化各领域发展状况；第三部分重点分析新时代北京文化建设的亮点；第四部分分析北京文化建设存在的问题，并提出发展建议。全书另设“文化战略与文化示范”“文化传承与遗产保护”“文化惠民与公共服务”“文化创新与融合发展”“文化交流与文明互鉴”五个主题性板块，分别论述北京进一步推进全国文化中心建设的创新意识与全球视野、历史文化名城保护与传承、中轴线文化遗产与城市可持续发展、公共文化服务体系构建、博物馆之城建设、文化产业发展趋势、文旅商融合、文化传播与文化交流等重点与热点问题，既有从宏观角度对北京文化发展全局的系统性分析，也有针对文化发展具体领域的细致研究，并且结合问题提出了切实可行的对策建议。

2022年北京全国文化中心建设向纵深推进，虽然受外部环境影响，首都文化仍然沿着既定轨道发展，并取得了一系列令人振奋的成就。公共文化服务开拓新空间、文化产业涌现新业态、文艺精品创作迎来新气象、历史文化遗产保护与传承融合新技术、文化传播与交流迈上新台阶，首都文化各领域都取得突破，全国文化中心建设进入深入聚焦、扎实推进、稳步快跑的新阶段。北京在文化建设上呈现许多亮点，如“双奥文化”成为北京新的精神文化资源、中轴线申遗保护稳步推进、“大戏看北京”彰显古都文化底蕴、博物馆之城建设初见成效、首届北京文化论坛成功举办等，体现首都文化发展的非凡活力与无限潜力。本书认为，结合新时代文化发展新的目标要求，可以通过以下几个方面进一步推动北京全国文化中心建设：把握数字文化发展浪潮，积极推进文化数字化战略；建好北京文化论坛平台，持续推动品牌提质升级；阐释好利用好“双奥文化”，带动京津冀文化协同发展；持续推进文物合理适度利用，让文物“活”起来；坚持文旅利民，着力推动文旅经济发展取得新突破。

关键词： 全国文化中心　文化传承　文化惠民　文化创新　北京

目录

Ⅰ 总报告

Ⅱ 文化战略与文化示范

Ⅲ 文化传承与遗产保护

Ⅳ 文化惠民与公共服务

Ⅴ 文化创新与融合发展

Ⅵ 文化交流与文明互鉴

皮书数据库阅读**使用指南**

总报告

General Report

B.1

持续发力，久久为功，全面深入推进全国文化中心建设

黄仲山　张洪亮　阮　飞*

摘　要： 2022年，北京全国文化中心建设进入向纵深推进的阶段，文化各领域稳步向前发展。同时，北京在文化建设上呈现许多亮点，包括“双奥文化”成为北京新的精神文化资源、中轴线申遗保护稳步推进、“大戏看北京”彰显古都文化底蕴、博物馆之城建设初见成效、首届北京文化论坛成功举办等，体现首都文化发展的非凡活力与无限潜力。从近几年文化发展大趋势来看，文化高质量发展融入新时代首都发展大局，并已蓄积一波强劲发展的势能，未来北京文化将迎来新的高速、高质量发展时期，全国文化中心建设将迎来光明的前景。

* 黄仲山，北京市社会科学院文化研究所副所长、副研究员，主要研究方向为文化理论和文艺理论；张洪亮，北京市社会科学院文化研究所助理研究员，主要研究方向为城市文化；阮飞，北京市社会科学院文化研究所助理研究员，主要研究方向为城市文化。

关键词： 全国文化中心　文化新业态　文化数字化

2022 年，首都发展迎来关键一年，全国文化中心建设向纵深推进，虽然受外部环境影响，首都文化仍然沿着既定轨道发展，并取得了一系列令人振奋的成就。公共文化服务开拓新空间、文化产业涌现新业态、文艺精品创作迎来新气象、历史文化遗产保护与传承融合新技术、文化传播与交流迈上新台阶，首都文化各领域都取得突破，全国文化中心建设进入深入聚焦、扎实推进、稳步快跑的新阶段。

一　2022年北京文化发展总体态势与指数分析

2022 年，北京全国文化中心建设迎来重大机遇，同时面临着挑战。首都文化在各领域都平稳发展，显现出一股韧劲，这不仅因为有厚重的历史文化底蕴做支撑，还因为有一系列保产业、促发展的政策推动，文化业态能够最大限度地承压排险，克服疫情影响，为未来发展蓄积一波强劲的势能。

（一）2022年北京文化发展总体态势分析

2022 年，北京文化总体上呈现稳中有波折、变中求发展的态势。文化发展中顶层设计至关重要，各种政策的密集出台为文化业态平稳运行保驾护航，形成了一系列颇显成效的新举措、新机制，积累了一系列引领全国的好做法、好经验，在推动新时代首都发展中贡献了文化力量。2022 年，一系列有足够吸引力和带动力的文化事件激活文化市场，推动文化产业和文博事业发展，引领一波文化传播热潮，因此本报告选取有代表性的文化事件来分析 2022 年北京文化发展的大致动向。

年初，北京迎来冬奥盛会，以“双奥之城”新形象惊艳世界，开闭幕式表演展现大国文化自信，处处体现“中国式浪漫”。围绕冬奥题材的文艺作品也“火”出圈，电影《我们的冬奥》《我心飞扬》、电视剧《冰雪之名》《冬奥一家人》等一批文艺作品问世，助力冬奥运动走进民众生活，为弘扬冬奥文化营造浓厚氛围，冬奥广场舞《一起向未来》更是掀起全网热潮。以冬奥会成功举办为契机，北京市挖掘与弘扬奥运文化遗产，“双奥文化”已成为北京重要的文化遗产。在冬奥会的带动下，冰雪文化旅游迎来一波热潮，刺激了疫情下受到较大影响的文旅市场，冰墩墩、雪容融文创周边受追捧，成为年度精彩的文化营销案例。总之，冬奥会作为年度体育与文化的盛会，给文创产业打了一剂强心针，为文旅市场带来“春”的消息，使北京又增添了“双奥文化”遗产，并且将北京文化形象传播到海内外。

2022 年 5 月，借由“5・18 国际博物馆日”这一纪念日，北京举办了一系列文化纪念活动，为博物馆之城建设聚集人气、营造氛围。北京市文物局等单位围绕 2022 年国际博物馆日的主题“博物馆的力量”，结合北京“四个文化”基本格局，依托古都丰富的文物资源，借力新媒体平台创新传播模式，在线上线下同步举办活动，比如，联合快手等平台，推出“快看博物馆之城”等一系列活动；北京中轴线申遗保护工作办公室联合北京青年旅行社和快手，推出“漫步中轴系列活动之中轴遇见博物馆”主题打卡线路，目的是借助“博物馆的力量”，让广大市民感受中轴线的文化魅力。此外，中央人民广播电台文艺之声节目联合北京市白塔寺管理处、老舍纪念馆、北京古代建筑博物馆、北京石刻艺术博物馆、大钟寺古钟博物馆等文博单位，推出“博物馆的力量”专题节目，吸引了大量听众收听，有效地传播了北京博物馆文化。围绕“5・18 国际博物馆日”举办的一系列文化纪念活动，是近年来北京博物馆之城建设的一次成果检验，使历史文化遗产保护与传承、文化活化利用等主题得到全社会的广泛关注，使北京丰富的历史文化遗产在新时代焕发生机、绽放光彩。

2022 年 7 月 25~26 日，首届北京文化论坛在京成功举办，得到新闻媒体和社会各界的广泛关注，《人民日报》、新华社、中央广播电视总台等中央媒体对首届北京文化论坛做了集中报道。《北京日报》、《北京晚报》、北京广播电视台、《新京报》、《北京青年报》等市属媒体统一开设“聚焦全国文化中心建设”专栏，共刊发 91 个整版。“2022 北京文化论坛”等 70 余个微博话题阅读量超 3 亿次，抖音、快手等短视频平台的“我在北京文化论坛等你”话题播放量达 2 亿次，这表明首届北京文化论坛在社会中形成了一定的影响力。在北京文化论坛上交流与阐释的话题后续也引起了热烈的反响，包括文化强国建设目标、“十四五”时期文化重点建设方向、北京全国文化中心建设成就等，被媒体深入解读，在社会上引起热议。

自 2022 年 7 月开始，北京围绕“一城三带”举办了一系列文化节、展会与大赛，不少活动一直持续到年底，有力地带动了相关文旅行业的发展，有效地传播了北京历史文化。中轴线文化遗产保护是老城保护的重要抓手，下半年围绕中轴线文化遗产保护与传承举办了一些群众性活动，其中包括 2022 北京中轴线文化遗产传承与创新大赛，大赛 7 月正式启动，吸引了来自全球 3 万余名选手积极参与，至 11 月完成全部终评，激发了全民参与北京中轴线文化遗产保护与传承的热情。围绕“三条文化带”历史保护与文化传承主题，代表性活动为 2022 年 7~8 月陆续举办的三个文化节。7 月 25 日，以“山河永定　共向未来”为主题的 2022 北京西山永定河文化节开幕，设置“绿色西山”“红色西山”“金色西山”三大板块，推出一系列文化精品活动，包括文化论坛、摄影比赛、专题展览、文旅体验等，向广大市民展现北京西山永定河文化带的自然之美、历史之美、人文之美、和谐之美；8 月 8 日，2022 北京（国际）运河文化节在北京通州大运河畔开幕，设置了“千年运河”“缤纷运河”“活力运河”三大板块，传承与弘扬中国源远流长的运河文化；8 月 20 日，“双奥之城·长城之约”2022 北京长城文化节开幕式在密云区古北水镇长城剧场举办，拉开了长城文化节的序幕，文化节强调以学术为本，加强长城历史文化的挖掘阐释和保护利用，其间举办了第三届八达岭长城高峰论坛、首届长城文化和旅游融合发展研讨会等学术活动，深入探讨长城国家文化公园建设、长城沿线区域文旅产业发展等主题。此外，北京市文物局在长城文化节期间还举办了多场视听传播活动，包括与中央广播电视总台共同策划推出的“处暑节气”长城直播、与北京广播电视台“这里是北京”栏目联合推出的三期《文物说》长城文化节专题节目《长城有话说》、与光明网联合推出的“你不知道的长城考古故事”系列短视频、联合新浪微博推出的“长城集结令”系列 Vlog 等，通过人们喜闻乐见的视听传播方式，传承与弘扬长城悠久而富有魅力的历史文化。

纵观 2022 年北京市文化各行业的发展变化过程，大致可以发现，疫情成为影响行业发展曲线的重要因素，并与行业和市场的常规性波动相互叠加，造成北京市文化各行业的发展全年大起大落的现象。以对文化市场风向和社会大环境最为敏感的文化旅游和文化演艺行业为例，可以大致看出北京市整个文化行业的全年发展趋势。2022 年北京市旅游收入四个季度呈现非常明显的波动变化，第一季度的旅游收入为 904.9 亿元，第二季度仅为 329.5 亿元，下降幅度很大，除了季节因素对旅游市场的影响外，新冠疫情的影响不可忽视，第三季度的旅游收入上升到全年最高，为 984.6 亿元，秋季为北京文化旅游黄金期，加上国庆长假的因素，旅游市场又有所起色，但相比往年，第三季度的旅游收入不能称为亮眼，第四季度由于天气因素，旅游收入大幅下降为 301.2 亿元（见图 1）。如果说旅游行业景气情况受气候与疫情双重影响，那么演艺行业的景气程度更明显地受疫情影响，以北京市 13 个市属表演团体演出情况为例，第二季度演出场次最少，仅为 223 场，第四季度演出场次最多，达 1772 场，演出收入也体现出相应的差距，第三季度、第四季度比第一季度、第二季度的演出收入高（见表 1）。

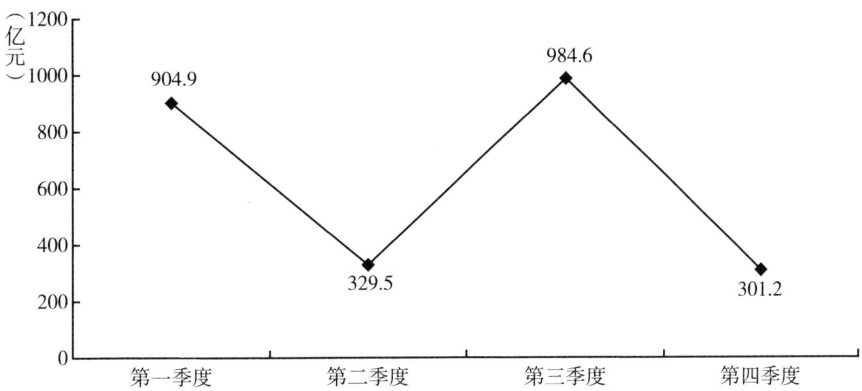

图 1　2022 年北京市旅游收入季度变化情况

资料来源：北京市文化和旅游局网站。

表 1　2022 年北京市属表演团体演出情况

类别	第一季度	第二季度	第三季度	第四季度
机构数(个)	13	13	13	13
演出场次(场)	816	223	1463	1772
国内演出观众人次(万人次)	28	5.2	44.8	35
演出收入(万元)	3059	1155	4883	5697

资料来源：北京市文化和旅游局网站。

总体来说，2022 年北京文化发展态势虽有波折，但大体上还是保持了稳定，这主要归功于北京多年来文化发展形成的战略定力以及相关政策措施的促进和稳定作用，以稳为主、稳中求进是新时代首都发展的要义，文化发展也是如此。2022 年，北京将文化建设融入党和国家发展大局，重点服务保障党的二十大、北京冬奥会这两件大事，在各领域持续发力，在文化发展的薄弱环节和紧迫问题上攻坚克难，在推动文化产业发展中积极求新求变，采取一系列措施助企惠民，保障全市文化生产与消费链条的稳定，促进市场景气逐步恢复。各项政策措施实施的整体节奏张弛有度，根据文化市场客观的起伏波动规律推进文化产业发展，政府相关部门也充分考虑季节变化、疫情变化等因素，出台相应的激励帮扶措施，促使相关行业能够渡过难关，迎来新的发展契机。

（二）2022年北京与国内外重要城市文化相关发展指数比较分析

衡量北京文化发展的质量和进度，只有将其放置于国内外城市竞争力、软实力、文化发展状况等指标的坐标轴上进行比较，才能更清楚地探析北京文化软实力和发展软环境，全面衡量、了解北京文化发展的优势和不足。

城市文化发展与城市的综合实力息息相关，综合实力强，城市才能拥有更多资源促进文化发展，同时文化作为城市软实力的重要一极，有力地推动城市整体实力不断提升。北京作为大国首都，又是世界知名的古都，拥有比肩任何国际大都市的政治、经济和文化资源，城市综合实力在世界城市中名列前茅。根据国际管理咨询公司科尔尼发布的《2022 年全球城市指数报告》，北京在 2022 年全球城市综合排名（GCI）中为第五名，比 2021 年上升 1 名，自 2020 年排名由上一年的第九升至第五之后，2020～2022 年北京的排名稳定在第五或第六（见表 2）。“全球城市综合排名”围绕商业活动、人力资本、信息交流、文化体验和政治事务五个维度 29 项标准进行衡量，其中文化是重要的指标，尤其是北京这样的文化古都，在与其他国际都市的综合比较中，文化实力、竞争力、体验感等都是重要的长项，也是北京跻身世界城市前列的要素之一。

表 2　2017～2022 年全球城市综合排名（部分）

城市	2017 年	2018 年	2019 年	2020 年	2021 年	2022 年
纽约	1	1	1	1	1	1
伦敦	2	2	2	2	2	2
巴黎	3	3	3	3	3	3
东京	4	4	4	4	4	4
北京	9	9	9	5	6	5
洛杉矶	8	6	7	7	5	6
芝加哥	7	8	8	8	8	7
墨尔本	15	17	16	18	12	8
新加坡	6	7	6	9	9	9
香港	5	5	5	6	7	10
上海	19	19	19	12	10	16

资料来源：国际管理咨询公司科尔尼发布的《2022 年全球城市指数报告》。

“全球城市潜力排名”围绕居民幸福感、经济状况、创新、治理四个维度 13 项标准进行衡量，其中文化因素与居民幸福感密切相关，而文化中的产业发展和创意能力是经济状况、创新的重要部分。北京在 2022 年全球城市潜力排名中为第 27 名，对比 2017～2021 年的排名，北京城市潜力整体上呈现提升的趋势（见表 3），其中文化的作用显而易见，文化领域的雄厚实力以及文化的稳定发展，对未来北京的发展起到了坚实的支撑作用。

表 3　2017~2022 年全球城市潜力排名（部分）

城市	2017 年	2018 年	2019 年	2020 年	2021 年	2022 年
伦敦	4	3	1	1	1	1
巴黎	3	4	5	5	2	2
卢森堡	—	—	—	17	11	3
慕尼黑	7	7	8	6	3	4
斯德哥尔摩	9	11	10	8	6	5
纽约	2	2	24	27	18	6
都柏林	40	33	9	10	5	7
哥本哈根	21	23	17	20	21	8
阿布扎比	52	50	20	7	4	9
阿姆斯特丹	16	6	4	9	20	10
深圳	41	52	49	41	26	15
广州	56	59	65	54	34	26
北京	45	47	39	32	23	27
上海	61	64	51	45	30	30

资料来源：国际管理咨询公司科尔尼发布的《2022 年全球城市指数报告》。

文化实力不仅体现在资源存量上，还体现在发展变量上，文化产业高质量发展是城市走向未来的关键动因。中国人民大学文化产业研究院发布的“2022 中国省市文化产业发展指数”显示，北京市 2022 年文化产业发展综合指数在全国排名第一，排名前十的分别为北京市、广东省、浙江省、上海市、江苏省、山东省、福建省、四川省、河南省、湖北省（见图 2）。自 2010 年起，中国人民大学文化产业研究院已连续 13 年发布中国省市文化产业发展指数，北京市连续 7 年排名第一，广东省、浙江省连续 5 年排名前三，上海市则连续 13 年排名前五。这个指数体系由文化产业的生产力、影响力和驱动力 3 个分指数构成，从这个指数排名来看，北京在国内省市一级中文化产业发展稳步领先，尤其是从影响力指数来看，北京在文化产业发展影响力方面表现非常突出（见图 3），另外在上市文化企业数量、媒体品牌认可等多个领域位居全国前列。

此外，根据中央财经大学文化经济研究院的《中国文化产业高质量发展指数（2022）暨 2019—2022 指数变化分析报告》，2022 年北京在全国省

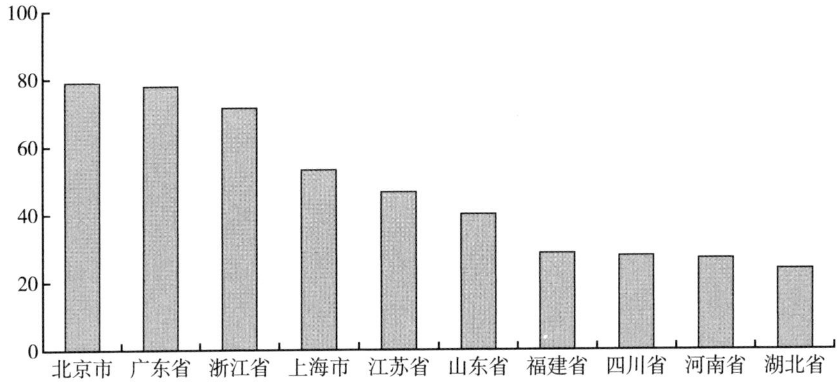

图 2　2022 年中国省市文化产业发展综合指数前十名

资料来源：中国人民大学文化产业研究院发布的“2022 中国省市文化产业发展指数”。

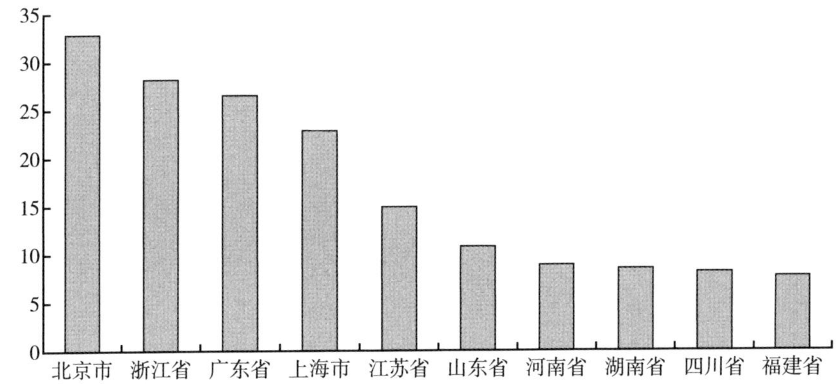

图 3　2022 年中国省市文化产业发展影响力指数前十名

资料来源：中国人民大学文化产业研究院发布的“2022 中国省市文化产业发展指数”。

市文化产业高质量发展指数中排名第二，位居上海之后，而在 2019 年、2020 年、2021 年均排名第一。这一方面说明北京文化产业发展引领全国，并且领先地位比较稳定，另一方面说明北京要从政策和产业生态等方面发力，促进文化创新，支持业态高质量发展，在文化产业领域率先探索，形成可资借鉴的“北京模式”。

文化发展的影响因素有很多，教育、科技等行业实力和发展状况都与文化发展指标密切相关。由上海高校智库“华东理工大学社会工作与社会政策研究院”发布的“新时代中国城市社会发展指数暨百强榜（2022）”显示，中国城市社会发展指数综合排名前十的分别为北京市、上海市、深圳市、广州市、杭州市、重庆市、南京市、武汉市、成都市、天津市，在“教育文化与科技创新”领域，实力较强的是北京市、上海市和深圳市。社会发展指数除了经济、科技等硬指标，还有文化软指标，北京在文化指标上的优势巩固了城市整体实力的排名，使北京在国内城市的各类排名中名列前茅，比如华顿经济研究院编制的《2022 年中国百强城市排行榜》中，北京在硬经济指标和软经济指标中都领先国内其他城市，尤其是软经济指标的文化分值优势更为明显（见表 4）。正是文化指标的强势表现，使北京在国内城市的龙头地位更有说服力。

表 4　2022 年中国百强城市排行榜排名前十的城市

城市	硬经济指标总分值	软经济指标		综合分值	排名
		总分值	文化分值		
北京	95.64	94.57	99.36	95.23	1
上海	95.28	85.08	97.37	91.38	2
深圳	87.80	67.83	81.24	80.17	3
广州	75.91	80.55	79.00	77.68	4
杭州	75.89	78.85	80.30	77.02	5
南京	74.57	78.19	79.10	75.96	6
苏州	76.95	65.69	73.17	72.65	7
武汉	67.64	77.59	76.69	71.44	8
成都	61.70	77.91	79.30	67.89	9
天津	64.92	71.57	75.17	67.46	10

资料来源：华顿经济研究院编制的《2022 年中国百强城市排行榜》。

文化发展的活力很大程度上取决于文化市场的活力，而文化市场的主体是企业，在新时代首都发展中，文化与科技融合孕育了大量创新性企业，互联网、文化传播、人工智能等新兴行业风起云涌，形成大量独角兽企业，支撑着城市未来的活力与可持续发展。根据胡润研究院发布的《2022 年中全球独角兽榜》（Global Unicorn Index 2022 Half-Year Report），在上榜的1312家独角兽企业中，中国以312家排名第二，仅次于美国。在中国上榜企业100强中，北京的独角兽企业有25家，占25%，而且值得一提的是，北京的几家头部企业在榜单中排名非常靠前，抖音在全球独角兽企业中排名第一，京东科技则排名第九，其中抖音的行业分类为社交媒体，与文化内容生产与传播关系密切。作为创业风向标，新涌现的独角兽企业的数量和发展规模也是衡量经济韧性与创新活力的重要指标。根据福布斯中国发布的2022年新晋独角兽企业名单，中国新增74家独角兽企业，其中广东19家、上海14家、北京13家，主要与新能源、医药健康、芯片半导体、智能硬件等领域密切相关。不可否认的是，互联网投资潮的降温导致文化关联企业发展势头减缓，文化传播、文化服务、文化创意等相关初创企业的融资遇到一定困难，但北京仍是创新创业的肥沃土壤，被国内外创业、投资者看好。随着相关政策的持续优化以及国内外大环境的改善，北京将在科技创新、文化创新的优势领域吸引更多的初创企业来此“筑巢”。

综合各项指标来看，北京文化实力和竞争力不仅在国内领先，而且在全球城市中具有独特优势。文化指标作为一个重要的因子，保证了北京综合实力稳中上升，使北京在各种城市排名中处于领先位置，可以说，文化不仅保障新时代首都发展大局，而且引领首都走向充满活力的未来。

二　2022年北京文化各领域发展状况盘点与动态分析

文化的繁荣发展表现为各领域所散发的生机活力。2022年北京全国文化中心建设在逆境中突围，体现为各领域稳步前行，包括历史文化遗产保护与传承循序渐进、文化产业稳定发展、公共文化服务水平持续提升、文化交流与传播打开新局面。在新冠疫情等不利因素影响下，文化各领域还能有所突破，一方面在于顶层设计、政策推动等因素，另一方面在于市场和社会民众文化生产与消费需求的顶托效应。2022年北京文化相关的各项工作顺利推进，有序、有效地调动各种资源，不仅在政策落实、市场激活、基础设施建设等方面可圈可点，而且实实在在地提升了广大市民的文化获得感、增强了广大市民的文化参与意识，使文化建设的成就在群众中形成口碑。

（一）历史文化遗产保护稳步推进，北京古都形象气质越发出彩

北京作为古都，丰富的历史文化遗产是宝贵的资源，对历史文化遗产的保护与传承是一种责任。历史文化遗产保护需要长期投入，是一项持续性工程，这一领域尤其需要韧劲和久久为功的毅力。2022 年北京在立法规范、政策扶持上都加大了力度，出台标志性法规条例，在文物活化利用方面也取得较大成就。此外，聚焦“一城三带”，北京在历史文化遗产保护与传承上已经形成了明确的目标和着力点。

1. 完善立法，加强历史文化名城保护制度建设

2022 年，北京进一步加强历史文化遗产保护领域的制度建设，完善和规范历史文化名城和文化遗产保护工作。2022 年，在 2021 年制定和颁布《北京历史文化名城保护条例》的基础上，北京市进一步加大《北京历史文化名城保护条例》的宣传力度，组织多场讲座活动，向市民宣传普及历史文化名城保护的法律知识。

北京中轴线申遗保护作为重点工作，急需一部法规条例来规范，并为实际工作提供指导。2022 年 5 月 25 日，北京市第十五届人民代表大会常务委员会第三十九次会议通过了《北京中轴线文化遗产保护条例》，并于 10 月 1 日起正式实施。该条例从立法的角度明确了中轴线文化遗产的保护对象和保护措施，在资源调查和保护监测、考古勘探、工程建设、腾退改造、应急保障等方面，规定了全方位的保护措施，为充分调动社会资源参与北京中轴线历史文化遗产保护工作、积极推动中轴线历史文化遗产活化利用、让遗产保护成果更多惠及人民群众提供了有效的法律支撑。

2. 注重文物活化创新，助力历史文化遗产有效传承

北京在保护和传承历史文化遗产的过程中突出活化和创新利用，使历史文化遗产能够以生动的形象展现在人民群众面前。北京冬奥会期间，在冬奥

场馆建设过程中作为景观保留的古村落遗址，随延庆冬奥村一同亮相。古村落与现代建筑交织掩映，形成一幅山水自然、历史遗迹、冬奥场馆和谐共生的北方美丽山村图景，向世界各国运动员展示了中国独有的人文魅力。“延庆古村落遗址亮相2022北京冬奥会”也因此被评为“2022年度北京历史文化名城保护十大看点”之一，在冬奥会结束之后，延庆冬奥村随延庆奥林匹克园区一同向公众开放，迅速成为网红打卡点。

随着技术不断进步，越来越多的科技手段被应用到历史文化遗产的活化利用之中，为公众提供更加震撼的多维度、多感官沉浸式交互体验，助力历史文化遗产的价值阐释。2022年8月26日，鼓楼展陈“时间的故事”正式投入试运营。该展通过数字虚拟技术，为参展观众提供击鼓、聆听老北京叫卖声、沉浸光影秀等交互体验，生动阐释北京钟鼓楼的古代报时功能、建筑特点、周边地区民俗文化及其与北京中轴线的关系等内容。[①] 此外，在北京举办各类的文物展中，数字文化技术已深度融入文物布展过程。2022年10月，“园说Ⅳ——这片山水这片园”在颐和园博物馆展出，颐和园、故宫博物院、国家图书馆等15家文博单位提供各类展品171件/套、资料品32件/套。[②] 该展通过动画效果，让动画中的清代官员引导参观者游览三山五园。此外，展览还开通“云上”观展与重点文物电子导览，方便市民了解古代皇家园林建筑以及古迹保护工作。

3.聚焦“一城三带”，突出历史文化名城保护重点

2022年，适逢国家设立历史文化名城制度、北京成为首批国家历史文化名城40周年，北京市举办了一系列纪念活动。北京召开2022“名城保护·大家谈”、城乡历史文化保护传承高峰论坛暨国家历史文化名城保护制度建立40周年学术会议等学术论坛活动，汇聚专家力量，为历史文化名城保护工作献言献策。此外，北京城市规划学会发布《北京历史文化名城保

---

① 《北京鼓楼一层开放　展览“时间的故事”》，中国政府网，2022年8月28日，http://www.gov.cn/xinwen/2022-08/28/content_5707215.htm#1。

② 《颐和园博物馆“三山五园展”：千年前京西北就有了风景旅游区》，腾讯网，2023年1月9日，https://new.qq.com/rain/a/20230109A03TQP00。

护优秀案例汇编集（2013 年—2022 年）》，集中展示党的十八大以来北京历史文化名城保护工作取得的丰硕成果和重要成就。

2022 年，海淀三山五园国家文物保护利用示范区创建任务正常推进，三山五园艺术中心已完成地下主体结构施工。三山五园数字展已完成考证研究，正在开展建模工作。此外，“三条文化带”建设方面，大运河文化带建设按期推进，路县故城遗址保护展示工程负一层结构已完成，年底前完成主体结构施工。北京大运河博物馆（首都博物馆东馆）完成主体结构、二次结构施工，年底基本完工。北京艺术博物馆（万寿寺）修缮全面完工并对公众开放。

为营造保护氛围，吸引全民关注和参与，2022 年北京还以“三条文化带”为主题，举办了相应的文化节。2022 年 7 月，2022 北京西山永定河文化节开幕，围绕“绿色西山”“红色西山”“金色西山”三大板块，以跨领域融合模式，串联打造文化论坛、摄影比赛、专题展览、文旅体验等一系列社会公众能够广泛参与的文化精品活动，彰显北京西山永定河文化带的自然之美、历史之美、人文之美、和谐之美。8 月，2022 北京长城文化节成功举办，以“双奥之城·长城之约”为主题，在司马台长城脚下的古北水镇开幕。本届长城文化节期间，举办了第三届八达岭长城高峰论坛，邀请国内外专家学者分享推动长城国家文化公园建设的区域经验；举办第一届长城文化和旅游融合发展研讨会，深入探讨长城沿线区域未来文旅产业发展方向，促进区域经济融合发展。开展长城直播、制作三期《文物说》长城文化节专题节目《长城有话说》、录制“你不知道的长城考古故事”系列短视频等，通过线上线下相结合的方式讲好长城故事。约 400 千米的“京畿长城”国家风景道主线在本届长城文化节开幕式上发布，带领公众沿长城饱览京畿美景。

（二）文化产业发展保持稳定，文化新业态风起云涌

2022 年北京文化产业发展势头平稳，虽受疫情冲击较为明显，但仍呈现整体回暖的趋势。2022 年北京聚焦文化产业发展引领区建设，推动文化产业转型升级，建立现代文化产业体系，打造文化产业品牌矩阵，在文化服

务业市场拓展、产业投融资、新业态发展等方面有颇多亮点。

1. 文化产业发展稳定，总体产值呈现微弱上涨态势

2021 年随着相应刺激政策的增多，文化产业有所回暖，2022 年北京文化产业发展遭遇挑战，但总体发展稳定。2022 年，北京市规模以上文化产业实现收入总额 17997.1 亿元，与上年持平（见表 5），规模以上文化企业实现营业收入 17555.3 亿元，同比增长 0.2%。其中，文化装备生产、文化辅助生产和中介服务、文化相关领域、文化投资运营、文化传播渠道、创意设计服务等领域的收入总额，均呈现不同程度的下降状态。文化娱乐休闲服务领域，已经连续两年处于利润亏损状态，2022 年的亏损额为 58.6 亿元。由于文化产业诸多领域在 2022 年有所发展，整体来看，2022 年北京市规模以上文化产业收入总额并未出现大幅下降，总体趋势仍然保持平稳，且利润总额同比增长 26.1%。北京文化产业整体基础较好，因此在年底疫情防控政策调整、刺激经济政策出台等一系列“组合拳”打出后，北京文化产业迅速回暖，迎来新的发展周期。

表 5　2022 年北京市规模以上文化产业发展状况

项目	收入总额（亿元）	同比增长（%）	利润总额（亿元）	同比增长（%）	从业人员平均人数（万人）	同比增长（%）
合计	17997.1	0.0	1846.6	26.1	61.3	-7.8
文化核心领域	16339.4	0.6	1781.4	29.1	52.5	-8.0
新闻信息服务	5243.4	4.3	144.6	262.1	13.4	-10.2
内容创作生产	4801.2	17.2	1506.1	30.4	18.0	-2.1
创意设计服务	3465.5	-15.1	78.3	-19.4	10.3	-9.5
文化传播渠道	2657.5	-7.0	86.2	-23.8	7.5	-13.3
文化投资运营	48.9	-12.4	24.7	54.6	0.3	-7.0
文化娱乐休闲服务	122.9	8.1	-58.6	—	3.0	-11.2
文化相关领域	1657.8	-6.0	65.2	-23.2	8.8	-6.3
文化辅助生产和中介服务	695.4	-13.3	32.0	-10.6	7.3	-6.5
文化装备生产	90.4	-23.6	3.0	-33.4	0.6	-8.5
文化消费终端生产	871.9	3.4	30.3	-32.3	1.0	-3.3

资料来源：北京市统计局。

2. 各区发展总体平稳，个别区域发展势头较好

受疫情的冲击和影响，2020 年北京文化产业整体涨幅逐步收窄，2021 年得益于推动经济复苏的政策扶持和自身努力，北京文化产业收入保持增长，而在 2022 年，由于疫情的持续影响，北京各区文化产业呈现不同的发展趋势。从 2022 年北京部分区规模以上文化产业的收入总额来看，大部分区呈现下降趋势（见表 6）。

表 6　2022 年北京市部分区规模以上文化产业发展情况

区名	收入总额(亿元)	同比增长(%)	从业人员平均人数(万人)	同比增长(%)
东城区	1117.3	-18.3	5.4	-0.8
西城区	938.8	-2.8	6.9	-0.5
海淀区	10173.1	7.5	21.7	-9.9
朝阳区	2505.7	-11.0	15.6	-4.5
丰台区	269.6	-6.2	2.4	-8.4
门头沟区	13.1	-24.6	—	—
房山区	30.4	-12.0	0.2	-10.2
通州区	317.6	-18.7	1.9	-17.3
顺义区	170.6	-12.2	1.0	-4.5
昌平区	107.4	-13.5	0.8	-13.8
大兴区	108.7	-12.3	1.1	-1.7
怀柔区	102.5	-14.8	0.4	-5.2
密云区	54.2	-19.8	—	—
平谷区	91.6	-15.8	0.5	-13.2

注：朝阳区为 1~11 月数据。

资料来源为北京市各区人民政府网站。

从各区的发展数据来看，作为北京文化产业的龙头，海淀区规模以上文化产业收入总额已超过全市收入总额的一半以上，相较上年保持小幅增长，但从业人员平均人数出现 9.9%的降幅。作为北京文化产业多年来发展较为领先的区域，2022 年东城区和朝阳区规模以上文化产业的收入总额均呈现下降趋势、从业人员平均人数均出现下降，东城区的收入总额同比下降

18.3%，朝阳区的收入总额同比下降11.0%。近郊区和远郊区受疫情的冲击更为明显。通州区、房山区、门头沟区等规模以上文化产业已连续两年呈现明显的负增长，始终未能回暖。怀柔区引进了科技创新基地及影视基地等大规模文化产业后，在2021年曾实现文化产业收益的激增，在各区发展中一枝独秀，但2022年怀柔规模以上文化产业的发展未能延续以前的势头，处于略微停滞状态，收入总额和从业人员平均人数均有所下降。有些区域规模以上文化产业在逆势中发展，成绩亮眼。借助2022年冬奥会的这股东风，石景山区规模以上文化产业保持一定程度的发展，2022年石景山区内文化产业园区增至8家，北重科技文化产业园开园，郎园Park再度入选市级文化产业园，区内的文化产业园区发展势头较好。2022年，顺义区规模以上文化产业的收入总额降幅达12.2%，但顺义区所依托的温榆河文化产业发展带具有较好的发展趋势，坐拥优质文化资源，多个文化地标也正在陆续崛起。2022年1~6月，温榆河文化产业发展带规模以上文化企业共72家，占全区规模以上文化企业总数的50.3%，实现营业收入26.1亿元，占全区规模以上文化企业营业收入的42.01%。

总体来看，2022年北京不少区的规模以上文化产业发展受疫情影响冲击仍较为明显，与上年相比发展势头略有下降。就各区规模以上文化产业发展趋势和实力来看，海淀区依托科技优势，收入总额占全市规模以上文化产业收入总额的一半以上，稳居全市第一名；朝阳区、东城区等规模以上文化产业主力城区相关数据呈现下降趋势；丰台区、昌平区、大兴区以及门头沟区、房山区等，总体收入均持续下跌；石景山区充分利用冬奥文化遗产和奥林匹克相关文化设施优势，在一定程度上维持了规模以上文化产业发展势头，对抗行业发展的压力和外部不利环境的冲击；顺义区持续发展文化产业新业态，并着力打造温榆河文化产业发展带，有望形成北京文化产业新的增长极。

3. 数字文化新业态发展表现抢眼

文化科技深度融合激发文化消费新动能，2022年北京市“文化+数字”新业态持续发展，1~8月全市“互联网+文化”领域实现收入占规模以上文化产业收入的比重为64.8%，较上年提高3.8个百分点。

近年来，许多新的文化消费形态不断涌现。云演出、云直播不断发展，5G+4K/8K 等技术的应用，为市民的文化消费带来更多机遇。随着文化产业数字化转型升级步伐加快，文化内容、商业模式与数字技术的结合成为拓展文化产业业务的重点。文化产业、数字经济与实体经济的深度融合，催生了数字会展、沉浸式体验等一系列文化会展新模式。以数字技术为驱动力、以网络平台为载体，多维度呈现、打造文化生活消费新场景。

"文化+艺术"数字业态模式也得到持续拓展，夜间经济消费场景不断完善，涌现了诸多国家级夜间文化和旅游消费新地标。基于虚拟现实、全息投影、智能交互等技术，北京沉浸式文旅消费模式在体验性、交互性、场景意义等方面具有突出优势，满足消费升级需求。云服务成为文化产业供给新模式。演出机构、文化场馆、新媒体平台、数字文化企业之间的协同互动成为常态。借助 5G+4K/8K 等技术，创新多种实时交互方式，提升了观众参与度和互动度。未来，科技赋能文化，科技与文化融合发展将成为北京文化产业发展不可忽视的重要趋势。北京作为全国文化中心，文化资源丰富、文化要素集中、网络平台众多、用户规模庞大，在发展文化新业态方面具有显著优势，应抓住全球数字经济标杆城市建设的契机，增强首都文化资源衍生数字产品的生产能力，加强文化资源创造性转化、创新性发展，率先推动数字内容成为文化产业发展的主要支撑。

4."文化+金融"发展势头良好

北京的文化与金融融合发展继续领先全国。从冰雪赛事到年度影视大片、从文化公园到新兴商业网红打卡地，背后都不乏金融财力的助力。文化产业是北京经济转型和高质量发展的重要推动力，北京市"十四五"规划的目标是将北京建成具有国际竞争力的创新创意城市。在这个过程中，文化金融创新可以为文化产业提供新动力、新支撑。从产业的角度来看，金融对文化产业的发展起到了促进作用，金融帮扶可以加快文化产业提质发展，扩大文化产业发展规模，促进优质文化企业做大做强，帮助改变企业小而散的现状。

2021 年，针对最严重的资金困难和疫情压力，北京市积极帮扶企业，出台了《北京市支持文化金融融合发展资金管理办法》，推出了“投贷奖”、“房租通”与“风险补偿金”等，并对其进行统一管理。这些资金的拨发为小微文化企业、旅行社等提供了重要的补助和发展缓冲期。“十三五”以来，北京文化金融体系不断完善，金融服务模式不断创新，逐步构建独具特色的“文化+金融”发展模式，使落户北京的独角兽文化企业数量居全国首位，北京文化产业迸发新活力。

5. 文化消费拉动产业发展

2022 年 7~10 月，第十届北京惠民文化消费季累计举办活动 27.84 万场，累计 5.25 亿人次参与消费，带动消费金额近 120 亿元，同时配套 5000 万元财政资金用于提振文化消费，引导消费升级，推动文化产业提质增效。2022 年前三季度，全市人均教育文化娱乐支出 2260 元，同比下降 2.6%。第三季度，电影、演出、图书、文化艺术等重点领域消费金额几乎均翻倍增长，消费拉动作用明显。显然，惠民文化消费季在引导文化消费升级、促进消费产业双向提振等方面持续发挥重要作用。

2023 年 1 月 11 日，“2022 北京文化消费品牌榜”发布，这个榜单评比历时 3 个月，通过公开征集、行业推荐和大数据抓取等途径，征集 452 个品牌，参与投票达 309784 人次，最终评选出 54 个上榜品牌，包括丝绸之路上的敦煌——数字敦煌展、《2022 爱乐汇文化品质演出季》、美后肆时景山市民文化中心、北京图书大厦、北京人民艺术剧院、2022 北京冬奥会吉祥物冰墩墩、大型纪实性史诗木偶剧《大象来了》、舞蹈诗剧《只此青绿》、电视剧《人世间》等。

作为全市支持文化企业发展、加快消费回暖的具体举措之一，2022 年北京惠民文化消费季以文化惠民、促进消费为目标，提前通知落实，奉献回馈，支持后续活动的顺利开展。195 家市场单位列入促进行动合作单位名单，81 家市场单位最终获得政策支持。第十届北京惠民文化消费季通过满折、满赠等返利形式开展惠民活动，吸引广大群众参与文化消费活动，带动文化消费近 19 亿元，惠民让利达 2 亿元，取得了良好的社会效益和经济效益。

6. 文旅融合发展开启新篇章

文旅融合发展是助推文化高质量发展的一个重要因素。近年来，北京在“文化+旅游”业态整合方面做了大量工作，文旅融合相关业态的发展，充分拉动市民文化消费和周边地区文化产业的发展。2022 年，北京文旅融合发展结合了文化内涵与市场价值，做到“宜融则融、能融尽融”，在创新发展之路上取得新成绩，开启新篇章。“文化+乡村振兴”带动产业发展，促进共同富裕。北京各区都努力挖掘自身资源，在文旅融合发展之路上展现各自的特色，比如，平谷区举办北京·平谷世界休闲大会，通过大会擦亮文旅招牌，带动休闲旅游发展；门头沟区开设小院子精品民宿，精准满足个性化旅游需求；密云区荣获“世界乡村旅游大会优秀区品牌”称号，着力优化乡村文化旅游产品；通州近年来在文旅基础设施建设方面投入巨大，62 公里京杭大运河京冀段全面通航、燃灯塔及周边古建筑群对外开放、三大文化主体建筑基本建成，为文旅后续发展打下扎实的资源基础；海淀区围绕三山五园进行文旅精细化开发，坚持走品质化发展之路；石景山区在首钢园开展了工业遗迹向文化产业园区的绿色改造；怀柔区有序推进长城抢险加固工作，将保护与开发结合起来；延庆区推出的精品民宿“长城人家”，备受游客关注。此外，大运河、长城、西山永定河三大文化带的保护与开发也让古都风韵焕然一新。随着文化与旅游消费进一步融合，文化旅游产品向品质化、体验化、多元化、数字化、智能化方向发展，文化旅游产品种类不断创新，实现社会效益与经济效益有机结合。

（三）公共文化服务惠及民众，有效提升人民群众文化获得感

公共文化服务水平标志着一个城市的文化普惠程度，北京多年来在这一领域高强度投入、高标准建设，建立了较为完善的公共文化服务体系，在基本公共文化服务标准化、均等化、社会化方面成效显著，同时在公共文化服务数字化建设等新兴领域积极探索，努力打造公共文化服务体系示范区，在全国形成引领示范效应。2022 年北京公共文化服务在基础设施建设、惠民文化活动开展、服务新模式探索等方面都有所突破，巩固了北京在公共文化

服务领域的领先地位。

1. 公共文化基础设施建设保障服务水平

北京近年来在公共文化基础设施建设上的巨大投入迎来了收获期，2022年北京公共文化基础设施建设最引人瞩目的是城市副中心“三大建筑”的建设、北京市文化馆新馆的建设等。位于通州的城市副中心作为近年来北京重点建设区域，公共文化基础设施建设也快速更新迭代，与城市副中心的功能相匹配。其中的地标性建筑大运河博物馆、城市副中心剧院、城市副中心图书馆已于2021年底前实现外立面亮相，2022年“三大建筑”继续进行内部装修施工、设备安装，以期于2023年底向公众陆续开放。届时，这“三大建筑”将成为市民的高品质文化休闲打卡地，为城市副中心乃至全市居民提供高质量公共文化服务。除城市副中心外，北京市其他区域的公共文化基础设施建设也有序推进，比如北京市文化馆新馆已基本建成，进入内部设施安装和功能落地阶段，将很快向公众开放，由于新馆位于长安街沿线核心地段，不仅能够为本地居民提供高质量公共文化服务，而且能够为北京重大文化活动提供场地和设施保障。

2. 高水平文化活动丰富市民文化生活

公共文化服务的重要内容之一是推出大量高质量的文化惠民活动。北京近年来群众文化活动蓬勃开展，水平不断提升，文化惠民的效果持续扩大，其中“歌唱北京”“舞动北京”“戏聚北京”“艺韵北京”“影像北京”等首都市民系列文化活动是北京市坚持多年打造的品牌活动，实现了贯穿全年、覆盖全市，举办不低于2万场，参与人数不少于3000万人次，成为首都群众文化活动的标杆，体现了首都群众文化繁荣发展的局面。此外，北京市还举办各类文化节、艺术节，推动群众文化活动的开展。2022年8月18日，中国艺术节北京地区群众文化系列活动启动，共有2800余场文化惠民活动覆盖全市，其中线上活动有1045场、线下活动有1788场。作为我国规格最高、规模最大、最具影响力的国家艺术节，中国艺术节上丰富而精彩的群众文化活动集中亮相，体现了艺术节“艺术的盛会、人民的节日”办会宗旨，使高水平的艺术节能够广泛惠及民众。围绕“一城三带”建设与历史文化遗产保护主题，北京举办的“长城文化节”“大运河文化节”“西山永定河文化节”等，推出了大量群众广泛参与的文化活动，包括文旅体验、文物展览、线上交流等，既传播了北京的历史文化，又丰富了市民的文化生活。

3. 文化数字化助力公共文化服务效能提升

随着近年来文化数字化趋势逐渐加速，北京市加快了公共文化服务数字化的建设转型，包括数据库资源建设、数字化使用端口优化、数字化传输场景的拓展等，大大提升了公共文化服务资源的获得性以及服务效能，使公共文化服务能够更广泛、更便捷地惠及广大民众。2022 年，线下公共文化服务供给受限，线上建设与供给却快速发展，北京在数字博物馆、数字图书馆和数字文化馆等方面的建设持续发力，推进数字化公共文化服务产品线上线下融合体验，推动沉浸式互动空间建设。

2022 年依托数字互联网技术的线上公共文化服务得到加强。以北京市文化馆的数字化建设为例，文化馆在 2022 年充分利用数字文化馆平台，上线新专题，整合数字资源，汇集全民艺术普及慕课、电子书籍和微视频等各种类型的全民艺术普及数字资源 5 万多种，资源总量超过 4TB，并围绕艺术普及和文化传承目标，推出“走进”系列全民艺术普及视频资源共 140 余集，总时长近 1000 分钟，总容量达到 90 余 GB，大大丰富了公共文化艺术普及资源的储备和供给。

（四）文化交流与传播面向世界，传播大国首都文化形象

2021 年受疫情影响，面向国内外的文化交流受到较大限制，尤其是文化领域的人员往来受限，许多线下交流无法正常进行。然而，北京作为文化交流的窗口仍然发挥了作用，尤其是冬奥会等重大活动，极大地带动了文化交流。一些论坛展会、文艺演出等克服疫情影响如期举办，取得了良好的交流与传播效果。此外，借助云端技术，文化交流与传播突破时空的限制，有效地抵消了疫情对线下交流活动的影响。2022 年北京在对外文化贸易、文化传播方面取得一定成绩，推动大国首都文化形象在海内外广泛传播。

1. 借冬奥会东风掀起冰雪文化传播热潮

2022 年初，伴随北京冬奥会的举办，北京组织策划了各类线下、线上冬奥城市文化活动 600 余项 1 万余场，全市 15 个区共设 16 个冬奥文化广场开展文艺演出活动，既有专业艺术团队演出，也有群众业余艺术团队表演，涵盖了歌舞、曲艺、戏曲、杂技、广场舞和武术表演等多种艺术形式。[①] 根据国际奥委会发布的《北京冬奥会市场营销报告》统计数据，共有 20.1 亿人通过数字平台和广播电视收看了北京冬奥会。近 30 个国家和地区的 600 余个品牌在首钢园参与“2022 国际冬季运动（北京）博览会”。[②] 年初，北京举办冬奥会友城合作发展论坛，以“相约北京冬奥　共谋合作发展”为主题，通过线上线下相结合的形式进行，参会代表分别来自 23 个国家的 72 个友好城市。北京冬奥会成为促进友城合作的重要平台，推动友城之间深化合作交流，增进友谊互助，携手一起向未来。2022 年也是中意文化和旅游年，以及中国和韩国、中国和克罗地亚建交 30 周年。自 2019 年启动的“魅力北京”系列电视片海外传播活动，在 2022 年邀请了来自意大利、韩国和克罗地亚的摄制组，围绕“人文北京、科技北京、绿色北京”采访拍摄颐和园、通州大运河、国家速滑馆、首钢园元宇宙体验中心和中关村软件园等地，通过他们的镜头讲述北京“双奥之城”丰富多彩的故事，向海外展现北京城市多元多姿的魅力，取得了热烈的社会反响。

2. 盛会众多，拓宽高端活动交流平台

2022 年 1 月，第二届文明交流互鉴对话会在北京举行，线上线下参会的中外各界人士约 260 人，共同表示冬奥会是促进文化交流、凝聚团结力量的文明交流方式，促进弘扬相互理解、友谊团结、公平竞争的奥林匹克精神，推动世界和平与发展。春节期间，北京市文化和旅游局举办 2022 年“欢乐春节”云端文艺盛典，在芬兰、爱沙尼亚等海外五国的电视台、网络社交媒体直播，并在北京时间、Visit Beijing 等官方海外媒体账号进行国际

① 参见《弘扬北京冬奥精神　推进冰雪运动普及》，《人民日报》2023 年 2 月 2 日。

② 参见《“魅力北京”系列电视片海外传播成果分享会举办》，北京市文化和旅游局网站，2023 年 2 月 28 日，http：//whlyj. beijing. gov. cn/zwgk/xwzx/szfdt/202302/t20230228_ 2925384. html。

传播和推送，助推中国元素在海外展现风采。2022年，“云游北京”大型系列主题融媒体宣传活动从2月开始至11月结束，以冬奥冬残奥、健身运动新理念、“大戏看北京”、城市夜经济、关爱老年人等主题宣传活动贯穿全年，凝聚媒体传播合力、整合各界资源，依托主流网络传播平台，创意展现北京文化新风貌，城市精神新气象。2022年7月首届北京文化论坛召开，群英荟萃，论坛设置“文化交流与合作分论坛”，中外文化领域的政府和文化机构代表通过嘉宾发言和圆桌对话，围绕“交流·合作·发展”主题，就“推动文明交流互鉴”和“构建中国话语体系和叙事体系，加强国际传播能力建设”两大议题展开成果交流和经验分享。2022年8月中国国际服务贸易交易会（以下简称“服贸会”）在京召开，众多文化出口重点企业亮相服贸会，自国家文化出口重点企业和重点项目评选以来，北京市入选企业数量、项目数量均位居全国第一，有效推进对外文化贸易高质量发展，推动中华文化“走出去”。北京利用服贸会、进博会等国际化、专业化、市场化展会平台，搭建文化贸易展览展示和洽谈交易渠道，充分发挥商协会、对外文化中心等机构的作用，提升对外合作能级，鼓励文化贸易企业积极参与国际规则、标准的制定。2022年9月，第十三届中国艺术节在北京举办，秉承“艺术的盛会、人民的节日”的宗旨，以“喜迎二十大 奋进新征程”为主题，充分展现了中国文化艺术界的新成果新气象新高度，举办了全国优秀美术、书法、篆刻、摄影展览，以及全国演艺及文创产品博览会。艺术节期间，来自全国各地的包括58部（台）文华奖参评作品、26部（台）特邀剧目、100余个群星奖参评作品在内的优秀舞台艺术作品进行展演。

3. 文化出海势头强劲，对外贸易持续复苏

2022年7月28日，商务部等27部门联合发布《关于推进对外文化贸易高质量发展的意见》，提出着力促进文化贸易规模增长和结构优化，以增强我国文化产品与服务的国际竞争力，向世界推介更多优秀的中国文化，提升国家文化软实力和文化影响力。近五年，北京文化产品进出口额稳定增长，占全国文化产品进出口总额的比重大幅上升。北京已经成为中国文化出海至关重要的“港口”，也是对外传播中国文化的主力城市。目

前，北京市共有3家国家文化出口基地，分别为北京天竺综合保税区、北京市东城区、北京市朝阳区。北京市国家文化出口基地数量位居全国第一，涵盖了功能区和行政区两种不同类型，为下一步促进文化贸易规模增长和结构优化、推动文化贸易制度创新、培育文化贸易领域新业态新模式提供了有力支撑。2022年，天竺综合保税区的“保税功能助力文化展示拍卖新业态发展”案例被选为国家文化出口基地第二批创新实践案例。1~7月，朝阳区重点文化企业进出口总额达8.2亿美元，12家企业和9个项目被认定为2021~2022年度国家文化出口重点企业和重点项目。东城区开展八大专项行动，推动影视精品与国际接轨，打造国际影视高地，拓展国际化全媒体出版产业，鼓励优秀产品在海外发行。国家文化出口基地聚集了一批具有国际竞争力的文化企业，有利于打造文化出口产业链，发展数字文化贸易，创新文化贸易平台。

京产影视作品质量不断提高，形成国际传播新格局。2022年北京视听内容产品和服务出口总额预计突破2000万美元，与2021年相比，2022年的出口总额增长明显。与2019年相比，出口总额基本恢复。其中，电视剧出口量占总体出口量的比重超过6成，仍然为内容出口的主力军。网络剧《回廊亭》《重生之门》出口到美国、韩国、马来西亚等国家，网络综艺《了不起！舞社》等出口到越南、新加坡等国家，网络视听节目出口逐渐增加，成为出口金额和出口量的新增力量。短视频领跑文化出海。TikTok（抖音海外版）、Kwai（快手海外版）等短视频App风靡全球，短视频成为动漫、网文、游戏、影视等其他类型的文化行业进行IP塑造和宣传的重要媒介。据Cloudflare统计的数据，TikTok已经超越谷歌成为2021年全球访问量最大的互联网站点。

4.“云端”科技讲好北京故事

受疫情影响，数字文化消费、线上文化活动成为受推崇的文化体验方式，各类文化艺术作品被搬上网络新媒体平台，“云端”应用场景为丰富线上文艺演出和文化活动提供了良好的基础，市民群众通过“云观演”“云看展”等获得“云端”的文化体验，如：北京考古遗址博物馆3D展厅，让市民能够在线上沉浸式游览大葆台西汉墓；在官网、新媒体平台播出中秋文化活动、第十三届北京青年相声节等。文旅北京手机端的“北京演艺资讯”小程序、新浪微博“精彩中国节、风雅度中秋”文化沙龙、快手“月圆中秋”主题短视频征集以及“国潮京品节”活动等，都拥有很高的人气，另外北京欢乐谷等文化景区也推出线上活动，在文化消费中推动文化传播。① 服贸会期间，北京市海外文化交流中心策划了“大戏看北京——京剧文化之旅特展”线上虚拟展，数字科技与京剧的融合创新了展览的体验方式，也为“京剧文化之旅”这一文化 IP 的出海拓宽了路径。在国际旅游因疫情而受阻的情况下，北京市文化和旅游局布局短视频赛道，创新北京文化的视觉表达方式，将北京代表性的旅游景点、地标和艺术制作成系列短片《京 · 粹》，在海外社交平台播放。《京 · 粹》共 10 期，仅前 4 期的总播放量就超 231 万次，总曝光量超 624 万次。2022 年 7 月，“京 · 彩”北京文化网络传播活动启动，以“逐梦新征程，京彩向未来”为主题，旨在贯彻落实争做中国好网民工程部署，推动“科技为文化赋能，文化为城市赋能”，借由北京文化和首都文明的网络传播展现“首都风范、古都风韵、时代风貌”，讲好北京故事，激发奋进新征程、建功新时代的精气神。北京构建以融媒账号矩阵为助力的“1+2+N”媒体融合新发展格局，加强传统主流媒体如北京卫视、《北京日报》等与新型主流媒体在技术、体制、模式等方面的融合，在海外交流平台增强中国主流媒体的影响力、提高中国主流媒体的传播度。

2022 年，北京文化对外传播与交流迎来飞速发展的新阶段。未来应重视对外传播与交流中的传统文化和优质文化产品，实现北京文化对外交流内容的提质升级，增强文化产品的持久生命力和核心竞争力，打造具有北京特色的文化 IP 和拳头产品。立足首都深厚的文脉底蕴和资源优势，构建具有全球影响力和竞争力的资源体系、服务体系和产业体系，实现融合发展、创新发展、高质量发展。

---

① 参见《紧扣节日主题　将推出文艺演出、展览展示、群众文化、公共阅读、中秋游园等活动“两节”期间文化盛宴推千场活动》，北京市文化和旅游局网站，2022 年 9 月 11 日，http：//whlyj. beijing. gov. cn/zwgk/xwzx/szfdt/202209/t20220911_ 2813333. html。

三 新时代北京文化建设的亮点分析

新时代展示新形象，新领域涌现新亮点。2022 年，北京文化建设平稳中有突破、进步中有惊喜，在稳定发展的大格局下呈现诸多亮点："双奥文化"成为北京新的精神文化资源，中轴线申遗保护捷报频传，"大戏看北京"成为城市文化名片，博物馆之城建设初见成效，北京文化论坛成功举办，打造文化交流新平台。这些虽不能涵盖北京在文化领域取得的全部新成就和新突破，但在一定程度上展示了北京在这一年文化发展中的"精、气、神"，体现了北京作为全国文化中心的示范引领作用。

（一）"双奥文化"熠熠生辉

2022 年，北京冬奥会、冬残奥会克服各种困难顺利举办，开闭幕式处处展现着"中国式浪漫"，为世界奉献了一场载入史册的奥运盛会，也使北京成为世界上唯一举办过奥运会和冬奥会的"双奥之城"。继承和弘扬双奥精神遗产，使"双奥文化"厚植于北京的精神文化生活之中，是冬奥之年北京城市文化活动的重点内容。北京通过举办文艺演出、展览、体育活动等生动形式，深入挖掘双奥遗产，使双奥遗产得到有效活化利用、"双奥文化"在京华大地熠熠生辉。

1. 全民参与喜迎冬奥，文化活动精彩纷呈

为迎接冬奥盛会，营造浓厚的节庆氛围，冬奥北京市城市文化活动组办公室、市文化和旅游局认真贯彻落实文化和旅游部，以及市委、市政府的决策部署，积极组织各类文化活动。据统计，2022 年 1~3 月，北京市共组织各类线下、线上文化活动 659 项 1.16 万场。其中，自 2022 年 2 月 4 日起，全市 16 个冬奥文化广场的中心舞台每天上演两场文艺演出，总计 1008 场，表演者既有专业艺术团队，也有群众业余艺术团队，内容涵盖杂技、曲艺、舞狮、歌舞、戏曲、朗诵、广场舞、武术表演等多种艺术形式；依托社区、村、公共图书馆、文化馆、博物馆、剧院等 91 处冬奥示范设施，举办"冰

雪冬奥”数字阅读体验展、趣味冰雪运动体验、冬奥儿童手抄报等贴近市民日常生活的文化活动。上述文化活动以冬奥为主题，形式丰富多样，将群众喜闻乐见的艺术形式与冬奥主题相结合，运用模拟器等技术手段模拟惊险刺激的冰雪运动，方便市民参与体验，在丰富北京市民文化生活的同时，成功营造全民喜迎冬奥的热烈氛围。

2. 充分挖掘双奥遗产，营造浓厚的“双奥文化”氛围

冬奥会结束后，北京充分挖掘“双奥之城”精神遗产，通过举办双奥主题展览、宣讲等方式，回顾双奥历史、凝聚双奥精神，营造出浓厚的“双奥文化”氛围。由北京奥运城市发展促进中心、北京市公园管理中心联合主办的“双奥之城，未来之光”主题展览，以 96 张代表性图片，对照展现北京奥运会和北京冬奥会相同时刻、相同场景、相同主题的精彩瞬间。展览持续 3 个月，在颐和园展出期间日均参观人数过万人次。此外，该展览还在首钢园、北京冬奥会张家口赛区、昌平区永乐青年体育大本营等进行展出。奥林匹克中心区依托国家体育场（鸟巢）、国家游泳中心（水立方/冰立方）等场馆开展主题展览、宣讲活动，营造浓厚的“双奥文化”氛围：由国家体育总局体育文化发展中心（中国体育博物馆、中国奥林匹克博物馆）、光大文化投资有限公司联合主办，国家体育场协办的“辉煌 · 逐梦——双奥之路中华体育文化展”在国家体育场（鸟巢）举办，通过“华夏体育　源远流长”“振兴中华　奥运征程”“双奥之城　举世瞩目”3 个主题展区，回溯中华民族体育文化，重温双奥发展之路；北京冬奥精神主题展览在奥林匹克塔 1 层展厅进行，除展陈百余幅北京冬奥申办、筹办、举办过程中不同场景的图片、代表性实物和视频外，还邀请了北京冬奥精神宣讲团在展览期间进行讲解和宣讲；国家游泳中心（水立方/冰立方）开放了“双奥情景记忆”展览，让观众回顾北京冬奥会和北京冬残奥会在水立方、冰立方比赛的情景，给观众展示水冰转换背后的科技支撑。

3. 冬奥场馆相继开放，体育丰富群众生活

冬奥场馆在赛事结束后经过改造，相继向公众开放，为群众提供了高质量的冰雪运动场馆，拓展了市民公共文化生活空间。例如，首钢园在冬奥会

结束之后成为北京市新晋的网红打卡地，在冬奥会结束后的首个冰雪季，首钢园充分利用冬奥遗产，依托滑雪大跳台举办“首钢园·冰雪汇”活动；国家速滑馆自2022年7月9日起对公众开放，供公众滑冰并举办市民速度滑冰比赛，截至2023年2月，已累计接待游客21万人次；国家高山滑雪中心于2022年底向公众开放，为不同水平的滑雪游客提供滑雪场地，同时，延庆冬奥村向滑雪游客开放，给游客带来冬奥运动健儿“同款”住宿体验。冬奥场馆的相继开放，在拓展市民体育活动空间、丰富市民公共文化生活的同时，充分开发了冬奥遗产的观光功能，有助于更好地汇聚“双奥文化”、传承双奥精神。

（二）中轴线申遗保护工作稳步快行

中轴线申遗是近几年北京历史文化遗产保护工作的重头戏，随着申遗日期临近，各项工作稳步快行。2022年，“北京中轴线”被国家文物局推荐为2024年世界文化遗产申报项目，体现国家对北京市历史文化遗产保护工作的支持。此外，政策法规方面的完善也是一大亮点，2022年，北京市制定实施了《北京中轴线文化遗产保护条例》等相关条例规定，使中轴线申遗保护工作更加规范有序。围绕中轴线历史文化遗产的保护与传承、传播，还推出了北京中轴线官方网站，重点围绕中轴线开展了一系列活动，营造了浓厚的文化氛围。

1. 制定实施相关条例，规范中轴线文化遗产保护

2022年5月25日，北京市第十五届人民代表大会常务委员会第三十九次会议通过了《北京中轴线文化遗产保护条例》，从立法的角度明确了中轴线文化遗产的保护对象和保护措施，为促进北京中轴线文化遗产的传承利用和公众参与提供了法律支撑。2022年底，北京市文物局公示了《北京中轴线保护管理规划（2022年—2035年）》，该规划对标世界遗产保护要求，是中轴线申报世界文化遗产的必备材料之一。该规划首次明确遗产区、缓冲区具体范围边界，提出建立健全职责清晰、运行顺畅的遗产保护管理体系，于2023年1月28日经北京市政府常务会议审议通过并正式公布实施，为中

轴线申遗保护工作打下了坚实的基础。此外，北京市积极落实相关政策条例，为配合中轴线申遗保护工作，持续推进中轴线周边环境整治、文物修缮、申请式退租、非宅腾退拆除以及中轴线历史文化的传播工作，使中轴线文化遗产保护更为规范有序。

2. 建设上线官方网站，助力中轴线文化传播

2022 年 11 月，北京中轴线官方网站上线试运行，成为继《北京中轴线文化遗产保护条例》颁布之后，中轴线申遗保护工作的又一里程碑。官方网站将中轴线的历史沿革、文化传承、遗产保护等内容通过数字形式进行复现，以“活化”的形态记录了中轴线的历史变迁，生动展现了中轴线深厚的历史底蕴和丰富的文化意蕴。官方网站上线运行，标志着北京中轴线文化遗产保护工作有了官方认证的传播窗口，方便北京、全国乃至全世界关心北京中轴线文化遗产保护工作的网友随时关注和了解中轴线遗产研究、保护情况以及中轴线申遗工作的最新进展，助力中轴线文化传播。

3. 积极举办学术研讨，交流遗产保护工作经验

北京市积极以历史文化和文化保护为主题举办学术活动，研讨、交流历史文化名城保护的相关经验，助力中轴线文化遗产保护工作。2022 年 8 月 7 日，北京举办“2022 北京历史文化名城保护对话会”活动，以“历史文化名城与世界遗产保护”为主题，邀请 20 多位国内外专家围绕“国内部分世界遗产城市遗产保护交流分享”和“青年在世界遗产保护中的作用”两大主题展开研讨、交流，共话世界遗产保护，为北京中轴线文化遗产保护和北京中轴线申遗工作提供了有益的借鉴和参考。

4. 组织策划文化活动，使中轴线文化走进生活

中轴线既是北京的城市空间之轴，也是北京城市的文化之轴，2022 年，北京市围绕中轴线主题，组织策划了一系列市民文化活动。北京市文物局、北京中轴线申遗保护工作办公室主办第二届“北京中轴线文化遗产传承与创新大赛”，该项活动于 2022 年 6 月 11 日启动，至同年 11 月中旬完成各赛道评审，共面向全球征集到 76419 件绘画、海报、影像、数字文创产品设计、新业态经营方案等参赛作品。此外，在“2022 北京历史文化名城保护

对话会”上，主办方还以“积极推进中轴线申遗保护、展示文化魅力”为主旨，开展了“万象中轴”北京中轴线数字文化体验展、中轴线知识科普展、绘城——探秘北京中轴线国际青少年艺术展等5场特色展览，通过数字艺术、绘画、雕刻等不同艺术形式，展示中轴线丰富的历史文化资源。以中轴线文化为主题的精彩纷呈的文化活动，不仅丰富了北京市民的文化生活，还激发了市民参与中轴线文化遗产保护的热情，激活了市民讲好中轴线故事、弘扬中轴线文化的创意，让中轴线文化真正活起来，成为北京市民文化生活的重要组成部分，为中轴线申遗保护工作营造了良好文化氛围。

（三）“大戏看北京”如火如荼

“大戏看北京”是北京新的文化名片，以戏剧、戏曲彰显传统文化魅力，展示北京古都文化底蕴。2022年“大戏看北京”推出的剧目丰富、质量水平高，同时通过惠民举措，让广大市民和游客享受到一场场大戏带来的视听盛宴。

1. 一系列展演季、戏剧节串起“大戏看北京”年度盛宴

2022年11月起，北京市举办首届“大戏看北京”展演季，展演季主题为“文艺展新姿　精品献人民”，共邀请40部精品剧目在京集中展演，包括重大革命历史题材作品，有舞剧《永不消逝的电波》、河北梆子《人民英雄纪念碑》、赣南采茶戏《一个人的长征》、黄梅戏《不朽的骄杨》等；历史题材作品，有昆曲《李清照》、舞剧《昭君出塞》《红楼梦》、话剧《林则徐》等；现实题材作品，如话剧《人世间》、京剧《楝树花》、音乐剧《三里屯42号》等。首届展演季采用线上线下相结合的方式，充分利用国家大剧院、繁星戏剧村、颜料会馆等各种文化演艺空间，为广大市民带来高质量的舞台艺术，使“大戏看北京”在群众中牢牢扎根。除此之外，一些专题展演和戏剧节等文化活动也推出了很多优秀剧目，是“大戏看北京”的重要组成部分。如北京市文化和旅游局主办的2022年“北京故事”优秀小剧场剧目展演，自10月底开始进行为期一个半月的展演，有20部剧目在舞台亮相，艺术门类涵盖戏曲、话剧、音乐剧、新空间作品等。老舍戏剧节

是北京市重要的戏剧盛会，也被纳入“大戏看北京”重点项目。2022 第六届老舍戏剧节于 2022 年 8 月 18 日全面开启，本届戏剧节主题词为“绽放”，有 20 余部中外精品剧目在京城大剧场、小剧场和演艺新空间展演，展现首都戏剧文化的内涵与底蕴。

2. 精品剧目层出不穷，“大戏看北京”文化名片成色十足

“大戏看北京”作为北京近年来倾力打造的文化名片，不仅要多出戏，增加各类戏剧戏曲的供给数量，而且要出好戏，为广大市民提供高质量的精品剧目。在首届“大戏看北京”展演季中，话剧《茶馆》作为重磅剧目推出，《茶馆》是老舍先生的经典之作，北京人艺对《茶馆》进行再度打磨，聚集中坚力量，演绎剧中的悲喜故事，延续和传承这部经典作品在舞台上的精神、精髓。此外，展演季中备受关注的还有舞蹈诗剧《杨家岭的春天》，其传承延安精神，继承延安文艺的火种；中央芭蕾舞剧《世纪》精彩绝伦，呈现中华文明的千年篇章。这些精心打磨并隆重推出的精品剧目，给“大戏看北京”这张文化名片增添了光彩。

（四）博物馆之城建设初见成效

2020 年发布的《北京市推进全国文化中心建设中长期规划（2019 年—2035 年）》指出，北京市要打造布局合理、展陈丰富、特色鲜明的博物馆之城。2022 年，博物馆之城建设进入关键的快速推进期，相关政策陆续出台，在博物馆资源整合、展陈创新、活动开展等方面取得一定突破，初步实现“馆城融合”等建设目标。

1. 加大政策规划和资金扶持力度，为博物馆之城建设保驾护航

博物馆是公益性场馆，博物馆的运营和发展需要政策和资金等方面的支持。为推进博物馆之城建设，2022 年北京市文化部门加快推进许多政策规划和相关支持措施的出台，比如完成了《北京博物馆之城建设发展规划（2023—2035）》（征求意见稿）（以下简称《发展规划》）、印发了《北京市社会力量兴办博物馆扶持资金管理办法（暂行）》等。在《发展规划》中，北京市明确了博物馆之城建设的基本目标和空间结构，将在全市范围内

打造“全域活态博物馆”，即构建“两轴四区多点”的博物馆之城空间结构，其中包括两条空间轴线、四大政策分区以及多个城市重点文博区，使全市博物馆布局合理、建设有序。《发展规划》还明确了未来博物馆之城建设的具体时间点和目标：预计到 2025 年，北京博物馆总数将超过 260 座，平均每 10 万人拥有 1. 2 座博物馆；到 2035 年，散布北京各地的博物馆总数将超过 460 座，平均每 10 万人拥有 2 座博物馆。通过出台相关的规划，博物馆之城建设的方向更明确、方式更合理，博物馆满足民众文化需求的能力更强。

2. 举办各类文化活动，使博物馆成为文化活力空间

围绕博物馆资源，北京市每年举办大量文化活动，激活博物馆的展陈、文化传播等功能，提高文物活化利用的效率。全市目前共有备案博物馆 215 座，全年举办各类展览与文化传播等活动近 500 项，不仅有效地利用了博物馆藏品资源，而且使博物馆文化空间功能更为多元化，使博物馆真正成为城市会客厅以及传播知识文化的大教室。利用博物馆资源或博物馆文化空间举办各类文化活动，可以促进文化交流，推动中华优秀传统文化的传播。2022 年，京津冀三地积极推进博物馆行业协同发展，举办了一系列活动，比如“第四届京津冀博物馆优秀志愿者讲解员邀请赛”等，为三地博物馆从业人员提供交流的机会。

3. 运用视听技术，为博物馆之城建设增光添彩

除了博物馆常规的展览，利用数字化、视听化途径，将博物馆藏品、博物馆故事、博物馆空间等通过视频、声音等方式呈现出来，并转化为视听产品供人们选择消费，以便人们更便捷、更低廉地获取关于博物馆文化的相关体验。自 2022 年 7 月开始，反映北京博物馆历史文化以及博物馆之城建设成就的原创节目《博物馆之城》在北京卫视播出，作为文博探秘类文化互动真人秀节目，《博物馆之城》由知名文化大家和明星组成探秘团，引导观众体验博物馆历史文化，既体现知识性，又兼顾趣味性。此外，数字博物馆建设也持续推进，产出大量视听化和数字化产品，比如“北京博物馆云”微信小程序上线，50 座博物馆入驻“北京之声 · 博物馆”，制作了中英文导

览音频1500余条，这些数字或视听产品将成为博物馆文物展陈之外的另一种资源，博物馆也得以在新的赛道继续拓展文化空间。

（五）北京文化论坛成为高水平展示交流平台

2022年7月底举办的首届北京文化论坛堪称年度文化大事件，得到各方面的高度重视。论坛永久主题为“传承 · 创新 · 互鉴”，年度主题为“推动文化创新 赋能美好生活”，主要包括主论坛以及历史文化传承与发展分论坛、文化与科技融合发展分论坛、文艺精品创作与传播分论坛和文化交流与合作分论坛。

北京文化论坛坚持高规格创办、高标准筹办、高水平举办，面向全球分享文化建设成果，探讨人类共同文化命运，展现鲜明的权威性、专业性、开放性。开幕式暨主论坛以及四个分论坛从不同层次、角度和领域对文化展开阐释与交流，体现了高度的思想性、实践性和时代指引性。开幕式与主论坛坚持以习近平总书记关于文化发展的重要论述以及对首都发展的指示精神为指引，围绕文化强国建设、全国文化中心建设等主题进行阐释交流。历史文化传承与发展分论坛，以“传承历史文脉 增强文化自信”为主题，从弘扬中华优秀传统文化、红色基因传承赓续、博物馆之城建设、文物保护与活化利用等不同角度进行深入交流研讨。文化与科技融合发展分论坛，以“创新 · 赋能 · 发展”为主题，围绕文化与科技融合促进文化产业发展和网络文化建设等进行探讨，营造促进文化产业创新发展的良好氛围。同时，分论坛还发布《北京文化产业发展白皮书（2022）》，盘点北京文化产业发展的总体情况、重要进展和特色亮点。文艺精品创作与传播分论坛，以“创作文艺精品 引领美好时代”为主题，紧扣“文艺精品创作与传播”主旨，围绕“如何推动产生文艺精品”“新时代的影视精品创作”进行圆桌对话，探讨新时代如何推动更多优秀文艺作品成为经典、文艺精品的推广传播与资源转化途径，弘扬行风艺德。文化交流与合作分论坛，紧扣“交流 · 合作 · 发展”的主题，通过主旨演讲、圆桌对话的形式，展示北京文化建设成果、交流文化建设经验、促进文化交流合作；探讨文化和旅游融合相关议题；探索加快构建中国话语和中国叙事体系的方式，加强国际传播。

为配合北京文化论坛的举办，文化部门综合近年来首都文化发展建设的重点成就，制作了《“京”彩文化——北京市推进全国文化中心建设成就图册》，重点选取党的十九大以来体现北京市推进全国文化中心建设成效和经验的代表性图片，集中展示首都文化建设的生动实践；现场观摩，邀请参加论坛的领导嘉宾实地参观，直观体验和感受北京源远流长的古都文化、丰富厚重的红色文化、特色鲜明的京味文化、蓬勃发展的创新文化。

四　北京文化建设存在的问题与发展建议

新时代首都文化发展除受到内外环境的影响，还受到自身的体制机制、政策措施、市场活力、资金人才等因素的影响，全国文化中心建设不仅需要解决北京文化发展一时一地的问题，还需要为文化建设提供攻坚克难的成功模式。2022 年北京全国文化中心建设向纵深全面推进，取得了一系列成就，但也存在各种问题，需要结合新时代文化发展新的目标要求，探求解决和优化的方法，并为进一步发展提供可资借鉴的对策建议。

（一）把握数字文化发展浪潮，积极推进国家文化数字化战略

2022 年 5 月，中共中央办公厅、国务院办公厅印发了《关于推进实施国家文化数字化战略的意见》，提出到“十四五”时期末，基本建成文化数字化基础设施和服务平台，形成线上线下融合互动、立体覆盖的文化服务供给体系。党的二十大报告明确指出要“实施国家文化数字化战略”，为今后文化发展建设指明了方向。

文化数字化是文化强国建设的重要抓手和突破口，是文化产业转型升级的内在要求。文化数字化作为国家战略，将成为北京全国文化中心建设的重要方向和落脚点。北京全国文化中心建设要根据国家文化数字化战略部署，形成推进国家文化数字化战略的首都实践、实现文化数字化的首都

引领。具体来说，就是要挖掘首都文化数字化行业领域的资源优势，结合首都文化发展实际，探索具有首都特色的文化数字化发展之路，将文化数字化作为首都文化产业发展新的增长点，在文化发展中集中运用各种新技术，探索文化表现新形式，发展数字文化产业新业态，在“云端”构筑文化发展新高地。

（二）建好北京文化论坛平台，持续推动品牌提质升级

北京文化论坛作为北京市打造的一个重量级平台，是展示中华优秀传统文化和首都文化风貌气质的重要窗口，是传递文化发展理念和文化交流互鉴信息的重要平台，是推动文化强国建设和北京全国文化中心建设的重要引擎。2022 年，克服疫情影响，北京举办了首届论坛并取得了圆满成功，在国内外取得良好的反响。“万丈高楼平地起，一砖一瓦皆根基”，首届论坛立起了一个标杆，搭起了平台的四梁八柱，为今后论坛的持续发展和提质升级打下扎实基础。

在未来 3~5 年内，北京文化论坛将围绕高质量、高水平的发展目标不断完善，从品质和影响力方面大幅提质升级，真正将论坛打造成为一个国家级论坛，一个聚焦文化发展、在全世界有广泛影响力的交流平台。为实现这一目标，需要对标中关村论坛、金融街论坛、服贸会这三大国家级论坛展会，充分汲取国内外文化展会的办会经验，结合北京文化论坛自身的目标定位与特色风格，塑造和精心维护论坛品牌，提升论坛品质，扩大论坛在海内外的影响力，使北京文化论坛成为首都城市的金名片、国家文化交流的会客厅。北京文化论坛的品牌塑造是一个长期的目标，需要在文化领域深耕厚植，同时需要一个短期的行动计划，实现推动文化发展、促进文化交流的现实目的。北京文化论坛的发展从理念到实践有很长一段路要走，也有很多障碍需要跨越。有市委、市政府的正确领导，有社会各界的广泛期待，有文化繁荣发展作为强大支撑，北京文化论坛必将在京华大地扎根，在新时代新征程文化强国建设中形成强大助力，在世界文化舞台上熠熠生辉！

（三）阐释好利用好“双奥文化”，带动京津冀文化协同发展

冬奥会的成功举办是北京2022年的重大事件，使北京成为“双奥之城”，“双奥文化”成为北京一张具有极大能量的文化名片。在首都文化发展中，需要继续挖掘与弘扬“双奥文化”，向全世界展示开放、包容、和谐、共赢的理念，彰显大国首都形象。要着眼于城市整体文化形象的塑造，着力打造较为完整的、彰显城市传统的文化空间，提升北京文化的能见度，优化文化生态布局。

冬奥会推动了园区所在区域的基础设施、公共服务、产业业态提档升级，而且这种效应不仅作用在北京和张家口两个城市，还将辐射整个京津冀地区，因此弘扬“双奥文化”，具有带动京津冀文化协同发展的意义，奥运主题也刺激了周边区域的文化合作，三地之间的很多文化交流以奥运为名，促进了三地民众的沟通往来。未来，“双奥文化”所蕴含的巨大能量将充分释放，为京津冀文化旅游充分协作提供精神支撑。

（四）持续推进文物合理适度利用，让文物“活”起来

历史文化遗产保护与传承要坚持“为子孙后代计，为长远发展谋”，着力加强文物保护利用，让文物活在民间、活在当下。在习近平总书记关于文物保护利用相关论述的精神指引下，北京将文物活化利用作为建设全国文化中心的重要途径，在大力推动文物活化利用的过程中，充分彰显大国首都的文化自信，走出了一条具有北京特色的文物保护利用之路。

北京在历史建筑和文物的保护方面投入大量资金和精力，历史建筑得以修缮并维持原貌，文物得到妥善的保护，然而这只是历史文化遗产保护与传承的第一步。文物如果只是深藏于各大博物馆，那么只能是“死”的文物，通过文化创意、数字化技术、视听传播等途径让文物“活”起来，融入群众生活，使文物所蕴含的优秀传统文化因子转变为现代社会的时尚休闲元素，广泛应用于时装设计、工业包装、艺术创作、街区创意等各个领域，拉近文物与民众生活的距离，让文物衍生创意产品进入人们的

日常生活，不仅提升了人们的生活品质，而且有效地传播了中华优秀传统文化，使文物的魅力得以充分彰显。对于文物工作来说，活化利用是文物保护与传承工作破局的关键一招，使文物工作不再是与社会脱节、与民众隔绝的“冷”领域，而是受全社会尊重与关注的“热”潮流。北京各大博物馆收藏了大量具有历史文化价值的文物，除了改善文物收藏和展陈条件，如何推动文物活化利用，是目前博物馆之城建设的重点和难点。虽然北京在全国率先探索并积累了一定经验，取得了一些成就，但目前文物活化利用还未真正深度融入社会生活，需要结合科技与业态发展趋势等，将文物活化利用置于古都文化与创新文化的结合点上去审视，使文物真正“活”起来，为历史文化遗产保护与传承总结出有益的“北京经验”。

（五）坚持文旅利民，着力推动文旅经济发展取得新突破

新冠疫情发生以来，文旅行业遭受严重冲击，文旅行业在资金、人员、场地等方面承受了极大的压力。政府出台支持文旅行业发展的政策，推出许多恢复发展的纾困帮扶措施，帮助文旅企业纾困解难、渡过难关，许多文旅企业得以生存。

文旅行业是与群众生活息息相关的行业。文旅行业健康发展提供了大量既具文化内涵又有可玩性的旅游产品，可以有效地提升人民群众的幸福感，同时增加和提高城市的文化气息与宜居度。此外，文旅行业吸纳了大量人口就业，尤其是在边远乡镇，对于当地发展具有至关重要的作用，因此，坚持文旅利民的宗旨，推动文旅行业高质量发展，是推动新时代首都发展的重要举措。未来，文旅行业将迎来新的发展时期，北京文旅经济将迎来新的快速增长期。在行业利好的形势背景下，文旅行业更是要做好内功，注重质量提升、注重民众旅游体验感的提升，为民众提供质优价廉的文旅产品；全面提升旅游行业服务水平，坚决杜绝行业内赚快钱、急功近利的现象，维护北京文旅整体形象；充分发挥文旅行业文化交流的窗口功能，将北京文化内嵌到旅游产品中，提供多元化的文化体验服务，迎接海内外游客，提升北京城市文化形象。

过去的一年，首都人民以坚定的文化自信、坚持不懈的恒心与韧劲推进文化繁荣发展；新的一年，北京全国文化中心建设将继续推进，久久为功，行稳致远，逐渐形成文化高质量发展的北京样本，体现文化强国建设的北京担当。

文化战略与文化示范

Cultural Strategy and Cultural Demonstration

B.2

北京进一步推进全国文化中心建设的创新意识与全球视野

张 翔　刘巧稚　汪婷婷*

摘　要： 2022年是“十四五”规划的关键之年。北京市稳步推进全国文化中心建设，在重点文化遗产保护、文化产业发展方面取得了重要进展。重点文化遗产的保护水平进一步提升，“北京中轴线”申遗准备工作、三个文化带建设和“博物馆之城”建设工作持续推进，历史文化保护视野进一步拓宽。中国国际服务贸易交易会、第24届冬奥会的举办为北京文化产业发展注入新动能，科技与文化产业实现“双向融合”。本报告提出，北京在今后推进全国文化中心建设的工作中，要深化创新意识，拓宽全球视野，进一步开拓历史文化资源保护与利用的思路，继续在全国发挥数字文化产业的引领作用。

* 张翔，首都师范大学文化研究院教授，副院长，主要研究方向为文化政策、中国近现代思想与文学史；刘巧稚、汪婷婷，首都师范大学文学院硕士研究生。

关键词： 数字产业 博物馆之城 中轴线申遗 北京

建设全国文化中心，是以习近平同志为核心的党中央赋予北京的重要职责。近年来，北京大力推动文化遗产保护和文化产业发展，在全国文化中心建设方面取得了令人瞩目的成绩，让千年古都焕发新光彩，让中华文明“金名片”熠熠发光。目前，在全国文化中心建设方面，北京市正在已有蓝图的基础上开拓进取。

一 重点文化遗产保护的水平提升与视野拓宽

（一）申遗准备工作大幅提升“北京中轴线”保护和利用水平

2022 年，国家文物局确定推荐“北京中轴线”作为中国 2024 年世界文化遗产申报项目。北京市第十五届人民代表大会常务委员会第三十九次会议表决通过《北京中轴线文化遗产保护条例》（以下简称《条例》），为中轴线的保护、传承与利用提供了全面系统的指引。《条例》明确各方的责任，增添公众参与的内容，鼓励全社会共同参与文化遗产的保护和传承，强调全方位的整体保护，不仅保护有形的文物本体、文物建筑和历史街区，也保护无形的文化遗产，文化遗产保护要和人民的生活结合起来。

体制机制的持续健全，为中轴线申遗保护提供了制度保障。北京市在推进全国文化中心建设的总框架下，形成了市委、市政府主要领导挂帅的高频调度机制，凸显了中轴线申遗保护在推进全国文化中心建设中的核心位置。与此同时，市、区各主管领导就分管领域、频繁调度中轴线申遗保护相关重点问题，打通政策路径，落实重点任务。各部门及相关区多元参与、协调推进，形成工作合力，在规划、发改、财政、司法、住建、文物、城管、交通、环境、水务等多方面的工作中集中发力，全面改善了中轴线的遗产保护状况，形成了资金筹措、房源置换、司法保障等各个层面的保障机制，构建起多部门参与、协调联动的发展格局。①

在各单位、各部门以及一些企业和高校的支持下，一系列围绕中轴线的治理、保护和开发工作陆续展开。文物保护修缮、占用单位的腾退、环境整治工作同时推进。据北京市文物局副局长凌明介绍，北京市先后完成了太庙、社稷坛、天坛、景山、皇史宬、宏恩观的腾退工作；修缮开放了景山寿皇殿建筑群；整体贯通了中轴线南段御道景观并开放为城市公共空间；拆除天坛内坛园林机械厂，新增绿化及开放面积 3.2 公顷。此外，钟鼓楼、正阳门、太庙、社稷坛、天坛、先农坛、景山内一批重要文物建筑先后得到妥善修缮保护，考古发现正阳桥明代石质镇水兽，元代遗存万宁桥获得限重、限速保护，严重影响风貌的北海医院和东天意市场降层，钟鼓楼周边申请式退租和第五立面整治收效显著，地安门外大街沿街立面、先农坛体校东侧场馆外立面风貌相适。② 这些工作既保护了文物，使文物的赋存环境越来越好，又改善了人民群众的生活环境。

围绕北京中轴线的保护、传承与创新，各方力量结合文艺、旅游、科技等方式，推动文化遗产现代化、数字化保护与传承。北京市文物局和腾讯联合发起的“数字中轴”项目，是对文化遗产的可持续社会价值创新模式的重要探索，既有助于让社会资金有渠道进入遗产保护相关的项目，也有助于提升北京中轴线的国际影响力，助推北京中轴线申遗保护。中共北京市委宣传部、北京市文物局、北京中轴线申遗保护工作办公室与北京东方嘉诚文化产业发展有限公司等单位和企业联合举办北京中轴线文化遗产传承与创新大赛，通过人民群众喜闻乐见的方式，吸引了众多市民尤其是青年人的关注，一批有创新能力的企业和文化机构参与其中，在社会范围内特别是青年人群体中有力推动了中轴线文化遗产保护及其价值的传播。

① 参见崔毅飞《北京：中轴线申遗名录文本已完成》，《北京青年报》2022 年 7 月 18 日，第 B3 版。

② 参见崔毅飞《北京：中轴线申遗名录文本已完成》，《北京青年报》2022 年 7 月 18 日，第 B3 版。

（二）历史文化保护视野进一步拓宽

北京成为全国文化中心的一个重要依托在于，北京在促进全国民族团结和文化交融方面长期发挥着引领作用，积累了宝贵的历史经验。自元代在北京建都以来，北京在绝大多数时间里是全国各个民族进行文化交流和交融的中心。建党 100 多年来，中国共产党秉持马克思主义的指导思想，探索开展了一整套有别于前的革命实践，建立了民族区域自治制度，缔造了统一的多民族的现代共和国。这一进程饱含了值得再提炼记取的铸造民族团结的丰富经验。其中，1913 年成立的北平蒙藏学校，是中国共产党开展民族工作的重要地方，为中国革命培养了大批少数民族干部，是共产主义在少数民族中开始传播的地方，是北京作为各民族进行文化交流和交融的中心的深刻体现，在缔造民族团结的现代共和国的革命历史中有着重要的历史地位。

1913 年，为应对日益严峻的边疆危机，北洋政府成立了北平蒙藏学校，由国家拨发办学经费及生员日常开销，招收边疆地区的少数民族子弟进京就读，旨在为边疆的治理建设事业培养新式的少数民族人才。1923 年，李大钊指示邓中夏、赵世炎等中国共产党党员进入蒙藏学校，讲解宣传马列主义、共产主义的基本原理，分析国内外形势、民族压迫和阶级压迫的关系，介绍苏联十月革命的情况。在这种情况下，北平蒙藏学校的青年群体迅速向左转，在校内发展了中国共产党的第一个蒙古族党员，编辑出版了第一份少数民族革命刊物《蒙古农民》，建立了中国共产党的第一个少数民族支部。按照乌兰夫的回忆，到 1925 年，“全校只有 120 个学生，党团员就有 90 多个”。

中国共产党在北平蒙藏学校的实践，为此后中国革命的民族政治提供了充分的干部准备。1925 年后，根据中共北方局的安排，蒙藏学校的革命学生兵分几路走向不同的革命战场，带着中共早期的民族政治理念，将中国革命推进到边疆民族地带，深刻影响甚至直接形塑了此后中国边疆革命的发展走势。这些从蒙藏学校走出的共产党人，如乌兰夫、奎璧、多松年、贾力更等人，后来都成为我党优秀的民族干部，在许多重要的历史关头，为对抗民族分裂势力、维护祖国统一做出重大贡献。①

2021 年 11 月，北京市启动位于北京市西城区小石虎胡同 33 号院的蒙藏学校旧址的修缮保护。2023 年 3 月 28 日，蒙藏学校旧址暨中华民族共同体体验馆开放仪式举行，中央统战部副部长、国家民委主任潘岳，北京市委副书记、市长殷勇致辞并共同为旧址开放揭幕。在这里举办的“中华一脉　同心筑梦——中国共产党民族工作光辉历程和伟大成就主题展”和“蒙藏学校旧址专题展”展出 420 余张照片，280 余件实物、文献和档案。

据北京市文物局局长陈名杰介绍，在各方的共同努力下，用了一年左右的时间，严格按照中国文物保护修缮的规程，采用原材料、原工艺、原形制，最大限度地重现蒙藏学校旧址明清建筑端庄大气、古朴典雅的文物之美，让社会各界更能感受到中华民族多元一体的发展历程，增强对祖国优秀文化的认同。② 这是北京在呈现民族交融经验的重要历史文化遗产保护方面走出的重要一步。

（三）三个文化带的建设工作进一步推进

大运河文化带建设有重要突破。到 2022 年，大运河北京段沿线七区共实施各类文物保护工程 126 项；在前期文物腾退、村庄搬迁的基础上，有关部门对已有的遗址进行了系统的环境整治、修缮保护、资源数字化及档案管理等工作，对考古新发现的建筑遗存进行了保护和环境整治；北京市文物局组织北京市考古研究院开展了大运河通惠河段病害勘察及监测数据收集工作；大运河北京段沿线七区的一批博物馆向公众开放。③ 目前，北京市已建

① 有关蒙藏学校的相关内容，引自王诗扬、袁先欣《将北京蒙藏学校遗产保护作为建党百周年纪念重要工作的建议》，载首都师范大学文化研究院编《文化决策参考》2021 年第 1 期。该建议作为首都师范大学文化研究院的研究成果，获得民进中央采纳并上报。

② 参见赵明聪《蒙藏学校旧址开放！600 余年历史变迁，这些细节你知道吗?》，“1039 调查团”微信公众号，2023 年 3 月 28 日，https：//mp. weixin. qq. com/s/wHXY41SJNUuSiwStDfowFQ。

③ 参见罗鑫《北京：大运河文化带建设成果丰硕》，《人民日报》（海外版）2022 年 8 月 11 日，第 2 版。

设什刹海西海湿地公园、马家湾湿地公园、大通滨河公园、顺义新城生态休闲公园等一批滨水休闲空间。

长城文化带建设在多方面取得进展。举办北京长城文化节，开展“中国怀柔·长城”四季采风创作活动，制作纪录片等节目，长城文化带宣传力度加大；优化长城沿线生态环境，进行风沙源治理、退耕还林等一系列绿化工程；完成滚天沟停车场整治和旅游文化街改造升级，八达岭长城实现由单一旅游风景区向文化体验综合区的重大转变；塑造乡村亮点，开展“独山夜月”遗址保护利用工程、传统院落保护试点建设，推出“长城人家”民宿品牌等一系列新业态、新消费产业。①

西山永定河文化带的历史文化内涵非常丰富，这一特点基于文化带的建设得以更醒目地呈现。琉璃河遗址城址区的考古发掘获得重大发现，对研究燕京地区早期历史具有重要意义。中国文物学会会长、故宫博物院原院长单霁翔认为，琉璃河考古的成果，有利于展示全面真实的古代燕国、有利于揭示京津冀一体化的文化渊源、有利于体现中华文明的历史文化价值、有利于呈现中华民族多元一体的历史过程，将加快推动房山区文旅融合，打造全国文化中心建设的“金名片”，对琉璃河国家考古遗址公园建设起到强大的考古支撑作用。②

大运河、长城、西山永定河三个文化带的建设，有利于疏通古都北京的历史文脉，为构建北京历史文化景观与自然生态景观相结合的古都风貌的基本格局奠定基础。③

（四）“博物馆之城”建设工作持续推进

尽管受到新冠疫情的影响，北京市“博物馆之城”建设仍然取得了一系列成果，全市博物馆的服务质量和水平不断提升。

---

① 王铭、赵振烨：《京津冀多维联动发展：北京长城文化带建设新画卷》，《新视野》2022 年第 2 期。

② 参见《北京琉璃河遗址又有重大发现，出土西周铜簋等》，澎湃新闻，2021 年 12 月 8 日，https：//www. thepaper. cn/newsDetail_ forward_ 15746444。

③ 参见张景华《北京统筹推进三个文化带建设》，《光明日报》2016 年 8 月 11 日，第 3 版。

北京市文物局等部门制定并公布了《北京市鼓励社会力量兴办博物馆的若干意见》，进一步鼓励社会力量兴办博物馆，提出从设立专项经费、提供税收和投融资服务等方面予以扶持，探索建立帮扶制度。鼓励社会力量兴办博物馆与国有博物馆、社会力量兴办博物馆之间联合举办专题展览，策划社会教育活动。此外，北京市还鼓励驻京高校、科研院所和社会公益组织参与社会力量兴办博物馆的课题研究、讲解服务、策展创意等工作。①

博物馆公共服务水平显著提升，博物馆更能抓住热点问题，回应时代及群众需求。在当前中国与全球各国家和地区交往的广度和深度持续拓展的背景下，北京多家重要博物馆日益重视对全球其他文明的展示和介绍，举办各具特色的专题展，展现中国与全球其他国家和地区进行文化交流的状况。例如，中国国家博物馆展出来自意大利 26 家国家级博物馆的 308 套 503 件珍贵文物；② 故宫博物院和巴基斯坦国家遗产与文化署考古与博物馆局共同主办犍陀罗艺术展，这是目前在中国境内举办的最大规模的相关艺术展。这些展览有助于增进中国与其他国家和地区之间的相互理解，在文明交流、民心相通、弘扬全人类的共同价值方面做出更大贡献。

博物馆教育资源的开发应用得到加强，取得显著成效。北京的馆校合作模式从内容到形式的设计呈现多样化发展趋势，馆校合作机制逐步健全、馆校合作融合程度不断提升。推动中小学生利用博物馆资源开展学习，有助于将博物馆的收藏和研究成果进一步转化、传播和利用。

北京的博物馆建设工作得到了社会各界的热切关注。2022 年 7 月 15 日，北京市政协和市委统战部就“推进建设‘博物馆之城’助力全国文化中心建设”联合召开议政会，围绕强化央地协同、动员社会力量、做好顶层设计、加强数字赋能、培养策展人才、京津冀三地共建以及老城文物建筑

① 参见罗鑫《北京：社会力量兴办博物馆将获专项经费扶持》，中国政府网，2021 年 7 月 19 日，http：//www. gov. cn/xinwen/2021-07/19/content_ 5625915. htm。

② 参见蒋肖斌《国博开幕“古罗马文明展”，503 件珍贵文物一览意大利之源》，中国青年网，2022 年 7 月 11 日，http：//news. youth. cn/jsxw/202207/t20220711_ 13837252. htm。

利用等方面提出了积极建议。市委书记蔡奇在议政会上强调，北京博物馆资源得天独厚，要发挥优势，进一步构建具有首都特色的博物馆体系。①

二　北京文化产业发展的新动能

2022 年，北京的文化产业尤其是数字文化产业的发展，展现强劲的势能。其中，北京市规模以上文化企业实现营收 17555.3 亿元，在疫情严重影响下依然保持正向增长，展现文化产业发展的强大韧性。②

（一）以服贸会为龙头，打造数字经济产业新生态

2022 年 9 月，中国国际服务贸易交易会（以下简称“服贸会”）在北京举办。服贸会由商务部和北京市人民政府共同主办，是中国在全球服务贸易领域举办的规模最大的综合性展会。这是北京建设全国文化中心、在数字经济领域凸显引领作用、在全球数字文化中提升竞争力的重要举措。

此前，中国进出口商品交易会（以下简称“广交会”）和中国国际高新技术成果交易会（以下简称“高交会”）在珠三角经济腾飞中起到的引擎作用非常明显。如何发挥国际会展的作用，上海与北京还处于初步探索阶段。③ 广交会及高交会促成了广州、深圳等珠三角城市在中国经济、亚太经济乃至全球经济中的特别地位。珠三角区域经济发展的关键环节是以广交会为起点，形成覆盖产业链、供应链、创新链的经济生态系统。在奠基阶段，广州和深圳都发展出引领珠三角地区加工业的全球性贸易市场，深圳在电子工业等领域深耕，构建产业链和供应链，在此基础上举办高交会，走上高质量国际性展会与产业生态相互推动发展的快车道。

---

① 参见刘菲菲、武红利《市政协议政会建言打造彰显首都风范古都风韵时代风貌的博物馆之城　蔡奇讲话　魏小东主持》，《北京日报》2022 年 7 月 16 日，第 1 版。

② 参见袁云儿《文化企业专场政策宣讲会举行　全链条扶持政策为企业发展赋能》，《北京日报》2023 年 3 月 29 日，第 2 版。

③ 详细讨论参见张翔、蒋余浩《广深“双引擎”：珠三角经济生态圈的崛起与升级》，《文化纵横》2021 年第 5 期。

广州与深圳依托高层次国际会展形成经济生态的经验，为北京打造国际会展和经济生态提供了借鉴。服贸会就是在整合京交会与北京文博会等已有国际会展的基础上的再出发。尽管近两年服贸会的国际影响力拓展受到较大限制，但从2021年和2022年的情况来看，服贸会已经初步呈现出对经济和文化高质量发展的助推作用。据初步统计，2022年服贸会共达成各类成果1339个，其中成交项目类513个、投资类175个、首发创新类173个、战略协议类128个、权威发布类82个、联盟平台类26个、评选推荐类242个。①

2022年服贸会上，507家世界500强及行业龙头企业、71个国家和国际组织以国家或总部名义设展参会。其中，阿联酋、瑞士、意大利等10个国家首次以国家名义设展。以国家或国际组织总部名义设展办会的数量，比上届增加13个，整体国际化率达到20.8%，比上届提升了2.6个百分点，覆盖27个服务贸易30强国家和地区。② 疫情之下，服贸会为各国搭建了一个更加便利的国际服务贸易平台，为全球服务贸易恢复发展注入了新的活力。

（二）加快科技与文化产业的“双向融合”

2022年，北京市持续推进科技与文化产业的“双向融合”，在科学系统管理体制改革、独角兽企业财政扶持等方面展开创新性的探索。

科学系统管理体制不断进行调整。2021年初，北京市委从“十四五”乃至未来长期科技创新发展新要求出发，做出北京市科学技术委员会、中关村科技园区管理委员会合署办公的重要决策。这项决策进一步明确了国际科技创新中心、世界领先的科技园区和国家实验室建设“三条主线”，加快实现科技资源的统筹整合，探索构建与科技创新中心建设相适应的创新治理体系。

① 参见陈新光《北京国际服贸会——携手共促开放共享新未来》，“中国日报网”百家号，2022年9月9日，https：//baijiahao.baidu.com/s?id=1743474501033737618&wfr=spider&for=pc。

② 参见陈杭、杜燕《服贸会闭幕　参展参会企业数量、成交规模等超上届》，中国新闻网，2022年9月5日，http：//www.bj.chinanews.com.cn/news/2022/0905/87806.html。

打造国家级数字文化产业集群。2022年北京市独角兽企业达102家，分布在人工智能、电子商务、大数据和云计算、集成电路、医药健康等20个行业。北京已培育形成新一代信息技术、科技服务业两个万亿级产业集群，医药健康、智能装备、人工智能、节能环保、集成电路5个千亿级产业集群，金融等现代服务业发展优势突出，国家级高新技术企业、专精特新小巨人企业和独角兽企业数量均居全国各城市首位，是当之无愧的“独角兽之城”。①

近年来，以线下场景为主的传统文化行业发展较缓慢，数字文化产业的潜在商机有所开拓。北京不断追踪这一发展新潮流，在数字文化产业多个领域的创新突破中起到了示范引领作用。

北京支持头部企业对标ChatGPT兴起的产业潮流。北京市经济和信息化局发布的《2022年北京人工智能产业发展白皮书》（以下简称“白皮书”）显示，截至2022年10月，北京拥有人工智能核心企业1048家，占我国人工智能企业总量的29%，位列全国第一，核心区产业集聚能力位列全国第一，已经形成了全栈式的人工智能产业链。白皮书提出，北京市支持头部企业打造对标ChatGPT的大模型，着力构建开源框架和通用大模型的应用生态，加强人工智能算力基础设施布局、加速人工智能基础数据供给。②

北京电竞产业呈现蓬勃发展势头。电竞行业是当下数字经济最具代表性的产业之一，具有非常显著的跨界融合特性，在数字化产业和数字内容领域的发展潜力巨大。《2022北京电竞发展与未来趋势研究报告》显示，2022年68%的北京网民对政府支持电竞产业发展有所感知，相较2021年增长30.5%；认为“电竞是一项数字文化活动”的市民占比由35.5%提升至56.3%，较之前有大幅增长，北京用户观赛热情空前高涨。③ 此外，北京市

① 参见栗玉晨《为企业发展营造更好环境和创新生态》，《北京青年报》2023年4月15日，第A2版。

② 参见缴翼飞、刘丝嘉《多地出台AI产业政策！关于ChatGPT，北京率先表态》，《21世纪经济报道》2023年2月15日。

③ 参见《〈2022北京电竞发展与未来趋势研究报告〉出炉：“电竞北京”主场优势明显提升》，“电竞北京”微信公众号，2023年1月30日，https://mp.weixin.qq.com/s/QTpQcovobg Dp0N8SwD0boQ。

国有文化资产管理中心创造性推出了“电竞北京”活动品牌体系。2022 年 8 月开幕的“电竞北京 2022”延续上两年的热度，持续举办论坛峰会、电竞赛事等各项活动，推动全球电竞产业优质资源在北京落地转化，北京电竞文化产业发展全面提速。

（三）冬奥会为文化产业发展注入新动能

2022 年 2 月，北京举办了第 24 届冬季奥林匹克运动会，成为首座同时举办过冬夏两季奥运会的“双奥之城”。冬奥会对北京文化产业发展的贡献体现在以下几个方面。

其一，数字技术深度融入冬奥会。从北京冬奥会场馆的建造到运行管理和赛事服务，数字技术融入体育行业服务和管理中，更加凸显了体育与科技的“双向融合”。此次奥运会是首个“云上奥运”，核心信息系统实现 100% 在“云”上运行。基于全球云基础设施，“云上奥运”转播让全球电视台在“云”端就能接收直播信号，打破了以往单纯依赖卫星传输的传统转播模式，降低了转播成本，同时增强了灵活性。数字技术的运用创造了一个沉浸式的冬奥盛宴，满足了观众个性化的观赛需求，促进了体育产业的加速发展。

其二，冬奥会助推老旧厂房改造“焕然重生”。自 2010 年首钢涉钢系统完全迁出北京后，首钢厂区的开发利用成为一个待解的难题。随着北京冬奥会的开展，这片废旧厂房重新焕发了活力，成为 2022 年北京冬奥会的大本营之一。在冬奥会结束后，首钢园正式向游客开放，园区形成了包括餐饮、酒店、零售、展览、体验等多元场景在内的特色消费生态，部分公共设施还转变为冰雪运动与文旅融合发展的培训、展览、经验交流和商谈合作的常设性基地。据统计，2022 年首钢园举办各类首发首秀活动 40 余场，入园客流较 2021 年提升约 7 倍。除此以外，首钢园累计注册和入驻企业（组织）超 200 家，首钢园北区已建成的自持空间出租率达 87%，首钢工业遗址公园片区 13 栋地标建筑对外招商，工业遗存改造不断加速推进。①

① 参见张骁、郭宇靖《入园客流激增　冬奥后首钢园实现跨越式发展》，光明网，2023 年 2 月 1 日，https：//m. gmw. cn/baijia/2023-02/01/1303269774. html。

其三，北京成为推进全国冬季运动的引擎。冬奥会在北京的举办，使得冰雪运动的热潮向周边地区辐射，带动了东北、中北和西北地区冰雪产业的发展，缩小了东部与中西部在冰雪运动方面的发展差距。以北京冬奥会为契机，北京成为东部与中西部冰雪产业合作交流的中枢，促进国内与国际在冰雪运动与文旅产业融合发展方面的交流。

三　进一步开拓历史文化资源保护与利用的思路

（一）拓宽思路，深挖北京的历史文化内涵

在保护好北京的文化遗产的基础上，对北京在全国民族团结和全球文明交流中的地位进行深入发掘，进一步对北京丰富的历史文化资源进行梳理和阐释，并促进建设全国文化中心与增进民生福祉更紧密地结合。

推进北京作为全国各民族文化中心的建设，可以对那些体现民族交流、团结的重要历史建筑给予更多关注，加强对相关历史文物的梳理和保护，在北京文化的进一步发展中重视容纳各民族文化要素，充分发挥北京作为全国各民族参与的文化交流平台的作用，促进少数民族基层群众对北京的了解。

从历史上看，宋辽时期至今，北京长期作为东亚及全球交流的中心城市，在今后的工作中，应进一步强调和凸显北京的这一特点，重视北京在全球交流历史中的重要性，梳理北京的全球交流历史文化资源，可以通过博物馆等公共文化平台对全球交流中的北京形象予以呈现，并通过跨国合作展览等方式介绍域外文化。

北京在明清时期留存下来的大量历史文化资源，目前有待进行更深入的阐释。需要挖掘有形的物质遗存的精神内涵，从而讲好历史上北京的精彩故事，阐释好当代北京文化建设的重要作用，帮助世界读懂中国，将北京打造为具有世界影响力的文化交流中心。

（二）创新思路，进一步激发三个文化带的活力

三个文化带的建设，既需关注资金投入和场地建设等“硬件”问题，也需关注如何激发三个文化带活力的“软件”问题。

创新开发方式，用人民群众喜闻乐见的方式提高更多文化场所的知名度。在可持续发展的基础上，将文化带的历史文化资源与网红打卡地建设相结合，充分利用短视频等网络平台的传播作用，提高民众的参与度，打造更具吸引力的文化打卡地。以各个文化带的发展为网络，形成更多具有个性和吸引力的网红打卡地，可以有效解决个别景点人流量过大的难题。

可以借鉴西山绿道建设工程的经验和模式，依托现有的废弃铁路线或山林土路等，修整路面、打通断点，建设5~20条适合家庭徒步的步道，将散点的文化景观整合起来，丰富游客骑行或徒步观光的景观，同时优化沿线生态环境和完善卫生间、垃圾桶、座椅等配套服务设施，打造日用型旅游服务，满足城市居民和外地游客的休闲需求，让人们在更为生动的三个文化带的自然历史资源中流连忘返。①

（三）加强近现代重要历史文化遗产的发掘

目前，北京的红色文化遗产的开发和利用仍不够完善，许多旧址虽然已经完成修缮并向公众开放，但仍然面临公众认知度低、形式单调、资源分散等问题。已经开放参观的遗址遗迹，需提高知名度和到馆率，可以拓宽推广渠道，利用数字化新媒体技术，比如用数字技术对历史事件和人物进行深度还原重现，增强趣味性，突出自身特色。将分散的红色文化资源整合起来，打破各自封闭的状态，可以通过设计专题路线的方式，一方面增强游玩的丰富性，另一方面使红色文化资源形成合力。②

① 参见曹政《西山绿道打造北京山水特色新名片　首段40.2公里年底开工　串联起西山与永定河美景》，《北京日报》2022年10月12日，第6版。

② 刘玲、曹鑫怡：《挖掘利用北京革命先驱故居内涵资源传承首都红色文化基因》，《北京印刷学院学报》2022年第11期。

新中国成立后的工业文化遗产也是北京文化中极为重要的一部分。北京在旧工厂改建文化园区等方面处于全国领先地位，首钢园、郎园等工业园区的成功转型，为利用北京工业文化遗产提供了重要经验和样本。由于北京市文化产业园区众多，发展水平参差不齐，有关部门仍然需要保持对文化园区发展的持续关注和加大公共投入力度，让这些园区在城市文化建设与周边群众生活中发挥更重要的作用。

北京拥有丰厚的演艺资源，但无论是代表性还是影响力都仍然有所不足，盘活北京市的演艺资源，对于打造北京的文艺景观具有重要意义。北京可以建设文化演艺集聚区，在政策和基金上鼓励有代表性的驻场演出，打造具有北京特色的经典剧目，让国际国内游客不仅看景点遗址，也看创造性的文艺作品，看当代的文化地标和艺术节庆活动，提高北京在全国乃至全球的文化影响力。

四　放眼全球，继续在全国发挥数字文化产业的引领作用

（一）建设人工智能创新发展的全球高地

近年来，人工智能日益成为国家竞争、国际化城市竞争和一国之内地方竞争的重要场域，成为国家能力和地方经济技术力量提升的重要支撑。北京市在人工智能领域的发展既要立足于加强全国科技创新中心建设，在全国区域竞争中保持领先地位，同时要着眼于全球产业发展及国际竞争，努力建设人工智能创新发展的全球高地。

以产业发展支撑人工智能领域产研结合，重视京津冀一体化的跨产业合作，为人工智能领域的长足发展提供丰富的机遇，构建良好的人工智能经济生态圈。确立新的“平台”观念，鼓励头部企业构建自身生态。一方面，应通过开放数据、开放平台的方式促进多元主体创新，在此过程中要充分发挥政府作用，以政府购买服务、政府开放数据等方式激励、培养头部企业；另一方面，应促进不同头部企业的合作创新、协同创新，打破传统“平台”

观念，构建新生态。

重视国有产业投资基金在推动人工智能领域发展的作用。人工智能领域的良好前景吸引了国际和国内众多产业投资基金的关注。人工智能领域的市场需求变化快、技术迭代迅速，需要企业建立足以适应市场激烈竞争的管理体制。目前，国有企业改革的重心从管企业转向管资本，重视通过各种国有投资平台来发展壮大国有经济，调控和影响产业发展。从国有投资平台进入人工智能领域，可以避免出现21世纪以来国有企业在互联网经济潮流中表现乏力的问题。北京市的国有投资平台及与相关部门合作建立的投资平台，需要更重视对人工智能领域的创新企业的投资，为北京市更多独角兽企业的出现提供重要的基础。

（二）充分发挥北京文化产业的集群优势

随着北京的产业重构，众多制造业和相关产业外迁，无论是北京地区，还是京津冀地区，在生产性服务贸易方面，都存在一些缺口，都不像长三角或珠三角那样，有着完整的、全面的产业链系统。在此产业链系统缺口之下，北京的创新企业吸纳投资的增速不及上海、成都等拥有完整产业链系统的城市，近年来北京在全国的科技创新影响力有所减弱。因此，要充分意识到北京产业链系统不完整的问题，并做出相应调整和应对。

致力于建构充分发挥北京文化资源优势和科技研发优势的产业生态圈。2022年11月25日，北京市第十五届人民代表大会常务委员会第四十五次会议通过的《北京市数字经济促进条例》提出，市、区人民政府及其有关部门应当支持数字产业基础研究和关键核心技术攻关，引导企业、高校、科研院所、新型研发机构、开源社区等，围绕前沿领域，提升基础软硬件、核心元器件、关键基础材料和生产装备的供给水平，重点培育高端芯片、新型显示、基础软件、工业软件、人工智能、区块链、大数据和云计算等数字经济核心产业，支持企业发展数字产业，培育多层次的企业梯队。

北京市作为首都，具有优厚的智力资源和资本资源。一方面，北京有众多科研院所和高校，培养了众多科研人才和创新团队；另一方面，北京在数字经济和数字服务贸易领域有众多领先企业，科技创新能力在全国保持领先地位。北京市需充分重视各科研院所的科研成果，重视人才培养和吸纳工作，促进科技成果转化；系统支持科技创新企业，完善科技金融体系，设立更多推动科技创新成果在全国落地的统筹机构并鼓励其发展，降低服务制度成本，为创新主体提供服务便利。

构建新的产业链网络和系统。北京在数字经济和数字服务贸易领域发挥的引领作用，已经不能局限于京津冀地区，需要放眼全国，依托当前中国极为便捷的交通网络，以北京为中心，与全国的生产性服务贸易的重点区域和企业，建立起更广泛的生态圈，更好地发挥北京在科技研发等方面的优势。此外，要重点梳理在京拥有全产业链的企业，给予较大的支持力度，为该类型在京企业“保驾护航”。

（三）将服贸会打造成北京引领数字经济发展的关键平台

相对于国内起步较早的大型国际展会，服贸会的国际规模还有很大的扩展空间。服贸会正式会期之外的日常性展会的发展还处在萌发阶段，发展空间也很大。

服务贸易的发展将带动北京文化产业尤其是数字文化产业的发展，成为北京建设全国文化中心和全球重要文化中心城市的基础。依托服贸会这一国家级平台，北京有望迅速成长为全球服务贸易的关键节点城市。

其一，以服贸会为主要中介平台、以北京雄厚的数字经济产业为基础、以金融业为支撑，打造一个有更好产业循环的数字产业、数字文化和数字贸易的生态圈。与北京数字产业的主要企业、有潜力的中小企业及各类金融企业建立更为密切的互动关系，与北京相关企业建立更密切的对话交流机制，充分了解北京在数字服务贸易领域的主要企业的需求，不断提升服贸会的水平。

其二，制定服贸会分步发展的规划，以服贸会为中心，打造推动服务贸易的小生态系统，孵化出服贸会闭会期间仍然活跃的系列展会及提供相关服务的企业。一个成功的全球展会，不是七天或十天周期的展会，而是影响力持续存在的展会系统，这样才能在建构经济生态圈中发挥较为充分的作用。服贸会不能只是闭幕就完事的一年一度的大型活动，而是需要发展出一套在日常情况下也运作的小生态系统，这样才能更好地服务于数字经济生态圈的建构。

其三，既要促进与西方发达国家的服务贸易往来，也要高度重视与发展中国家的服务贸易往来。服贸会需要更为自觉地用好“一带一路”倡议推动形成的国际合作机制，大力拓展与众多发展中国家的合作。

B.3

2022年京津冀文化协同发展研究报告

张大为　王云芳　王　谦　石　玉*

摘　要： 2022年京津冀文化协同发展取得了许多成绩。三地文艺演出集中呈现了庆祝党的二十大、奥运会等主题，其中北京的文艺演出类型最为丰富；三地文化协同发展中有三种文化资源表现亮眼，包括冬奥会、冬残奥会，大运河和非物质文化遗产；三地文化协同发展的合作形式转型升级，线上线下并举，更加多元化；国际交流的文化活动趋向品牌化。对标建设世界级都市群的要求，本报告建议以中华文化内涵深度贯通京津冀三地文脉，求同存异并打造有影响力的京津冀文化品牌；强化公共性文化资源的合作交流与整合，促使形成京津冀一体化的文化认同意识；促进三地文化资源和旅游经济深度融合，将京津冀打造成世界级旅游目的地。

关键词： 非物质文化遗产　大运河文化　文化协同发展　京津冀

习近平总书记指出，“京津冀地缘相接、人缘相亲、地域一体、文化一

* 张大为，天津社会科学院文学与文化研究所副所长（主持工作）、研究员，主要研究方向为文化理论与文艺理论；王云芳，天津社会科学院文学与文化研究所副研究员，主要研究方向为中国当代文学、城市文学与文化；王谦，天津社会科学院文学与文化研究所助理研究员，主要研究方向为中国现当代文学；石玉，天津社会科学院文学与文化研究所助理研究员，主要研究方向为中国古代文学。

脉，历史渊源深厚，交往半径相宜，完全能够相互融合、协同发展”①。2014 年，习近平总书记亲自谋划、亲自部署、亲自推动以疏解北京非首都功能为核心的京津冀协同发展重大国家战略，标志着京津冀三地协同发展进入新的历史阶段。其中，京津冀文化协同发展是京津冀协同发展的重要内容。2022 年是京津冀协同发展重大国家战略实施的第八年，随着其他各个重要领域协同发展进程的推进，京津冀文化协同发展也进入向纵深推进的阶段。这一年，京津冀三地为公共文化服务、文化产业、文旅经济等领域的协同发展做了大量工作，呈现不少新的亮点和特点。总体上看，京津冀三地跨区域的文化协作与协同发展，在三地的文化工作和文化事业、文化产业当中的占比越来越高，对于满足三地人民群众日益增长的美好文化生活需要，发挥着越来越重要的作用。

一　2022年京津冀文化协同发展的基本情况

2022 年是国家“十四五”规划的关键之年，在国家和三地政府部门的共同努力下，京津冀协同发展各方面都有条不紊地按计划推进，尤其是在文化协同发展与文化事业、文化产业的协同联动方面取得了不俗的成绩。

（一）京津冀文化协同发展搭建的工作平台与举办的各项文化活动

2022 年，京津冀三地的文化活动异彩纷呈，围绕着文化协同发展的共同目标，三地策划的文化合作、联动的内容越来越多。2022 年的合作主题，主要集中在非物质文化遗产（简称“非遗”）、大运河文化、冬奥会、第十三届中国艺术节等方面。合作形式也转型升级，由传统的单一的合作模式，逐渐变得多元化：有着重文化工作沟通交流的学术论坛、有共享文化资源的各式展览、有跨媒介融合的文化资源的互动与创作，以及为促进三地文旅经济发展搭建的各种工作平台与举办的各项文化活动（见表 1）等。

① 《习近平总书记引领推动京津冀协同发展纪事》，中共中央党校网，2023 年 5 月 15 日，https：//www. ccps. gov. cn/xtt/202305/t20230515_ 157977. shtml。

表1　2022年京津冀文化协同发展搭建的工作平台与举办的各项文化活动

名称	时间	地区/方式	内容	主办方
京津冀“携手迎冬奥 同心过大年”活动	1月	线上（网络、电视、电影）	共享影视版权，丰富冬奥、春节期间的电视荧屏内容供给；发挥网络视听平台优势，引导三地群众线上欢乐过大年	北京市广播电视局、天津市广播电视局、河北省广播电视局
“冰雪中国年　一起向未来”京津冀迎冬奥网络春节联欢会	1月	线上	选取京津冀三地多个代表性外景地进行录制，诠释了“京津冀如同一朵花上的花瓣，瓣瓣不同，却瓣瓣同心”的地缘相接、人缘相亲的关系	天津市南开区与北京市延庆区、河北省张家口市联合录制
“相约北京”奥林匹克文化节暨第22届“相约北京”国际艺术节——北京文化周	2月11~15日	北京	围绕“魅力京韵　共赴冰雪”主题，文化周除了主题晚会、非遗展示、北京特色图片展外，还将在各区城市文化广场展开百余场活动	由北京市人民政府主办、北京市文化和旅游局承办
非遗筑梦　我为冬奥健儿“颁奖”	3月	北京、天津、河北	京津冀地区的小学及特殊教育学校为冬奥健儿制作非遗文创作品并举办展览	北京市石景山区非物质文化遗产保护中心联合天津市河北区文化馆、天津市河西区文化馆、张家口市非物质文化遗产保护中心
第二届“运河情·江南韵”——大运河民族音乐文化传承展示周	9月	线上	综合音乐、舞蹈、戏曲等艺术表现形式，展示运河沿线新时代人民群众创造的文化成果	文化和旅游部公共服务司指导，文化和旅游部全国公共文化发展中心、中国群众文化学会等联合主办，大运河沿线8省（市）文化馆（站）联合举办

续表

名称	时间	地区/方式	内容	主办方
第十三届中国艺术节系列展览	9~10月	线上+线下(中国美术馆、天津美术馆、石家庄美术馆)	9月1日在北京开幕,9月15日在雄安新区闭幕;举办开闭幕式、艺术评奖、特邀剧目展演、纪念毛泽东同志《在延安文艺座谈会上的讲话》发表80周年主题展、美术作品展、演艺文创博览会等活动,带动京津冀三地开展品牌文化展演等联动活动	文化和旅游部、北京市人民政府、天津市人民政府、河北省人民政府共同主办
京津冀联合开展执法行动	10月	天津、北京、河北	进一步规范京津冀地区文旅市场、管控秩序	天津市文化市场行政执法总队与北京、河北文化执法部门
北京之约·域见未来——2022京津冀文旅协同发展云论坛	11月	线上	围绕党的二十大报告中关于促进区域协调发展指示精神,从政策解读、案例解析、资源协同、未来展望等多个方面进行探讨交流,进一步推动三地文旅高质量发展	北京市文化和旅游局、天津市文化和旅游局、河北省文化和旅游厅共同主办
第六届京津冀图书馆"我与图书馆的故事"——"新时代新阅读"阅读推广交流展示活动作品征集	11月	线上(天津图书馆官网、微信公众号及京津冀图书馆公众号)	征集摄影、朗诵、书画、儿童故事类优秀作品,经专家评委评选出优秀作品进行线上展览	北京市文化和旅游局、天津市文化和旅游局、河北省文化和旅游厅
"京津冀甘黔湘非物质文化遗产创新创意大联展"	11月	天津	来自6省(市)200余个非遗项目,400余件非遗艺术品、非遗文创产品齐聚津城	天津市文化和旅游局、天津市民族和宗教事务委员会、天津市河西区人民政府主办

续表

名称	时间	地区/方式	内容	主办方
第十三届中国艺术节全国优秀书法篆刻作品展览	11~12月	天津	汇集并呈现来自全国30个省(区、市)的书法、篆刻佳作共计300余件;邀请津门老中青书法家代表向观众进行推介,小分享人的分享视频也连续推出	天津美术馆
"2022年I·游天津文旅线上推介会"	12月	线上[津云客户端、津云官方微信视频号、中国旅游新闻App、冀云客户端(河北)、新黄河客户端(山东)、北京市文旅局和天津市文旅局官方网站直播]	以"天地人和·津彩呈现"为主题,把"面对面"改为"线连线",把"手握手"变为"屏对屏",通过"沉浸式推介+访谈+互动"的形式,向全国网友介绍天津特色文旅资源和精品旅游线路	由天津市文化和旅游局主办、津云新媒体承办

(二)文艺演出与公共文化服务

2022年,虽然受到新冠疫情的干扰,京津冀三地的文艺演出活动总体上仍然丰富多彩。数字与新媒体技术的飞速发展与广泛运用,为满足人民群众的精神生活需求提供了多种多样的线上渠道,同时,三地文化相关工作部门抓紧有利时机,举办了诸多线下演出和文艺活动。

1. 传统曲艺类

京津冀三地的传统曲艺类文艺演出各有特色(见表2)。北京作为全国文化中心,全年共举办营业性演出20315场,接待观众人数374.3万人次,票房收入6.3亿元。演出类型比较丰富,其中脱口秀、曲艺类演出场次最多,共1万余场,占53.7%,主要的曲艺类型为京剧、评剧等。天津的演出场次次之,主要的曲艺类型为京剧、相声等。河北的演出场次相对较少。

2022年，适逢党的二十大召开，在三地的传统曲艺类文艺演出中，红色经典题材颇占优势地位，其次是观众耳熟能详的各种传统名剧。

表2 2022年京津冀三地的传统曲艺类文艺演出情况

名称	类型	时间	地区/方式	内容	主办方
第三届京津冀家庭戏曲曲艺展赛优秀节目线上展播	京剧等	1月	线上	整合展赛中优秀戏曲曲艺资源和特色曲种，线上展播	天津市河东区文化和旅游局
中国评剧院2022新春演出季	评剧	2月15~17日	北京	《杨八姐游春》《花为媒》《屠夫状元》《皆大欢喜》《马背上下》《秦香莲》	中国评剧院
“中华云剧场”	京剧	2月	线上	《大英杰烈》等	天津京剧院
“这里有戏”国家京剧院优秀青年演出	京剧	3月	北京	《林冲夜奔》《霸王别姬》《桃花村》《武家坡》等	国家京剧院
评剧演出	评剧	5~7月	线上	《目连之母》《马背上下》《无双传》《狸猫换太子》《良宵》《杨三姐告状》《金沙江畔》《祥子与虎妞》《藏地彩虹》《伪装者》《祝福》等	中国评剧院
“迎庆二十大·永远跟党走”庆“七一”系列演出	京剧	6~7月	天津	《智取威虎山》《红灯记》《杜鹃山》	天津京剧院
“秋之韵”演出季暨“这里有戏”京剧折子戏专场	京剧	9~10月	北京	《三打祝家庄》《锁麟囊》《麒麟山》等	国家京剧院
国庆期间	京剧	10月	线上	《华子良》《护国将军》《康熙大帝》《妈祖》《香莲案》《狄青》《楝树花》	天津京剧院
中国评剧院线上展播	评剧	11月	线上	《花为媒》《秦香莲》《钟离剑》《无双传》《目连之母》《祥子与虎妞》等	北京演艺集团官方快手账号

续表

名称	类型	时间	地区/方式	内容	主办方
第四届"行走的运河"京津冀戏曲交流展演	京剧评剧	12月	线上	京剧《痴梦》选段，评剧《无双传》选段《七夕相会》、《打狗劝夫》选段《劝酒》	天津市静海区文化馆、北京市平谷区文化馆、河北省霸州市文化馆共同举办

2. 现代经典类

除了传统曲艺类文艺作品之外，现代形式的文艺作品也深受观众喜爱。京津冀三地的现代经典类文艺演出，无论是从原创性来看还是从类型来看，北京都独占鳌头（见表3）。北京的现代经典类文艺演出类型丰富，交响乐、话剧、音乐剧、舞台剧、人偶剧、儿童剧等覆盖全面，其中话剧类型演出票房最高，全年票房收入达2.06亿元，占32.7%。2022年，北京成为原创大戏首演首秀的重要舞台，全年上演新剧目113台，演出1000余场。天津和河北的演出场次相对较少，演出类型主要为交响乐、民族管弦乐等。现代形式与题材的演出作品时代特色更为鲜明，为了庆祝党的二十大召开，红色题材最多，奥运题材次之。此外，有反映抗疫精神的作品，有体现京津冀文化浓郁的地域性特色的作品，如话剧《窝头会馆》和《俗世奇人》等。

表3　2022年京津冀三地的现代经典类文艺演出情况

名称	类型	时间	地区/方式	内容	主办方
"空中音乐会"	交响乐	1月	天津	《美丽天津》首部表现抗疫的天津题材的交响音乐作品	天津交响乐团
舞剧演出	舞剧	2月	北京	《五星出东方》	北京演艺集团

续表

名称	类型	时间	地区/方式	内容	主办方
冬之梦　雪之魂——北京 2022 年冬奥主题交响音乐会	交响乐	2月	北京	《奥林匹克号角与主题》《召唤英雄》《奥林匹克精神》《歌唱北京》等	北京交响乐团
北京冬奥会交响组曲《冰雪相约》音乐会	交响乐	2月	北京	北京冬奥会交响组曲《冰雪相约》	北京交响乐团
音乐会		3月	河北	《没有共产党就没有新中国》	河北省艺术中心
天津歌舞剧院"云·舞台"系列	歌剧、管弦乐等	5~8月	线上	歌剧《白毛女》《爱之甘醇》，"龙舞狂想·跃东方"民族音乐会，《津卫情》民族音乐会，《津津有味》民族音乐会，"威尔第之夜"歌剧GALA 交响音乐会，民族管弦乐《光明行》《童年回忆》《春江花月夜》，原创舞剧《泥人的事》，等等	天津歌舞剧院
彩蝶女乐专场音乐会	音乐会	6月	河北	《蝶舞·水云间》	河北省艺术中心
《江姐》	歌剧	7月	北京	歌剧《江姐》根据小说《红岩》改编，由阎肃编剧，羊鸣、姜春阳、金砂作曲	由文化和旅游部艺术司、中央军委政治工作部宣传局、中国歌剧舞剧院共同出品
《我不是潘金莲》	话剧	8月	北京	根据是茅盾文学奖获得者刘震云同名作品改编	由鼓楼西戏剧出品制作
《窝头会馆》	话剧	8月	北京	《窝头会馆》所讲述的是北平解放前一年，一个名叫"窝头会馆"的小四合院里，几户挣扎在社会底层、形形色色的小人物	北京龙马社文化传播有限公司、北京保利剧院管理有限公司联合出品制作

续表

名称	类型	时间	地区/方式	内容	主办方
《俗世奇人》	话剧	9月	北京	由天津市委宣传部担任指导单位,冯骥才原著,黄维若编剧,钟海导演、刘忠魁担任总制作人	北京巨龙世纪文化艺术有限公司、北京开心麻花演艺经纪有限公司、天津北方演艺集团、天津人民艺术剧院
天津设卫筑城618周年纪念日	交响乐	12月	线上	“空中音乐会”将为市民奏响《海河组曲》	天津交响乐团
“一千零一夜”交响音乐会	交响乐	12月	线上	《a小调小提琴与大提琴二重协奏曲》《天方夜谭》	河北交响乐团

（三）国际文化交流与合作

2022年，受疫情影响，京津冀三地线下的国际交流活动不算很频繁。不过，其已经主办的国际交流活动，都呈现了重视品质、着力打造文化品牌的特点与取向（见表4）。冬奥会、世界旅游合作与发展大会、世界智能大会等，都以其专业性与高品质，扩大了中国的国际影响力与中华文化的传播力，中国传统文化尤其是非物质文化遗产等方面所表现出来的文化魅力，也随之传播到世界各地。同时，京津冀三地的文化特色、文化形象、文旅资源等方面借此得到了广泛传播。

表4　2022年京津冀三地的国际文化交流与合作情况

名称	时间	地区/方式	内容	主办方
“相约北京”奥林匹克文化节暨第22届“相约北京”国际艺术节	1月	北京	本届活动结合北京冬奥会、冬残奥会,以体育为纽带、以文化为载体,坚持线下线上相融合、演出演播并举,营造喜迎冬奥、参与冬奥、共享冬奥的浓厚氛围	文化和旅游部、国家广播电视总局、北京市人民政府、北京2022年冬奥会和冬残奥会组织委员会主办,中国对外文化集团有限公司、北京市文化和旅游局联合承办

续表

名称	时间	地区/方式	内容	主办方
2022 北方冰雪旅游海外推广季	1~2月	天津（线上、线下）	向海外民众全面介绍中国北方特色冰雪文化、冰雪运动和冰雪旅游，展现中国人民迎接北京冬奥的热烈情感；陆续推出冰雪主题纪录片展映、各地线上旅游推广周、知名景区慢直播等 40 余项内容	由文化和旅游部国际交流与合作局、国家广播电视总局国际合作司、国家体育总局宣传司指导，中外文化交流中心与北京、河北、黑龙江、吉林、辽宁、内蒙古、新疆 7 省（区、市）文化和旅游厅（局）与海外中国文化中心和驻外旅游办事处共同举办
“‘犹太人在中国’图片展——天津篇”	3 月	天津（线上）	展览精选了犹太人在天津期间较有代表性的历史照片	天津市文化和旅局与特拉维夫中国文化中心
第六届世界智能大会	6 月	天津（线上）	首次在登录大厅开设文创展区；设置美丽滨城展区、智慧城市与信息技术创新展区、智慧城市与智慧能源展区、智慧生活与科普展区、智慧交通与物流展区、智能制造与建造展区、科技创新与国际展区、动漫及智慧农业等展区以及智慧交通与生活体验区。“线上”云展展示智能科技融合发展的最新成果	由天津市人民政府与国家发展和改革委员会、科学技术部、工业和信息化部、国家广播电视总局、国家互联网信息办公室、中国科学院、中国工程院、中国科学技术协会共同主办
“文化交流与合作分论坛”	7 月	北京	中外文化领域的政府和文化机构代表通过嘉宾发言和圆桌对话，围绕“交流 · 合作 · 发展”主题，就“推动文明交流互鉴”和“构建中国话语体系和叙事体系，加强国际传播能力建设”两大议题展开成果交流和经验分享	北京市推进全国文化中心建设领导小组办公室、中共北京市委宣传部主办，北京市文化和旅游局、北京市人民政府新闻办公室承办
“传承运河文化 讲好运河故事”2022 中国世界遗产旅游推广联盟大运河高端对话	8 月	北京	与会代表就如何深入挖掘大运河文旅资源、创新大运河文旅体发展模式以及各地大运河相关工作成果进行了交流和对话	中国世界遗产旅游推广联盟主办、北京市文化和旅游局承办

续表

名称	时间	地区/方式	内容	主办方
2022 首届“双城故事”文化交流摄影展	8 月	天津（天津美术馆）	展出作品 120 幅，其中以色列作品 50 幅，天津作品 50 幅，特拉维夫中国文化中心提供作品 20 幅	天津市文化和旅游局、特拉维夫中国文化中心
2022 世界旅游合作与发展大会	9 月	北京	本次大会以“深化合作　创新发展”为主题，设有开幕式、特别论坛“大使论旅游合作”、主题发言、沙发论坛 4 个部分，来自 49 个国家的 300 多名代表线下参会	世界旅游城市联合会
“金牌导游带您云游津城”（第十届澳门国际旅游产业博览会）	9 月	天津（线上）	“津城运河”整合了运河文化旅游资源以及精品旅游线路，通过韩国首尔、新加坡、埃及开罗、墨西哥、毛里求斯等 15 个海外文化中心和旅游办事处开展对外推广活动	天津市文化和旅游局
纪念《保护世界文化和自然遗产公约》50 周年主会场活动	11 月	北京	活动发出成立“北京世界文化遗产保护管理联盟”的倡议，倡议面向北京下一个 50 年世界遗产保护的新起点，提出“五个坚持”，目的不仅在于增强北京地区世界遗产地的凝聚力，展示保护成果，汲取世界文化遗产在价值认知、文化传承等方面的宝贵营养，互学互鉴，实现创新性发展，还将努力为打造世界文化遗产整体群落、促进历史文化名城保护与城市社会发展共荣共生提供“北京模式”	北京市文物局、北京市公园管理中心主办，北京市颐和园管理处承办
“‘身边的国际社会’眼中的天津”摄影大赛	4～11 月	天津（天津市外办）	通过“身边的国际社会”镜头中的“光影时刻”“精彩瞬间”“独特视角”向世界宣介天津，展示天津之美、天津之特、天津之情	天津市人民对外友好协会、天津市文化和旅游局、天津市文化旅游摄影协会共同举办
第九届中法环境月	11 月	天津（天津自然博物馆）	主题展览《畅游珊瑚礁的世界》和《水，科学的核心》	由法国驻华大使馆与天津市文化和旅游局联合主办
第五届国际动漫游戏产业博览会	12 月	河北（线上）	以“多彩动漫　产业融合　共赢未来”为主题，通过元宇宙世界里的线上展会模式，集专业游戏产品展示、动漫文化娱乐产品介绍、动漫游戏直播、在线动漫游戏产品研发分享会等内容于一体	由河北省文化和旅游厅、河北省贸促会等联合主办

二　2022年京津冀文化协同发展工作的亮点与特点

2022 年，在京津冀文化协同发展过程中，有三种跨越地域的文化资源类型表现最为突出，围绕它们展开的各项文化协同发展工作，在开展路径、组织方式、核心资源等方面体现了新的亮点与特点，为三地下一步的纵深性文化协同发展，积累了工作经验，提供了方法、途径方面的借鉴。

（一）围绕冬奥会、冬残奥会文化资源展开的文化协同发展方面的工作

2022 年 2 月 4~20 日，第 24 届冬季奥林匹克运动会在中国北京和张家口举行，京冀两地在主办冬奥会、冬残奥会过程中同心协力、合作共赢，圆满完成了各项议程。冬奥会及冬残奥会的召开，为全球献上了一场体育盛宴，使得冰雪产业成为京津冀尤其是京冀两地新的经济增长点。同时，冬奥会对区域协同发展起到了积极的推动作用，极大促进了京冀两地在文化、公共服务等方面的协同发展。2022 年 1 月，由天津市南开区与北京市延庆区、河北省张家口市联合录制了“冰雪中国年　一起向未来”京津冀迎冬奥网络春节联欢晚会，晚会选取京津冀三地多个代表性外景地诠释了“京津冀如同一朵花上的花瓣，瓣瓣不同，却瓣瓣同心”的地缘相接、人缘相亲的关系；2022 年 1 月 25 日，北京市广播电视局、天津市广播电视局、河北省广播电视局以视频会议的形式启动京津冀“携手迎冬奥　同心过大年”活动。活动期间，三地广播电视局积极协调地区广播电视制作机构，北京完美世界等 11 家单位，向天津和河北捐赠《筑梦冬奥》《花儿向阳　童心向党——庆祝中国共产党成立 100 周年全国少儿晚会》等 24 部优质电视剧、动画片、纪录片和晚会节目；天津海河传媒中心向北京、河北捐赠《辛亥革命》《曙光》等 10 部电视剧、动画片、纪录片；河北广播电视台（集团）、河北影视集团向北京、天津捐赠《初心李大钊》《激情冰雪　相约冬奥——迎接北京 2022 年冬奥会特别节目》等 15 部电

视剧、纪录片、电视节目。这项活动营造了迎冬奥、庆新春的浓厚氛围，进一步强化了京津冀三地融媒体中心协同发展，让京津冀广播电视融媒矩阵发挥了更大的作用。

冬奥会、冬残奥会之后，如何合理利用冬奥体育文化遗产，成为京津冀文化协同发展中的一个重要议题。2022 年 2 月 24 日，文化和旅游部、国家发展和改革委员会、国家体育总局联合印发了《京张体育文化旅游带建设规划》，包括规划背景、总体要求、空间布局、加强奥运场馆赛后利用、共筑文化发展高地、推动旅游业高质量发展、深化区域协同发展、规划实施保障八个部分内容；2022 年 4 月，北京市京津冀协同办印发了《北京市推进京津冀协同发展 2022 年工作要点》，强调要“持续发挥北京冬奥会、冬残奥会对京津冀协同发展的牵引作用，扎实做好冬奥遗产利用工作等”；2022 年 5 月，中共河北省委、河北省人民政府正式印发《京张体育文化旅游带（张家口）建设规划》。从中央到地方，详细的规划为京张体育文化旅游带建设做了周到的顶层设计。随着冬季的再次来临，2023 年 1 月，2023 京津冀冰雪旅游季暨北京密云冬季冰雪文旅体验活动在密云南山滑雪场开启。北京市密云区联合天津市蓟州区、河北省承德市推出 5 条冬季精品旅游线路，包括重点冰雪资源、特色民俗美食和非遗产品。利用冬奥会的文化氛围，整合京津冀三地冬季冰雪旅游资源，使冬奥会文化资源成为促进京津冀文旅经济一体化发展的强有力的推手。

（二）围绕大运河文化资源展开的文化协同发展方面的工作

大运河是祖先留给我们的宝贵遗产，是流动的传统文化。党的十八大以来，习近平总书记高度重视我国历史文化遗产保护利用工作，要求深入挖掘以大运河为核心的历史文化资源，为推进大运河文化保护传承利用指明了方向。2022 年 1 月，北京市发布《北京城市副中心（通州区）“十四五”时期文化和旅游发展规划》，为整合通州大运河文化旅游景区、武清北运河休闲旅游驿站、天津北运河水利风景区、香河潮白河大运河国家湿地公园等优势资源提出了具体规划；2022 年 3 月，河北省人大常委会通过《河北省大运河文化遗产保护利用条例》，为大运河文化遗产的保护提供了立法保障。2022 年 11 月 25 日、29 日和 12 月 1 日，北京市、河北省和天津市人大常委会先后召开会议，通过《关于京津冀协同推进大运河文化保护传承利用的决定》。该决定提出三地政府建立大运河文化保护传承利用工作协调机制，统筹大运河及沿线文物保护单位、非物质文化遗产、历史文化名城名镇名村、传统村落、特色小镇等文化资源，构建跨区域文化遗产连片、成线的整体保护体系，为三地联合推进大运河文化资源的保护利用打下了坚实基础。

在国家和京津冀三地政府的支持下，京津冀三地的大运河文化资源得到了多角度、全方位的开掘。交通一体化方面，2022 年 4 月，京杭大运河实现了近一个世纪以来的首次全线通水；6 月 24 日，京杭大运河北京段、河北段联合举行京冀游船通航仪式，大运河京冀段全线 62 公里实现互联互通，未来有望实现京津冀三地通航。与大运河相关的文化创作方面，2022 年 4 月 14 日，国家大剧院首部原创民族歌剧《运河谣》首演，该剧从戏曲、民歌、民俗等中国文化精华中汲取营养，展现剧中人物在大运河上跌宕起伏的命运际遇；9 月 27 日，中央广播电视总台文艺节目中心制作的 16 集大型融媒体文化节目《行走大运河》正式开播。文旅经济方面，2022 年 7 月和 8 月，由文化和旅游部、国家广播电视总局指导，中外文化交流中心与大运河沿线六省两市文化和旅游厅局联合举办的 2022“大运河主题旅游海外推广季”在全球多个国家联动亮相，向海外民众展示大运河优美风光、讲述大运河生动故事；8 月 8 日，2022 北京（国际）运河文化节在大运河畔开幕。文化节以“游运河，行大运”为主题，整合大运河北京段沿线文化、旅游、体育等各类资源，围绕“千年运河”“缤纷运河”“活力运河”三大板块推出系列线上线下活动，邀市民共享运河保护利用成果；8 月 25 日，由文化和旅游部、山东省人民政府共同主办的第七届中国非物质文化遗产博览会，专门设置了大运河沿线城市的非物质文化遗产展。整体来看，大运河文化资源已成为连接京津冀文化协同发展的重要纽带，为三地文旅经济的发展注入了丰厚的文化内涵。

（三）围绕非物质文化遗产展开的文化协同发展方面的工作

习近平总书记指出："中华优秀传统文化是中华文明的智慧结晶和精华所在，是中华民族的根和魂，是我们在世界文化激荡中站稳脚跟的根基。"[①]2022年，非物质文化遗产的保护与利用是京津冀三地文化协同发展的又一个重要方面。2022年2月，财政部、文化和旅游部印发了《国家非物质文化遗产保护资金管理办法》；2022年4月，文化和旅游部等六部门印发了《关于推动文化产业赋能乡村振兴的意见》，提出要"推动非物质文化遗产融入乡村旅游各环节，支持利用非遗工坊、传承体验中心等场所，培育一批乡村非物质文化遗产旅游体验基地"；2022年6月，河北省人大常委会通过了《河北省大运河文化遗产保护利用条例》；2022年10月，北京市出台了《北京市急需保护的非物质文化遗产项目认定和保护办法》，进一步规范非物质文化遗产的保护传承工作。

非物质文化遗产的地域属性非常鲜明，也最具文化特色，是我国宝贵的传统文化遗产。为了利用非遗满足群众的精神生活需要，京津冀三地积极传播自己独具特色的非遗文化。2022年1月，文化和旅游部非物质文化遗产司、中央网信办网络传播局主办的"文化进万家·视频直播家乡年"活动，鼓励大家用镜头记录年俗非遗传承活动；2022年，北京市文化和旅游局所属北京市海外文化交流中心主办的"京剧文化之旅"系列活动——"京剧文化之旅·名家讲堂"（3月）、"戏装之美"（8月）、"首钢骑行之美"（9月）、"后台之美"（11月）等；2022年11月，天津主办了"京津冀甘黔湘非物质文化遗产创新创意大联展"；2022年，天津举办的世界智能大会专门设置了"津彩非遗"的展区。此外，京津地区非物质文化遗产的传播已从博物馆走向日常生活，文化市场上关于非物质文化遗产的研习体验活动逐渐增多，天津市津南区一些有条件的小学还将其列入了课外学习课程。在助力

① 《习近平：中华优秀传统文化是中华民族的根和魂》，光明网，2022年6月3日，https://m.gmw.cn/baijia/2022-06/03/35785741.html。

文旅经济方面，非物质文化遗产搭上了互联网的快车，传播速度如虎添翼。2022 年 6 月，在文化和旅游部支持下，阿里巴巴、京东、抖音电商、唯品会、腾讯、万达、快手、中国手艺网一起承办了“非遗购物节”。值得注意的是，天津的直播活动中，非遗传承人与相声演员联动成为一大亮点。2022 年 12 月，“中国传统制茶技艺及其相关习俗”列入人类非遗代表作名录，全国首个非物质文化遗产学交叉学科硕士学位授权点落户天津大学；非物质文化遗产出现了进行拍卖的数字藏品。整体来看，2022 年京津冀三地文化协同发展中，非物质文化遗产资源的保护和利用都走在前列。无论是助力三地经济发展、满足三地群众的精神生活需求方面，还是向世界展示京津冀文化特色方面，非物质文化遗产资源都发挥着越来越重要的作用。

三　2022年京津冀文化协同发展中的问题及对策建议

随着京津冀协同发展的一体化推进，2022 年的京津冀文化协同发展也取得了很大进展，工作成效显著，特色鲜明。不过，对标党中央对于京津冀协同发展的定位要求与高标准建设作为“千年大计”的雄安新区、打造京津冀世界级都市群的目标，对标党的二十大提出的“推进文化自信自强、铸就社会主义文化新辉煌”的蓝图，当下三地在文化协同发展方面，仍有一些可以提升的空间。

从根本性层面和长远角度来看，推进京津冀文化协同向纵深发展。首先需要发挥三地在文化协同发展方面“地域一体、文化一脉”的先天优势，突破行政区划造成的人为障碍，深度贯通京津冀三地文脉，以中华文化的丰厚内涵与深层文化经纬、文化逻辑，来展示京津冀作为首善之区、京畿重地的国家文化形象与深广文化内蕴，建设兼具历史纵深与现代文明高度的国家文化标志性展示区、大国公民教育示范区，塑造中华文化与文明的高度认同，树立文化自信自强的标高，争当铸就社会主义文化大繁荣的典范。作为一项社会性的大工程，要以对历史与未来负责的态度，推动中华优秀传统文化内涵得以创造性转化、创新性发展，弘扬革命文化、红色文化血脉，使它们在新时代重新开花结果，充实和丰富社会主义先进文化、京津冀文化的内涵，增强京津冀文化的传播力、影响力。要不断为文化事业与文旅产业注入文化灵魂，让文化遗产和文化景观活起来，使文旅融入人们的日常生活，推进人民群众美好文化生活品质的提升，提高全社会的文明程度。在一些情况下，需要摒除要求立刻见成效、见效益的“政绩”观念，形成打破单一部门和产业层面的内部小循环，建立国家、社会、历史层面上的大循环的文化工作思维与文化事业格局，算文化事业和文旅工作的“大账”，使文化事业、文旅产业与其受众之间形成相互培养、相互提高的良性格局，以求走出文旅产业发展的某些困境。

从现实层面来看，近年来，京津冀三地文化交流、联动活动比以往逐渐增多，但仍相对零散，尚未形成广泛的影响力。如果从一体化协同发展的视角出发，三地还可以进一步打破行政区划与区域壁垒，集合三地的优势文化资源，强强联合，打造具有国际影响力的京津冀文化品牌，尤其是与三地都有密切关联的大运河文化、长城文化等，这些文化资源本身规模宏大，又有着丰厚的文化底蕴，如果能合理利用，在挖掘过程中树立精益求精的意识，既注意其在整体上的统一性，又在一体化的基础上突出三地的地域文化个性，未来有望形成具有国际影响力的京津冀文化品牌。在此基础上，要加快构建新发展格局，积极培育特色文化产业，打造文化产业综合体，以文化赋能京津冀世界都市群的发展，鼓励引导开展国际文化交流活动，不断丰富文化传播品类与文化出口形态，提升京津冀城市文化的竞争力和影响力。

从京津冀三地文化资源分布整体来看，三地的文化资源分布与文化产业发展不均衡，应该发挥各自的优势，取长补短，强化公共性文化资源的合作交流与资源整合，促使京津冀一体化的文化认同意识形成。当前，为了满足三地民生的需求，京津冀三地在交通、医疗、教育等方面，已采取了许多有效的一体化措施。在文化协同发展建设方面亦应如此。2022 年，京津冀三地合办了第十三届中国艺术节，后期又分别将获奖作品在三地进行展览或巡演，这是一种行之有效的合作方式。以此为范例，北京作为全国文化中心，应充分利用其先进科技、人才创意等方面优势，发挥强大的辐射带动作用，打造专业化文化产业载体，依托京津冀中心城市带动优势，加大“输血”力度，促进区域间文化资源合理流动，推动京津冀公共文化服务协同发展。

京津冀三地文旅产业方面的协作可以进一步深化。文旅产业具有高知识性、高增值性和低能耗、低污染的特征，三地文化协同发展与文旅产业开展深度协作，可以为三地经济发展注入文化动力。八年来，京津冀三地交通一体化、生态环境的改善等，为三地文旅协作奠定了良好的根基。京津冀三地政府也通过加强顶层设计、拓展合作领域、深化交流协作，不断完善文化和旅游协同发展体系，取得了一些实际有效的成果。比如，开设京津冀协同发展的专门网站、精心打造文化论坛等交流平台、举办京津冀房车巡游活动、规划京津冀一体化的精品旅游线路、统一实行旅游市场监督条例、推出《文化京津冀》（2022 年 3 月）系列宣传专题片等。在此基础上，本报告建议进一步推进文化协同机制的深入对接，京津冀三地共享创新资源和成果，充分利用资源关联性，做到三地文化资源共享，推进文旅资源的创新转化，统一提升文旅服务水平。三地文化资源和旅游经济的深度融合，更有利于将京津冀打造成世界级都市群与世界级旅游目的地。

B.4

北京城市副中心文化建设现状、问题与对策建议

北京城市副中心文化建设研究课题组*

摘　要： 北京城市副中心的文化建设研究是新兴文化业态的重要命题。本报告通过观察大变局的出发点、深度融合的着眼点，厘清了推进北京城市副中心文化建设的总体思路；从北京城市副中心文化建设“区位”“历史文化资源分布”“特质”“内涵”“意义”等角度全方位分析了北京城市副中心区位与历史文化资源分布情况。同时，本报告聚焦了“三大建筑”“北京环球度假区”“张家湾设计小镇”“宋庄文化创意产业集聚区”“台湖演艺小镇”等在文化建设中存在的现实问题，提出了有针对性的对策建议：数字科技赋能文化，打造创新、高端、开放的文化新业态；塑造和培育新文化地标和场景，打造城市副中心文化名片；强化宣传推广，推进城市副中心文化形象塑造与传播；等等。而这些正是应对北京城市副中心文化建设挑战的核心。

关键词： 北京城市副中心　文化建设　历史文化资源

---

* 课题组主要成员：景俊美，北京市社会科学院文化研究所副所长、副研究员，主要研究方向为非物质文化遗产保护、文艺评论；吴文涛，北京市社会科学院历史研究所原副所长、副研究员，主要研究方向为北京历史地理之城市水环境变迁；陈红玉，北京市社会科学院文化研究所研究员，主要研究方向为文化战略；赵继敏，北京市社会科学院城市问题研究所研究员，主要研究方向为城市发展和文化经济；郑永华，北京市社会科学院史志研究所研究员，主要研究方向为北京历史文化与清史编纂；许辉，北京市社会科学院历史研究所副研究员，主要研究方向为隋唐五代史、北京史；王鹏，北京市社会科学院管理研究所副研究员，主要研究方向为数字政府、数字经济；阮飞，北京市社会科学院文化研究所助理研究员，主要研究方向为体育产业、文化产业；张洪亮，北京市社会科学院文化研究所助理研究员，主要研究方向为城市文化。

一　北京城市副中心区位与历史文化资源分布情况

北京城市副中心（简称“副中心”）所在的通州区位于北京市东南，面积907平方公里，西临朝阳、大兴两区，北与顺义区接壤，东隔潮白河与河北省三河市、大厂回族自治县、香河县相连，南和天津市武清区、河北省廊坊市交界。北京城市副中心可利用区位优势发展，承接好非首都功能的疏解。①

北京城市副中心历史悠久，早在新石器时期就开始有人类活动的遗迹。其行政建置始于西汉初年的路县，距今已有2000多年的历史。此后又改称通路亭、潞县。通州之名，则始于金天德三年（1151年），于潞县（今区城之北）置通州，取“漕运通济”之义。历金、元、明、清四代，通州均为首都北京的漕运仓储重地、水路门户，享有“一京（北京）、二卫（天津）、三通州”的美称，为区别于江苏之通州（南通州，即南通），俗称“北通州”。

历史文化资源是城市文化建设最宝贵的财富，也是历史文化名城发展最大的优势。通州所拥有的独一无二的地域文化，尤其是举世瞩目的大运河文化遗产，充分彰显了其历史悠久、底蕴深厚和内涵丰富的品相与特质，为北京城市副中心的建设奠定了价值极高的文化基础。通州极具特色的历史文化资源大体可以归纳为以路县故城考古文化遗址为代表的悠久的建置沿革史、成功列入世界文化遗产名录的大运河文化和因其独特地理位置而形成的近现代历史文物与建筑遗存三大部分。

这三大类历史文化资源主要分布于通州老城区、运河水系沿岸和一些传统村镇中，包括古城遗址、古河道、古御路、古街巷、闸坝、码头、桥梁、仓储、寺庙、墓葬、历史建筑、传统村落、传统美食以及历史地名、乡约民俗、民间文艺、民间传说、手工艺等非物质文化遗产，总计十几种类型。路县故城考古文化遗址和大运河文化尤其体现了通州不可替代的人文地域特色。

---

① 王洌瑄、王崑声：《城市副中心系统特征分析及提升对策——以北京城市副中心为例》，《城市问题》2021年第12期。

（一）以路县故城考古文化遗址为代表的悠久的建置沿革史

自 2015 年起，为配合即将兴工的北京城市副中心建设，北京市文物研究所开始对潞城镇等地进行勘探与考古，汉代路县故城遗址由此面世。鉴于其所具有的重大考古价值与文化意义，路县故城遗址随即受到社会的广泛关注。2016 年即列入当年的“全国十大考古新发现”，现又入选“新时代百项考古新发现”。路县故城遗址的发掘，不仅解决了历史上长期争论的问题，也为当前北京城市副中心的文化建设，增添了悠久深厚的历史资源。早在 2017 年，北京市政府就正式批准，对路县故城城址进行原址保护，建立遗址公园，并配套设立博物馆。

（二）成功列入世界文化遗产名录的大运河文化

北京城市副中心的大运河文化，有近 2000 年的悠久历史和文化传承。作为北京东部曾经最为重要的漕运枢纽，北京城市副中心长期以来积淀了极其丰富的大运河文化遗产，主要可分为以下几种类型。

1. 运河古河道

在通州古城周围留有大量纵横交错的漕运河道，前后统计，共有 10 余条，既是副中心漕运枢纽地位的历史见证，也是后人感受副中心辉煌漕运文化的历史与文物载体。

2. 闸坝、码头、桥梁等水利设施

元代修建的通流闸、南溪闸，明清通惠河泄水闸响闸、葫芦头滚水坝等，都反映了当时先进的水利技术与漕运剥船水平。运河上众多的桥梁，也是副中心大运河文化的生动体现。北京城市副中心范围内保留至今的重要桥梁有永通桥和张家湾通运桥两座。

3. 漕运仓储

多个朝代曾导潮水入运河，以保持漕运通畅[①]；历史上的副中心曾作为

---

① 朱永杰、王亚男：《运河对北京城市空间结构的影响研究——兼论运河文化带保护和建设策略》，《城市发展研究》2019 年第 12 期。

仓储重地，因而建有大量粮仓。如今，明代以来的大运中仓、大运西仓、后南仓等粮仓遗址，尚基本可辨。

4. 运河管理衙署等古建筑遗址

独一无二的、大量管理运河事务的行政衙署所遗留下来的古建筑遗址，分布于副中心古城内外，是北京城市副中心浓厚的大运河文化的生动反映。

5. 与大运河相关的文化与宗教建筑

北京城市副中心有大量与大运河文化相关的文化与宗教建筑。例如，始建于南北朝的燃灯塔，是副中心的标志性建筑。

6. 大运河文化传说

清代光绪年间的《通州志》就记载了《雷瘸子成仙》等民间故事。民国时期，通县民众教育馆的《城市月刊》，也登载了搜集到的大运河文化传说。这些在民间口口相传的大运河文化传说，大致可以分为地名传说、地方风物传说、地方人物传说等三个大类。

二　北京城市副中心文化特质、内涵与意义

（一）北京城市副中心文化的特质

北京城市副中心文化根植于通州这片古老又开放的文化土壤，而通州文化的基底是大运河文化。大运河是一个由水系连通的带状文化系统。北运河、通惠河、凉水河、运粮河、玉带河、温榆河、潮白河、坝河等河道在历史上构成了漕运、通航的水网，把本地区与北京紧密联系起来，也把北京与周边地区联系起来，并以河道为依托，组成了一个特色文化体系①，一个与运河有关的动态文化系统。因而，其文化的特质包含了以下几个方面。

1. 兼容并包，坚韧通达

众所周知，水有如下特性：厚德载物，即包容性、承载力；顺势而流，即变通性、自然力；以柔克刚，即柔韧性、穿透力，一种润物无声、持久深

① 王铭、匡清清：《北京城市副中心文化遗产的整体特质与保护对策》，《新视野》2020 年第 2 期。

入的柔性力量。由这三点特性可以提炼出大运河文化所蕴含的精神，那就是开放、包容、通达、坚韧，一种流进来、传出去、持续而永动的力量。例如运河号子里传递的船工、纤夫和搬运工们坚韧拼搏的气质；千帆云集、万国朝宗的场面所展现的有容乃大的气魄；各种人群、不同宗教和睦共处、相安共生的和谐；为保漕运历朝历代大规模水利建设和防灾抗灾的动因所激发的创造和创新精神；水陆交汇，汇聚四方人力物力，而形成的豁然、通达的民俗民风；等等。这些宝贵的精神遗产在当代改革开放、实现中华民族伟大复兴的征程中具有更加深远、强大的作用和影响。

2. 蓝绿交织，和谐宜居

水网密布、绿野平畴的自然环境，加上水陆交通枢纽的天然便利，背靠京城，左牵辽东，右指江淮，正对出海口的北京城市副中心拥有良好的环境资源和交通优势，本身就是历史文化遗产与自然生态景观完美结合的产物，非常适合构建新型的人与自然和谐共生的宜居城市。延芳淀、柳林海子等曾作为皇家苑囿和行宫的历史以及诸多古老村镇持续千年以上的发展，也为这片地区的宜居性提供了佐证。

3. 特色丰富，全域文旅

由大运河带来的文化厚重性、包容性及丰富性，在通州所属的各个区域都有不同程度的呈现。前文所述的十几种历史文化资源类型，在区域内的河流、街道、建筑、村镇、地名、文物古迹及民俗活动中都有分布和展示。其文化特色不是限于某一局部和地方，也不是只存在于历史时期，而是顺着水系流转传递，更是随着时代推陈出新，持续更替。历史上的“通州八景”——“古塔凌云”“长桥映月”“二水汇流”“波分凤沼”“万州骈集”“柳荫龙舟”“平野孤峰”“高台丛树”及“文昌阁十二景”的“碧水环城”“柳岸渔舟”等分布在通州古城内外，至今仍依稀可辨，为人乐道。这样丰富的文化景观资源，适合在全域推广文旅资源的整合利用和有规划地发展。

（二）北京城市副中心文化的内涵与定位

北京城市副中心所在的通州区域文化发展脉络和历史基底及其对新北京

行政功能的转接承载，决定了北京城市副中心的文化内涵——它既是北京古都文化的重要来源和组成部分，具有古都文化的品质和底蕴，也是现代、新型、先进城市文化的代表，拥有国际化大都市的时尚与风范。

作为北京城市副中心，其文化的定位应该体现首都北京的首善特质，展现大国文化的博大精深，在国家文化建设中居于领先地位，引领时代风貌；在国际视野中，它应该代表中国的文化形象，集中国特色和世界潮流于一体，为世界文明的进步贡献大国之都的力量。

（三）北京城市副中心文化建设对全国文化中心建设的影响与贡献

从历史上大运河对北京全国政治文化中心地位的确立和巩固作用可以看出，北京城市副中心文化建设与全国文化中心建设之间互为表里的关系和同步发展的脉络。历史上，运河通，通州兴，京城盛，国家强。这个发展逻辑运用到当今的副中心文化建设上，就意味着北京城市副中心如果能建成一个文化汇聚的枢纽、精英荟萃的码头，那对北京全国文化中心地位的巩固和促进作用，是不言而喻的。北京城市副中心文化作为首都北京文化的核心组成部分和重要表征，不仅是全国文化中心建设的强力支撑，也是其风向标和成果的展现。人们通过城市副中心得以了解北京文明价值，进而深化对中华文明价值的认同。①

三　北京城市副中心大型文化项目及文化品牌建设情况

（一）三大文化建筑

1. 设计理念彰显副中心文化品质

北京城市副中心剧院、图书馆和博物馆被称为北京城市副中心三大文化建筑。三大文化建筑的功能造型设计汲取了传统文化理念——剧院设计理念源

① 胡九龙：《深化对规划建设北京城市副中心的认识和认同》，《中国发展观察》2020年第21期。

于通州古粮仓和运送物资的船舶，又名“文化粮仓”，包括歌剧院、音乐厅、戏剧院及室外剧场，集演艺演出、艺术创作、艺术教育、现场体验等功能于一体；图书馆设计理念源于中国传统“赤印”和银杏树叶片，图书馆项目结合自身银杏叶片屋顶的设计风格，设有古籍文献馆、艺术文献馆、少儿馆、非物质文化遗产展示区、开架阅览区、立体书库、报告厅等功能分区，未来日接待量最高可至 8000 人次；博物馆设计理念源于古运河图景中的船、帆、水三个元素，又名“运河之舟”。

2. 理念创新带来服务模式创新

副中心三大文化建筑的建设创新性打破了以往公共建筑集群各自独立建设的固有模式，实现了城市副中心剧院、图书馆、博物馆共享配套设施及轨道交通预留车站五个单体建筑一体化设计建设的模式创新。图书馆的智慧机械书库总典藏能力可达到 650 万册，并可快速响应读者的借阅需求，精准完成文献自动出入库，实现从传统图书馆“人找书”到“书到人”的服务模式创新。三大文化建筑于 2019 年 10 月底开工建设，预计于 2023 年底对外开放，将成为集文化体验、共享交流、演艺演出、展览展示、休闲娱乐于一体的城市活力组团和北京市又一新地标，成为展现首都文化风貌、促进文化艺术传播的标志性文化设施群，成为市民的“文化粮仓”“运河之舟”“森林书苑”。

（二）北京环球度假区

1. 北京环球度假区已成为首都名副其实的重磅文化地标

北京环球度假区位于通州区，毗邻东六环和京哈高速公路，是中国的第一座、亚洲的第三座、全球的第五座环球影城主题乐园，三期建成之后将是全球面积最大的环球乐园。北京环球度假区包含七大主题景区，总面积超 4 平方公里，占地面积是全球规模最大的，其面积是日本大阪环球影城的两倍、新加坡环球影城的五倍。同时，在项目内容设计上，北京环球度假区会逐步增加中国传统文化元素体验项目。自开业伊始，北京环球度假区就成为北京文化地标和热门文化消费集聚地。

2. 北京环球度假区的产业外溢效应正在逐步凸显

开业一年来，北京环球度假区带动北京城市副中心规模以上文化、体育和娱乐业收入同比增长367.4%，外溢效应凸显。北京环球度假区带火通州多个商圈，尤其是周边5公里内的商圈，晚上游客集中离园的吃饭、住宿、休闲等需求直接刺激了当地消费。开园时，周边5公里内的住宿类商户数量仅有100余家，经过一年的发展，周边5公里内的住宿类商户数量已经接近500家，新增300余家。北京环球度假区将为城市副中心带来其年营业额10~15倍的区域经济效益，拉动整个地区的经济。

（三）张家湾设计小镇

张家湾设计小镇，位于北京城市副中心核心区以南、首都国际机场和大兴国际机场连线交会处，临近行政办公区、城市绿心、环球主题公园。张家湾设计小镇发展依托的千年漕运古镇张家湾，曾是北京最早的水路交通枢纽，也是历史文化走廊上重要的节点。除了具有深厚的文化历史底蕴，小镇还承载了张家湾独特的工业文化记忆。2020年，张家湾设计小镇以创新中心、铜牛地块、北泡轻钢园区、经开智汇园、珠江地块五大重点地块为突破，开始了70公顷启动区的建设。创新中心是城市科技先行入驻示范区；铜牛地块，即北京未来设计园区，是城市设计、城市科技和设计文化融合的示范区；北泡轻钢园区是文化活动核心展区及公共服务体验区；经开智汇园是科技设计特色产业示范区；珠江地块是多元化共享空间。

（四）宋庄文化创意产业集聚区

宋庄文化创意产业集聚区位于北京通州新城东北部，宋庄镇南部，规划面积14.6平方公里，是北京市政府于2006年认定的全市首批十个文化创意产业集聚区之一。据估计，宋庄已有从事中国美术的艺术家超过2000人，占比高达50%，已然成为区域文化发展的支柱。近年来，宋庄立足于大视觉产业，从艺术创作、艺术创意生产向艺术品交易、工业设计和服装设计等领域推进。2011年开始，由文化部、北京市政府主办的中国艺术品产业博览会在宋庄举办。

（五）台湖演艺小镇

台湖镇位于北京通州区西南部，南与亦庄新城接壤，西接朝阳区，北邻环球度假区，镇域总面积 81.3 平方公里。其中，演艺小镇总面积 35.6 平方公里。台湖演艺小镇秉承“特而精、小而美、活而新”的规划建设理念，以演艺为特色、以消费为基础、以科创为动力，开设演艺大师工作室、特色小剧场、精品酒店、高端民宿、特色消费街区等。同时，以“5G、大数据、全景视频、人工智能、线上展演”等内容为重点，打造数字演艺平台。

四　北京城市副中心大型文化项目及文化品牌建设存在的问题分析

（一）三大文化建筑

1. 缺乏系统的整体构想与战略策划

三大文化建筑的硬件设施目前正处于建设之中，均未完工，有初步的建筑实体建设，硬件设施有良好的前景展望，但这些设施在运营规划和文化服务等软件建设方面零起步。因工程前期、后期的责任主体不同，运营方与设计方、规划方等理念的一致性难以保证，硬件设施建设完成之后的软件建设与服务方面没有形成系统性战略构想，建筑建设责任主体是北京北投集团，业主单位分别是国家大剧院、首都图书馆和首都博物馆，责任主体分散，缺乏统一管理和整体设计。

2. 文化服务方面缺乏有机联系

三大文化建筑在地理位置上体现了城市副中心文化战略，但是三者未来在文化建设和文化服务方面缺乏呼应。三大文化建筑位于城市绿心公园西北部市民文化休闲组团，北邻大运河、西邻六环高线公园，是城市副中心“一带、一轴、两环、一心”规划格局的重要组成部分，但是三大文化建筑由不同业务主体进行管理，这三大业务主体单位没有统一的行政指令和文化发展规划设想，三者之间在文化服务方面还没有形成紧密联系的规划与设计。

3. 体现副中心文化特质方面的优势不突出

目前，三大文化建筑只是强调建筑实体设计、建设与施工，有一定的文化空间与技术实施设计，但这些目标性设计仍属于硬件设施部分，在三大主体文化服务方面的定位不清晰、特质不明确。城市副中心剧院、图书馆和博物馆的三家业务主管与运营单位都没有明确的定位，尤其是符合提升副中心文化特质的定位描述，包括三大文化实体建筑名称的确定等仍存在诸多有待商榷之处。

（二）北京环球度假区

北京环球度假区不只是一个主题公园，其规划有着大的度假区概念，因此，副中心应当重视做好承接北京环球度假区溢出效应等方面的工作。

1. 周边商业服务配套设施不健全

目前，北京环球度假区周边文化旅游区没有已建成的楼宇，缺乏可直接利用的产业承载空间，无法承接文艺、体育、商业活动。在北京环球度假区所在的文化旅游区范围内，自设置战略留白区之后，可开发利用土地少。台湖演艺中心、奥特莱斯、精品民宿等项目的规划建设进展迟缓，商业服务配套设施也存在明显不足，与副中心文旅规划定位不匹配，给全区文旅产业发展和承接北京环球度假区游客的二次消费造成了阻碍。

2. 在沉浸体验上还比较差

由于北京环球度假区建设还未最终完成，相比国外环球影城来说项目建设还不成熟，尤其是目前的项目偏少，缺乏较为精致化的内容设计。项目整体打造对象年龄偏低，项目之间路程较远，园区里商店、餐馆的数量不应太多，游客的沉浸体验比较差，应当根据项目适当设计。尽管北京环球度假区在国际 IP 和本土文化的体验层次结合上有一定考虑，但相比而言中国传统文化相关的项目少，“功夫熊猫”项目中游客普遍反映是形式大于内容。

3. 区域文旅品牌设计有待加强

北京环球度假区位于城市副中心西南部，有地铁 7 号线、八通线与中心城区直接相连。大运河游览区、宋庄文化创意产业集聚区、台湖演艺小镇、张家湾设计小镇等景区则分散布局在城市副中心的各个方向，各景区之间交通不方便。交通因素可能导致游客游完北京环球度假区后直接返回中心城区，除了环球影城这一国际 IP，城市副中心还有大运河文化、工艺文化、宗教文化等特色文旅资源，这些资源彼此之间缺乏有效衔接，没有整合成区域性的城市副中心文旅品牌。管理部门也没有出台政策鼓励企业开发旅游线路、整合文旅资源。宣传推广力度有待加大，北京环球度假区的媒体宣传有待加强，媒体和网友整体上反映其宣传片制作水平较低，而三大建筑未来运营目标和方式等的宣传还未开始。

（三）张湾设计小镇、宋庄文化创意产业集聚区、台湖演艺小镇

北京城市副中心三个小镇在发展过程中，存在规划落地有瓶颈，部分民营企业参与老旧厂房改造运营的积极性不高、进度较为缓慢，文化演艺产业发展活力不强，基础设施及配套还不够完善等共性问题，在一定程度上影响了城市副中心文化事业和文化产业高质量发展。

五　推进北京城市副中心文化建设的总体思路

（一）数字科技赋能文化，打造创新、高端、开放的文化新业态

北京城市副中心文旅产业发展过程中，应充分发挥数字技术优势，促进文化与旅游深度融合，运用科技手段将城市内系统环节结合起来[①]，创新文化、旅游消费场景，激活文化、旅游消费活力。利用数字技术打造沉浸式

① 谭日辉、陈思懿、王涛：《数字平台优化韧性城市建设研究——以北京城市副中心为例》，《城市问题》2022 年第 1 期。

消费场景。数字技术的应用能够推动旅游场景的革命，城市副中心文化旅游发展应充分利用数字技术，着力打造娱乐性强、互动性强的文化旅游场景，激发消费活力。同时，充分利用数字孪生等技术，延展文旅消费场景，通过数字化的技术手段在互联网空间构建“云上”的城市副中心文旅消费场景，让城市副中心文旅消费场景更丰富、更便利、更具延展性。

（二）以大型文化项目推动区域文化旅游整体品牌提升

充实大型文化项目的内容，精益求精的不断改进文化元素呈现方式，用创意和科技手段增强文化传播动能，在北京环球度假区的项目上还要加强中国传统文化元素的融合与创新性转化，促进创意升级。由于北京环球度假区、大运河游览区、台湖演艺小镇、宋庄文化创意产业集聚区等文旅项目的目标游客在年龄、偏好等方面存在一定的差异和互补，且相关项目距离中心城区较远，建议以开发深度旅游为主：一要结合不同人群的共性偏好，打造主题文旅品牌；二要积极推进台湖演艺中心和奥特莱斯等项目建设，延伸产业链条，承接多元消费需求，打造若干条精品线路，延长游客在副中心的游览时间。努力使多元文化资源得以连珠成串、互为上下游，通过设计“文旅+”体验线路，全面细分、组合大小项目，扩大来副中心的有效消费群体规模，促进文化消费，打造“和谐宜居”“国际一流”的生态，进而在提升人气、会集人流、形成可持续的规模化文化消费上形成合力。

（三）塑造和培育新文化地标和场景，打造城市副中心文化名片

规划建设北京城市副中心，是千年大计、国家大事。建设大运河文化带和打造三个特色小镇的副中心文化旅游新地标，是使文化品牌逐渐转化为城市文化符号的关键①，是党中央为传承中华文化、保护文化遗产做出的重要

① 蒋淑媛、李子尧：《城市文化形象的媒介呈现与提升策略研究——以北京城市副中心为例》，《北京联合大学学报》（人文社会科学版）2022年第1期。

决策。为了塑造和培育新文化地标和场景，未来将构建 1+1+3（一带一城三镇）的体系，进而打造出极具北京特色的城市副中心文化名片。

（四）强化宣传推广，推进城市副中心文化形象塑造与传播

构建良好的区域形象，提升区域知名度和影响力，是副中心文化建设的重要环节。与首都城市形象传播相比，副中心区域形象传播对象更小、更集中，目标更明确，准确把握形象传播战略对于副中心形象传播至关重要。一是制定清晰凝练的形象战略。总结提炼更有辨识度、有特色的副中心形象关键词，围绕关键词制定清晰的宣传推广战略，将副中心形象传播关键理念推广到日常宣传工作中，同时建议搭建一套包括视觉形象、影视周边、潮流周边在内的更为全面、生动的区域形象识别系统，使副中心的核心形象更加精准、高效地深入人心。二是完善各传播主体间协调、协同传播机制。疏通副中心各个传播主体之间的沟通协调路径，使官方各部门之间、官方与民间的合作，都能充分共享彼此之间的人才、信息等传播要素，实现深度的传播协作。三是重视国际经验和民间传播，多渠道提升副中心形象传播影响力。充分利用北京环球度假区地标的知名度、亲民度接轨世界，提升副中心的域外影响力，并与通州的文化古韵、宜居新生态等要素有机结合，提升副中心的全球知名度和国际认知度、认同度。

文化传承与遗产保护

Cultural Inheritance and Conservation of Heritage

B.5

2022年北京历史文化名城保护与传承报告

王卫华　孙佳丰*

摘　要： 2022年，北京历史文化名城保护工作深入推进，名城管理体系不断细化，相关政策法规进一步健全，城市历史文化阐释和公众宣传工作持续深入，中轴线申遗工作进入冲刺阶段，老城空间秩序管控与城市更新稳步落实，三个文化带建设及三山五园地区整体保护有序开展，城市历史文化资源挖掘与文化遗产保护利用取得新进展，文博事业、文创产业、文旅产业厚植发展新优势。在北京历史文化名城保护与传承的新阶段，历史文化名城保护工作仍需坚持政策引领、总结实践经验，在文物活化利用、参与机制保障、生态景观修复、历史文脉传承等方面予以加强，推动北京历史文化名城保护工作取得更大成效。

* 王卫华，中央民族大学文学院院长，教授、博士生导师，主要研究方向为民俗学、北京文化；孙佳丰，中央民族大学民俗学专业博士研究生。

关键词： 历史文化名城保护　中轴线申遗　博物馆之城

2022年，北京市深入贯彻习近平总书记关于历史文化名城保护的一系列重要讲话精神，落实党中央决策部署和党的二十大报告要求，以首善标准推动北京历史文化名城保护工作取得新进展。为巩固历史文化名城保护40年工作成果，北京市通过执法检查工作推动历史文化名城保护法规政策贯彻实施，发布保护对象认定与登录工作规程及历史建筑保护利用管理办法，构建名城精细化管理体系，同时开展历史文化名城保护系列活动，加大宣传保障力度，畅通社会参与渠道。在法治保障与政策引导下，北京市加强城市历史资源挖掘，加强文化遗产系统保护、活化利用与价值阐释，以中轴线申遗为抓手，带动老城整体保护；以国家文化公园为引领，加快三个文化带建设；以红色资源为亮点，创建三山五园国家文物保护利用示范区；以共建共享为目标，全力推动博物馆之城建设，实现了历史文化名城保护工作在城市历史风貌恢复、文化空间提升等方面的显著成效。

一　深入推进历史文化名城保护工作，巩固历史文化名城保护40年工作成果

2022年，北京市贯彻落实《北京历史文化名城保护条例》（以下简称《条例》），进一步完善保护名录、保护责任人、保护规划实施等相关管理机制，构建精细化的历史文化名城保护治理体系。在北京成为首批国家历史文化名城40周年的重要时间点，北京市开展了一系列面向公众的历史文化名城保护宣传活动，巩固与展示40年来北京历史文化名城保护工作的丰硕成果。

（一）推动历史文化名城保护法规政策贯彻实施，构建精细化管理体系

2022年是北京市重新制定《条例》的一周年，为依法深入推进历史

文化名城保护相关工作，北京市人大常委会于2022年4月启动了对新版《条例》贯彻实施情况的执法检查工作。此次执法检查的重点内容涵盖配套政策制定和法规宣传贯彻情况，老城、三山五园和三个文化带等重点地区整体保护利用情况，历史建筑和历史文化街区保护利用情况，等等。[①] 2022年9月21日，北京市十五届人大常委会第四十三次会议听取审议关于检查《条例》实施情况的报告。报告总结了《条例》实施一年多以来，北京市在历史文化名城保护工作中的丰硕成果，同时指出了保护腾退工作较为缓慢、保护利用“活”性不足、文保资金绩效管理需要加强等主要问题，提出了加快确定保护对象的腾退路径、合理规划腾退置换的空间和场地等建议。[②]

为进一步落实《条例》，完善保护对象登录机制，2022年8月30日，北京市发布了由北京历史文化名城保护委员会办公室组织起草的《北京历史文化名城保护对象认定与登录工作规程（试行）（征求意见稿）》，共18条及4个附件。该规程内容涵盖细化保护名录的制定、审批流程；拓展社会参与方式与渠道，加强预先保护措施；深化保护对象认定标准；等等。[③] 该规程为规范北京历史文化名城保护名录制度，促进保护管理可持续提供了保障。

2022年，北京市全面实施历史建筑精细化保护模式，推动门头沟、房山、朝阳等各区有序开展历史建筑挂牌工作。3月，北京市发布《认识身边的历史建筑》公众科普读本，介绍历史建筑相关知识，增强公众保护意识，为历史建筑保护管理提供支撑。6月，北京市完成《北京市历史建筑保护图

---

① 《历史文化名城保护条例执法检查启动　北京将研究建立名城保护统一信息平台》，“北京印迹 inBeijing”微信公众号，2022年4月19日，https：//mp. weixin. qq. com/s/WqdbhLwEH53pJDc3b7pNYw。

② 《北京历史文化名城保护条例执法检查报告出炉　中轴线申遗保护驶入“快车道”　三山五园地区山水田园风貌逐渐恢复》，北京市人民政府网，2022年9月22日，http：//www. beijing. gov. cn/zhengce/zcjd/202209/t20220922_ 2820319. html。

③ 《关于〈北京历史文化名城保护对象认定与登录工作规程（试行）（征求意见稿）〉的起草说明》，北京市人民政府网，2022年8月30日，http：//www. beijing. gov. cn/hudong/gfxwjzj/zjxx/202208/P020220830644910784223. pdf。

则（门头沟区）》的编制工作，并于当月启动“品读建筑　发现北京之美”系列活动之“北京历史建筑故事征集”，弘扬历史建筑价值。2022 年 8 月 5 日，北京市发布《北京市历史建筑保护利用管理办法（试行）》（征求意见稿）。该办法界定了各类保护行为边界，提出维护和修缮行为的分级管控标准，进一步深化、细化了保护设计方案的编制要求，明确在不突破保护底线的前提下，历史建筑及其保护范围内其他建筑可以进行更新利用，同时厘清、理顺了历史建筑修缮的申报流程，为进一步做好历史建筑保护提供了政策指导。①

（二）开展历史文化名城保护宣介系列活动，讲好北京历史文化名城保护故事

2022 年是我国设立历史文化名城保护制度暨北京成为首批国家历史文化名城 40 周年，为此，北京市开展了一系列形式丰富的历史文化名城保护纪念与宣介活动。2022 年 7 月 25 日，北京市发布了由北京历史文化名城保护委员会办公室指导、北京市规划和自然资源委员会支持，北京城市规划学会组织编制的《北京历史文化名城保护优秀案例汇编集（2013 年—2022 年）》。该汇编集以包括优秀规划研究课题、优秀建设实施项目和优秀社会参与活动在内的 108 个案例，回顾与梳理了党的十八大以来北京历史文化名城保护的工作历程和重要成就，② 为北京历史文化名城保护工作蓬勃发展的宝贵 10 年留下真实记录，推动凝聚全社会共同保护北京历史文化名城的共识。

7 月，首届北京文化论坛成功召开。论坛以“传承·创新·互鉴”为永久主题，以“推动文化创新　赋能美好生活”为年度主题，旨在打造文化领域的全国性品牌论坛。论坛编辑出版了《“京”彩文化——北京市推进全

① 《本市历史建筑保护利用管理办法公开征求意见　保护前提下注重灵活利用》，北京市人民政府网，2022 年 8 月 6 日，http：//www.beijing.gov.cn/ywdt/gzdt/202208/t20220806_2787518.html。

② 《北京历史文化名城保护优秀案例汇编集（2013 年—2022 年）》，北京市规划和自然委员会网站，2022 年 7 月 25 日，http：//ghzrzyw.beijing.gov.cn/zhengwuxinxi/tzgg/sj/202207/P020220905553447226470.pdf。

国文化中心建设成就图册》，集中展示近年来首都文化建设的生动实践。[①]同月，北京历史文化名城保护委员会公众宣传平台推出“2022 北京印迹——文化探访路”及“北京城市探访课堂”，通过全媒体立体传播及公众互动参与，让更多民众深入了解北京历史文化。2022 年，北京市广泛开展“名城保护进校园”“名城保护进课堂”等活动，通过行走中轴线等形式，带领青少年参与北京历史文化名城保护实践。2022 年内，北京市举办的《北京城市总体规划（2016 年—2035 年）》实施成果展（2021 年版）、“2022 新时代首都美术展”和“首都城市建设十年映像”等展览活动，以多视角呈现了北京城市建设发生的历史性变化，展示了北京历史文化名城的深厚底蕴与时代风采。

围绕纪念北京成为首批国家历史文化名城 40 周年主题，北京市于 10 月举办了 2022“名城保护·大家谈”活动。该活动邀请来自北京历史文化名城保护委员会、清华大学等多家科研机构的专家学者参与交流，共话北京历史文化名城保护发展，为促进北京历史文化名城保护事业发展提供了支持。[②] 12 月，北京历史文化名城保护委员会办公室在“中华思想文化术语传播工程”支持下出版《北京历史文化名城保护关键词》，系统梳理北京“历史沿革与营城理念”“保护体系与保护对象”“保护要求与保护措施”三方面的专有名词，从中筛选出 110 个“关键词”予以中英文释义，帮助公众更好地了解北京历史文化名城，是助力北京全国文化中心和国际交往中心建设的有力举措。

二　中轴线申遗工作进入冲刺阶段，老城保护与城市更新稳步落实

2022 年是北京中轴线申遗的关键之年，北京市制定实施《北京中轴线

① 《推动文化创新 赋能美好生活 首届北京文化论坛 7 月 25 日至 7 月 26 日举办》，北京市人民政府网，2022 年 7 月 19 日，http://www.beijing.gov.cn/ywdt/gzdt/202207/t20220719_2774117.html。

② 《2022“名城保护·大家谈”活动在京举办》，光明网，2022 年 11 月 2 日，https://m.gmw.cn/baijia/2022-11/02/36132197.html。

文化遗产保护条例》，进一步优化中轴线申遗文本、保护管理规划，扎实推动《北京中轴线申遗保护三年行动计划（2020 年 7 月—2023 年 6 月）》实施落地。同时，以中轴线申遗为抓手推动老城整体保护与复兴，强化老城空间秩序管控，加强传统地名保护，有序推进城市更新。

（一）出台《北京中轴线文化遗产保护条例》，优化申遗文本及保护管理规划

2022 年 5 月 26 日，《北京中轴线文化遗产保护条例》经市人大常委会审议通过，于 10 月 1 日施行。作为北京市首部为保护特定文化遗产而制定的地方性法规，该条例对标《保护世界文化和自然遗产公约》要求，明确了北京中轴线文化遗产的定义、保护对象、保护要素和保护原则，便于公众了解和参与保护。该条例强调维护中轴线的完整性、真实性，规定由市文物部门组织编制北京中轴线保护管理规划，纳入北京历史文化名城保护规划体系，明确政府责任和保护管理机构。在保护措施方面，明确了中轴线文化遗产在展示、利用、监测、研究等方面的要求，加强了北京中轴线文化遗产的价值阐释、展示和活化利用。同时，该条例确立了专家咨询和公众参与制度，鼓励单位和个人通过开展研究、宣传政策、捐助资金、提供场所和服务等方式，参与中轴线保护、利用。作为助力中轴线申遗的必要环节，该条例的出台为北京中轴线文化遗产保护提供了法规保障。

2022 年，围绕中轴线申遗工作，北京市通过召开专题会议、征求专家意见、举办研讨活动等方式，进一步凝练中轴线申遗文本，制定中轴线保护管理规划，《北京中轴线申报世界文化遗产提名文件》《北京中轴线保护管理规划》于 4 月正式报送国家文物局。8 月，国家文物局确定推荐“北京中轴线”作为我国 2024 年世界文化遗产申报项目。《北京中轴线保护管理规划（2022 年—2035 年）》于 11 月进行公示，12 月 27 日经北京市人民政府常务会议审议通过。该规划以北京中轴线遗产价值保护传承为核心目标，针对各遗产构成要素及其周边环境的现状特征与存在问题，提出北京中轴线保护、展示、利用、监测等管理要求与策略，规划重点开展北京中轴线整体保

护、发挥遗产保护利用的综合效益，以及明确相关机构与单位的职责、加强与相关法律法规及规划的衔接等相关工作。

2022 年，北京市稳步实施中轴线申遗保护三年行动计划，一系列重点任务有序推进，中轴线沿线一批重点文物完成腾退，区域环境整治工程持续推进。北京中轴线绿色空间景观提升（东城段）工程完工，正阳门城楼和先农坛神仓修缮工程均按计划稳步进行，先农坛庆成宫住户腾退项目补偿方案重新调整完毕，国立蒙藏学校旧址文物保护修缮工程完工，后续将进行展陈施工。① 在文化活动方面，北京市举办第二届北京中轴线文化遗产传承与创新大赛、“中法对话：北京中轴线”研讨会，举办“一元‘中’始——2022 北京中轴线特展”、“时间的故事”沉浸式数字展，开播《最美中轴线（第二季）》等文艺作品。这些活动促进了全社会共同参与中轴线保护，助推北京中轴线申遗成功。

（二）强化老城空间秩序管控，有序推进城市更新与地名保护

2022 年，北京市落实《北京城市总体规划（2016 年—2035 年）》和《首都功能核心区控制性详细规划（街区层面）（2018 年—2035 年）》要求，加强老城整体保护，于 3 月印发《西城区“十四五”时期历史文化名城保护规划》。该规划以推动老城整体保护与复兴为重要目标之一，计划从“老城—街区—文物建筑”三个层次开展工作，强化老城空间秩序管控与特色风貌塑造，精细推进街区保护更新，统筹做好文物和历史建筑保护修缮，强化北京老城保护的总体空间结构。② 同时，重点关注两轴管控区、二环管控区、历史文化街区、其他成片传统平房区，力求在更高水平上保障和改善民生，努力擦亮老城这张中华文明的金名片。

---

① 《中轴线申遗文本完成修订！一批重点文物完成腾退》，“北京印迹 inBeijing” 微信公众号，2022 年 12 月 2 日，https://mp.weixin.qq.com/s/naLoovzQmH7Pew1uOKiKiQ。

② 《〈西城区“十四五”时期历史文化名城保护规划〉发布》，北京市规划和自然资源委员会网站，2022 年 3 月 2 日，http://ghzrzyw.beijing.gov.cn/zhengwuxinxi/gzdt/xc/202203/t20220302_2620163.html。

2022年5月，北京市人民政府正式印发《北京市城市更新专项规划（北京市“十四五”时期城市更新规划）》，这是全国首个减量发展背景下的城市更新专项规划。该规划提出保障首都功能、激发经济活力、改善民生福祉、加强生态保护、传承历史文化、提升治理能力六个方面更新目标。该规划明确将严控大拆大建、严守安全底线、严格生态保护，小规模、渐进式、可持续地开展城市更新；要求持续推进平房区申请式退租、换租和保护性修缮、恢复性修建，完善“共生院”模式，逐步拆除院内违法建筑，恢复传统四合院基本格局；改善留驻居民住房和基础设施条件，逐步推进平房住宅成套化改造；保持老城格局尺度，延续城市特色风貌，恢复具有老北京味的生活场景。① 2022年11月25日，《北京市城市更新条例》经北京市第十五届人民代表大会常务委员会第四十五次会议表决通过，并将于2023年3月1日起正式施行。该条例紧紧围绕首都城市战略定位，坚持政府统筹、市场运作，明确多方面保障措施和政策支持；坚持民生优先，兼顾各方主体利益；把握好立法与改革的关系，为推动北京市城市更新提供坚实法治保障。②

传统地名的传承与保护是北京历史文化名城保护工作的一项重要内容。2022年3月，由北京市规划和自然资源委员会同东城、西城区人民政府组织编写制定的《首都功能核心区传统地名保护名录（街巷胡同　第一批）》经市政府批准后正式公布。这是2021年3月1日新版《北京历史文化名城保护条例》正式实施后公布的首个保护名录。其收录内容以历史悠久、具有相对完整历史信息和较高历史文化价值的街巷胡同地名为主，包括砖塔胡同、史家胡同、杨梅竹斜街、百花深处等598处。③ 为实现地名文化价值动

① 《北京城市更新专项规划发布 严控大拆大建 到2025年完成1.6亿平方米老旧小区改造》，北京市人民政府网站，2022年5月20日，http://www.beijing.gov.cn/zhengce/zcjd/202205/t20220520_2716858.html。

② 《〈北京市城市更新条例〉于3月1日起正式实施》，北京市住房和城乡建设委员会网站，2023年3月1日，http://zjw.beijing.gov.cn/bjjs/xxgk/xwfb/326049053/index.shtml。

③ 《北京公布核心区首批传统地名保护名录》，北京市人民政府网站，2022年3月1日，http://www.beijing.gov.cn/renwen/sy/whkb/202203/t20220301_2618881.html。

态评估和名录有序补充、落实“应保尽保”目标要求，2022 年 11 月，北京市规划和自然资源委员会对首都功能核心区传统地名进行了进一步筛选与评估，拟将核心区 513 处传统地名列入《首都功能核心区传统地名保护名录（街巷胡同　第二批）》，其中包括许多新中国成立后命名的街巷道路名称，如北京站街、体育馆路、展览馆路等，体现了社会主义建设的伟大成就。此后，北京将逐步建立地名保护名录定期评估机制，及时增补新地名，实现地名动态评估和名录有序调整。

三　三个文化带建设持续跟进，三山五园地区整体保护有序开展

“三个文化带”和“三山五园”是北京历史文化的重要承载地。2022 年，北京市加快大运河和长城两处国家文化公园、三山五园国家文物保护利用示范区的建设步伐，统筹推进大运河文化带、长城文化带、西山永定河文化带建设，提升三山五园整体保护水平，京津冀协同推进历史文化名城保护，依托自然资源与历史文化遗产，打造具有丰富文化体验的公共空间。

（一）推进国家文化公园建设，加快创建国家文物保护利用示范区

2022 年，北京市落实《北京市大运河国家文化公园建设保护规划》《长城国家文化公园（北京段）建设保护规划》，推动相关遗址保护利用及博物馆建设。7 月，大运河源头遗址公园一期工程已完成主体建设，主要依托白浮泉遗址、龙泉禅寺、都龙王庙三处文物景观，围绕“一泉贯出天下脉”主题，打造龙泉漱玉、长流惠泽、山水清音三处景点，运河源、引水台、聆泉处、读泉圃等景观节点，形成山水相映的空间布局，打造白浮瓮山河文化景观带。9 月，通州“三庙一塔”景区经过两年多的整改后正式对游客免费开放，大运河文化带上的万寿寺也全面修缮完工并对公众开放。此外，路县故城遗址保护展示工程主体地下结构已完工，大运河（北京段）古桥建筑及相关庙宇测绘研究工作也顺利完成，动物园到颐和园的水运航线经精细化整治后开航，大运河博物馆（首都博物馆东馆）正在

有序推进机电及精装施工，计划于 2023 年底竣工开放。

2022 年，北京市加快推进长城抢险修缮项目及中国长城博物馆改造提升工程。完成了箭扣长城（四期）修缮工程主体施工和四方验收，箭扣长城（五期）修缮方案已报国家文物局审批，涉及密云区、怀柔区、延庆区三个区的 12 项长城抢险加固项目全部完成年度任务。[①] 依据长城国家文化公园（北京段）建设保护规划，《中国长城博物馆改造提升工程计划及遗产影响评估报告》正式向国家文物局和世界遗产组织报备，设计方案国际征集工作已经完成，从中遴选出 3 个优胜方案并按程序报审，同时全力推进展陈大纲概念性设计方案和功能需求方案。[②] 在西山永定河文化带建设方面，大葆台西汉墓遗址保护及博物馆改建工程取得立项、概算批复，年底前具备地下结构开工条件。北惠济庙雍正御制碑碑亭修缮工程、石景山古建群元君庙修缮工程（一期）竣工验收。法海寺壁画艺术馆整体改造任务正处于收尾阶段。永定河累计补水 5.31 亿立方米；永定河山峡段综合治理与生态修复任务基本完成，龙庆峡森林公园景观提升工程、京西林场矿山植被恢复工作全部完成年度目标。[③] 同时，永定河 26 年来首次实现全线贯通入海，琉璃河国家考古遗址公园建设全面启动，永定河文化博物馆建设前期工作有序推进。

2022 年是海淀创建三山五园国家文物保护利用示范区全面发力的第二年。自 2021 年《三山五园地区整体保护规划（2019 年—2035 年）》及《北京海淀三山五园国家文物保护利用示范区建设实施方案》发布以来，北京市扎实推进三山五园地区整体保护、国家文物保护利用示范区创建任务。三山五园历史文化遗产得到系统保护，区域山水田园风貌逐渐恢复。三山五园艺术中心已完成地下主体结构施工，颐和园东宫门外广场文物修缮工程，潭柘寺消

---

① 《北京市文物局 2022 年工作总结》，北京市文物局网站，2022 年 12 月 30 日，http://wwj.beijing.gov.cn/bjww/wwjzzcslm/1737418/1738081/gzdt53/326009945/index.html。

② 《2022 年市政府工作报告重点任务和 2022 年办好重要民生实事项目完成情况》，北京市文物局网站，2022 年 11 月 28 日，http://wwj.beijing.gov.cn/bjww/362679/362680/482911/325990960/index.html。

③ 《北京市文物局 2022 年工作总结》，北京市文物局网站，2022 年 12 月 30 日，http://wwj.beijing.gov.cn/bjww/wwjzzcslm/1737418/1738081/gzdt53/326009945/index.html。

防，戒台寺南宫院、上院、祈福殿及钟亭修缮工程已完成。玉泉山地区循环水网实现连通，稻田景观再现京西，历史水系格局基本成型。[①] 三山五园数字展已完成考证研究，正在开展建模工作。2022 年 4 月，三山五园国家文物保护利用示范区工作推进会召开，对国家文物示范区建设任务进行深化与推进。9 月，“园说Ⅳ——这片山水这片园”展览在颐和园博物馆举办，展览通过山水毓秀、名园盛衰、移天缩地、园居理政、古园新生五个单元，系统讲述以三山五园为核心的古典园林集群在选址、营建、造园艺术、历史功能及保护发展等方面的内容，并运用大型弧幕投影、动画等，给公众以沉浸式的观展体验。[②]

（二）京津冀协同推进历史文化名城保护，打造文旅融合的公共空间

近年来，京津冀三地立足大运河文化带的发展定位，积极探索深化合作，携手开展北运河综合治理，规划三地大运河文化旅游精品线路。2022 年 6 月，北运河（京冀段）全线 62 公里实现游船通航，标志着京津冀协同发展迈出重要一步。为了深入贯彻落实党的二十大精神和习近平总书记重要指示批示精神，进一步增强京津冀协同发展的文化驱动力，提升协同发展水平，三省市人大常委会有关工作机构共同起草了《关于京津冀协同推进大运河文化保护传承利用的决定（草案）》。11～12 月，三省市人大常委会相继表决通过了《关于京津冀协同推进大运河文化保护传承利用的决定》，三地均自 2023 年 1 月 1 日起施行。该决定共 12 条，围绕指导思想、基本原则、协调机制、协同重点、立法、执法、监督协同协作等方面做出具体规定，旨在进一步增强京津冀协同发展的文化驱动力，提升京津冀协同发展水平，为做好大运河文化遗产保护传承利用工作提供法治保障。[③]

① 《北京历史文化名城保护条例执法检查报告出炉　中轴线申遗保护驶入“快车道”　三山五园地区山水田园风貌逐渐恢复》，北京市人民政府网站，2022 年 9 月 22 日，http：//www. beijing. gov. cn/zhengce/zcjd/202209/t20220922_ 2820319. html。

② 《“园说Ⅳ——这片山水这片园”展开幕》，国家文物局网站，2022 年 9 月 30 日，http：//www. ncha. gov. cn/art/2022/9/30/art_ 723_ 177545. html。

③ 《京津冀三地人大同步立法　保障大运河文化保护利用》，“北京印迹 inBeijing”微信公众号，2022 年 12 月 9 日，https：//mp. weixin. qq. com/s/HQG2rg3TCUZsuxTvoBbtOw。

2022 年 7 月，在国家文物局指导下，北京市文物局、天津市文物局和河北省文物局三地共同签订《全面加强京津冀长城协同保护利用的联合协定》，建立行政区域边界处长城保护中的重大问题协商协作机制，为京津冀共同推进长城国家文化公园和长城文化带建设提供了政策支持。9 月，京津冀历史文化名城保护论坛以线上形式召开，国家和京津冀三地历史文化名城保护主管部门及专家学者就首都功能核心区价值体系研究、首都规划视野中的北京历史文化保护与传承、明长城整体性研究、深入做好西柏坡精神的宣传阐释等主题进行了主旨演讲或专题研讨。① 论坛为进一步保护好、传承好、利用好京津冀地区丰富的历史文化遗产提供了知识与经验。

围绕三个文化带建设发展举办的文化节活动，提升了三个文化带的国内外知名度和公众参与度。7 月，以“山河永定　共向未来”为主题的北京西山永定河文化节成功举办，并发布 10 条串联昌平区、海淀区、门头沟区、丰台区、房山区、大兴区的 2022“美好京西　山河永定”主题游线路，有助于市民和游客品读京西文化，感受京西魅力。8 月，以“双奥之城 · 长城之约”为主题的 2022 北京长城文化节开幕。开幕会现场首次发布约 400 公里长的“京畿长城”国家风景道主线，其自西向东途径门头沟、昌平、延庆、怀柔、密云、平谷六区，辐射联动 8 个国家级长城重要点段、5 个国家级全域旅游示范区、2 个国家级文化和旅游消费集聚区、19 个国家级乡村旅游重点村、39 个 3A 级以上旅游景区、2 个北京市级旅游休闲街区，为公众提供了饱览长城美景、了解长城保护成果的窗口。

8 月，以“游运河　行大运”为主题的 2022 北京（国际）运河文化节在城市副中心开幕。文化节提炼大运河北京段多样态文化特色，整合沿线文化、旅游、体育等各类资源，立足全球视野，围绕“千年运河”“缤纷运河”“活力运河”三大板块，采取线上线下相结合的方式，展示大运河文化带运河文化保护传承与利用成果，讲述千年运河史诗，打造世界运

① 《三地历史文化名城保护线上论坛召开》，河北省自然厅（海洋局）网站，2022 年 10 月 11 日，http：//zrzy. hebei. gov. cn/heb/xinwen/bsyw/szfxw/10777154872219168768. html。

河文化交流的窗口。[①] 运河文化节还围绕“美好生活”主题推出 10 条各具特色的精品旅游线路，充分挖掘大运河沿线旅游资源，推动大运河的文化旅游业发展。2022 年 11 月，第二届北京国际运河艺术周在大运河文化旅游景区“三庙一塔”举办，艺术周期间，人们通过嘉宾座谈、文艺演出、国内运河民俗探访、国外运河文旅推介等了解中外运河的文化魅力。

四 挖掘城市历史文化资源，加强文化遗产保护利用和价值阐释

深入挖掘城市历史文化资源，创新文物活化利用方式，是新时期北京历史文化名城保护工作的重要任务。2022 年，北京市推进考古勘探发掘及文物资源调研工作，进一步摸清各级各类文物资源底数，稳步推进文物保护工程，加强文化遗产活化利用和价值阐释，推动首都文博事业蓬勃发展。

（一）考古工作与遗址保护取得进展，革命文物保护利用展现新成就

2022 年，北京市考古发掘各类遗迹 1600 余处，出土各类文物 1000 余件（套），数量和面积均位居全国前列。[②] 在中轴线考古工作中，正阳桥遗址考古发掘清理出镇水兽，南中轴路段考古勘探发现了明清时代中轴道路及其附属遗存。同时完成北京北海医院和东天意市场降层项目及太庙内非文物建筑拆除区域环境整治工程的考古勘探工作，发掘金中都外城五处地点，发现唐、辽、金、元、明、清代重要遗存，进一步揭示了古都北京深厚的文化根脉。[③] 在京郊考古工作中，北京市加快琉璃河国家考古遗址公园建设，已

① 《通州区：北京（国际）运河文化节开幕》，北京市人民政府网站，2022 年 8 月 9 日，http://www.beijing.gov.cn/ywdt/gqrd/202208/t20220809_2789242.html。

② 《2022 年度北京历史文化名城保护十大看点评选启动》，“北京印迹 inBeijing”微信公众号，2023 年 1 月 28 日，https://mp.weixin.qq.com/s/lJmDmD9Ush7RwDo6-KoAHw。

③ 《历史文化名城保护条例执法检查启动 北京将研究建立名城保护统一信息平台》，“北京印迹 inBeijing”微信公众号，2022 年 4 月 19 日，https://mp.weixin.qq.com/s/WqdbhLwEH53pJDc3b7pNYw。

开展考古发掘1000平方米，揭露了疑似宫殿区的大型夯土建筑基址。[①] 组织房山区开展第四批国家考古遗址公园申报工作，编制《琉璃河考古遗址公园规划》并于2022年5月上报国家文物局，同时启动北京考古博物馆、琉璃河遗址博物馆、考古展示体验馆建设研究工作。12月，《琉璃河遗址考古和研究工作计划（2022年—2025年）》编制完成。12月29日，国家文物局正式向社会公布第四批国家考古遗址公园名单，琉璃河考古遗址公园以全票通过的成绩成功列入立项名单，标志着房山区国家考古遗址公园申报工作取得突破性进展。

4月，门头沟区入选2022年传统村落集中连片保护利用示范县（市、区）名单。门头沟区正在细化实施方案，力争创新形成连点串线成片的传统村落组团发展模式，创新形成传统农宅有机更新路径。[②] 8月，北京市公布第十批文物保护单位保护范围及建设控制地带名单，为北京站车站大楼、宋庆龄儿童科学技术馆、原子能“一堆一器”旧址、智珠寺、圣米厄尔教堂、长椿寺、北京湖广会馆、醇亲王墓、双清别墅、通州燃灯塔、上宅遗址。这11处文物保护单位保护范围及建设控制地带升级了“保护圈”，为确保其真实性和完整性提供了保障。在传统村落保护方面，建于清代的“延庆古村落遗址”于2022年冬奥会期间亮相。在延庆冬奥村的营造过程中，有关方面将古村落遗址“修旧如旧”原地展示，成为村内的独特景观，丰富了延庆冬奥村的人文内涵。在古树名木保护方面，北京市首个古树名木主题公园在昌平区落成，园内拆除古树周边硬质铺装，增设游憩设施和文化景观，使古树保护融入生活。石景山区划定“灵根古柏”保护小区，遵循“古树保护、科学监测、科普宣传”三大建设目标，成为探索古树名木及其生境的整体保护新模式的成功示例。

---

① 《北京市文物局2022年工作总结》，北京市文物局网站，2022年12月30日，http://wwj.beijing.gov.cn/bjww/wwjzzcslm/1737418/1738081/gzdt53/326009945/index.html。

② 《历史文化名城保护条例执法检查启动　北京将研究建立名城保护统一信息平台》，“北京印迹inBeijing”微信公众号，2022年4月19日，https://mp.weixin.qq.com/s/WqdbhLwEH53pJDc3b7pNYw。

近年来，北京市坚持做好革命文物整体保护利用，推动形成点、线、带、片贯通的革命文物集中连片整体保护利用格局。天安门、北京大学红楼、双清别墅、卢沟桥（宛平城）等重点革命文物保护规划，以及《晋察冀革命文物保护利用片区工作规划》和《冀热辽革命文物保护利用片区工作规划》已形成初步成果。重点革命文物数字化保护提升工程（一期）项目已完成双清别墅和北京大学红楼的数据采集和部分处理工作，完成数字化档案管理和应用系统等软件开发、红色不可移动文物在线虚拟参观导览系统等项目开发。① 红色资源还与校园课程建设有效融合，完成红色基因传承平台资料报送、高校思想政治理论实践教学基地以及“见证新时代——晒晒我们的新物件”主题活动申报。2022 年 6 月，北京市文物局将核定公布第二批革命文物名录作为工作重点着力推进。12 月，北京市第二批革命文物名录公布，名录涵盖旧民主主义革命、新民主主义革命、社会主义革命和建设、改革和新时代各个历史时期，包括 30 处不可移动革命文物和 535 件（套）可移动革命文物。这些工作充分体现了红色文化融入北京城市基因、构成北京城市精神的鲜明底色。

2022 年 3 月 25 日是中共中央“进京赶考”73 周年纪念日。为深入贯彻习近平总书记关于“进京赶考”重要讲话精神，推动三山五园地区革命史迹保护利用和红色文化教育传承，北京市精心组织香山革命纪念馆陈列，修缮双清别墅红色遗址群及京张铁路清华园车站，打造“进京赶考”红色文化探访路。北京三山五园研究中心特别开展“一脉传城·专家学子同走赶考路”活动，使广大学子与研究中心专家一同重走赶考之路，探访沿线的京张铁路清华园车站、颐和园益寿堂、香山革命纪念地旧址三处重要节点，重温赶考初心，砥砺奋进之路。北京市亦推动香山革命纪念馆、中国人民抗日战争纪念馆、中国共产党早期北京革命活动纪念馆三馆融合发展，并与课程建设有效融合，通过“七个一”等活动，组织学生走进中国革命主题展馆，充分利用首都红色资源加强青少年党史教育和理想信念教育。

---

① 《中轴线申遗文本完成修订！一批重点文物完成腾退》，“北京印迹 inBeijing”微信公众号，2022 年 12 月 2 日，https://mp.weixin.qq.com/s/naLoovzQmH7Pew1uOKiKiQ。

（二）推动博物馆之城建设，促进名城文化遗产展示与活化利用

2022年是北京博物馆之城建设全方位开启的一年，北京市进一步提升博物馆与城市的融合发展，形成全社会共建共享的博物馆事业发展总体格局。7月，市政协和市委统战部联合召开议政会，围绕“推进建设‘博物馆之城’助力全国文化中心建设”协商议政。为助力博物馆之城建设，北京市出台了鼓励社会力量参与共建博物馆的相关支持政策。8月，北京市发布《北京市社会力量兴办博物馆扶持资金管理办法（暂行）》，该办法为落实2021年12月出台的《北京市鼓励社会力量兴办博物馆的若干意见》内容，明确博物馆展览展示申报入围项目的资金支持标准，积极发挥财政资金引导作用，以激发社会力量兴办博物馆活力，有效缓解社会力量兴办博物馆的运营压力，帮助其良性运转、健康持续发展，更好地发挥社会服务功能。[①] 2022年，《“类博物馆”开放培育试点工作实施方案》正式印发，该方案确定了10家培育单位，组建“类博物馆”开放培育专家咨询委员会，截至10月已经完成试点培育工作。《北京博物馆之城建设发展规划》也已完成征求意见稿编制。

在博物馆建设方面，2022年2月，中国工艺美术馆、中国非物质文化遗产馆正式落成开馆，成为宣传中华民族优秀文化的重要窗口。3月，首钢园北区全面开放，并举办“生生不息——时空的理想之旅”沉浸式光影艺术展、睿馆周年大展《不止·钢铁》等系列活动。截至2022年底，北京地区备案博物馆已达215座，全年共举办展览和活动近500项。皇史宬南院和北院实现整体开放，曹雪芹故居纪念馆、万寿寺、团城演武厅等相继开放。其中，曹雪芹故居纪念馆历经20余年的考据研究、文物复建、精心布展，突出了“曹雪芹与北京”主题；万寿寺历经5年修缮，新设“妙法庄严——佛教造像艺术展”“吉物咏寿——馆藏吉寿文物专题展”等基本陈

① 《〈北京市社会力量兴办博物馆扶持资金管理办法（暂行）〉政策解读》，北京市文物局网站，2022年10月20日，http://wwj.beijing.gov.cn/bjww/362690/362732/325966610/index.html。

列；位于香山脚下的团城演武厅历经4年的修缮改陈后开放。

2022年，北京市扩大博物馆免费开放范围，鼓励博物馆围绕传统节日及重要时间节点举办展览及文化活动，丰富市民群众精神文化生活。上线“北京博物馆云”微信小程序，做好“北京文博”微信公众号推介；持续打造“白塔之夜”品牌项目，举办“白塔夜话”“2022北京白塔文化周”系列活动；与北京广播电视台共同推出原创节目《博物馆之城》，在北京卫视播出后引起广泛关注；完成5·18国际博物馆日北京主会场活动，以及纪念《保护世界文化和自然遗产公约》50周年主会场活动，发布《世界遗产在北京》手册；推进京津冀博物馆协同发展，举办“第四届京津冀博物馆优秀志愿讲解员邀请赛”，并推进京津冀“博物馆进校园示范项目”。[①] 此外，北京市于9月启动“奋进新时代 创意赢未来”第六届北京文化创意大赛，“文创板·2022北京文博创意设计大赛”在延续“文博文创衍生品设计主题”和“二十四节气文化创意设计主题”两个经典赛道的同时，特别增设“博物馆数字衍生品设计主题”和“革命文物文创设计主题”两个创新赛道，助力北京建设历史文化名城。9月，2022服贸会文旅服务专题文博文创展区汇聚28家北京地区博物馆、14家博物馆文创服务企业，展示近千件博物馆文创产品，接待观众4万余人次，得到社会好评。[②]

五 深入推进北京历史文化名城保护与传承的问题与建议

2022年，北京历史文化名城保护工作进一步深入，在中轴线申遗保护、老城空间秩序管控与城市更新、三个文化带建设、三山五园整体保护、城市历史文化资源挖掘与文化遗产保护利用，以及文博事业、文创产业、文旅产业发

① 《北京市文物局2022年工作总结》，北京市文物局网站，2022年12月30日，http://wwj.beijing.gov.cn/bjww/wwjzzcslm/1737418/1738081/gzdt53/326009945/index.html。

② 《北京市文物局2022年工作总结》，北京市文物局网站，2022年12月30日，http://wwj.beijing.gov.cn/bjww/wwjzzcslm/1737418/1738081/gzdt53/326009945/index.html。

展等方面取得众多突破性进展。根据以往实践成效与未来任务目标，在北京历史文化名城保护与传承的新阶段，历史文化名城保护工作仍需在文化遗产活化利用、城市生态环境保护与历史文脉传承等方面进一步加强。

（一）创新历史文化资源活化利用，推动城市文明共建共享

深入挖掘北京城市历史文化资源，探索文化遗产活化利用新模式，是北京历史文化名城保护工作的未来方向与重要挑战。长期以来，北京市在有序开展古建筑、遗址、文物、传统村落及名木等各类文化遗产全面保护工作的基础上，进一步推动研究创新文物活化利用机制和方式，通过展览展示、文创产业、文旅产业等途径，使历史文化名城保护成果惠及民众，丰富民众的精神文化生活。

在2022年北京市人大常委会就《北京历史文化名城保护条例》实施情况开展的执法检查中，历史文化遗产的保护利用是执法检查工作的重点内容。紧扣法规条款，执法检查组指出了当前北京历史文化名城保护工作中仍存在历史文化遗产保护利用“活”性不足等问题，认为文物等保护对象腾退后使用用途较为单一，贴近市民生活、符合市民文化需求的活化利用方式还需进一步丰富。[①] 2021年发布的《北京历史文化名城保护条例》第六十四条至第六十七条，对如何更好盘活历史文化遗产，让其焕发新活力做出了规定，鼓励历史建筑引入图书馆、博物馆、美术馆等文化和服务功能。在2022年发布的《北京市历史建筑保护利用管理办法（试行）》（征求意见稿）中，再次强调了历史建筑灵活利用问题。该办法在《北京历史文化名城保护条例》的基础上进一步明确，在不突破保护底线的前提下，历史建筑及其保护范围内其他建筑可以进行更新利用。

在历史文化资源保护利用方面，北京市应加强历史建筑的腾退与开放，利用数字化、智能化手段创新文物的保护与展示，总结万寿寺、曹雪芹故居

---

① 《北京历史文化名城保护条例执法检查报告出炉　中轴线申遗保护驶入“快车道”　三山五园地区山水田园风貌逐渐恢复》，北京市人民政府网站，2022年9月22日，http://www.beijing.gov.cn/zhengce/zcjd/202209/t20220922_2820319.html。

纪念馆等，以及数字圆明园、数字畅春园、“园说”系列展览等实践经验，丰富历史文化遗产利用场景。在历史文化遗产的创新设计方面，首钢工业遗产的再利用做出了示范。位于园内的筒仓、料仓、转运站等工业遗产，通过改造被活化利用，呈现新旧交织、独具特色的城市风貌。在冬奥会期间，以敦煌壁画“飞天”为设计灵感的滑雪大跳台与原首钢电力厂冷却塔交相辉映，成为冬奥会历史上的地标性建筑。① 文化旅游是历史文化遗产活化利用的重要途径。北京市推动三个文化带、三山五园及革命遗址整体保护，整合沿线及区域文化旅游资源，合理规划文化旅游精品线路，促进文化产业和旅游休闲产业协同发展。2022 年，北京市文化和旅游局印发《北京市扩大文化和旅游新消费奖励办法》，助推首都文化和旅游高质量发展。该办法中亦支持鼓励文物、典籍、园林、生肖、节日、节气、历法、烹饪等中华优秀传统文化的创造性转化和创新性发展，设计推出能展现首都文化内涵的旅游消费新产品。

创新历史文化资源活化利用的目的是，使历史文化名城保护工作融入民众生活、成果惠及广大群众，推动北京历史文化名城形成全社会共建共享的格局。2022 年发布的《北京中轴线文化遗产保护条例》，将“传承利用和公众参与”单列成章，规定任何单位和个人都有保护中轴线的责任和义务，并有权制止、举报破坏行为；鼓励单位和个人通过开展研究、宣传政策、捐助资金、提供场所和服务等方式，参与中轴线保护、利用。未来，市民能够通过捐赠实物、资料，开展民俗文化活动，参加志愿者、讲解员，等等渠道积极参与中轴线申遗工作。随着首都文博事业、文创产业和文旅产业的不断发展，北京历史文化名城建设工作应将重点放在历史文化资源的创新利用上，提升各类历史文化遗产的展览水平，增强其开放性、可读性、公益性，充分展示历史文化遗产的文化价值，在满足民众精神文化需求的同时，激发全社会共同参与的积极性。

---

① 《刘玉民：新时代首都名城保护工作新形势与新要求》，“北京印迹 inBeijing”微信公众号，2022 年 11 月 10 日，https：//mp. weixin. qq. com/s/Uu-Gmr9IEhYd4rYwPjkPow。

（二）生态自然与历史文化并重，保护名城整体古韵风貌

北京历史文化名城保护对象不仅包括文物、建筑、街巷、遗址、村落等物质、空间类城市构成要素，也包括河湖水系、风景名胜、古树名木等具有生态自然属性的城市历史文化载体，因此，强化生态环境与历史文脉交融，在历史文化名城保护工作中不可忽视。近年来，北京市在历史文化名城保护工作中，注重对保护对象周边空间环境、景观视廊、生态景观等相关要素实施管控，整体保护城市传统风貌。

在城市河湖水系保护方面，大运河水脉的恢复与治理成效显著。大运河长河段、玉河上游段、白浮泉水脉景观相继恢复，打通"银锭观山"景观视廊，京津冀北运河逐步实现通航。京津冀也将统筹协调大运河河道水系治理管护，多措并举优化水资源配置，加强沿线地区水资源节约集约利用和地下水超采综合治理，改善水系资源条件，逐步恢复河道生态用水。[①] 在三山五园国家历史文化传承典范区创建工作中，注重京西山水形胜的整体格局，加强整体保护，强化分区特色，恢复西山历史水系和稻田景观等特色自然要素风貌，开展万泉河、金河河道治理工程，保护和展现京西稻田文化景观符号。总体来看，北京老城区及京郊地区水系保护情况较好，但仍存在重要水系节点不够突出等问题，如万宁桥、大通桥处整体环境仍需优化，玉河中下游等河流有待修复。

古树名木也是北京城市历史文脉的重要载体。北京古树名木十分丰富，天坛公园的明朝桧柏"九龙柏"、北海团城的宋朝白皮松"白袍将军"和油松"遮荫侯"、密云新城子村的周朝侧柏"九搂十八杈"、颐和园的清朝古玉兰、潭柘寺的唐朝银杏、通州皇木厂村的明代古槐，无不见证着北京的历史变迁。2022 年，北京市举办以"保护古树名木　共享绿水青山"为主题的全国古树名木保护科普宣传周及"中国古树名木保护图片展"，增强社会

① 《京津冀协同推进大运河文化保护传承利用　大运河适宜河段将旅游通航》，北京市人民政府网，2023 年 1 月 5 日，http://www.beijing.gov.cn/ywdt/gzdt/202301/t20230105_2891804.html。

公众保护古树名木的意识和热情。目前，《北京历史文化名城保护条例》已将古树名木和大树的保护列入其中，并对全市的古树名木进行普查。但因为树木的产权单位和管理单位没有统一，加之古树管理者对古树的重视程度和保护的专业水准参差不齐，因此，许多古树名木的生存现状不太乐观。[①] 北京市应加强对全市古树名木的全面普查与有序“体检”，运用科学手段检测树木生长情况，对古树名木进行及时复壮。同时加强对古树名木相关历史事件、民间传说等文化内容的挖掘与展示，发挥其在传承北京城市历史文脉中的独特价值。

六　结语

把历史文化名城保护好、传承好，在留住古都历史风貌的同时，让城市焕发新的活力，是新时代首都建设发展的一项重要任务。近年来，北京历史文化名城保护与传承取得长足进展，中轴线申遗保护、老城空间秩序管控与城市更新、三个文化带建设、三山五园整体保护等重点任务有序推进，政策法规逐步完善、城市肌理愈加清晰，生态质量逐渐提升，文化遗产保护利用方式不断创新，形式多样的历史文化名城保护活动丰富了民众文化生活。

在未来的历史文化名城保护与传承工作中，北京市应立足历史文化名城的独特底蕴，充分挖掘城市历史文化资源，深化完善涵盖老城、中心城区、市域和京津冀的历史文化名城保护体系，创新文物保护利用形式，优化公众参与机制，以文博事业、文创产业、文旅产业及数字技术助推历史文化名城保护，全方位呈现各类保护对象的历史内涵与文化价值，进一步凝聚全社会共同保护与传承北京历史文化名城的共识。

① 《围绕老城保护和城市更新，让千年古都舒展新画卷》，“北京印迹 inBeijing” 微信公众号，2022 年 1 月 12 日，https://mp.weixin.qq.com/s/uQpcsp-d6_D2iRfjPdAomg。

B.6
北京中轴线文化遗产与城市可持续发展研究报告（2022）

杨越明*

摘　要： 本报告借鉴联合国教科文组织及世界遗产组织关于文化可持续发展的相关公约与文件，基于北京中轴线在传承、保护、创新方面的实践案例，主要从治理与发展韧性、繁荣与美好生活、包容与大众参与、传播与文化涵育4个主要指标（包括18个子指标），来探讨文化遗产资源对于城市整体可持续发展的多元价值。这4个主要指标分别对应文化遗产与城市治理、城市经济、社会教育和社会参与、社会价值共识。本报告中的典型案例、关键数据及人物观点旨在呈现遗产资源在政府管理、社会治理、环境保护、产业带动、文化涵育等方面的溢出效应，让更多人理解如何通过优化中轴线遗产保护工作更好地赋能北京城市发展。

关键词： 文化遗产　可持续发展　溢出效应　北京中轴线

一　北京中轴线文化遗产与城市可持续发展研究的背景

（一）关于可持续发展议程

《变革我们的世界：2030年可持续发展议程》① 可视作凝聚全球共识

* 杨越明，北京师范大学文化创新与传播研究院教授，主要研究方向为文化传播效果、文化产业政策。

① Transforming our World：The 2030 Agenda for Sustainable Development.

以实现更可持续发展愿景的纲领性文件。其中的 17 项可持续发展目标（SDGS）通常被整合为 3 个维度，即环境可持续发展、包容性社会发展、包容性经济发展。作为隐含的维度，文化的作用被表述为“所有文化与文明都能为可持续发展做出贡献，是可持续发展的重要推动力”。

鉴于“加强保护和维护世界文化和自然遗产的努力”是 SDG11“使城市和人类住区具有包容性、安全性、复原力和可持续性”的重要子项，本报告试图通过对中国遗产地的案例研究来探讨文化和自然遗产保护与城市可持续发展间的关联性。核心研究议题包含：

文化遗产保护是否有利于城市应对气候变化和环境的挑战？

文化遗产保护是否有利于城市社会包容性、公平性、韧性的提升？

文化遗产保护是否有利于城市文旅产业与创意经济的激活？

（二）关于北京中轴线

北京中轴线贯穿北京老城，见证和影响了 700 多年来北京的发展与变迁。它像一部百科全书，蕴藏着中国城池营建、礼仪秩序的独特智慧，也像一幅艺术长卷，展现着北京老城生活百态、市井情趣的生动场景。在某种意义上，中轴线是读懂北京这座历史文化名城过去、现在、未来的窗口。

从 2012 年被列入《中国世界文化遗产预备名单》到 2022 年被确定为中国 2024 年世界文化遗产申报项目，北京中轴线全面保护体系逐渐完善，并被写入北京城市发展总体规划中。北京以中轴线申遗保护为指引，推动老城整体保护与复兴。透过众多北京中轴线保护与传承的事项可以观察到，北京中轴线除了本身的文化遗产价值外，对于北京的经济、社会、环境、民生等方面均具有多重意义。老城历史风貌的复现、社区人居环境的优化、历史文化资源的活化、旅游与新文创业态的激活、群众文化认同意识的增强等都可视为北京中轴线文化遗产保护所产生的溢出效应。

（三）关于研究框架

毋庸置疑，文化遗产对于城市可持续发展有着重要意义。但如何衡量文化遗产对于城市整体可持续的贡献价值、文化遗产资源以何方式转化为城市高质量发展的要素，在研究方法上并无成例。

为了让更多人了解北京中轴线作为文化遗产与北京城市可持续发展的关联、为了让更多人感知北京中轴线保护与传承工作所产生的溢出效应，本报告参考借鉴联合国的《2030 年可持续发展议程》文化专题指标文件、联合国教科文组织的《将可持续发展愿景融入世界遗产公约进程的政策》，设计文化遗产与城市可持续发展指标体系。以北京中轴线为核心案例，呈现遗产保护工作在政府管理、社会治理、环境保护、产业带动、文化涵育等方面的多元体现，探讨如何优化北京中轴线遗产保护工作更好地赋能北京城市发展。

更为重要的是，本报告希望通过报告让更多老百姓认识到遗产保护和自己的生活、自己居住的这座城市的发展紧密相连，让民众的广泛认同与参与成为北京中轴线遗产保护最持久的助力。

二　文化遗产与城市可持续发展指标体系的指标构成

（一）观测维度1：治理与发展韧性

聚焦文化遗产与城市治理的关系，重点研究中轴线保护、传承、创新等工作中政策、资金、空间要素资源投入及产生的社会影响。

（二）观测维度2：繁荣与美好生活

聚焦文化遗产与城市经济的关系，重点研究中轴线保护、传承、创新等行动实践对于文化遗产地周边文化产业、创意经济、居民文化消费等的带动作用。

（三）观测维度3：包容与大众参与

聚焦文化遗产与社会教育、社会参与的关系，重点研究中轴线遗产资源在学校及社会教育、艺术创作等不同领域的活化利用，以及相关工作对于社会包容性及文化表现形式多样性的支持与推动。

（四）观测维度4：传播与文化涵育

聚焦文化遗产与社会价值共识的关系，重点研究围绕中轴线开展的社会活动及相关传播工作对于文化认同度、社会凝聚力、城市美誉度等的提升作用。

三　北京中轴线文化遗产与城市可持续发展的观察与发现

（一）治理与发展韧性

1. 政策保障

丰富的文化遗产资源既是北京城市文化发展的底气，也是北京城市文化的名片。但在政策与法律层面建立完善且可持续的文化遗产保护体系，往往需要循序渐进的过程，尤其是北京中轴线文化遗产保护与北京老城保护、城市更新等紧密相连，涉及的政府管理部门、利益相关者构成复杂，出台相关政策与法律时须考虑的因素比其他文化遗产更多。

从 2012 年被列入《中国世界文化遗产预备名单》到 2022 年被正式确定为中国 2024 年世界文化遗产申报项目，北京中轴线对于北京整座城市的重要性在北京市宏观发展文件中一次次得到确认，政府部门推动北京中轴线保护以及民众在北京中轴线保护事宜中的利益诉求则通过一揽子政策的完善得到刚性约束与保障。

《北京城市总体规划（2016 年—2035 年）》《首都功能核心区控制性详细规划（街区层面）（2018 年—2035 年）》《北京市城市更新条例》等从政策法规层面明确“老城不能再拆了”的底线要求，并以北京中轴线为抓手持续带动老城整体保护，以人民为中心着力改善老城人居环境。

《北京市非物质文化遗产条例》、《北京历史文化名城保护条例》（2021 年）、

《北京中轴线文化遗产保护条例》（2022 年）等的颁布与后续修订都彰示着北京作为拥有丰富遗产资源的城市对遗产资源保护与活化理念不断强化和优化，意味着包括中轴线在内的遗产保护议事协调机制、社会力量参与机制得到法律保障，有助于统一思想、集中力量推动中轴线保护的难点、焦点问题的解决。

《北京中轴线保护管理规划（2022 年—2035 年）》（征求意见稿）则可视为行动纲要，为中轴线遗产周边环境地区、沿线道路、沿线重要节点的疏解、修缮、整治提供了统一规范，有助于提升老城整体形象与彰显中轴线遗产景观价值。

北京中轴线文化遗产构成要素复杂，保护事项更是涉及城市规划与建设、文化与旅游、教育宣传、园林绿化、社区治理方方面面，相关政策法规的出台或修订意味着北京中轴线保护议事协调工作机制的逐渐完善，不仅有利于增强政府部门间的协同性，也有利于保障多元社会力量的参与性。

2. 财政投入

在中轴线保护中，政府财政资金起到支柱作用。来自市、区两级政府的资金投入主要用于文物考古、文物修缮、空间腾退、风貌修复、文化活动等五个方面。

文物考古资金用于进一步挖掘和展现中轴线历史价值。2021 年正阳桥遗址考古中发掘了明代遗存石雕镇水兽，这对了解正阳桥及其历史河道地理方位具有重要的意义。2022 年，南中轴路考古发现了明嘉靖三十二年（1553 年）以来依次叠压的七条道路，明确了南中轴路的规制和工程做法，厘清了明清以来南中轴路的历史脉络，揭示了中国自古以来“执中守正”的价值观。

文物修缮资金用于恢复中轴线具有代表性的建筑景观。2017 年以来中轴线各个遗产构成要素的修缮工作稳步推进，仅 2022 年平行推进的修缮工程就涵盖了永定门城楼、先农坛神仓院、天坛神乐署、正阳门城楼、外金水桥等多个遗产点。

空间腾退资金主要用于重要历史建筑区域的住户腾退工作。出于历史原因，一些重要遗产点内的文物建筑成为民居杂院或办公场所，存在较大的安全隐患，不利于文物保护，也不利于居住者生活条件改善。但因涉及办公单位的切身利益、居住者自身条件等各种因素，不可避免地需要做好充分的前期沟通，这种沟通通常是十分艰难和耗时长久的。自 2018 年起，随着中轴线遗产保护工作的推进，中山公园（社稷坛）、景山、天坛、太庙的居民都在政府的倡议下以房屋置换的方式逐步搬离遗产点，新居住地的生活条件比原先好很多，同时原有邻居可选择再居住在同一个社区。这加强了老城保护、文物保护，极大地改善了居民生活、居住环境，是一举多赢的举措。

风貌修复资金主要用于中轴线周边的整体风貌修复及景观提升，让生活在中轴线周边的居民获得更强的幸福感。2019 年，南中轴线御道景观全线开放，在正阳门到永定门之间，两侧大树纵向成列，形成一条通透的景观廊道，漫步于此的民众得以更加直观地认识和感受中轴线。

文化活动资金主要用于面向普通民众的中轴线文化传播活动以及面向专家学者的中轴线研讨交流活动。北京中轴线文化遗产传承与创新大赛、北京中轴线申遗保护国际学术研讨会、中轴线文化主题展等多元活动既拓展了中轴线传播的广度，也拓展了中轴线研究的深度。

财政资金的多方位持续投入，充分体现出北京市政府对于遗产地及老城保护的决心。北京京企中轴线保护公益基金会的成立，同样体现出不少企业主动为遗产地保护贡献力量的热情。“众人拾柴火焰高”，应充分利用协会、基金会等社会组织创新机制进一步鼓励、吸引更多社会力量投入中轴线保护。

3. 环境整治

中轴线的遗产区与缓冲区几乎占据了北京老城面积的 60%。居住在老城里的人们以及他们的生活方式，与众多的建筑景观一样都是中轴线上独特的风景。但过去的时光也在胡同和四合院里留下了深深的烙印，不少胡同交通不便，私搭乱建比比皆是，不少四合院里居住环境逼仄，居民生活质量不高。

为了保护老城的街巷肌理和传统风貌，同时改善周边的人居环境，以中轴线保护为契机，北京市在老城区有序推进“胡同微更新”计划，打造出一条条“美丽街巷”、一个个“美丽院落”。

以胡同为主的环境整治不仅有利于居民生活品质的提升，还有利于增强当地群众对于中轴线保护的整体支持。考虑到老城居民老龄化趋势，应特别注重老年友好宜居环境建设。

4. 生态优化

中轴线及其周边，不仅是充满烟火气的人居空间，而且是丰富的生物栖息地。随着中轴线遗产地保护工作的全面推进，与人居环境优化并行的是绿色生态优化。无论是公园里有着几百年历史的古树，还是古建筑屋檐下筑巢的小鸟，或是胡同里众多的微花园景观，都是老城全域增绿的明证。

千百年来，中轴线上的古树与古建筑相互映衬，成为北京老城的绿色“见证者”与“守护者”。目前，在中轴线遗产区与缓冲区内共有7000余株古树名木，包括一级古树（300年树龄以上）2000余株，二级古树（100~300年树龄）约5000株，主要分布在故宫博物院、太庙、先农坛、天坛公园、景山公园、社稷坛。为了在保护古树的同时向公众讲述古树的故事，园林部门给每棵树挂上了带有二维码的古树标牌。普通游客只要用手机扫描标牌，就能了解这棵树的种植年代、树高、冠幅、生长习性等信息。为了满足未成年人对于古树的好奇心，园林部门还定期开展“做古树的朋友”自然科普活动，由从事古树保护工作的技术人员亲身讲述他们为古树“体检”“治病”的故事，让孩子们从生态保护的角度更好地理解保护古树的意义。

可以看到，生态效益已经成为北京中轴线保护的工作重心之一，这既是对“人与自然和谐共生”的传统文化理念的践行，也是对国际应对气候变化相关公约与举措的呼应。

5. 设施建设

博物馆是连接城市过去、现在、未来的纽带，它们既是历史文化珍宝的展示地，也是城市人文记忆的承载地。和众多的历史城市一样，北京是一座“博物馆之城”，尤其是中轴线所在的北京老城更可视为博物馆聚集区，既有故宫博物院、中国国家博物馆等国家级博物馆，也有北京古代建筑博物馆等省级博物馆，还有众多由企业或个人运营的特色博物馆，例如以中医药闻名的同仁堂博物馆。

此外，在“文物活化利用”的整体宗旨下，老城中的一些传统会馆与名人故居也在腾退修缮后逐步向市民开放，其中一些承载着博物馆的功能。例如拥有200余年历史的湖广会馆，是北京戏曲博物馆所在地，2021年底开始全面修缮，目的是整体升级业态，打造成为集会馆文化、戏曲文化、体验研学等于一体的全域性活态博物馆。

如果说在博物馆里人们感受的是历史，那么在中轴线周边建设的现代化文化设施里人们更多地感受的是文化的活力与艺术的魅力。在中国国家大剧院成立的十几年间，来自全球上千家艺术院团的30余万名艺术家登上了大剧院舞台。中轴线周边还有大大小小30多个剧场，全年演出近6000场，让看戏剧、看演出成为老百姓的一种生活方式。中国美术馆收藏着10万余件美术精品，自建成以来，数千场具有影响的国内美术展览及世界著名艺术家作品展览在这里举办，年度观众访问量超过3000万人次。

中轴线周边的高水平公共文化设施，不仅彰显了城市的公共精神，也承载了文明交流互鉴的重任，应积极探索驻场演出、常设展陈等方式实现中轴线的创新传播。

（二）繁荣与美好生活

1. 产业发展

北京中轴线纵贯北京老城，丰富的文化遗产不仅涵养了人民的美好生活，还带动了老城商业、交通、生态、产业四重价值叠加。随着中轴线文化遗产保护工作的不断推进，周边文化商圈建设也在不断完善，历史文化街区焕发新生活力，北京老城文化产业形成了良好的生态集聚。

即便是在新冠疫情的外部因素冲击下，老城的文化产业发展依然保持了较强的韧性。2021年东城区、西城区规模以上文化及相关产业收入分别为1436.3亿元、998.6亿元；2022年东城区、西城区规模以上文化及相关产业收入分别达到1117.3亿元、938.8亿元。

在产业空间布局上，东城区重点打造的“故宫—王府井—隆福寺”文化金三角，将区域内的文化遗产资源与文化商圈资源加以整合，推动文化遗产资源在空间、内容、呈现等维度赋能实体经济。西城区探索推进的文物建筑活化利用计划，通过公开招标方式招募有实力的社会机构将腾退后的文物建筑用于文化交流、文化旅游、文化体验等，有助于在保护文物的前提下实现文物价值传承传播的最大化。

遗产地资源的创造性转化需要更多的内容、产品、场景。北京老城文化产业的整体活力将带动更多文化创意工作者投身于各类文化遗产资源的创新实践。

2. 企业集聚

在北京中轴线文化遗产保护中，文化企业一直扮演着重要的角色。他们不仅是文化遗产保护和活化利用的主体，而且以文化遗产资源为核心带动了文化产业与创意经济的发展。作为文化企业与文创人才的集聚地，北京老城中的文化园区大都体现了“小而美”的特征：一是占地不大，公共区域的文化艺术感强；二是强调园区内的企业生态关联，兼顾经营性和消费性企业；三是面向周边社区开放，具有网红打卡地潜质。据不完全数据统计，北京老城内的市级文化园区共有 29 个，驻园文化企业总数超过 2000 家。

老城内“小而美”的文化园区本身就是开放的创意空间，打通文化园区与周边社区的边界，开展更有文化价值的节事活动，有助于老城的整体活力提升。

3. 创业带动

胡同里的文化创意工作室是一道亮丽的风景线。随着中轴线保护工作的深入推进，周边胡同的整体风貌得到了极大的改善，许多大杂院被改造为可供活化利用的新文化空间。越来越多的年轻文创者被带有历史文化感的环境因素吸引，将自己创办的工作室或企业搬至胡同或老城的文化园区内。

浓厚的文化氛围是众多年轻创意工作者选择在北京老城创业的首要因素，他们中的相当一部分人有热情、有能力参与周边社区的建设，应在社区文创的场景设计与创意营造方面给予他们更多约参与空间。

4. 消费活力

让文化遗产走进日常生活，非常重要的一点就是在文化遗产资源创造性活化的基础上探索更多的文旅消费新场景新业态。文化旅游景区、历史文化街区、文化商圈在老城中的交织分布，为文商旅融合消费提供无限可能性。

从旅游业数据来看，北京老城区旅游总游客量在 2019 年超过 1.5 亿人次，旅游总收入超过 2600 亿元。2020 年、2021 年在新冠疫情的持续冲击下旅游总游客量和总收入都有不同程度下滑。从旅游收入的结构看，景区游览虽然仅占 10%左右，却撬动了购物、餐饮、交通、住宿等旅游周边消费。

从遗产地人流监测数据看，景区与商圈的消费热度和周边群众生活区域“静下来”的整体居民诉求达到了较好的平衡。胡同里重新建立步行空间，成为老城保护和更新的重要理念之一。老城旅游从以团队为主的景区游转变为个性化、深度化的体验游。

中轴线遗产区及缓冲区内，除了景区外，最具文化感和话题度的消费地点当属老字号，尤其是前门—大栅栏—琉璃厂一带，作为百年老字号的发祥地，现在依然是北京老字号的集聚地，经营业态遍布老百姓的吃穿住行。这些老字号大多在传承传统技艺与经营理念的同时以创新的姿态迎接新时代的消费者。

除了老字号外，书店也是北京老城文化生活的重要场景。其中一些坐落在中轴线的重要遗产点周边，读者徜徉在书海的同时，一抬头就能感受到周边环境的历史氛围。另一些坐落在文化商圈内，让人们在感受火热的消费业态之余，闹中取静，在书中与心灵对话。

“面朝后市”的古代都城理念仍然体现于北京老城内的商圈布局中。加强商圈与景区的联动，延长游客的驻留时间，打造高品质的文商旅融合线路，是遗产地经济效益提升的关键所在。

（三）包容与大众参与

1. 学校教育

“北京中轴线”正在被越来越多的北京中小学校纳入各种特色课程和课外活动中。对于中小学生来讲，这些课程或课外活动的意义不仅在于普及中轴线的知识，也在于通过学习实践过程更好地理解自己与这座古老城市的关联。

距离先农坛最近的育才学校把先农坛所承载的中国传统农耕文化作为中轴线校本课程及活动内容；万宁桥附近的黑芝麻胡同小学围绕万宁桥从科技、艺术、历史、文化四个方面展开中轴线探究之旅；灯市口小学一、二年级的学业展示主题是“中轴寻宝奇遇记”，数学、语文等学科教师利用中轴线上的故宫、景山等遗产点创设学习情境，将中轴线的知识与教学点融汇在一起；西城区外国语学校以“水墨京华中轴线”为主题开展了多语种的读书节活动，孩子们用手绘书签的方式大胆展示了自己心中的中轴线。

在通过学校课堂及相关实践了解与体验中轴线的基础上，不少青少年萌生了主动为中轴线做点事的愿望。史家胡同小学五年级学生利用课余时间走遍了中轴线上所有景点周边的公交站和地铁站，体验了北京已有的 3 条城市观光线，并在社会调查的基础上设计出一条中轴线观光游览专线，从线路、站点、车型、宣传、票务等多方面提出了自己的创想。

以故事讲述与创意体验的方式将中轴线知识融入中小学教育，一方面有助于中轴线文化遗产认知人群的扩大，另一方面为中轴线文化遗产保护的可持续提供潜在的“志愿者”。

2. 社会教育

从 2021 年起举办的中轴线文化遗产大讲堂可以说是影响最广、关注人数最多的中轴线社会教育活动。该活动每期邀请 1 位专家，从遗产保护、文化传播、历史民俗、城市规划和文学艺术等不同领域解读北京中轴线，讲述自己与中轴线的故事。2021 年的 15 场讲座的线上线下观看人数超过千万人，2022 年的 16 场讲座观看人数达到 1800 万人。

除了讲座，博物馆展陈也是中轴线文化遗产社会教育的重要方式。2020~2022 年，首都博物馆推出的“读城——探秘北京中轴线”展览就旨在通过交互体验的方式向社会公众讲述立体鲜活的北京中轴线故事。中轴线上榫卯结构的屋顶都是什么样的？地安门的门洞是什么形状的？北京中轴线的制高点是哪里……一道道问题巧妙地融入展览中，观众通过线下讲解、扫描二维码等多种方式找到正确的答案。除了博物馆内常设展览外，“读城——探秘北京中轴线”展览还以特展方式走进机场、社区、学校，让更多的民众以更便利的方式观展与交流。

与中轴线相关的讲座、展览已经成为北京社会教育的重要组成部分，透过中轴线了解北京这座城市的变迁史，有助于增强市民的文化归属感。

3. 创意活动

创造一个全民参与的平台，让更多的老百姓认识到中轴线作为文化遗产的多元价值，并主动参与中轴线的保护与活化实践，是北京中轴线文化遗产传承与创新大赛举办的初衷。从 2021 年第一届大赛到 2022 年第二届大赛，参赛人数从 5000 人扩大到 90690 人，参赛作品从 35433 件增至 76419 件，参赛者遍布各个年龄段，从 3 岁的孩童到 86 岁的老人。多元的赛事活动让对中轴线感兴趣的人们会聚在一起，他们通过摄影、绘画、演讲、短视频、创意设计等方式自由展示自己眼中的中轴线，同时间接带动更多家庭、更多个体从中轴线的关注者转变为参与者。

北京中轴线文化遗产传承与创新大赛与其他的创意大赛最大的区别在于广泛的参与性，每一个普通人都能在其中找到自己与中轴线的创意连接点，体现了文化遗产保护人人参与、文化遗产全民共享的理念。

4. 艺术表达

艺术的魅力在于直抵人心，艺术家们眼中的中轴线之美，是唱出来的、画出来的、写出来的。在中轴线申遗过程中，不同领域的艺术家将中轴线及相关遗产点作为创作场景，用心感知中轴线、用情抒写中轴线，为中轴线文化遗产的艺术表现多样性做出了贡献。

2020 年“京城之脊 · 一脉绵延”北京中轴线申遗主题创作美术作品展在中国美术馆开幕。展出的 111 幅作品中，既有中轴线景观的艺术表达，也有与中轴线相关的人文挖掘；既有数百年历史的诉说，也有今天鲜活的社会生活。美术家们用手中的丹青妙笔诉说对中轴线的热爱，用艺术创作触摸中轴线的历史脉搏，展现了北京这座历史文化名城的风采。

2021 年起，北京卫视推出综艺节目《最美中轴线》，邀请国内知名的音乐创作人与流行歌手等，将北京中轴线实地探访与主题音乐创作过程创造性地融合在一起。节目每期邀请3位音乐人和1位文化学者在中轴线景点及其周边进行为期两天的音乐采风，并在限定时间内创作出1首原创歌曲，面向民众进行展演。《钟鼓楼》《雨燕回正阳》等歌曲一经推出就多次登上各类音乐榜单。一大批年轻观众在传唱歌曲、分享节目话题后更是走出家门，跟随节目嘉宾的脚印探访他们所不知道的中轴线。

2022年，在十月杂志社的邀请下，10位长期生活在北京的儿童文学作家，以各自独特的角度创作了10部儿童文学作品，包括小说、童话、散文、诗歌等多种体裁。《雨燕飞过中轴线》描写了初二女生和雨燕飞翔在北京天空的奇遇，《鼓楼旧事》描写了钟鼓楼下胡同里的亲情羁绊，《先农坛寻宝》以谐趣的方式通过藻井来寻找传统建筑里的秘密。优美的文字配上精心绘制的插图，给孩子们提供了关于中轴线的阅读盛宴。

通过艺术家的创作，中轴线的故事更为生动、中轴线的情感呈现更为丰富。讲好中轴线的故事本身，就是讲好北京的故事、讲好中国的故事。

5. 社区共创

在老城更新的背景下，像胡同的改造、院落的腾退、环境的美化、社区公共设施的建设等事项，都与老百姓的切身利益相关。如何平衡好遗产地保护的宏观目标与当地居民美好生活需求的小目标、如何有效调动当地居民参与社区建设的主动性与创造性，需要在参与机制层面进行突破。

责任规划师是北京城市更新进程中逐渐实践并最终成型的创新制度。早在2009年，位于中轴线范围内的菊儿社区活动用房改造就首次邀请规划师团队协助，实现了全过程公众参与决策，获得联合国2012年迪拜国际改善居住环境最佳范例奖。2011年，责任规划师作为试点制度在东四南历史文化街区保护工作中展开，其中一个成功的范例就是“史家胡同博物馆”。

2019年责任规划师制度全面铺开，来自规划研究院、高等院校的专业人员作为责任规划师走进社区，成为政府部门和当地居民间沟通的桥梁，责任规划师们展开调研、倾听声音，与越来越多的居民们一起制定社区文明公约、修缮居住院落、布置社区微花园、利用公共空间开展自组织活动。这些都切实增强了当地居民的“主人翁”意识，并让他们在多元参与中体会到个体的获得感与幸福感。

遗产地保护的共性难题是存在复杂的利益主体结构，无论是公共利益还是个人利益，或是利益主体之间都存在利益博弈。借助社会力量建立多方协商机制，有助于矛盾的化解，也有助于推动社区共同体的形成。

（四）传播与文化涵育

1. 传播辐射

随着北京中轴线申遗工作的持续推进，大众传播层面对于北京中轴线的报道日趋呈现多样性趋势。大数据显示①，2020 年 7 月至 2022 年底，北京中轴线相关信息传播总量约 533. 6 万条。

网民关注的中轴线话题主要集中在景观布局、历史人文、政策保护、宣传活动、数字文创、旅游发展等六个方面。其中，景观布局的话题讨论度最高，占比高达 23%，主要聚焦于中轴线的空间布局、文物建筑结构等。历史人文的话题讨论度次之，占比为 21%，主要聚焦于中轴线历史变迁、传统文化价值及魅力，肯定中轴线的历史文化底蕴，是中华文明源远流长、历久弥新的历史见证。政策保护的话题讨论度位居第三，占比为 18%，聚焦于一系列政策的推出对中轴线遗产保护的意义。宣传活动话题亦具有一定讨论度，占比为 15%，聚焦于媒体、学校及社会各界围绕中轴线展开的活动。此外，数字文创、旅游发展的话题讨论度，占比分别为 12%、9%。社会舆论普遍认可数字技术助力中轴线遗产保护和传统文化传承，认为中轴线是遗产保护与城市旅游发展有机结合的成功案例，将持续影响北京的发展。随着北京中轴线社会舆论热度的提升，北京居民对中轴线的关注度与申遗支持度明显提高。调研数据显示，超过 82% 的受访者“知道”北京中轴线申遗，75%的受访者表示“非常支持”北京中轴线申遗。②

① 本报告通过对网络新闻、微信公众平台、QQ 空间、微博、论坛博客等全网公开舆论渠道的数据进行采集，统计各渠道中轴线相关话题的传播量。

② 本次问卷调研共收集了 1072 份合格问卷样本，覆盖北京所有行政区域，样本量超过在 95%的置信度和 3%的误差率条件下所需的最低样本数量，数据采集时间为 2022 年 6 月。

通过持续的传播，中轴线文化遗产保护与传承的理念得到全面认可。特别值得关注的是，在表示非常支持北京中轴线申遗的受访者中，28~35岁的占比最多，达45.45%，其次是18~27岁，占比为25.03%，36~44岁的占比达21.92%。考虑到青年人群的活跃社交属性，中轴线文化遗产的支持人群凸显“年轻态”，有利于中轴线文化遗产的社会传承和代际传承。

丰富的传播内容不仅拉近了北京中轴线与普通大众的距离，使得他们对中轴线的了解更为具体和全面，而且让更多的人理解申遗的意义，为中轴线保护与传承奉献自己的一份力量。

2. 数字赋能

中轴线保护与活化离不开科技力量的支持。在中轴线遗产区数据采集方面，北京市测绘设计研究院利用高清测绘扫描技术采集了中轴线遗产区范围内主要道路、天安门广场及周边区域、永定门、钟鼓楼、先农坛等遗产点的数据，应用超精细数字三维建模技术搭建数字孪生中轴线，为今后中轴线遗产要素的监测、管理、保护和利用筑牢空间数据底板。

正阳桥疏渠记碑、万宁桥镇水神兽、故宫景福宫等数字化采集与虚拟修复项目，一方面有助于对中轴线上消失、残缺、变化的文物所依托的自然、历史文化条件变迁进行研究，另一方面是为将来中轴线范围内大大小小的文物“连点成面”实现整体数字化展示提供支持。

在中轴线文化遗产数字化活化应用方面，腾讯科技基于游戏引擎、物理仿真、知识图谱等前沿技术推出的“数字中轴”项目，以趣味生动的App、H5、网络游戏等多种方式让普通民众感知中轴线丰富的文化元素。其中，涵盖中轴线资讯发布、遗产点预约购票、交通指南、路线导览、3D看建筑等多元信息服务功能的“云上中轴”小程序，已经成为众多网友了解中轴线发展动态、分享中轴线话题的网络据点。将空间维度的数字孪生建筑与时间维度的中轴线发展历程融合呈现的“北京中轴线时空舱”，更是让大众以沉浸式互动体验方式感知中轴线及相关遗产点的发展与变迁。

在数字赋能文旅场景方面，北京河图推出的“万象中轴”项目利用AR技术将虚拟场景中的中轴线传统市集风貌与现实场景中的中轴化街区相融合，让普通民众漫步中轴线的同时感受岁月的流转，发现中轴线资源的宝藏。

在鼓励社会各界积极投身于文化遗产数字化保护及活化相关工作的同时，本报告关注到遗产数据采集重复化、遗产数据利用“孤岛化”、遗产数字化产品雷同化等问题已然出现。考虑到遗产数据的公共属性，相关部门应从顶层管理角度加以引导。

3. 文化凝聚

中轴线是城市之轴，更是精神之轴。在众多专家学者以及传播达人的助力下，社会各界对于中轴线整体概念以及相关遗产点的文化阐释日益深入，更多民众透过中轴线认识到中国传统文化资源的博大精深，对于民族文化的认同感与自豪感也不断增强。

通过中轴线的社会话题大数据挖掘①，本报告认为中轴线文化传播对民众的民族文化认同感产生积极影响，并可分解为对中轴线文化遗产价值的认同、对北京历史文化城市的认同、对中国优秀传统文化的认同三个层次。整体文化认同度从 2020 年 7 月的 210. 1 分（满分 300 分）上升至 2022 年 12 月的 263. 9 分。

中轴线文化遗产的社会传播已经呈现从浅层知识传播到深层价值传播、从单一信息传播向复合话题传播变化的趋势，应主动加强议程设置，积极引导中轴线话题在社交媒体上的裂变传播。

4. 价值共识

不少国外友人对中国传统文化有较为浓厚的兴趣，尽管他们对北京中轴线未必有着特别清晰和全面的认知，但故宫、天坛等遗产点都是其耳熟能详的中国文化符号。大数据分析发现②，天坛、故宫、先农坛是中轴线遗产区内境外网

① 本报告通过统计微信公众平台、微博等公开舆论渠道中网友对北京中轴线的评论文本中喜爱、赞扬、质疑、厌恶等体现价值判断的情绪，并依据其中正向情绪与负向情绪的值的占比综合计算出受众文化认同程度。

② 本报告通过统计推特等境外社交媒体中网友对北京中轴线相关点位的评论文本中喜爱、赞扬、质疑等体现价值判断的情绪，并依据其中正向情绪的数量与占比，综合计算出境外舆论对相关点位的认同程度。

友最感兴趣的遗产点，其美誉度分别达到95.06、92.74、90.86。带动中轴线周边消费活力的前门大街的美誉度也丝毫不亚于这些遗产点，达到78.81。

通过网络文本分析，本报告发现对于中轴线的重要遗产点，国外受众表现出的价值认同主要集中在四个方面：一是对古迹表现出的中国美学的赞叹与认同，二是对古迹中蕴含的中国文化智慧的关注，三是在“人类命运共同体”视角下，将相关古迹与中国文化视为人类文化瑰宝之一，四是进一步将对文化点位的欣赏，扩展至对北京城市形象的美誉。

国际友人对于北京中轴线的整体概念认知明显低于对于中轴线具体遗产点的概念认知，应充分利用海外社交媒体，通过“国际城市轴线的差异比较”“发现国际城市建筑对称之美”等话题带动，强化北京中轴线的国际传播。

四　北京中轴线文化遗产与城市可持续发展的建议

（一）多元参与

在世界遗产领域经常能读到的一个词是“利益相关者”。在世界遗产的不同事务中，“谁是利益相关者”这个问题的答案并不具有唯一性。但有一点是明确的，在事关世界遗产的重要判断与决策上，应该主动倾听和吸纳广泛人群的意见。

在决策层面，在“让城市更美好”的共同愿景下，组织开展社区层面的恳谈会，在充分尊重个体差异化利益与需求的基础上充分吸取多方意见，最终体现的是相关政府部门在遗产可持续发展上的意识与能力。

在资金层面，中轴线的传承与保护中政府财政资金的投入应起到先导作用与杠杆作用，主要投向基础的民生保障。本报告既乐于看到更多的企业和社会机构认同中轴线申遗的意义，通过定向捐资等方式扩大中轴线可持续建设的资金池，也乐于看到更多的普通民众认识到自己是中轴线建设的一分子，以志愿者身份参与相关活动。

（二）数字传播

在国家文化数字化战略的整体框架下，文化遗产的数字化进程正在加速。一方面，中轴线本身作为遗产群的特点决定着其海量资源的数据采集就是庞大的系统工程，而且这些资源本身带有时间、空间的多重关联性，数据结构性本身就是一大挑战；另一方面，中轴线作为蕴含中国历史文化的宝藏，知识广度与深度都超出普通民众的认知，普通民众需要借助数字化传播来拉近与中轴线的距离。

在遗产元数据层面，无论是老照片、老声音、老影像，还是运用最新技术采集的与遗产点相关的数字素材，都需要在统一的数据标签体系下完成中轴线数字知识图谱建设。在知识图谱下，数字素材的不断增容才能有的放矢，后续的数字化开发也更有基础。

在数字化传播层面，现阶段数字中轴系列产品的开发旨在通过小程序或App的互动性，激发青年人群对于中轴线的好奇与兴趣。本报告乐于看见相关的数字科技企业将VR/AR/MR等技术应用于中轴线真实场景，将中轴线中更丰富的文化符号应用于数字内容产品，让更多的人在数实相生中深度了解中轴线。

（三）创新联结

从全球范围看，世界遗产是加强当地生计、提升民众生活质量、创造经济繁荣的可持续资源。中轴线申遗的目的，并不只是保护，而是提供可持续旅游和创意经济的双重驱动力。

在可持续旅游层面，在首都核心区控规和老城整体保护推动下，中轴线应成为首都高品质旅游目的地的典范区域。如何构建遗产点与博物馆、美术馆等文化设施间的关联，如何从旅游者自身需求出发提供个性化、精准化的导览方式，如何通过中轴线沿线标识体系来满足认知需要，都是提升旅游吸引力的关键。

在创意经济层面，中轴线作为文化遗产的独特价值恰恰在于它和街区更新、民众生活同向而行。中国古代“面朝后市”的营城理念延续至今，以前门、大栅栏、南锣鼓巷、什刹海为代表的文化商业街区正是中轴线的消费活力所在。在可持续发展的理念下，在更多的传统空间内注入创新业态与创意内容，更好地实现文化价值与商业价值、社会价值与市场价值的平衡，本身就需要以创新思维实现多方连接。

B.7

北京文物活化的实践经验和理论思考

晏　晨*

摘　要：　文物活化意味着让文物在现代社会拥有新用途和新价值。近年来，北京在文物活化上取得了广泛而深入的成效，具有积极的示范意义。为了进一步推进文物活化工作，北京还需从活化的深化拓展、传统精神价值的坚守和中国化文物活化道路的探索等方面予以思考和关注。

关键词：　可移动文物　不可移动文物　文物活化　北京

2022年7月22日，在北京召开的全国文物工作会议正式提出坚持“保护第一、加强管理、挖掘价值、有效利用、让文物活起来”的工作方针。这22字方针作为新时代文物工作方针，与1982年颁布实施的《中华人民共和国文物保护法》第一章第四条确立的“文物工作贯彻保护为主、抢救第一、合理利用、加强管理的方针”相比，在文物保护基础上，明显突出了文物内涵挖掘利用和文物活起来的表述，这为现阶段和今后的文物工作提供了指南和依据。而早在2013年，习近平总书记在主持十八届中央政治局第十二次集体学习时就已指出：“要系统梳理传统文化资源，让收藏在禁宫里的文物、陈列在广阔大地上的遗产、书写在古籍里的文字都活起来。”① 活起来就是文物遗产的活化利用，这既指明了文物工作的广阔前景，也是推动

*　晏晨，北京市社会科学院副研究员，主要研究方向为城市文化、文化研究。

①　《习近平：建设社会主义文化强国　着力提高国家文化软实力》，《人民日报》2014年1月1日，第1版。

传统文化实现创造性转化和创新性发展的有效途径。就文物工作与北京城市发展的关系而言，文物活化既是新时期北京历史文化名城保护的重点工作和努力方向，也是事关首都高质量发展和城市更新的重要议题。本报告将围绕北京文物活化问题从四个方面予以展开。

一　文物活化：一项起步于建筑遗产保护的事业

国内文物活化概念，在很大程度上是受到西方遗产保护思想和保护制度影响的产物，学界一般认为，与活化相对应的英文为 Adaptive reuse，即适应性再利用、改造再利用，于 1979 年在针对建筑遗产保护的重要官方文件《巴拉宪章》（The Burra Charter）中正式提出。根据《巴拉宪章》，适应性再利用，即“为建筑遗产找到合适的用途以容纳新功能，使得该场所的文化重要性（cultural significance）得以最大限度地传承和再现，同时对建筑重要结构的改变降到最低限度”[①]，重点即为不损害其文化意义。与之含义相近的，还有 Revitalization 一词（在中国香港等地译为“活化”），词义为复兴、新生，即以新的用途恢复生机，与针对建筑而言的 Adaptive reuse 相比较，Revitalization 一般多用于空间较大的历史街区或地区，如历史街区的复兴。由此可见，活化在西方语境中有合理保护和有效利用的双重含义，目的在于文化传承或价值重现（mise en valeur），而所有保护实践和研究的根据在于文化遗产价值/文化意义。

本报告以“遗产活化”“文物活化”为主题词检索中国知网发现，最早的相关论文发表于 2004 年，主要以非物质形态的民俗遗产和非物质文化遗产为主要研究对象，2010 年以来文物活化开始获得越来越多的关注，首先在港台得到使用[②]。台湾以活化保存近代历史背景下的产业遗产，积极开拓

① ATELIER DESHAUS，http：//www.deshaus.com/En/Script/detail/catid/8/id/19.html；M. Yıldırım，G. Turan，“Sustainable Development in Historic Areas：Adaptive Re-use Challenges in Traditional Houses in Sanliurfa，Turkey，” *Habitat International*4（2012）.

② 参见喻学才《遗产活化：保护与利用的双赢之路》，《建筑与文化》2010 年第 5 期；张先清《生态保育、社区参与与产业开发——台湾文化遗产保护的启示》，《东南学术》2015 年第 2 期；齐一聪等《基于香港文物建筑的活化对中国内地的启示》，《中国园林》2015 年第 3 期。

遗产的生活美学价值，香港在 2007~2008 年度《施政报告》中推出的“活化历史建筑伙伴计划”，成为政府文物保育政策的重点，活化不仅改变了文物衰颓的现状，也以适应性用途为文物和遗产赋予了新生机。在围绕保护与发展孰轻孰重、保护与利用孰先孰后的广泛争论中，长期以来内地文物工作围绕“保护为主、抢救第一”展开，重点在于延缓自然衰颓、阻止人为破坏和不当占用及以科学的保护修复来恢复某种原状，直至近年来文物建筑活化逐渐成为热点话题，如杨梅竹斜街改造、中轴线沿线文物腾退利用和西城区陆续发布的文物建筑活化利用计划。如果不拘泥于字词表述，我国传统建筑活化始于新中国成立后对传统民居的思考，其代表是 20 世纪 70 年代末由吴良镛针对北京旧城整治开展的有机更新①。这种基于人居环境考量的对传统四合院住宅（菊儿胡同）的改造方式，开始由大拆大建的思路向小规模、渐进式、微更新的保护模式转变，即尊重空间形态、结构的原有秩序，同时维护传统的邻里社区交往，这也是近些年首都高质量发展和城市更新语境下北京老城保护更新的基本模式。

21 世纪以来，文物活化的对象除了建筑遗产，逐渐扩展到博物馆馆藏文物，后者正引领着一股植根于传统文化的国潮风。在大英博物馆等国外知名博物馆及中国台北“故宫博物院”的启发下，以北京故宫博物院、中国国家博物馆为代表的国内博物馆大致也在 2010 年前后围绕博物馆创收、文化产业发展、文创产品开发与经营、传统文化传承等展开活化利用，如将传统元素和内容融入设计的衍生品、开发让文物“活起来”的文博纪录片和综艺节目、创作令遗产“动起来”的音乐和舞蹈作品甚至数字形象等，从初级的文创产品到借助现代技术不断涌现的多种新颖文艺形式，都以融入传统意蕴的创新创意迅速受到大众的关注和热捧，成为近两年文物活化道路上颇为亮眼的探索。

---

① 参见吴良镛《北京旧城居住区的整治途径——城市细胞的有机更新与“新四合院”的探索》，《建筑学报》1989 年第 7 期。应该指出，吴良镛主持的菊儿胡同改造将有机更新与新四合院设计相结合，虽不是严格意义上的文物活化而是重新改造，但也以名城保护为前提，且这种为满足新的生活需要对传统进行适应性改造而非彻底推倒重建的思路，启发了后来的“微更新”“美丽院落”计划。因而有机更新与活化的思路一致，只是后者对原有建筑结构的任何改变更为慎重和严格。

总体而言，从国际遗产保护的宪章法规到各地的具体实践、从建筑文物到各类遗产、从改造再利用到创新创造，随着遗产保护理论和实践的深入，活化从有限的历史对象中不断涌现流行文化艺术形式，从解读文物携带的信息到探求过去时代的思想观念和心理内容、从对传统的考察和重述中展开历史与现实的对话……活化是对遗产文化意义的发掘和内在价值的传承，既是物质和社会层面的再生和复兴，也是精神和文化维度的重振和新生。意大利史学家克罗齐在《历史学的理论和实际》中曾提及：“只有现在生活中的兴趣方能使人去研究过去的事实。”① 历史只有在与生活和思想紧密结合之处才是真实的、有生命力的，正如看待历史以及当下与传统的关系决定了保护立场，当下语境中的活化成为热点，正是顺应了中华民族伟大复兴的历史进程，根源于人们在新时代对历史和传统有了重新认识和整体重塑的需要，因而需从理论和实践层面借助史料、文物、遗产等让传统汇入现代，反映和建构当下的社会文化生活。从宽泛的意义上来说，活化是参与制造情感、体验、记忆、认同的活态文化实践，也是参与观念、意义、价值的形成与交锋、争议与协商的社会文化过程。

二　北京文物活化的基本情况

根据《现代汉语小词典》（第 7 版）中对文物概念的解释，文物是指历史遗留下来的在文化发展史上有价值的东西，如建筑、碑刻、工具、武器、生活器皿和各种艺术品等，这是基于文物的功用和属性所下的定义。《中华人民共和国文物保护法》中列出了古文化遗址、近现代重要史迹、艺术品、手稿、代表性实物等五大类文物。就文物体量、可移动性而言大致上可划分为不可移动文物和可移动文物，这也是一个基本的分类方法，后文分析北京文物活化的主要路径就从这两类文物展开。

① 〔意〕贝奈戴托·克罗齐：《历史学的理论和实际》，〔英〕道格拉斯·安斯利英译，傅任敢译，商务印书馆，1982，第 2 页。

(一)不可移动文物的活化

近年来，老城整体保护、中轴线申遗、三条文化带建设稳步推进，北京市重点文物腾退保护利用取得标志性成果，文物活化在改善人居环境、激发城市活力、开辟公共文化空间、加强历史文化传承和以数字化探索、以文艺创作展示文物保护利用新成就等方面发挥了重要作用。

保护活化恢复老城传统风貌重塑文化场景。北京以申遗保护为抓手推进老城整体保护，在平房院落更新整治工作中，根据居民居住情况和实际诉求进行有针对性改造，以"微更新"进行空间升级改造，设计师在综合各方意见的基础上利用腾退空间进行重新设计，实现建筑共生、文化共生、居民共生；与共生院模式相类似的还有"美丽院落"计划，其同样聚焦老胡同居民现代化生活需求，在保留院落格局、延续传统工艺的基础上，以一院一策的改造方案切实提升居民生活质量。在利用腾退空间打造新生活场景方面，原为凌淑华居所的史家胡同 24 号院成立首家胡同博物馆——史家胡同博物馆，依托原始二进院落格局展现胡同的老故事和历史文化变迁；朝阳门社区 27 院儿打造集文化、艺术、生活方式于一体的文化生活馆和休闲空间，成为附近居民和文艺爱好者的打卡地；王府井百货和平果局带领观众穿梭回 20 世纪七八十年代的老北京生活场景，体验记忆深处的胡同文化。

文物建筑活化开辟城市公共文化新空间。北京市依托文物建筑为民众提供了丰盛的"文化大餐"，在万松老人塔打造"北京砖读空间"、在地安门雁翅楼打造 24 小时"中国书店"、在红楼电影院打造"红楼公共藏书楼"、在基督教中华圣公会教堂旧址开办模范书局，让人们在传统空间中畅游书海；古建音乐季将古曲民乐引入古建这一最好的自然声场，在音符跳跃中焕发古建生机；依托丰富的会馆资源，打造"会馆有戏"文化品牌，临汾会馆、颜料会馆、正乙祠等为群众提供特色鲜明、触手可及的戏曲艺术节目，成为公众瞩目的演艺新空间；妙应寺依托文物建筑打造"白塔夜话"文化品牌，主题演讲、圆桌对话和"白塔妙会"持续推动历史文化传承；利用名人故居资源优势，被誉为博物馆界"乌兰牧骑"的宋庆龄、李大钊、郭沫若等“8+”名人故居联盟，不间断开展主题展览、出版、讲座、演出等文化活动，城市空间文化品质不断提升。

文物数字化探索创新展示活化新成就。“云上中轴”小程序，“数字长城”“数字圆明园”“环球云赏北京中轴之美”等数字文化产品用数字化、全景式、高保真技术手段再现北京古建遗产之美，让人们共享文物数字化成果，使遗产得以永续保存。作为传统的报时装置，鼓楼推出“时间的故事”数字展，让人们感受古都时间的脉搏。推动国家文化大数据红色基因库试点工作，香山革命纪念馆、北京大学红楼、抗日战争纪念馆编制并推动实施文物精品、馆藏艺术品数字化工作方案，在线上不断扩大红色文化的影响力。从历史与现代碰撞中激发灵感，文物活化利用促进了传统与时尚交融、科技与文化共生，沉浸式体验、数字化展陈和观众互动极大拓展了人们对文物遗产的感知方式，让名城和古都保护利用观念深入民心。

聚焦活化的文艺创作引发广泛共鸣。北京市围绕“四个文化”不断创新文物活化利用新形式，继《上新了·故宫》《我在颐和园等你》等文化综艺节目走红后，文物的创新表达不断深化，多元艺术形式助力文物活化，电影《革命者》、话剧《香山之夜》、京剧《李大钊》等传承红色基因，激发爱国之情；《最美中轴线》用流动的音乐为传统城市中轴线带来缤纷色彩，助力中轴线申遗保护；长城、大运河、西山永定河三大文化节推陈出新，广泛的公众参与和凝聚的文保共识让三条文化带的文化影响力不断增强。

（二）可移动文物的活化

可移动文物大体是被收藏保管于博物馆里的文物，活化可从藏品和展馆活动两个方面来看。可移动文物活化最初引发关注的是故宫文创。故宫胶带、故宫口红以及每日故宫 App 为故宫吸引了一大批拥趸，2016 年《我在故宫修文物》在网络上爆火让隐于文物背后的修缮大师走到台前，进一步聚拢了故宫的人气。与此同时，类似的纪录片和文化节目，如《如果国宝会说话》《国家宝藏》让更多国宝文物进入大众视野，增进人们对传统的了解和熟悉。借助新媒体平台，抖音第一届文物戏精大会让高冷文物变身

“戏精”，引领了文物与新媒体、动漫游戏的结合路径，使走入现代生活的古老文物焕发出新的生机。近几年，《五星出东方》《只此青绿》《唐宫夜宴》等作品让文物活化以舞蹈演绎的方式出现在公众面前，惊艳的节目效果不断拉进公众与传统文化的距离。

推进博物馆之城建设，北京依托历史文化资源和博物馆众多的优势，推出一系列重磅展览、特色展览让各大博物馆成为热门打卡地，每逢传统节日各类博物馆都会为市民呈上丰盛的“文化大餐”，各类展览活动全年不间断推出。继 2019 年故宫博物院举办“紫禁城上元之夜”灯会之后，北京自然博物馆也推出“博物馆之夜”，从丰富观展活动、打造互动体验等方面增强博物馆公共文化服务能力，科普讲解、多媒体互动、场景模拟及仿真再现拉进了观众与文物展品和考古成果的距离，让参观者由被动的受教育者变成了积极的文化参与者。首都博物馆主办的“读城——追寻历史上的北京城池”系列展览，借助主题展览、特色教具，以巡展进社区的形式让居民尤其是孩子在动手动脑中更好地理解古代北京的城市规划思想和北京建城建都史。

三 北京文物活化的相关经验

回顾北京文物保护和活化利用的理论与实践可以发现，北京作为全国文化中心城市，坚持首善标准、弘扬首善精神，高度重视历史文化资源保护利用工作，全面推进新时代首都文化事业发展。北京历史文化是中华文明源远流长的伟大见证，北京市贯彻习近平总书记 10 次视察北京、18 次对北京发表重要讲话的精神，坚持“保护第一、加强管理、挖掘价值、有效利用、让文物活起来”的新时代文物工作方针，积极探索、勇于开拓创新，在文物活化利用上发挥了先行示范作用，积累了宝贵的经验。

第一，文物活化既是事关城市战略定位和高质量发展的重要工作之一，也是北京作为大国首都传承发扬中华优秀传统文化的关键内容，在全局高度上得到重视。北京是文化名城和著名古都，丰富的历史文化遗产是北京的城市金名片，传承保护好历史文化遗产是北京的职责所在。在政府的有效引导和大力支持下，文物工作与城市更新结合推进，充分发挥了文化在高质量发展中的支点作用，活化也因具有政策支持、制度保障和在资源、条件分配上的优先性而得到深入开展，这反过来又推进了城市区域的改造更新，为城市可持续发展创造了条件。从观念上，历史文化遗产为当前城市的发展提供了精神支撑和创新动力来源；从实践上，遗产工作是城市管理建设的有机组成部分和突破口，遗产工作对于优化完善城市空间和功能发挥着重要作用，也只有从城市整体发展和规划的层面来看，活化工作的重要性才凸显出来。

第二，充分利用文物资源优势，将文化富矿转化为文化财产（cultural property）。文化财产既是精神上的财富，也能带来切实的经济效益。北京立足四个文化资源禀赋，以文物活化利用为重要抓手，依托文物的有形和无形双重属性，在为社会经济发展提供引擎的同时，也为人民精神文化生活提供深厚而长久的心灵滋养。活化突出文物自身的价值，以史料挖掘和理论阐释工作为坚实基础，加强历史研究，不断创新活化的手段和方式，积极弘扬中华优秀传统文化，加强爱国主义教育，以共同记忆和历史塑造身份认同，以红色文化加强理想信念教育、革命传统教育，不断凝聚思想共识。根据测算，文物的经济产出是其财政拨款的 4. 4~6. 5 倍[①]，通过文物活化，北京有效带动了区域更新和经济发展。新发展格局下，作为一项综合工程和目标的文物活化利用成为新的经济引擎，文物与科技、教育、艺术、金融等多个领域的广泛交集和深度融合，为社会发展提供了坚强助力。

第三，文物活化与市民生活息息相关，得到社会各界普遍的关注、参与和支持。北京市各级政府和各文博单位利用重大文物工程、传统节日契机，通过多重手段让公众了解和认识历史文化遗产。以中轴线申遗保护为例，北京市以中轴线申遗推动老城整体保护与复兴，通过文物腾退活化极大改善了

---

① 科尔内留斯·霍尔托夫、费建宁：《文化遗产对社会贡献的变迁》，《国际博物馆》（中文版）2011 年第 2 期。

附近居民的生活质量，重新开放的会馆、戏院提高了空间文化品质，在改善民生的同时增强人民的文化获得感、满足感和幸福感。加强青少年传统文化教育，“北京中轴线——中国理想都城秩序的杰作”展览首次进入校园，北京二中师生在体验古都底蕴的同时增强中轴线保护意识。作为北京人熟悉和喜爱的鸟类，偏爱以正阳门等传统宫廷建筑为栖息地的北京雨燕成为中轴线申遗的数字形象，以北京雨燕为线索讲述中轴文化故事，用数字展陈体系建立文物保护活化新模式，推出“数字中轴”“北京雨燕”“万人中轴字”数字藏品，有效带动了全民参与中轴线申遗保护。

四　进一步推进北京文物活化的几点思考

第一，活化仍需不断深化拓展。如果将活化视为社会文化持续发展的过程，那么活化本身就不仅是单独列出的项目和工程，只具有短期、阶段性特征和固定、明确的目标，还应成为社会文化生活的常态，就此而言，活化对象也有必要重新加以审视和考察。法国巴黎美国大学文化政策研究教授Yudhishthir Raj lsar 提出，对遗产的定义反映了人们的文化需求和态度，他甚至提出遗产是被制造出来的，遗产可依据不同属性进行归类，遗产保护也应该采取灵活的适应性标准。[①] 这里不打算用遗产保护的传统真实性理论去反驳这一看似激进的观点，而应该注意到这一表述背后所反映的当代社会生活实际，将遗产限制在一系列保护利用技术问题的框架之内无益于推动当前保护理论和实践的创新，而用一种固定的眼光和视角看待文物同样不能切中时弊。遗产与文化、价值、认同的内在联系，遗产与政治、经济、宗教、教育、科技等社会各方面和普遍议题的融合，迫切需要结合实际情形不断深化人们对遗产和活化的理解认识。此外，谁有权界定文物，这一界定背后又代表着何种身份和立场，仍需讨论。也许可以说，何谓文物、什么是活化，始

① 《城市的记忆、想象和认同——“世界城市文化论坛上海论坛（2016）”在沪召开》，陆家嘴金融网，2016 年 10 月 20 日，https：//www. ljzfin. com/news/info/34968. html。

终处于变动之中，因此，人们不仅需要打破一种关于永恒的、凝固的、完美无瑕的文物的想象，超越文物的物质基础和具体形态去思考文物的本质，还需要在保护和活化实践中坚持开放性和适应性原则，探索符合时代需求的活化理念创新和文化表达。

第二，坚守传统的精神价值。消费主义和速食式流行文化仍然主导着人们的文化生活，当融入现代的传统只是用传统元素包装的产品、怀旧情调、地方感或浪漫情结，带给人们的是伴随现代性而来的易变性、瞬时性、碎片化体验，这些固然是日常生活美学的一部分，也传播并推广了传统文化，但可能并未触及遗产或文物的根本。遗产不能只拥有产业和经济价值或提供短暂的审美体验，更应该突出社会效益，发掘精神价值。把文物活化提升到扩大中华文化影响力、推进中华民族伟大复兴的新高度，按照有利于突出中华文明历史文化的价值、有利于体现中华民族精神追求、有利于向世界人民展示全面真实的古代中国和现代中国的“三个有利于”基本要求，以文化内涵的激活、文化生命的延续、文化价值的展示、活态文化的传承来开展活化利用工作，从古典资源和传统话语中提炼中华文化的核心理念和价值追求，培育共同的理想、信念和精神。“求木之长者，必固其根本；欲流之远者，必浚其泉源”，文物活化要本着对历史负责、对人民负责的态度，古为今用、推陈出新，推动中华文化的创造性转化和创新性发展，以适应当代的中华传统价值为人民提供精神食粮，为民族复兴提供长久的精神支撑。

第三，探索中国化的文物活化道路。现有的世界遗产保护制度大体遵守着一种反映西方遗产理念的授权性遗产话语（authorized heritage discourse），包括自《雅典宪章》以来的由联合国教科文组织（UNESCO）、国际古迹遗址理事会（ICOMOS）等国际文化遗产组织制定的一系列章程制度，成为国际通行的遗产保护利用的实施依据和准则。授权性遗产话语深刻影响了现代以来的遗产保护理论和实践探索，体现为欧洲主流话语、西方精英价值观和高度技术化专业化的遗产保护体系，其实质是“西方理性话语支配下的‘遗产发现’与管理实践”和“为了‘多样性’去制定统一的叙述方式和治理法则，他者文化被制作成符合‘国际标准’的话语体系”①。不可否认，这一话语体系为推进世界遗产保护做出了非常重要的贡献，至今也仍发挥着重要的影响力，但立足于本土的文物活化，应该在发掘中华文化传统的深层价值上持续用力，以知、情、意、行的统一接续历史文脉，坚守中华文化立场、传承中华文化基因，从当前的实践出发，探索中国化的文物活化理论话语和理论体系，为文化遗产保护提供中国方案和中国智慧。

① 吴宗杰：《话语与文化遗产的本土意义建构》，《浙江大学学报》（人文社会科学版）2012年第5期。

B.8

2022年北京市非物质文化遗产保护与传承发展报告

李彦平*

摘　要： 2022年，北京市非物质文化遗产保护与传承工作稳步推进，代表性项目名录体系逐步扩容完善，代表性传承人认定与管理规范有序，非遗理论研究持续凝练，宣传弘扬活动见人见物见生活，并在急需保护非遗项目的专项政策制定、传承体验设施新地标建设、中国非遗走向国际舞台、非遗项目积极服务国家重大战略方面形成工作亮点，讲好北京非遗故事，传承传统文化根脉。面对新时代、新机遇、新变化，紧跟旅游业复苏大好形势，促进非遗活化利用，发挥网络平台优势，加大非遗传播普及力度，多方协力推进，助力非遗学科建设及高层次人才培养等措施，将会进一步完善首都非遗保护机制，提升保护传承水平，增强非遗项目的传承活力，切实推进全国文化中心建设。

关键词： 非物质文化遗产　保护　传承　北京

非物质文化遗产是指被社区、群体、有时是个人视为其文化遗产组成部分的各种社会实践、观念表述、表现形式、知识、技能以及相关的工具、实物、手工艺品和文化场所。[①] 中国在20世纪末引入非物质文化遗产（简称

---

* 李彦平，中国艺术研究院助理研究员，主要研究方向为夏商周考古及青铜器、文化遗产保护。

① 联合国教科文组织亚太地区非物质文化遗产国际培训中心：《〈保护非物质文化遗产公约〉基本文件》（2019年版），第5页。

“非遗”）的概念并在21世纪初拉开了宏大的非遗保护序幕。20多年来，中国积极开展非遗保护实践，着力构建非遗保护理念，认真履行缔约国义务，形成了崭新的中国经验与中国实践，走在世界非遗保护工作的前列。作为全国文化中心，首都北京多年来在非物质文化遗产确认、建档、研究、保存、保护、宣传、弘扬、传承和振兴等各个环节取得了显著的成果，发挥了非物质文化遗产保护传承与创新发展风向标的作用。本报告梳理总结2022年北京市非物质文化遗产保护与传承工作的开展与推进，有助于推动未来非遗保护工作更加系统化、规范化、科学化。

一　保护与传承工作的稳步推进

尽管2022年社会经济受到新冠疫情的影响，但北京市非物质文化遗产保护与传承工作经受住了考验，攻坚克难，仍然稳步推进、持续发展。北京市在贯彻“保护为主、抢救第一、合理利用、传承发展”工作方针的基础上形成了非物质文化遗产保护与传承发展的新局面。

（一）代表性项目名录体系逐步扩容完善

国家、省、市、县四级代表性项目名录体系是具有鲜明中国特色的非物质文化遗产保护措施，众多珍贵、濒危和具有重要文化价值的非遗项目得到了有效保护。北京市构建了国家、市、区级代表性项目名录体系，并在实际工作中逐步完善，坚持对非物质文化遗产进行规范性保护。

截至2021年，北京市已经公布了五批市级非物质文化遗产代表性项目名录，302个非遗项目列入，其中167个入选国家级名录。2022年进行的第六批市级非物质文化遗产代表性项目名录评审工作几近完成，届时，市级名录将再添新项目。值得注意的是，2022年北京市的区级代表性项目的数量有所增多、质量有大幅度提升。2月，东城区公布第七批区级非物质文化遗产代表性项目名录，京袭吴门古琴、评剧（筱派）艺术、丝绫堆绣、酸梅汤制作技艺等七大类30个项目榜上有名。4月，房山区公布第六批区级非物质文化遗产代表性项目名录，上英水村银音会、霸王鞭、河北梆子等六大类 8 个项目名列其中。顺义区第八批、延庆区第三批、门头沟区第八批等多个区级非物质文化遗产代表性项目名录相继公布，区级非物质文化遗产代表性项目名录不断扩容壮大。上英水村银音会、延庆高跷、永宁大集等一系列带有地域名称的非遗项目成为基层地域文化的一张张金名片，推动传统村落、美丽乡村、历史文化名城名镇名村等的建设。

区是北京市非物质文化遗产保护工作中最为基层的单位，区级非物质文化遗产代表性项目名录的不断扩充不仅说明各区对非物质文化遗产保护工作的重视和加强，也说明区内非物质文化遗产的种类、数量、保存状况等得到了较为全面的梳理，一些区对辖区内的非物质文化遗产进行普查，建立了非遗数据库，成为北京市乃至全国非遗保护工作科学化、系统化发展的坚实基础。

（二）代表性传承人认定与管理规范有序

传承人是非物质文化遗产的创造者、继承者和传承者，是非物质文化遗产传承的核心和主体。北京市一贯重视完善各级传承人的认定程序与管理制度，规范代表性传承人的认定与管理，鼓励和支持传承人开展传承活动，注重传承人传承能力和水平的提升，实施代表性传承人动态管理，形成了一系列理念成果和行之有效的经验。

在传承人推荐认定方面，按照文化和旅游部相关工作要求，北京市第六批国家级非物质文化遗产代表性传承人的推荐申报重点关注代表性传承人技能艺能、传承实践相关情况等，重视部分国家级非物质文化遗产代表性传承人空缺、队伍老化等问题以及传承人梯队建设。在项目申报地区对申报材料进行评审形成的推荐名单和推荐意见的基础上，经专家再次评审遴选，北京市第六批国家级非物质文化遗产代表性传承人推荐申报名单形成，36 人名列其中，涉及民间文学、传统舞蹈、传统戏剧等九大类，八达岭长城传说、智化寺京音乐、白庙村音乐会等 36 个项目。在传承人传承情况考评和考绩管理方面，专家对 2021 年度北京市国家级非物质文化遗产代表性传承人开展传承活动、培养后继人才、妥善保管相关实物资料、参与公益性宣传展示活动等多项内容进行评定考核，景泰蓝制作技艺传承人钟连盛和文乾刚、民族乐器制作技艺（宏音斋笙管制作技艺）传承人吴景馨等18名国家级非物质文化遗产代表性传承人被评为优秀，另有73名传承人被评为合格。在传承人研培及研培计划绩效考核方面，中央美术学院举办的“格物致知——中式家具制作技艺传承与创新”研修班，中国戏曲学院举办的西山永定河文化带戏曲非遗传承人高级研修班，清华大学举办的灯彩及竹编、传统首饰设计研修班相继在线上开班，来自全国各地各民族的80名非遗传承人参加了网上培训，提高了文化艺术修养、拓宽了行业视野、激发了创作潜能。2021年1月至2022年12月，研培计划任务执行情况被纳入效绩考核范围，总结教学经验、规范研培管理，进一步加强研培计划工作的系统性、规范性、针对性和有效性，持续提高院校非遗教育水平和人才培养能力。

（三）非遗理论研究持续凝练

非物质文化遗产保护是一项操作性的实践工作，非物质文化遗产则是一门新兴的前沿性交叉学科。一方面，非物质文化遗产保护在我国仅仅走过20余年的历程，理论研究的积淀和凝练较为薄弱；另一方面，非物质文化遗产与民俗学、历史学、民族学、民间文艺学、人类学等多个学科有着密切又复杂的关系。研究我国非物质文化遗产形成的背景及渊源，厘清它与诸多相关学科的关系，对明确非遗学科的定位发展以及我国非物质文化遗产保护理论的提升具有十分重要的意义。

中国艺术研究院（中国非物质文化遗产保护中心）研究员王福州基于国际社会关于文化遗产的核心理念以及我国非遗人才培养的历史经验和现实挑战，强调以课程设置综合化、专业培养特色化和人才培养活态化为支点，共同推动文化遗产学科建设，构建厚理论、通政策、明实操的师资队伍，培育有专长、有能力、有情怀的人才共同体。① 北京师范大学万建中教授认

① 王福州：《非物质文化遗产高层次人才培养的理论内核与实践路向》，《中国非物质文化遗产》2022年第5期。

为，非遗学科建设应当还原并直面非遗生活形态，以非遗实践为出发点和落脚点，充分给予非遗传承人在学科建设过程中的话语权，通过传承人形象的塑造及其“学者”身份的赋予，将传承人的实践方式、行为和经历转化为非遗学科的内部知识和理论话语，同时给予传承人应有的参与制订人才培养计划、讲授非遗课程的主导地位，创建一种切合非遗实践、与民俗学等学科不同的崭新的学科建设范式。[①] 北京中轴线地区非遗资源 IP 开发机制[②]、中医药非物质文化遗产安全[③]、“天坛神乐署中和韶乐”及其物质空间[④]等问题也为学者们所关注和研究，学者们列举现状、分析问题、探究缘由，提出应对策略与建议。

2022 年 9 月，国内首部阐释非物质文化遗产基本理论和保护实践、全面介绍中国非物质文化遗产代表性项目和代表性传承人、总体反映中国非物质文化遗产保护成就的专科辞典——《中国非物质文化遗产大辞典》出版发行。多名非物质文化遗产保护领域资深专家学者及 31 个省（区、市）从事非物质文化遗产保护工作、具有实践经验和理论研究能力的骨干力量共同参与编纂，近 600 名作者历时 6 年完成该书。大辞典由前言、凡例、目录、正文、附录、索引六部分组成，全书 320 余万字，收录辞条 6636 条，全面客观地反映我国非物质文化遗产的总体面貌以及全国各族人民保护非物质文化遗产的实践经验、理论探索和突出成就。[⑤]

（四）宣传弘扬活动见人见物见生活

党中央对中华优秀传统文化高度重视，非物质文化遗产也越来越多地融

---

① 万建中：《传承人：非物质文化遗产学科建设的主体》，《中央民族大学学报》（哲学社会科学版）2022 年第 3 期。

② 靳晶、黄子鉴：《北京中轴线地区非遗资源 IP 开发机制研究》，《艺术教育》2022 年第 11 期。

③ 阎莉等：《中医药非物质文化遗产安全隐忧与应对》，《中华中医药杂志》2022 年第 6 期。

④ 曾泽伊、王铭：《“天坛神乐署中和韶乐”及其物质空间研究》，《通化师范学院学报》2022 年第 9 期。

⑤ 《〈中国非物质文化遗产大辞典〉出版》，“新华社新媒体”百家号，2022 年 10 月 3 日，https：//baijiahao. baidu. com/s? id=1745664616450884135&wfr=spider&for=pc。

入现代生活，焕发出新时代的鲜活生命力。一系列非物质文化遗产宣传展示、传承弘扬活动为人民群众提供了丰富的精神文化食粮。日常与节庆同步、线上与线下相结合、市内与市外联动，见人见物见生活，人民的非遗人民共享。

日常非遗保护传承工作常抓不懈，持续开展。朝阳区非物质文化遗产保护中心继续推进连续 4 年开展的“寻找工匠”非遗传承人培养计划，调动年轻一代从事传统工艺的积极性；东城区主办《东城非遗这十年》专题展宣传活动，梳理和展示 10 年来东城区非遗保护工作取得的成果及非遗传承人、工作者们的风采；平谷区主办“赶大集　看非遗”非遗展演展示系列活动，面向市民现场展示非遗产品，讲解工艺技巧，传递传统文化精髓；西城区文化和旅游局携手中国移动咪咕联合推出“2022 年西城区非遗演出季”，“云上”非遗打破时空限制，观众可随时随地感受非遗的隽永魅力；中国科技馆推出“非遗+科技”系列教育活动，让非遗保护与传承从娃娃抓起……2022 年“文化和自然遗产日”活动，集中展示各级各类非遗项目，呈现了一场非遗视听、体验、参与的盛宴。故宫博物院、天坛公园管理处、颐和园、圆明园、丰台区文化和旅游局等 68 家单位参与北京主会场活动，讲座、展览、演出等多项活动精彩纷呈，云看展、云观演、云直播、云体验丰富市民群众体验和消费应用场景，非遗项目与文化元素赋彩京城市民生活。

此外，北京市文化和旅游局组织京剧、景泰蓝制作技艺、北京玉雕、剧装戏具制作技艺、花丝镶嵌制作技艺等多个非遗代表性项目参加“新疆是个好地方”对口援疆 19 省市非遗展活动，非遗连接京新两地共建共享共创，以文化认同共同树牢中华民族历史观，铸牢中国心、中华魂。[①] 2022 年 12 月 30 日，中央广播电视总台与文化和旅游部联合推出的大型文化节目《非遗里的中国》首播，沉浸式体验和真实互动讲好非遗传承故事，呈现非遗的传承创新、活态传承新时代的中国面貌。

---

① 《文化润疆｜京新非遗共建共享　润通心灵——北京非遗参加“新疆是个好地方”对口援疆 19 省市非遗展》，“文旅北京”微信公众号，2022 年 8 月 2 日，https：//mp.weixin.qq.com/s/TBSbxh0EUwpbkdnwZhLB2A。

二 保护与传承工作的创新发展

党的十八大以来，我国非物质文化遗产保护工作取得了显著成效，进入巩固保护成果、增强传承活力的新阶段，北京市非物质文化遗产保护与传承工作持续推进创造性转化与创新性发展，呈现多个工作亮点。

（一）首个急需保护非遗项目的专项政策出台

为落实中共中央办公厅、国务院办公厅《关于进一步加强非物质文化遗产保护工作的意见》，提高非遗系统性保护水平，市文化和旅游主管部门根据《北京市非物质文化遗产条例》要求，对濒临消失、传承困难的代表性项目制定了《北京市急需保护的非物质文化遗产项目认定和保护办法》（以下简称《办法》），共 19 条，包括制定依据、急需保护非遗项目的标准、急需保护项目申报程序、政府部门的责任、支持急需保护项目的主要措施、急需保护项目保护成果的考核等六个方面的内容。《办法》提出，要对师徒传习实践分别给予经费补贴和扶持，以增强师徒传承稳定性和积极性，突出保护关键环节；对拓展招收学徒方式、发挥专家指导作用、鼓励非遗进校园、鼓励社会参与等方面提出综合性保护措施，突出保护措施的综合性；对项目保护单位和传承人、学徒进行考核并根据考核结果采取不同措施，对急需保护项目实施动态管理，突出抢救成果落实。

目前，在国家及省级层面尚未出台针对急需保护非遗项目的专项政策，《办法》是开展非遗分类保护的探索实践和政策创新，为促进北京历史文脉传承，进一步加强规范北京市急需保护的非物质文化遗产项目保护传承工作提供了政策保障和指引。市文化和旅游局还组织召开了北京市急需保护的非物质文化遗产项目申报和评审工作，东城区申报的传统舞蹈非遗项目“北京杠箱”、昌平区申报的传统舞蹈项目“涧头村高跷秧歌”、房山区申报的传统美术类项目“北京灯彩”3 个项目列入目录，成为首批北京市急需保护的非物质文化遗产项目。北京市非遗代表性项目进入重点化、规范化、科学化保护管理的新阶段。

此外，市文化和旅游局还起草了《北京市关于进一步加强非物质文化遗产保护工作的实施意见（征求意见稿）》，面向社会公开征求民众意见。该实施意见提出，到 2025 年要构建形成非遗保护传承的“北京样本”，增强首都群众对非遗的获得感、认同感和文化自信，到 2035 年基本建成具有北京特色的非遗保护传承利用的典范之城。各项政策的出台和实施是保护好、传承好、利用好北京市非物质文化遗产，整体提升非遗保护传承水平，不断深化文化遗产资源转化利用的重要举措。

（二）传承体验设施建设再添新地标

非遗场馆具有收藏、展示、传承、体验、研究、教育等多方面功能，是现代化展陈方式和高科技手段辅助打造形成的多元一体的立体文化空间，能够多方位、多视角地为民众呈现非物质文化遗产。

2022 年 2 月 5 日，中国工艺美术馆、中国非物质文化遗产馆落成开馆。① 两馆建筑面积 91126 平方米，设计构思汲取了中国古典建筑精髓，建筑平面中轴对称、左右展开，地上六层凌空而立，具有中国传统工艺美术特色的花窗及博古架的多宝格构图形成了独特的创新纹样。开幕展览“中华瑰宝——中国非物质文化遗产和工艺美术展”展出工艺美术、古琴艺术、传统乐器、丝路壁画、中华戏曲、金石篆刻、木版年画、民俗表演等多个门类 1298 件（套）工艺美术和非遗珍品佳作。两馆以现代科技和信息化管理助力博物馆建设，建筑风貌独特，功能设施先进，精品瑰宝荟萃，集中国传统之美和现代化、智慧化于一身，填补了我国工艺美术和非物质文化遗产国家级博物馆的空白，标志着我国又新增一处代表国家和首都文化形象、彰显新时代文化繁荣发展气象的重要文化地标。

非物质文化遗产生产性保护示范基地也增添新成员。经推荐、评审、公

① 《中轴线上新地标！中国工艺美术馆、中国非物质文化遗产馆本月正式落成开馆》，北京市文物局网站，2022 年 2 月 25 日，http://wwj.beijing.gov.cn/bjww/362679/483700/21232099/index.html。

示、确认4个环节，北京市国家级非物质文化遗产生产性保护示范基地拟推荐名单出炉。[①] 依托一得阁墨汁制作技艺、景泰蓝制作技艺、内联升千层底布鞋制作技艺、北京二锅头酒传统酿造技艺、京作硬木家具制作技艺五项国家级非遗代表性项目，北京一得阁墨业有限责任公司、北京工美集团有限责任公司等5家单位入选推荐名单。有别于抢救性保护和整体性保护，生产性保护鼓励优秀的非物质文化遗产在生产实践中有效地传承技艺，借助生产、流通、销售等手段，将非物质文化遗产及其资源转化为文化产品，不仅可以保持非物质文化遗产的真实性、整体性和传承性，还可以增强传承主体的保护意识和文化自觉意识，相关企业也能够获得较明显的经济效益，可谓一举多得。目前，生产性保护主要在传统技艺、传统美术和传统医药药物炮制类非物质文化遗产领域实施，在非遗品牌培育、人才培养、宣传推广等方面发挥了积极的作用。

（三）中国非遗逐步走向国际舞台

2022年在北京举办的冬奥会和残奥会不仅是一场体育盛会，也是一场包罗各类非遗元素的文化盛宴，向世界讲述了内涵深厚、意蕴悠长的中国故事。首钢滑雪大跳台“雪飞天”和国家跳台滑雪中心“雪如意”两大场馆造型取材于中国传统文化，冬奥会的会徽、奖牌、火炬、颁奖花束、制服设计都深刻地融入了非遗元素。二十四节气、中国书法、中国篆刻、海派绒线编结技艺等体现中国特色、中国精神，蕴藏中国智慧的非物质文化遗产惊艳全世界，非物质文化遗产同体育精神殊途同归传递了中国独特的冰雪奥运魅力。

2022年11月29日，我国申报的“中国传统制茶技艺及其相关习俗”通过联合国教科文组织评审，列入联合国教科文组织人类非物质文化遗产代表作名录。北京的吴裕泰茉莉花茶制作技艺、张一元茉莉花茶

① 《北京市文化和旅游局关于公示国家级非物质文化遗产生产性保护示范基地拟推荐名单的公告》，北京市文化和旅游局网站，2022年12月12日，http://whlyj.beijing.gov.cn/zwgk/tzgg/202212/t20221212_2878025.html。

制作技艺参与了“花茶制作技艺”部分的申报。正如文化和旅游部非物质文化遗产司司长王晨阳在采访中所表示：“中国传统制茶技艺及其相关习俗申遗成功，再次体现出中华文明对人类文化多样性的重要贡献，是我们推动茶文化保护传承工作、向世界传播中国非遗保护成就新的契机。”① 截至2022年，我国共有43个项目列入联合国教科文组织非物质文化遗产名录、名册，位居世界第一。令人鼓舞的是，习近平总书记对非物质文化遗产保护工作做出重要指示，强调“中国传统制茶技艺及其相关习俗”列入联合国教科文组织人类非物质文化遗产代表作名录对于弘扬中国茶文化很有意义。要扎实做好非物质文化遗产的系统性保护，更好满足人民日益增长的精神文化需求，推进文化自信自强。要推动中华优秀传统文化创造性转化、创新性发展，不断增强中华民族凝聚力和中华文化影响力，深化文明交流互鉴，讲好中华优秀传统文化故事，推动中华文化更好走向世界。②

在中轴线申遗工作中，昆曲、宫毯织造、雕漆、内画鼻烟壶等风格多样、数量众多的非物质文化遗产随着这条体现了东方审美意象极致追求的伟大轴线一起被发掘、展示、弘扬和保护。中国非物质文化遗产走出国门走向国际，在国际舞台上讲好一个个生动的中国故事，扩大中华优秀传统文化的国际影响力。

（四）非遗项目积极服务国家重大战略

近年来，非物质文化遗产在推动经济社会可持续发展和服务国家重大战略中的作用得到进一步重视和加强，精准扶贫、乡村振兴、区域发展等国家重大战略实施中，非物质文化遗产保护与传承发挥了积极的作用，成为经济

① 《申遗成功丨且将新火试新茶——文化和旅游部非遗司负责人谈“中国传统制茶技艺及其相关习俗”申遗成功》，“中国非物质文化遗产保护中心”微信公众号，2022年11月30日，https：//mp. weixin. qq. com/s/GMr3ZoDJ2jcoEjfguUSp8w。

② 《习近平对非物质文化遗产保护工作作出重要指示》，中国政府网，2022年12月12日，http：//www. gov. cn/xinwen/2022-12/12/content_ 5731508. htm。

发展、城乡建设、社会治理、民生改善等方面的重要动力之一。

就拿正在推进实施的国家重大文化创新工程——国家文化公园建设来说，非物质文化遗产是丰富国家文化公园的内涵、打造中华文化重要标志的主要内容之一。2019 年，《长城、大运河、长征国家文化公园建设方案》印发，国家文化公园建设进入快车道，长城、大运河国家文化公园北京段建设按下加速键。2022 年正值郭守敬开凿大运河北京段 730 周年，北京（国际）运河文化节、大运河主题旅游海外推广季、国家大剧院首部原创民族歌剧《运河谣》首演等活动中，节庆活动、技能技艺、经验知识、精神理念等大运河非遗长卷展示着大运河文化世代相传、生生不息的蓬勃生命力。发掘整合长城物质文化与非物质文化资源的各项活动也持续进行。2022 年 2 月 13 日举行的北京历史文化保护专场新闻发布会上，延庆区副区长任江浩表示将继续探索长城非遗小镇、长城文化村等建设模式；以“双奥之城　长城之约”为主题的 2022 北京长城文化节成功举办，长城非遗是学术论坛和摄影周、文创大赛等特色活动的重要组成部分；延庆区八达岭镇石佛寺村八达岭长城民俗文化节上多个非遗项目精彩亮相，非遗成为推动国家文化公园建设区域经验共享的纽带。

三　保护与传承工作的对策建议

北京有着 3000 多年建城史和 800 多年建都史，大量珍贵且富有京都特色的非物质文化遗产在历史中被积淀和传承至今。目前，北京市有 12 个项目入选联合国教科文组织人类非物质文化遗产代表作名录，另有国家级非遗代表性项目 144 个、市级非遗代表性项目 303 个，非遗代表性项目数量位居全国前列。面对新时代、新机遇、新变化，进一步完善首都非遗保护机制，解决困扰非遗工作的普遍问题和延续性问题，对接“一核一城三带两区”重点建设任务，切实推进全国文化中心建设，依然是未来非遗保护工作的方向和重点。

（一）紧跟旅游业复苏大好形势，促进非遗活化利用

近年来，我国民众的旅游需求不断增加并快速升级，“十三五”期间我国年人均出游超过 4 次[①]，在“以文促旅，以旅彰文”的理念指导下，文化旅游成为旅游新业态，高品质、多样化、个性化的文化旅游成为新的消费趋势。

2022 年是北京文旅市场经受严峻考验的一年，文旅市场整体低迷，但年末，旅游业的复苏十分明显。春节期间，全国多个旅游景区人流密集，场面火爆，部分热门景区的人流量已经达到或超过 2019 年，旅游热潮的到来给非物质文化遗产及其相关资源的活化利用带来了大好机遇。从供需两端加强非遗与旅游深度融合，促进非遗资源活化利用，满足人民群众日益增长的高品质精神文化需求，势在必行。在需求侧，民众旅游消费的需求不断升级，走马观花、到此一游的“快餐式”旅游逐渐被高品质、多样化、特色化的深度旅游代替，无论是传统的村落古寨、风景名胜，还是现代的文化名城、历史街区，非物质文化遗产一直是凸显当地文化特色的重要内容。作为供给侧的旅游市场要紧跟民众文旅消费新趋势，以产品创新、技术创新、服务创新打造文化旅游新产品、新思路，满足游客的多样化需求，形成文旅市场新动能，激发文旅市场更大活力。需要注意的是，非遗和旅游相融合并不是简单的要素叠加，而是资源的整合重组和交叉渗透，非物质文化资源与旅游业的吃、住、行、游、购、娱各种要素相互渗透，共生共赢，从而丰富旅游产业的文化内涵，成为民众优质的精神文化食粮。可喜的是，虽然在非遗和旅游相融合的过程中仍然存在价值观念、体制机制、运作方式等方面的矛盾和冲突，但提升文旅产品和服务的水平已经是业内的普遍共识，非遗物质文化遗产在旅游中的保护和利用大有可为。

非物质文化遗产与各类旅游要素宜融则融、能融尽融，实现优势互补与资源共享的项目越来越多，为非遗资源的保护和利用提供了成功案例和典范。中国非物质文化遗产保护协会公布了 2022 年全国非遗与旅游融合发展

---

① 《优化供给，激发旅游市场活力》，《人民日报》2022 年 9 月 27 日，第 5 版。

优选项目名录，非遗旅游景区、非遗旅游小镇、非遗旅游街区、非遗旅游村寨4个类型200个项目入选①，传统的旅游景点和现代的城市街区都凸显开放共享、尊重互利、科学创新、弘扬价值的共同特性。合理利用非遗，引进非遗项目及传承人参与旅游产品建设和服务，利用多种手段促进非遗的传播与弘扬，不仅丰富了文化旅游供给，也激活了数量巨大的非遗资源。

（二）发挥网络平台优势，加大非遗传播普及力度

《中华人民共和国非物质文化遗产法》指出，国家鼓励和支持开展非物质文化遗产代表性项目的传承、传播。《北京市非物质文化遗产条例》规定，报刊、广播、电视和互联网媒体等应当宣传代表性项目，普及非物质文化遗产相关知识，相关部门应支持新技术、新媒体在非物质文化遗产传播中的开发、应用。

当今社会，网络、数字化、新媒体已经是日常生活中必不可少的一部分，也赋能非遗创新发展，开拓新时代非遗传播与弘扬新路径。2022年11月，基于淘宝非遗店铺、天猫老字号等数据及非遗淘宝店主的调研问卷形成的《2022非物质文化遗产消费创新报告》显示，2022年非遗消费传播渠道多样化，直播、短视频、电商传播力位居前列，90后、00后的年轻群体成为网络非遗消费的主体，非遗与“国潮”相互助力积极融入现代生活的态势十分明显。② 网络平台通过技术帮助、宣传推广、流量引导等方式聚合各类非遗项目及传承人坚守匠心品质，打造非遗核心竞争力，有效提升非遗传播质量和影响力，非遗项目和产品也反哺网络平台，带来更多的优质用户和流量促进平台发展，进而实现良性循环。

非物质文化遗产是人类千百年来生活实践经验的总结和凝练，是劳动人民智慧和创造的结晶，来源于社会生活且传承于社会生活，只有融入现代生活展现当代价值、与现代社会与时俱进，才能实现可持续发展。网络、新媒

① 《全国非遗与旅游融合发展优选项目名录公布》，光明网，2022年10月28日，https://m.gmw.cn/baijia/2022-10/28/36120759.html。

② 《2022非物质文化遗产消费创新报告》，《中国旅游报》2022年11月23日，第5版。

体等现代手段创新性的内容呈现和广而快的传播效果为非遗传承与传播带来了新的时代活力，助推非遗热，是民众了解非遗知识、参与非遗项目、体验非遗产品最为便捷的路径之一，“非遗+网络”成为保护传承的创新模式和新趋势、新特点，非遗传承、传播与普及之路越走越宽。

（三）多方协力推进，助力非遗学科建设及高层次人才培养

2021 年 3 月，教育部将“非物质文化遗产保护”纳入普通高等院校本科专业设置，非物质文化遗产学科建设迈出了坚实的一步；4 月，国务院学位办发布《关于推动部分学位授予单位开展非物质文化遗产方向人才培养试点工作的通知》，鼓励各单位聚焦非遗事业人才需求，结合自身专业优势在相关一级学科或专业学位下设置非物质文化遗产方向或二级学科；8 月，中共中央办公厅、国务院办公厅印发《关于进一步加强非物质文化遗产保护工作的意见》，明确提出“加强高校非物质文化遗产学科体系和专业建设，支持有条件的高校自主增设硕士点和博士点”。非遗学科建设和人才培养进入了高层次、专业化的全新历史阶段。

北京共有 92 所本科和专科院校，高等教育资源十分丰富，但目前仅有中国艺术研究院、中央美术学院、北京师范大学、北京建筑大学、北京联合大学、北京科技职业学院等几个院校设置了非物质文化遗产学院或研究中心，部分院校开设有非遗相关专业并招收学生，教育教学院系和招生数量十分有限，学科设置、跨学科研究、人才培养等尚未形成科学、系统的体系。非遗理论研究落后于保护实践，位于高等教育的边缘地位是不争的事实，硕士、博士等高层次人才培养已经不能满足新时代我国非物质文化遗产保护事业的需求。非物质文化遗产是新兴的交叉学科，集理论研究和保护管理于一体。新兴学科和交叉学科的特点决定了非遗学科建设和人才培养必须是多方协力推进。理论研究需要科研机构和各级院校及专家学者的共同参与及相互合作，保护管理不仅涉及非遗行政管理机构，还涉及各级各类代表性传承人、传习场所及相关公共文化机构等，理想的非遗学科建设是非遗专家学者发挥核心力量和主体作用、相关资源和管理保护机制发挥合力作用，形成一

种既有前沿的科研实力又服务于保护实践的科研体制。[①]

人是社会的主体和历史的前提，是文明发展和繁荣的推动者与获益者。对于非物质文化遗产学科建设和高层次人才培养来说，民俗学、人类学等相关学科形成和发展为其价值理念、学术方法提供了借鉴和参考，我国非遗保护 20 余年的工作实践和经验是其顺势而为、乘势而上的基础和动力，国际倡导和中国需求为学科建设和高层次人才培养提供了发展机遇和形成条件。凝聚各方资源、发挥既有优势、致力于构建非遗学科建设和高层次人才培养的理论框架和行动体系是我国非遗保护事业科学发展、高质量发展的关键要素。

四　结语

2022 年是党的二十大召开之年，是北京冬奥之年，也是实施“十四五”规划承上启下的重要一年。北京市深入贯彻落实习近平总书记关于非遗保护工作的重要指示精神，立足新发展阶段、贯彻新发展理念、构建新发展格局，积极推动非遗“见人见物见生活”，不断提升非遗保护水平，续写创新性保护传承、多样化融入生活的新篇章。

保护好、传承好、利用好首都非物质文化遗产一直是北京市非遗保护传承工作的重心和核心。用情用力讲好北京非遗故事，传承北京传统文化根脉，助力全国文化中心建设，在建立健全保护传承机制、完善保护传承体系、提升保护传承水平等方面形成了非遗保护传承的北京样本。未来的非物质文化遗产保护与传承工作将继续开展调查、立档、研究等基础性工作，科学认定管理非遗代表性项目、传承人及保护单位，夯实项目保护单位责任，加强绩效评估和动态管理，不断提升非遗系统性保护水平，增强非遗项目的传承实践活力，发挥其在形成文化品牌、带动经济发展、扩大就业、提高从业人员收入等方面的重要作用。

---

① 高丙中：《非遗学的建设与新文科的探索》，《中国非物质文化遗产》2021 年第 4 期。

文化惠民与公共服务

Cultural Benefits for People and Public Service

B.9 2022年北京公共文化服务体系发展报告

藤依舒　王　璇*

摘　要： 北京市公共文化服务立足首都城市功能定位，价值导向更明确，以首善标准为准绳加强公共文化设施的建设与管理，以人民为中心确保设施建设布局的合理，加强对特殊群体和特定地区的服务，让公共文化服务更加便利可及、更加贴近群众。同时，以法治手段推动全市公共文化服务设施网络不断扩大和完善，不断提升设施建设标准与管理水平，不断创新新型公共文化空间建设，推动文化资源下移、互联互通、共建共享、社会参与，深化公共文化服务与相关领域的融合发展，提高公共文化服务效能，使首都市民的文化获得感不断增强。

关键词： 公共文化服务体系　数字化建设　北京

* 藤依舒，博士，北京师范大学文化创新与传播研究院、人文和社会科学高等研究院副教授，主要研究方向为创意经济、国际传播等；王璇，北京师范大学艺术与学院硕士研究生。

一　北京公共文化服务新举措新成绩

（一）出台《北京市公共文化服务保障条例》

北京作为全国文化中心，文化建设具有代表性和指向性，为深入贯彻党的二十大部署要求，以首善标准做好首都文化这篇大文章。2022 年，北京市系统学习贯彻党的二十大精神，扎实推进全国文化中心建设，促进首都文化繁荣发展，提升大国首都文化软实力和国际影响力。北京市文化和旅游局率先加强政治机关意识教育和对党忠诚教育，带头落实“看北京首先要从政治上看”的要求，及时跟进学习习近平总书记的系列重要指示、讲话精神，在思想上、政治上、行动上同以习近平同志为核心的党中央保持高度一致。

“健全人民文化权益保障制度是推进国家治理体系和治理能力现代化的重要内容。完善公共文化服务法律体系，需要加快地方性公共文化服务法律规范建设。”① 2017 年 3 月 1 日《中华人民共和国公共文化服务保障法》施行以来，全国已有 11 个省（市）颁布了配套的地方性公共文化服务保障条例/实施办法。北京市早在 2014 年就开始了公共文化服务保障立法的研究工作，并先后到上海、杭州、南京、成都、乐山、重庆等地学习立法工作经验。2022 年 9 月 23 日公布的《北京市公共文化服务保障条例》（以下简称《条例》）强调，北京公共文化服务体系建设要突出北京特色，推动古都文化、红色文化、京味文化、创新文化和“双奥之城”独特优势等融入公共文化服务。同时，为保障优质公共文化服务惠及更多市民群众，该条例提出鼓励公共文化设施延时、错时、夜间开放，鼓励国家机关和学校等向公众开放其体育文化设施。

① 苗美娟：《地方公共文化服务保障立法研究——以北京市为例》，《图书情报工作》2022 年第 3 期。

2022年，市文化和旅游局实地走访西城、门头沟、昌平、平谷、怀柔、密云等区，指导推进北京市公共文化服务体系示范区建设；赴海淀区指导国家公共文化服务体系示范区复核工作；召开北京市公共文化服务和设施运营管理平台线上培训会，对全市16个行政区的文化和旅游局、337个街道（乡镇）的综合文化中心负责人进行培训；组织召开平台需求对接会，进一步完善平台收集数据项，提升数据收集针对性。为推动《条例》制定、审议和出台，全市不断创新推出《条例》宣传节目、报道，让市民了解《条例》内容，以普法方式让市民文化权益得以实现制度性保障，确保国家及北京市“十四五”规划在公共文化服务领域严格落实，以首善示范效能全面推动公共文化服务体系示范区建设。

（二）持续提升公共服务保障能力

在市委、市政府高度重视和“1+3”公共文化政策文件的指导下，北京市公共文化服务体系建设成效显著，为立法奠定了坚实的实践基础。当前，北京市人均公共文化设施面积处于全国较高水平，形成了有影响力的首都群众文化活动特色品牌。在数字化、智能化水平方面，全市16个行政区的404个图书馆（室）实现通借通还服务；建成数字文化社区300个，通过电视数据网络注入300万册电子书、万种期刊、万集讲座资源；启用北京数字文化馆，构建了PC端、H5端、App、微信公众号四大服务入口，打造北京市全民艺术普及线上服务平台；“石景山文化E站”网站、“石景山文E”App、“石景山公共文化”微信公众号、“文化@海淀”等区域性公共数字文化平台，集文化活动、文化设施、文化遗产、文艺演出、图书期刊等资源于一体，为老百姓提供一站式公共文化服务。北京市公共文化服务体系示范区在创建中形成了一些在全市乃至全国有影响、有特色、可复制的成果和创新经验，带动区域公共文化服务水平整体提升。

在此基础上，随着《条例》的出台，北京市公共文化服务的保障更加有力、可持续，市民享受到的文化和旅游公共服务品质不断提升，身边的公共文化设施更多，设施的环境更温馨，提供的服务更贴心，全市公共文化服务体系建设不断迈向新高度，为构建北京市现代公共文化服务体系提供了强有力的法治保障。东城区作为国家公共文化服务体系示范区，始终坚持以人民为中心的服务导向，在全区公共文化从业人员范围内通过线上和线下双渠道开展专题培训、多平台多维度深入开展普法宣传，进一步明确公共文化服务供给各级责任主体，优化总分馆制服务体系，推动基本公共文化资源下沉，完善并细化公共文化设施社会化运营政策体系，鼓励社会力量参与文化服务供给，提高公共文化资源使用效益，满足人民群众多元化、差异化、个性化的文化需求。西城区开展分级分类培训和专题培训，让广大文化干部和从业人员知法懂法、用法守法，实现普法培训全覆盖，同时运用微信、网站等新媒体，设置宣传专栏、发布宣传海报，做好普法宣传，研究出台配套政策，完善相关制度文件，进一步提高保障能力和服务效能。

朝阳区作为全国首批国家公共文化服务体系示范区，坚持以人民为中心，采取集中学习、专题座谈研讨、微课堂等多种形式，分期分批对全体干部进行《条例》系统培训。充分利用各种宣传形式和手段，采取人民群众喜闻乐见的形式，生动展示公共文化服务体系建设的丰硕成果；始终坚持以人民为中心的服务导向，深入实施文化惠民工程，切实提升群众文化获得感和满意度。海淀区不断健全具有海淀特色的现代化公共文化服务体系，促进公共文化服务均等化、供给主体多元化、服务方式智能化和融合发展，创造更多的线上线下相结合的服务新业态、新方式、新场景，推动公共文化服务高质量发展。丰台区建设完善丰台区公共文化服务体系，坚持“政府主导、社会参与、重心下移、共建共享”理念，大力传承古都文化、弘扬红色文化、展示京味文化、繁荣创新文化、推广戏曲文化；持续优化全区公共文化服务设施布局，织密区、街道（乡镇）、社区（村）三级公共文化设施网络；结合丰台重点功能区、区域活力中心和博物馆之城建设，强化卢沟桥—宛平城—长辛店、莲花池—金中都、南中轴—南苑三大文化片区引领作用。

通州区立足城市副中心定位，完善《通州区巩固提升北京市公共文化服务体系示范区建设工作方案》，不断推进城市副中心公共文化服务高质量发展；进一步深化公共文化服务供给侧改革，提升资源配置效率，加强新型文化空间建设，探索推动社会化运营，培育高水平文化类社会组织，创建志愿者团队和志愿服务品牌；加快公共数字文化建设，提供更多优质服务，不断满足城市副中心百万余名市民日益增长的文化服务需要。顺义区通过专题培训班、主题报告会等形式推动《条例》的落实；鼓励公共文化设施延时开放、夜间开放，鼓励各类文化机构在国家法定节假日和寒暑假期间延时开放；16 个镇街引入社会力量参与公共文化建设，占 64%；按月对各镇街落实《条例》情况开展效能督导和公众满意度调查，涌现旺泉街道、牛栏山镇、仁和镇、李遂镇等标杆式综合文化中心的建设典型。

大兴区提升总分馆制运行质量，推进总分馆之间有效联动，制定特殊群体、文化需求反馈等保障机制，建立一系列有标准、可操作、能考核的制度体系。加强文艺精品创作，提升艺术生产能力。在舞蹈《两室一厅》荣获“群星奖”的基础上，继续挖掘身边的正能量题材，打磨、创作贴近群众生活的艺术作品，丰富群众精神文化生活，营造积极向上的社会氛围。推动数字文化建设，提升文化传播水平。围绕数字云平台，推出兴图资讯、新书推荐、活动集锦、艺术赏析等群众喜闻乐见的线上云课堂，持续“云”输出高质量公共文化产品。

门头沟区实现文化设施覆盖率、达标率双达标，持续优化“订单式”“预约式”“菜单式”配送机制，打造八大特色文化功能区，建设京西特色文化高地。推动创新发展，树牢首善标准，推进文化铸魂，实施“六大精品文化工程”，打造“文化有约　乐享京西”“音乐思政课”“山水嘉年华”等文化品牌；通过文化下乡等活动，让群众感受到公共文化服务带来的获得感，积极推进城乡公共文化服务一体化。怀柔区成功举办第 17 届京韵满乡文化旅游节、“书香怀柔”全民阅读系列活动；顺利开展农村“文艺演出星火工程”“首都市民系列文化活动”等群众文化活动。

（三）完善公共文化服务设施网络

立足文化自信自强，做好首都文化这篇大文章，更好满足人民群众日益增长的精神文化需求。《条例》中明确提出，鼓励合理利用文化广场、公共服务大厅、商业综合体、产业园区、教育机构、医疗机构、养老机构、遗址公园等场所提供公共文化服务。近年来，北京市在公共文化服务体系建设和示范区创建过程中，结合本地实际情况，从政策、体制以及机制等多个方面，在公共文化服务管理、供给、活动、保障等层面探索出了一些行之有效、有示范引领价值的做法和经验，如大力推进基层公共文化设施社会化管理运营，创新探索出海淀区北部文化中心、东城区美后肆时景山市民文化中心示范典型，挖掘腾退空间公共文化服务功能，拓展服务新场景。《条例》应将这些成功的做法和经验加以总结、提升和固化，在全市乃至全国进行推广，推动试点经验普适化，放大示范效应。

文化服务设施空间的建设运营由财政和市场两部分主导。依托政府财政的公益性文化服务设施包括公益属性显著的图书馆、文化馆、档案馆，同时包括有市场性倾向的博物馆、展览馆、美术馆、科技馆、音乐厅等。市场主导的经营性文化服务设施主要包括电影院，剧院，私人博物馆、展览馆，画廊，等等。目前，全市共有四级公共文化设施 7110 个，图书馆（室）6135 个，室外文化广场 5616 个，群众艺术馆、文化馆和文化站合计 356 个，档案馆 18 个，基本实现全覆盖，市民享受公共文化服务的便捷度大幅提升。此外，全市新型公共文化空间渐多，全市按行业管理登记的博物馆 187 家，实体书店超过 2100 家。近年来，市、区两级文化和旅游部门一直积极行动，打造出一批以颐和园书院·霁清轩为代表的利用交通枢纽建设的公共图书馆，利用文物保护单位空间建设的砖读空间、角楼图书馆、椿树书苑，利用城市腾退空间建设的瞭仓书房、轩辕书馆、美后肆时景山市民文化中心，利用公园空间而建的京杭大运河书院等 320 余个新型公共文化空间，讲座、文化沙龙、儿童阅读推广等活动，激活了封闭的多样空间，让文化、阅读融入其中。

在发展方向上，北京市积极鼓励各区开展新型公共文化空间建设，支持利用疏解腾退空间等开展公共文化服务。委托第三方对街道乡镇综合文化中心服务进行效能评估，提升基层公共文化设施服务效能。持续推进北京市公共文化服务和设施运营管理平台建设。做好进驻北京市文化中心大厦工作。

加快推进城市副中心图书馆、北昆国际文化艺术中心等重大文旅项目建设。做好首都图书馆大兴机场分馆等文化场所的经营管理工作。发挥“双奥之城”独特优势，扎实做好后冬奥文章，用好北京冬奥遗产，广泛弘扬北京冬奥精神，完成北京奥运博物馆改造升级。持续举办市民快乐冰雪季活动。出台实施博物馆之城建设发展规划，加强博物馆之城建设，新增 10 家以上备案博物馆向公众开放，推进 26 家“类博物馆”登记开放，促进非国有博物馆发展。

此外，延长服务时间，精准对接居民需求，成为 2022 年北京公共文化服务发展的新特点。全市各级公共文化设施向市民免费开放，且每周开放时间不少于 56 个小时。免费提供的服务内容包括参与文艺辅导培训，演出排练，欣赏文艺演出、文艺作品，校外教育（含学生自习），老年大学教育，科学技术和卫生保健等二十大类。全国首个“冬奥社区”高井路社区率先推行服务半径内居民的精准匹配工作，通过线上征集意见、在线下活动中攀谈、在社区里走访等方式，了解服务居民所需。根据《关于政府向社会力量购买公共文化服务的实施意见》，目前全市采取社会化专业化运营的公共文化设施有 266 家，在政府主导、社会参与的理念指导下，精细化公共文化服务创新方式不断呈现。海淀区北部文化中心、东城区美后肆时景山市民文化中心、西城区砖读空间和石景山区 9 个街道综合文化中心等均采取社会化服务快速提升了服务水平，公众满意度不断提高。

扎实推进文化惠民工程，继续开展“首都市民系列文化活动”，开展农村“文艺演出星火工程”“周末场演出计划”“百姓周末大舞台”“戏曲进乡村”等公益性演出活动。组织开展第七次全国公共图书馆评估定级，提升公共图书馆服务水平。加强回天地区和城市副中心公共文化服务，开展各类文化辅导培训和文化志愿服务、公益演出等活动。进一步做好全民艺术普及月活动。2022 年，全市共开展“首都市民系列文化活动”5474 场，开展市级品牌活动“舞动北京”群众舞蹈大赛，“艺韵北京”群众曲艺大赛，“歌唱北京”群众性音乐展示活动，“戏聚北京”群众戏剧展示、戏曲票友大赛，“影像北京”全市书法美术摄影展活动，“阅读北京”，等等，举办喜迎党的二十大群众文化活动，营造良好文化氛围。2022 年 7 月举办的第十届北京惠民文化消费季累计举办活动 27.84 万场，较上届增加 20 余万场，共有 601 家企业参与，累计 5.25 亿人次参与消费，惠民让利达 2 亿元，带动消费金额近 120 亿元，文化供给水平大幅提升的同时，城市文化生活风貌有所改善，取得了良好的社会效益和经济效益。

深化全民阅读活动，以建设书香京城为目标，初步构建 15 分钟公共阅读服务体系。党的十八大以来，北京市以“北京阅读季”为品牌举办了形式多样的全民阅读主题活动，作为统筹推进全民阅读的重要抓手和载体，形成了全民阅读“北京模式”，取得了良好的社会效果。2022 年 4 月，首届全民阅读大会在北京举办，习近平总书记向大会致贺信，为深入推进全民阅读、建设书香中国指明了方向、提出了明确要求。2022 年 6 月，市第十三次党代会做出了建设书香京城的重要决策部署。全市立足首都工作实际，将促进全民阅读工作作为推进全国文化中心建设的基础性工程，加强政策引导、品牌培育和宣传推广，在全社会营造爱读书、读好书、善读书的良好氛围。2022 年 11 月，市推进全国文化中心建设领导小组印发了《北京市关于深入推进新时代书香京城建设的实施意见》。经过多年发展，北京已经形成北京阅读季领导小组办公室，统一部署、分级实施，以“政府引导、业界支持、社会参与、群众受益”推广体系为基础，凝聚社会各界资源，共同构建富有首都特色的全民阅读模式，并拥有中国“网络文学+”大会、北京十月文学月等一批全民阅读品牌活动，每年举办各类阅读活动上万场，影响和覆盖人群超过千万人次。

同时，全市深入开展全民阅读“七进”活动，组织家庭亲子阅读系列活动，书香校园与书香企业等系列活动实现全民阅读全覆盖，在郊区农村开展“阅读驿站”活动，保障基层群众基本阅读权益。在拓展阅读空间方面，市、区两级统筹财政资金大力扶持实体书店和各类阅读空间发展。全市包括社区书屋、益民书屋、城市书房等各类阅读空间蓬勃兴起，全民阅读基础设施逐步完善。截至 2022 年第三季度，全市实体书店超过 2100 家，每万人拥有书店超过 0.94 家，长期居全国首位。2022 年，全市陆续完善书店评价指标体系，创新建立分类分级评价指标体系，着力建设品牌知名度高、创新发展能力强、主营业务突出、具有竞争力的实体书店。2022 年，全市共举办各类特色阅读活动 3 万余场，影响和覆盖人群达 2000 万余人次。此外，为服务视力障碍或肢体残疾的市民，基于逢棱必圆、逢角必圆、逢坎必平等无障碍设计理念，以善缘书舍为代表的“聚大爱，除小碍”无障碍书店悄然兴起，为有特殊需求的分众读者提供自如取书、阅读的新空间。在各类阅读空间建设的推动下，目前北京已初步构建起以公共图书馆、综合书城、特色书店、社区书店等为支撑的 15 分钟公共阅读服务体系，较好地满足了人民群众的文化需求。

（四）大力推进公共文化数字化建设

北京市公共图书馆将坚持以人民为中心、首善标准，重点推动公共文化服务内容品质化、服务方式智慧化，建设集知识传播、城市智库、学习共享等功能于一体的文化综合体。打造“北京记忆”，创建特色主题分馆，发挥文化“助推器”作用，全力融入和服务新时代首都发展。过去五年，以首都图书馆为中心馆的北京市公共图书馆四级服务网络日渐完备，成员馆已达 6000 多家，图书馆已成为传播先进文化的阵地，也是广大市民进行终身学习的基地。

2022 年，首都图书馆继续全力推进北京城市副中心图书馆等重点项目建设，确定一馆多址的管理模式；充分发挥北京市公共文化服务阵地作用；推进全市公共图书馆服务体系结构优化和京津冀图书馆一体化发展。首都图书馆官网包含 90 余种数字资源，同时通过首都图书馆 App、“首图数字图书馆”微信公众号等新媒体平台向读者推送优质资源，市民注册公共图书馆“一卡通”后，可通过登录市、区两级数字图书馆，阅读 691.5 万册电子书、1500 种期刊、300 余种报纸和 1460.3 万篇学术论文，以及一些畅销书；可查阅 31 个数据库，包括 QQ 阅读、云图数字有声图书馆、OverDrive 赛阅数字图书馆等 25 个外购数据库，以及“北京记忆”“首图动漫在线”“首图讲坛”等 6 个自建数据库。首都图书馆新媒体数字阅读体验区已进入方案制定阶段。北京数字文化馆开展公共文化服务网络直录播共 63 场，观看量 305.17 万次；在各新媒体平台发布内容 4936 条，服务 468.4 万人次；开展线上活动 14 项，总计 112 场，参与群众 117.356 万人次。

各区图书馆也纷纷推出各类阅读数字资源，各有特色。东城区第一图书馆推出“科举辑萃”“创意之家”等专题文献，讲述故宫以东故事。西城区图书馆推出微信图书馆、少儿数字图书馆，丰富数字漫画作品，“天天微学习”汇集超过 17000 个微视频、1500 节微课。朝阳区图书馆设置网上图书馆，推出数字资源线、特色数据库、阅读分享、古籍展示、中少绘本等栏目。海淀区图书馆推出“数字海图”，包括中外名著等 85 万余册的电子文献和有声读物，电子期刊 10 万余册。丰台区图书馆搭建“中国诗词库”“晨星历史故事库”“家庭书房”，提供优秀传统文化教育内容。石景山区图书馆挖掘推出“红色故事绘”“精品听书馆”“宅家课堂”“网络书香　阅见美好”等地方文献、文化专题资源。门头沟区图书馆开设了中国报纸资源全文数据库、中华连环画数字阅读馆、有声图书馆、“西山讲堂”、“永定文化”等主题资源库，展示西山永定河文化带历史底蕴。房山区图书馆提供“中华诗词库”、“历史故事库”、“名师讲坛”、新书上架和线上阅览室等资源。通州区图书馆推出“互动视频图书馆”“知识视界”视频图书馆、中华优秀传统文化百科知识库、非洲野生动物资源库和云图智慧党建、云图红色经典等资源。大兴区图书馆着力完善“掌上兴图”，推出疫情防控知识库、中小学数字图书馆、学术资源、热门图书和公开课等资源。

市、区两级数字文化馆推出各类线上音乐、舞蹈、戏剧、茶道、陶笛、八段锦等演出、活动、讲座、培训。北京市文化馆搭建北京数字文化馆平台，汇集艺术普及慕课、教学视频、微视频等各类数字资源 5 万多种，资源总量超过 4TB，分为汇资讯、看直播、享活动、学才艺、赶大集、志愿都、文旅号和聚行业等十大栏目；推出“走进”系列全民艺术普及视频资源 140 余集，总时长近 1000 分钟。各区文化馆的线上数字资源同样精彩。东城区文化馆推出“艺+1 云课堂”、“一起画国画”和线上精彩演出等资源。西城区文化馆提供云课堂、云音乐汇、云观影、云演出等云上服务。海淀区文化馆开发录制在线教学资源 70 门课程，北馆推出“青春时间胶囊”摄影展和“云端再现”文艺培训直播活动。丰台区文化馆提供“网上艺苑”，包括文艺演出、讲座报告、培训科普、活动展览等服务内容。石景山区文化馆推出线上 90 多场文艺汇演、180 多场戏曲表演、30 场非遗展示等“文化 E 空间”。门头沟区文化馆推出线上文艺辅导鉴赏节目“追梦红楼”和云端非遗。房山区文化馆提供拉丁舞、心理学、美妆班、古法制香等近 1500 集线上课程。通州区文化馆打造“通州记忆”，突出运河文化，举办线上运河记忆图片展。顺义区文化馆开设书法、美术、音乐等慕课，采用 VR 技术，让市民足不出户沉浸式游览非遗展厅。昌平区文化馆设置线上文雅慕课、线上展馆、军都文苑和非遗展示等栏目，内容丰富，不仅有音乐、美术、舞蹈培训，还有科学养生、体育健身、生活百科课程。怀柔区文化馆突出戏曲特色，制作“砌末之韵”“陪你看京戏”“走近昆曲”等系列课程。平谷区文化馆搭建公益文化线上培训平台，推出摄影基础课程。密云区文化馆围绕水库、红色、长城等主题，提供文化艺术资源库、少儿多媒体资源库、市民百科学习课堂和密云特色字资源库。延庆区文化馆推出大鼓、舞蹈、器乐、美术教程和图文视频等“文化学堂”，助力市民学习提升文艺技能。

市文化和旅游局协调中文在线、超星读书、中艺广舞联盟等知名文化企业，联合图书馆、文化馆等公共文化服务机构，推出线上服务。中文在线与东城区、丰台区和石景山区图书馆合作，提供在线 10 万种数字图书、3 万集有声图书及 500 多种期刊，资源总量超过 20TB，涵盖名家著作、畅销长销、人文历史、社科经济、科技文化、教育教学、心理辅导、少儿读物等各类优质图书。超星读书小程序提供 3.8 万册电子图书、3500 种大众期刊、1 万集优质视频、1000 套绘本、400 门文化慕课等各类阅读服务和视频资源，满足多样化的阅读需求。中艺广舞联盟组织旗下微信公众号“广舞圈”、视频号“花样姐姐+广舞圈”、腾讯企鹅号“广舞圈”等服务端，向市民提供 3 万多小时 36 万多部广场舞视频资源。

二　北京公共文化服务发展亟待解决的问题

《北京市推进全国文化中心建设中长期规划（2019 年—2035 年）》提出以首善之区、模范之地、创新之城为目标，加快建设中国特色社会主义先进文化之都，全力做好首都文化这篇大文章，以全国文化中心建设的生动实践服务首都经济社会发展，推动文化强国建设。作为“两区”中的公共文化服务体系示范区，该规划要求建成供给丰富、便捷高效的现代公共文化服务体系，推动公共文化服务设施覆盖身边化、服务内容品质化、供给主体多元化、服务方式智能化，在全国发挥示范引领作用。《条例》的出台有助于北京市公共文化服务进入高质量发展的新阶段，但与发达国家首都、世界城市、先进文化之都的要求相比，与全国文化中心的定位相比，北京市公共文化服务体系建设还存在一定的差距，设施空间和服务品质、数字化智慧化水平、多元社会化参与、服务效能提升等方面尚有不足。

（一）需以新型公共文化设施空间和服务品质让文化融入城市

公共文化空间在社会生活中有着重要的地位，它不仅包括图书馆、博物馆、文化馆等公共文化服务体系内的开放空间，还包括城市公共服务设施和场馆设施。城市公共文化空间作为公共文化服务设施与空间建设的重要组成部分，既是城市治理的重要内容，同时是解决城市文化缺位、公共设施布局不均、文化活动品质参差不齐等一系列问题的重要补充渠道。推进多样化新型公共文化设施空间的建设，符合公共文化服务高质量发展和居民高品质生活的新要求，北京作为全国文化中心，在“四个中心”建设的功能要求下，促使人们对城市公共文化空间的活动内容和设施质量提出了更高的需求。城市公共文化空间形式需要多样，以便于满足不同人群的使用需求。

当前，北京公共文化服务空间在场馆设施上存在的不足主要有两个方面：一是全市公共文化空间中的文化设施分布不合理，不同城区之间、社区之间设施分布不均，未有效进行整合，无法充分满足不同城区居民的使用需求；二是居民文化生活需求越来越个性化、分众化，功能要求复合化，而全市公共文化空间中的文化设施种类分布不均，这可能导致公共文化设施与空间建设忽视居民需求，未根据不同人群对文化设施不同的使用需求进行布局和匹配，传统单一功能属性的文化空间无法满足更多人的使用需求。

（二）需以数字化搭起公共文化服务高质量发展的高架桥

2022年5月，中共中央办公厅、国务院办公厅印发了《关于推进实施国家文化数字化战略的意见》，明确“提升公共文化服务数字化水平”是国家文化数字化战略的重要任务，对公共文化服务数字化建设做出了总体部署和战略安排。随着现代公共文化服务体系建设的推进，全市基层公共文化设施早已从“缺不缺、够不够”转向“好不好、精不精”的新发展要求。面对中国式现代化建设所需的高质量发展要求，建设、管理、使用好全市公共文化服务数字平台，成为全市公共文化服务体系建设的新突破点。

“推动公共文化服务数字化、网络化、智能化建设”作为公共文化服务体系建设的主要任务，重点聚焦数字文化内容资源和管理服务大数据资源建设、公共文化网络平台建设、公共文化服务智慧应用场景拓展等方面。从技术支撑层面来看，全市数字影院、基层公共数字文化设施等建设仍有待加强。从文化惠民的数字化提升程度来看，公共文化数字化融合服务平台、公共文化服务云平台、文化大数据平台等建设还需要在全市打通大数据资源，真正实现公共文化服务的智能供给、数据匹配和数字服务，在全国率先构建全域共享、互联互通的公共文化数字化服务体系。从公共文化服务与信息科技的融合深度来看，全市公共文化事业的高质量发展仍需使用多维度数据资源和数字化装备，为公共文化服务提供更智慧的传播和触达方式，用信息技术手段提升公共文化服务能效。

（三）需扩展公共文化服务投资、参与和供给主体

2022 年，全市财政资金重点用于疫情防控、助企纾困、基本民生等重点领域，全市经济逐步复苏、加快向好，财政收入持续回升仍需要一个周期，这将不可避免地导致政府在公共文化事业方面的资金压力凸显。全市基础设施建设和运营管理成本比其他城市相对较高，尤其是核心功能区、中心城区与远郊区相比，提供高质量公共文化服务所需要的资金不断增加。此外，加之公共文化服务项目的非营利性特征，公共文化服务项目在金融市场获得资金难度较大、可以采取经营方式获取盈利的能力较弱。

建设新型公共文化服务空间，需要多层次、多渠道的公共文化供给机制给予支撑，需要通过社会化参与提升全市公共文化服务供给能力。需要在《条例》规范下，合理引入市场化机制，在更大范围内借助社会资本和专业机构资源优势，利用文化企业和文化社会组织的市场性功能拓宽公共文化服务体系建设所需的融资渠道，将公共文化服务逐渐转向市场和社会领域，摆脱区级财政资金可能存在不足的困境。减轻政府的财政压力，使其在发挥作用的同时，让人民享受到更高质量的公共服务和更高水准的基础设施。此外，推动非政府主体在公共文化服务体系中更好地发挥优势和创造力，获得合法收益，实现双方共赢。

（四）需提供身边化服务设施，让公共文化服务为民、便民、惠民

推进公共文化服务体系高质量发展的首要原则是，让公共文化服务的内容为民、设施便民、成效惠民。因此，要想满足居民群众的需求，需要在公共文化服务场地、设施上考虑公共事业设施的普惠性，在公共文化服务人员和服务对象上考虑老年人、青壮年、青少年、儿童等不同群体的需求，在社区公共文化服务项目、活动、载体上因需而定，让公共文化服务的硬件要素和软件要素相匹配。

随着《条例》出台和落地执行，北京市仍需进一步优化街道（乡镇）管理体制和运行机制、修定街道职责规定，通过完善公共文化服务市、区、

街道（乡镇）等精细化管理体制机制，以“毛细血管”的方式让公共文化服务的事权分工进一步明确。同时，应配套优化公共文化服务体系综合协调能力，以市级层面战略为总指挥，建立健全多部门协同常态长效管理体制机制和全市精细化管理工作动态评估机制；区级层面协调重点推进，细化工作框架，针对本区痛点短板，拟定综合解决方案；街道重点落实执行，通过将参与公共文化服务的力量全面下放、资源高效下沉、保障有效下倾，形成属地社团与三方机构共同为人民群众在家门口提供服务的生动局面，凸显公共文化服务为民、便民、安民的功能。

三　北京公共文化服务发展的对策建议

以习近平同志为核心的党中央高度重视公共文化服务体系建设，坚持以人民为中心的工作导向，加强顶层设计，优化城乡文化资源配置，推动基层文化惠民工程扩大覆盖面、增强实效性，健全支持开展群众性文化活动机制，鼓励社会力量参与公共文化服务体系建设，切实保障人民群众基本文化权益，使人民群众文化获得感、幸福感不断增强。为进一步促进《条例》落实走深走实，本报告提出以下建议。

（一）贯彻《条例》价值导向，保障公共文化服务高质量发展

推进现代公共文化服务工作高质量发展，是实现国家治理体系和治理能力现代化的必然要求。《条例》正式实施使打造公共文化服务示范区、加快文旅公共服务设施建设、提升品牌活动品质等多方面形成组合拳，为首都公共文化服务建设提供具体可参照的法制规范和行为引导，以法律的手段切实保障公民的基本文化权益，成为保障全市公共文化服务高质量发展的首要任务。此外，立足新发展阶段，坚持以人民为中心，全面提升公共文化服务水平，才能不断满足新时代人民群众的精神文化需求，不断丰富人民群众的精神世界、增强人民的精神力量，进而凝聚全局力量为“四个中心”建设任务的推进提供有力支撑。

（二）坚持以人民为中心，扩大与提高公共文化服务覆盖面和实效性

全市公共文化服务供给与人民的新需求之间还存在一定差距，需要缩小各区在文化资源、文化设施、文化人才、文化资金、文化供给等方面客观存在的区域差异，在城郊之间、区域之间进一步促进公共文化服务均衡化发展，缩小全市平均差距。要全力打造新型公共文化空间场景，注重以人为中心的参与感和体验感，提升公共文化空间品质，涵养人民群众的人文情怀，增强公共文化服务效能。公共文化产品和服务品质的提升，数字化、网络化、智能化建设进度的加速，让人民享有更加充实、更为丰富、更高质量的精神文化生活，让北京市民享受到优质、完善、富有个性和审美的公共文化服务，吸引广大人民群众参与其中，沉浸式感受北京文化的力量，全方位提升人民的生活品质。

（三）坚持人工智能导向，引导中国式现代化公共文化服务发展

作为新一轮科技革命的引领性技术，人工智能与互联网、大数据、区块链等技术深度融合，加速推进全球迎来人工智能时代。在此时代背景下，需要立足党和国家对人工智能进行顶层设计和战略部署，充分发挥人工智能的科技支撑和赋能作用，率先在北京实现公共文化服务理念、方式的转型升级和效能的提升，加快推进公共文化服务体系建设的现代化。全市市、区两级公共文化服务主管部门要强化对公共文化服务的功能应用，将人工智能的实时监测、数据测算、智能分析等功能融入公共文化服务体系建设，协同市场、社会和公众力量构建共建共治共享的中国式公共文化服务系统，实现服务效能的跃升。同时，加大公共文化服务的数字治理投入，通过人工智能的算法思维赋能市场主体和社会力量，协同联动强化参与公共文化服务的各类主体，促进服务效能的提升，为全市带来广泛的普惠性服务。

表1　北京市市、区两级数字文化资源统计

北京市公共图书馆联合读者卡“一卡通”快速注册方法：
(1)打开手机“支付宝”App，在首页顶端搜索“阅读北京”小程序，点击进入；
(2)进入“阅读北京”后，点击右下角“我的图书馆”，然后选择登录；
(3)选择“快速注册”；
(4)注册完成后，手机将会收到带有读者卡号和密码的短信。

序号	单位名称	数字资源库名称	访问端口	访问操作流程
1	首都图书馆	首都图书馆数字资源	网页	互联网访问，访问地址：https://www.clcn.net.cn/resources
2		首都图书馆龙源电子期刊阅览室	网页/微信	(1)互联网访问，访问地址：https://www.clcn.net.cn/resources/default/detail? id=7(使用北京市公共图书馆联合读者卡“一卡通”登录) (2)关注“首图数字图书馆”微信公众号，点击“资源”模块，找到“龙源”栏目，可在线阅览(使用北京市公共图书馆联合读者卡“一卡通”登录)
3		首都图书馆读秀学术搜索	网页	互联网访问，访问地址：https://www.clcn.net.cn/resources/default/detail? id=49(使用北京市公共图书馆联合读者卡“一卡通”登录)
4		首都图书馆中华连环画数字阅览室	微信	关注“首图数字图书馆”微信公众号，点击“资源”模块，找到“中华连环画”栏目，可在线阅览(使用北京市公共图书馆联合读者卡“一卡通”登录)
5		首都图书馆OverDrive电子书	网页/微信	(1)互联网访问，访问地址：https://www.clcn.net.cn/resources/default/detail? id=247(使用北京市公共图书馆联合读者卡“一卡通”登录，建议您使用IE9版本以上的浏览器进行访问) (2)关注“首图数字图书馆”微信公众号，点击“资源”模块，找到“OverDrive电子书”栏目，可在线阅览(使用北京市公共图书馆联合读者卡“一卡通”登录)
6		首都图书馆云图数字有声图书馆	网页/微信	(1)互联网访问，访问地址：https://www.clcn.net.cn/resources/default/detail? id=274(使用北京市公共图书馆联合读者卡“一卡通”登录) (2)关注“首图数字图书馆”微信公众号，点击“资源”栏目，找到“云图有声”，可在线听书(使用北京市公共图书馆联合读者卡“一卡通”登录)
7		首都图书馆中国报纸资源全文数据库	网页	互联网访问，访问地址：https://www.clcn.net.cn/resources/default/detail? id=51(使用北京市公共图书馆联合读者卡“一卡通”登录)

续表

序号	单位名称	数字资源库名称	访问端口	访问操作流程
8	首都图书馆	首都图书馆新东方多媒体学习库	网页	互联网访问，访问地址：https://www.clcn.net.cn/resources/default/detail? id=48（使用北京市公共图书馆联合读者卡"一卡通"登录）
9		首都图书馆库客数字音乐图书馆	网页/微信	(1)互联网访问，访问地址：https://www.clcn.net.cn/resources/default/detail? id=161（使用北京市公共图书馆联合读者卡"一卡通"登录） (2)关注"首图数字图书馆"微信公众号，点击"资源"栏目，找到"库客音乐"，可在线听音乐（使用北京市公共图书馆联合读者卡"一卡通"登录）
10		首都图书馆Artbase雅昌艺术教育课堂（原中国艺术品图片库）	网页	互联网访问，访问地址：https://www.clcn.net.cn/resources/default/detail? id=162（使用北京市公共图书馆联合读者卡"一卡通"登录）
11		首都图书馆CNKI知识资源总库	网页	互联网访问，访问地址：https://www.clcn.net.cn/resources/default/detail? id=8（使用北京市公共图书馆联合读者卡"一卡通"登录；因首都图书馆馆外访问流量总量有限，为保证更多读者可以正常使用，馆外登录访问时每月、每个读者卡号可下载30页全文；建议使用Windows IE浏览器打开，360浏览器可能出现不兼容）
12		首都图书馆口语伙伴数据库	网页	互联网访问，访问地址：https://www.clcn.net.cn/resources/default/detail? id=213（使用北京市公共图书馆联合读者卡"一卡通"登录）
13		首都图书馆智课教育云学习资源服务平台	网页	互联网访问，访问地址：https://www.clcn.net.cn/resources/default/detail? id=210（使用北京市公共图书馆联合读者卡"一卡通"登录）
14		首都图书馆畅想之星中文电子书	网页	互联网访问，访问地址：https://www.clcn.net.cn/resources/default/detail? id=299（使用北京市公共图书馆联合读者卡"一卡通"登录）
15		首都图书馆森途学院——职业能力与创业学习资源总库	网页	互联网访问，访问地址：https://www.clcn.net.cn/resources/default/detail? id=207（使用北京市公共图书馆联合读者卡"一卡通"登录）

续表

序号	单位名称	数字资源库名称	访问端口	访问操作流程
16	首都图书馆	首都图书馆维普考试服务平台	网页	互联网访问,访问地址:https://www.clcn.net.cn/resources/default/detail? id=160(使用北京市公共图书馆联合读者卡"一卡通"登录)
17	首都图书馆	首都图书馆新东方双语阅读	网页	互联网访问,访问地址:https://www.clcn.net.cn/resources/default/detail? id=378(使用北京市公共图书馆联合读者卡"一卡通"登录)。
18	首都图书馆	首都图书馆市民学习空间	网页/App	(1)互联网访问,访问地址:http://shoutu.xuexi365.com(使用北京市公共图书馆联合读者卡"一卡通"登录) (2)App访问,手机下载"首都图书馆市民学习空间"App,包括学术视频、电子图书、每日一讲等资源(使用北京市公共图书馆联合读者卡"一卡通"登录)
19	首都图书馆	首都图书馆电子期刊	App	下载"首都图书馆(新版)"App,点击"电子期刊"栏目进入(使用北京市公共图书馆联合读者卡"一卡通"登录,苹果手机iOS 13.3.1系统可能出现闪退现象)
20	首都图书馆	首都图书馆音乐鉴赏	App	下载"首都图书馆(新版)"App,点击"音乐鉴赏"栏目进入(使用北京市公共图书馆联合读者卡"一卡通"登录)
21	首都图书馆	首都图书馆科普视频	App	下载"首都图书馆(新版)"App,点击"科普视频"栏目进入(使用北京市公共图书馆联合读者卡"一卡通"登录)
22	首都图书馆	首都图书馆移动知网	App	下载"首都图书馆(新版)"App,点击"学术资源"栏目进入(使用北京市公共图书馆联合读者卡"一卡通"登录)
23	首都图书馆	首都图书馆古籍珍善本图像数据库	网页	互联网访问,访问地址:https://www.clcn.net.cn/resources/default/detail? id=389(请使用Windows IE打开,360浏览器不兼容)
24	首都图书馆	首都图书馆公共文化云	网页	互联网访问,访问地址:http://yun.bjgxgc.cn(注册后,即可在线阅览)
25	首都图书馆	首都图书馆公共文化云文化资源	网页	互联网访问,访问地址:http://bjgxgc.clcn.net.cn/web/defaulted/index? siteId=1031&topChlId=7046&curChlId=7046(注册后,即可在线阅览)

续表

序号	单位名称	数字资源库名称	访问端口	访问操作流程
26	首都图书馆	“首都图书馆公共文化”云微信公众号	微信	关注“首都图书馆公共文化云”微信公众号
27		首都图书馆动漫在线	网页/App	(1)互联网访问，访问地址：https://www.childlib.org/anime (2)App 下载地址：https://www.childlib.org/App
28		首图讲坛	网页	“首图讲坛”讲座首都图书馆文化云在线观看地址：http://yun.bjgxgc.cn/web/defaulted/resource/indexLvl2?siteId=1031&topChlId=7049&curChlId=7063&curId=7638&index=15 “首图讲坛”讲座北京市文化资源共享工程网站在线观看地址：http://szsq.bjgxgc.cn/stjt/
29		首都图书馆北京记忆	网页	互联网访问，访问地址：http://www.bjmem.com.cn
30	北京数字文化馆	北京数字文化馆	网页/微信/App	访问网址：http://www.bjszwhg.org.cn(注册登录后，进入“汇资讯”“享活动”“学才艺”等，进行在线浏览) 关注微信公众号“北京数字文化馆”，在底部“学才艺”菜单进入“直播专区”“学习空间”等，进行在线浏览 下载手机 App“北京数字文化馆”，在菜单栏进入“汇资讯”“享活动”“学才艺”，注册登录后进行在线浏览
31		“汇资讯”板块	网页	
32		“享活动”板块	网页	
33		“学才艺”板块	网页	
34		“读好书”板块	网页	
35		“赶大集”板块	网页	
36	东城区图书馆	东城区图书馆网站	网页	网址：http://www.bjdclib.com/
37		东城区图书馆书香东城	微信	关注“北京市东城区图书馆”微信公众号—资源服务—云悦读
38		东城区图书馆云听读书	微信	关注“北京市东城区图书馆”微信公众号—资源服务—云悦读
39		东城区图书馆公开课	微信	关注“北京市东城区图书馆”微信公众号—资源服务—云悦读
40		东城区图书馆名师讲坛	微信	关注“北京市东城区图书馆”微信公众号—资源服务—云悦读
41		东城区图书馆热门图书	微信	关注“北京市东城区图书馆”微信公众号—资源服务—云悦读
42		东城区图书馆电子报纸	微信	关注“北京市东城区图书馆”微信公众号—资源服务—云悦读

续表

序号	单位名称	数字资源库名称	访问端口	访问操作流程
43	东城区图书馆	东城区图书馆看展览	微信	关注"北京市东城区图书馆"微信公众号—资源服务—云悦读
44		东城区图书馆数字期刊	微信	关注"北京市东城区图书馆"微信公众号—资源服务—云悦读
45		东城区图书馆中华连环画	微信	关注"北京市东城区图书馆"微信公众号—资源服务—云悦读
46		东城区图书馆网上报告厅	微信	关注"北京市东城区图书馆"微信公众号—资源服务—云悦读
47		东城区图书馆全能培训库	微信	关注"北京市东城区图书馆"微信公众号—资源服务—云悦读
48		东城区图书馆典藏北京	微信	关注"北京市东城区图书馆"微信公众号—资源服务—云悦读
49		东城区图书馆贝贝国学	微信	关注"北京市东城区图书馆"微信公众号—资源服务—云悦读
50		东城区图书馆少儿图书馆	微信	关注"北京市东城区图书馆"微信公众号—资源服务—云悦读
51		东城区图书馆乐儿图书馆	微信	关注"北京市东城区图书馆"微信公众号—资源服务—云悦读
52		东城区图书馆儿童科普视频	微信	关注"北京市东城区图书馆"微信公众号—资源服务—云悦读
53		东城区图书馆妙趣手工坊	微信	关注"北京市东城区图书馆"微信公众号—资源服务—云悦读
54		东城区图书馆疫情防控公益知识库	微信	关注"北京市东城区图书馆"微信公众号—资源服务—云悦读
55		"角楼图书馆"微信公众号	微信	关注"角楼图书馆"微信公众号—悦读栏目
56		"北京市东城区图书馆东总布分馆"微信公众号	微信	关注"北京市东城区图书馆东总布分馆"微信公众号—听故事栏目
57	东城区文化馆	"东城区第一文化馆"微信公众号	微信	关注"北京市东城区文化馆"微信公众号
58		东城区文化馆艺+1 云课堂	微信	关注"北京市东城区文化馆"微信公众号—线上文化—艺+1 云课堂
59		东城区文化馆线上精彩演出	微信	关注"北京市东城区文化馆"微信公众号—线上文化—线上精彩演出

续表

序号	单位名称	数字资源库名称	访问端口	访问操作流程
60	西城区图书馆	西城区图书馆	网页	网址:http://www.xcdl.com.cn
61		西城区图书馆馆藏资源	网页	网址:http://www.xcdl.com.cn/resources/index.html?lang=zh
62		西城区图书馆老北京商业专题片	网页	网址:http://www.xcdl.com.cn/resources/index.html?lang=zh&tab=58&id=5993
63		西城区图书馆西城区非遗文化资源库	网页	网址:http://www.xcdl.com.cn/resources/index.html?lang=zh&tab=58&id=148
64		西城区图书馆什刹海文化专题数据库	网页	网址:http://www.xcdl.com.cn/resources/index.html?lang=zh&tab=58&id=3800
65		西城区第一图书馆专题数据库	网页	网址:http://117.107.135.197/xczt
66		西城区图书馆迎接党的十九大学习专题库	网页	网址:http://www.xcdl.com.cn/resources/index.html?lang=zh&tab=58&id=4007
67		西城区图书馆翼狐设计学习资源库	网页	网址:http://www.xcdl.com.cn/resources/index.html?lang=zh&tab=60&id=5880
68		西城区图书馆手绘西城	网页	网页:http://www.xcdl.com.cn/resources/index.html?lang=zh&tab=60&id=5740
69		西城区图书馆QQ阅读	微信	关注“北京市西城区图书馆”微信公众号,选择“数字资源”菜单里的“QQ阅读”
70		西城区图书馆微信图书馆	微信	关注“北京市西城区图书馆”微信公众号,选择“数字资源”菜单里的“微信图书馆”
71		西城区图书馆博看有声	微信	关注“北京市西城区图书馆”微信公众号,选择“数字资源”菜单里的“博看有声”
72		西城区图书馆音乐频道	微信	关注“北京市西城区图书馆”微信公众号,选择“数字资源”菜单里的“库克音乐”
73		西城区图书馆有声图书馆	微信	关注“北京市西城区图书馆”微信公众号,选择“数字资源”菜单里的“云图有声”
74		西城区图书馆天天微学习	微信	关注“北京市西城区图书馆”微信公众号,选择“数字资源”菜单里的“微学习中心”

续表

序号	单位名称	数字资源库名称	访问端口	访问操作流程
75	西城区图书馆	西城区图书馆多听有声	微信	关注"北京市西城区图书馆"微信公众号，选择"数字资源"菜单里的"多听有声"
76		西城区图书馆看展览数据库	微信	关注"北京市西城区图书馆"微信公众号，选择"信息活动"菜单里的"全景展览"
77		西城区图书馆移动图书馆	微信	关注"西城区第二图书馆"微信公众号，选择"数字资源"菜单里的"在线书城"
78				关注"西城区第二图书馆"微信公众号，选择"数字资源"菜单里的"公开课"
79				关注"西城区第二图书馆"微信公众号，选择"数字资源"菜单里的"报纸"
80				关注"西城区第二图书馆"微信公众号，选择"数字资源"菜单里的"RSS 订阅"
81	西城区青少年儿童图书馆	西城区青少年儿童图书馆	网页	网址：http://www. xslib. net/
82		中国艺术品数据库	网页	网址：http://www. artbase. cn/home/index
83		少儿多媒体数据库	网页	网址：http://child. wsbgt. com/Home/Mirror
84		"北京市西城区少儿图书馆"微信公众号	微信	关注"北京市西城区少儿图书馆"微信公众号
85		库克音乐数字图书馆	馆内阅读机	阅读机方便读者随时随地欣赏高雅音乐、观看精彩视频
86		西城区青少年儿童图书馆歌德电子书借阅机	馆内阅读机	通过阅读机扫描二维码，将图书下载至手机，离线阅读
87		方正阿帕比全民阅读机	馆内阅读机	通过阅读机扫描二维码，将图书、报纸下载至手机，离线阅读
88		中华连环画数字图书馆	网页+馆内阅读机	网址：http://www. zhlhh. com/bjxslib/（通过阅读机，浏览连环画数字资源）
89	西城区文化馆	"西城区文化馆"微信公众号	微信	关注"北京市西城区文化馆"微信公众号
90		西城区第一文化馆数字资源	网页	网址：http://www. xchwhg. com/
91		西城区第一文化馆数字资源艺术展示	网页	西城区第一文化馆网站，选择"艺术展示"

续表

序号	单位名称	数字资源库名称	访问端口	访问操作流程
92	朝阳区图书馆	朝阳区图书馆共享数字资源	网页	网址:http://www.cylib.cn/
93		朝阳区图书馆龙源期刊	微信	关注微信公众号"朝阳区图书馆"—数字资源—龙源期刊
94		朝阳区图书馆喜马拉雅	微信	关注微信公众号"朝阳区图书馆"—数字资源—喜马拉雅
95		朝阳区图书馆小海鸥听书	微信	关注微信公众号"朝阳区图书馆"—数字资源—在线听书
96		朝阳区图书馆网络书香阅见美好	微信	关注微信公众号"朝阳区图书馆"—数字资源—网络书香阅见美好
97		朝阳区图书馆石刻拓片展	网页	网址:http://www.cylib.cn/pc/index.html
98	朝阳区文化馆	朝阳区文化馆数字资源	微信	关注微信公众号"朝阳宣传文化服务平台"
99		朝阳区文化馆文化资讯	微信	关注微信公众号"朝阳宣传文化服务平台"—文化资讯
100		朝阳区文化馆活动直播	微信	关注微信公众号"朝阳宣传文化服务平台"—活动直播
101		朝阳区文化馆市民培训	微信	关注微信公众号"朝阳宣传文化服务平台"—市民培训
102		朝阳区文化馆非遗传承	微信	关注微信公众号"朝阳宣传文化服务平台"—非遗传承
103	海淀区文化和旅游局	文旅@海淀数字平台	网页/微信	(1)登录"海淀公共文化",网址为 http://www.hdggwh.com,点击进入 (2)关注"文旅海淀"微信公众号,点击右下角数字平台进入
104	海淀区图书馆	海淀区图书馆数字资源	网页	网址:http://www.hdlib.net/
105		海淀区图书馆网站期刊	网页	(1)网址:http://www.hdggwh.com/home/Home/book (2)注册个人账号 (3)完成用户登录,点击相应资源即可阅读
106		海淀区图书馆网站报纸	网页	
107		海淀区图书馆网站有声读物	网页	
108		海淀区图书馆网站少儿期刊	网页	
109		海淀区图书馆网站少儿视频	网页	

续表

序号	单位名称	数字资源库名称	访问端口	访问操作流程
110	海淀区图书馆	海淀区图书馆综合阅读	微信	(1)关注“北京市海淀区图书馆”公众号 (2)点击右下角“数字海图”—“数字资源” (3)点击相应的资源名称即可阅读
111		海淀区图书馆少儿绘本	微信	
112		海淀区图书馆少儿有声读物	微信	
113	海淀区文化馆	海淀区文化馆网站	网页	网址:https://www.hdqwhg.cn
114		海淀区文化馆文化活动	网页	海淀区文化馆网站,选择“文化活动”
115		海淀区文化馆非遗保护	网页	海淀区文化馆网站,选择“非遗保护”
116		海淀区文化馆在线课堂	网页	海淀区文化馆网站,选择“在线课堂”
117	海淀区博物馆	海淀区博物馆网站	网页	网址:http://www.haidianmuseum.org
118		“海淀博物馆”微信公众号	微信	关注“海淀博物馆”微信公众号
119	丰台区图书馆	丰台区图书馆数字国学馆	网页	丰台区图书馆网站,选择数字资源→丰图数字资源→数字国学馆(登录资源请绑定北京联合读者卡,暂不支持新用户注册使用,新用户请前往支付宝“阅读北京”注册读者卡)
120		丰台区图书馆绘声绘色课堂	网页、微信	丰台区图书馆网站,选择数字资源→丰图数字资源→绘声绘色课堂;“丰台区图书馆”微信公众号,选择服务大厅→数字资源→绘声绘色课堂(登录资源请绑定北京联合读者卡,暂不支持新用户注册使用,新用户请前往支付宝“阅读北京”注册读者卡)
121		丰台区图书馆家庭书房	网页、微信	丰台区图书馆网站,选择数字资源→丰图数字资源→家庭书房;“丰台区图书馆”微信公众号,选择服务大厅→数字资源→家庭书房(登录资源请绑定北京联合读者卡,暂不支持新用户注册使用,新用户请前往支付宝“阅读北京”注册读者卡)

续表

序号	单位名称	数字资源库名称	访问端口	访问操作流程
122	丰台区图书馆	丰台区图书馆期刊论文数据库	网页、微信	丰台区图书馆网站,选择数字资源→丰图数字资源→万方数据;“丰台区图书馆”微信公众号,选择服务大厅→数字资源→万方数据(登录资源请绑定北京联合读者卡,暂不支持新用户注册使用,新用户请前往支付宝“阅读北京”注册读者卡)
123	丰台区文化馆	“文化丰台”微信公众号	微信	关注“文化丰台”微信公众号
124		丰台区文化馆网上艺苑	微信	关注“文化丰台”微信公众号,选择文化资源→网上艺苑
125		丰台区文化馆家庭书房	微信	关注“文化丰台”微信公众号,选择文化资源→家庭书房
126	石景山区图书馆	石景山区图书馆电子图书	微信	关注“北京市石景山区图书馆”微信公众号,进入“数字资源”
127		石景山区图书馆在线音乐	微信	关注“北京市石景山区图书馆”微信公众号,进入“数字资源”
128		石景山区图书馆电子期刊	微信	关注“北京市石景山区图书馆”微信公众号,进入“数字资源”
129		石景山区图书馆文化专题库	微信	关注“北京市石景山区图书馆”微信公众号,进入“数字资源”
130		石景山区图书馆网上报告厅	微信	关注“北京市石景山区图书馆”微信公众号,进入“数字资源”
131		石景山区图书馆地方文献	微信	关注“北京市石景山区图书馆”微信公众号,进入“数字资源”
132		石景山区图书馆石展芳华	微信	关注“北京市石景山区图书馆”微信公众号,进入“数字资源”
133		石景山区图书馆双语阅读	微信	关注“北京市石景山区图书馆”微信公众号,进入“数字资源”
134		石景山区图书馆辉煌足迹	微信	关注“北京市石景山区图书馆”微信公众号,进入“数字资源”
135		石景山区图书馆西山永定河文化	网页	网址:http://www.sjstsg.net/(进入“数字资源”)
136		石景山区图书馆少儿特色绘本	网页	网址:http://sjs.shxm.tech/
137		石景山区图书馆石图讲坛	网页	网址:http://www.sjstsg.net/(进入“数字资源”)

续表

序号	单位名称	数字资源库名称	访问端口	访问操作流程
138	石景山区文化馆	石景山文化E空间—文艺演出	网页	网址:https://www.sjsggwh.com/Res
139		石景山文化E空间—戏曲经典	网页	网址:https://www.sjsggwh.com/Res
140		石景山文化E空间—群文知识	网页	网址:https://www.sjsggwh.com/Res
141		石景山区文化馆远程辅导在线培训	网页	网址:https://www.sjsggwh.com/course
142	石景山区非遗中心	石景山区非遗中心文化E空间—多彩非遗	网页	网址:https://www.sjsggwh.com/Res
143	门头沟区图书馆	门头沟图书馆—电子资源	网页	网址:http://www.mtglib.com/
144		"北京市门头沟区图书馆"微信公众号	微信	关注"北京市门头沟区图书馆"微信公众号
145	门头沟区文化馆	门头沟区文化云数字资源	微信	关注"文化京西"微信公众号,点击"文化资源"进入"文化云"
146		门头沟区文化馆云端非遗	微信	关注"文化京西"微信公众号,点击"电子书"进入"云端非遗"
147		"北京市门头沟区文化馆"微信公众号	微信	关注"北京市门头沟区文化馆"微信公众号
148	房山区文化活动中心	房山区文化活动中心	网页/微信	网址:http://www.fscac.org/ 微信:关注"北京市房山区文化活动中心"微信公众号
149		房山区文化活动中心党建平台	微信	关注"北京市房山区文化活动中心"微信公众号,进入"服务",在"数字资源"栏目中
150		房山区文化活动中心历史故事库	微信	关注"北京市房山区文化活动中心"微信公众号,进入"服务",在"数字资源"栏目中

续表

序号	单位名称	数字资源库名称	访问端口	访问操作流程
151	房山区文化活动中心	房山区文化活动中心中华诗词库	微信	关注"北京市房山区文化活动中心"微信公众号，进入"服务"，在"数字资源"栏目中
152		房山区文化活动中心我的朗读亭	微信	关注"北京市房山区文化活动中心"微信公众号，进入"服务"，在"数字资源"栏目中
153		房山区文化活动中心名家讲坛	微信	关注"北京市房山区文化活动中心"微信公众号，进入"服务"，在"线上服务"栏目中
154		房山区文化活动中心每日读书	微信	关注"北京市房山区文化活动中心"微信公众号，进入"服务"，在"线上服务"栏目中
155		房山区文化活动中心云图有声	微信	关注"北京市房山区文化活动中心"微信公众号，进入"服务"，在"线上服务"栏目中
156		房山区文化活动中心线上阅览室	微信	关注"北京市房山区文化活动中心"微信公众号，进入"服务"，在"线上服务"栏目中
157		房山区文化活动中心—图书服务—数字资源	网页	网址：http://www.fscac.org/Content/List? CategoryID=f17d582e-1ee4-4e26-9e8d-39abe350640d&& Layout=_BookMaster
158		房山区文化活动中心—原创天地	网页	网址：http://www.fscac.org/Works/Index
159		房山区文化活动中心—文化档案	网页	网址：http://www.fscac.org/Dossier/Index
160		房山区文化活动中心—培训创研	网页	网址：http://www.fscac.org/Train/Index
161		房山区文化活动中心—文化名人	网页	网址：http://www.fscac.org/Celebrity/Index
162		房山区文化活动中心—非物质文化遗产	网页	网址：http://www.fscac.org/Heritage/Index
163		房山区文化活动中心—影视剧场	网页	网址：http://www.fscac.org/Film/Index

续表

序号	单位名称	数字资源库名称	访问端口	访问操作流程
164	通州区图书馆	通州区图书馆赛阅数字图书馆	网页/微信	网址:https://tztsg. overdrivechina. cn 微信:关注“通州区图书馆”微信公众号,点击“云悦读”
165		通州区图书馆QQ阅读+懒人听书	微信	QQ阅读:https://jinghecx. com/read. html? s=tongzhoutsg 懒人听书:https://m. lrts. me/? source=download-appch_lib_bjstzqtsg_lrtsjgb 微信:关注“通州区图书馆”微信公众号,点击“云悦读”
166		通州区图书馆职业全能培训库	网页/微信	网址: http://www. tztsg. com/Infodetails. aspx? Key=929 关注“通州区图书馆”微信公众号,点击“云悦读”
167		通州区图书馆知网中华优秀传统文化百科	网页/微信	网址:http://ctwhwx. cnki. net/login. html? FormType=Index&BackForm=index. html 关注“通州区图书馆”微信公众号,点击“云悦读”
168		通州区图书馆易趣动漫	网页/微信	网址: http://www. tztsg. com/Infodetails. aspx? Key=653 关注“通州区图书馆”微信公众号,点击“云悦读”
169		移动阅读通州分站	网页/微信	网址:http://bjtzh. m. ndlib. cn/01/html/index. html 微信:关注“通州区图书馆”微信公众号,点击“云悦读”
170		通州区图书馆连环画阅览	网页/微信	网址:http://www. zhlhh. com/bjtzlib/ 微信:关注“通州区图书馆”微信公众号,点击“云悦读”
171		通州区图书馆库克数字音乐图书馆	网页/微信	网址: http://www. kuke. com/artcenter? tdsourcetag=s_pctim_aiomsg 微信:关注“通州区图书馆”微信公众号,点击“云悦读”
172		通州区图书馆超星移动图书馆	网页/微信	网址:http://m. 5read. com/bjtz 微信:关注“通州区图书馆”微信公众号,点击“云悦读”
173		通州区图书馆云图有声(工图版)+(少儿版)	网页/微信	网址:http://m. 5read. com/bjtz 微信:关注“通州区图书馆”微信公众号,点击“云悦读”
174		通州区图书馆书舒朗读小程序(朗读亭)	微信	微信:在小程序中搜索“书舒爱读” 关注“通州区图书馆”微信公众号,点击“云悦读”可查看以往自己的录音

续表

序号	单位名称	数字资源库名称	访问端口	访问操作流程
175	通州区文化馆	北京市通州区文化馆	微信	关注“北京市通州区文化馆”微信公众号
176		通州区文化馆—运河记忆—文化旅游	网页	网址:http://39.96.2.103/c/culturaltourism.html
177		通州区文化馆—运河记忆—通州老照片	网页	网址:http://39.96.2.103/c/picture.html
178		通州区文化馆—群问荟萃—节目点播	网页	网址:http://39.96.2.103/c/program.html
179		通州区文化馆—群问荟萃—网上培训	网页	网址:http://39.96.2.103/c/training.html
180		通州区文化馆—群问荟萃—慕课学习	网页	网址:http://39.96.2.103/c/muke.html
181		通州区文化馆—文化展示—摄影展厅	网页	网址:http://39.96.2.103/c/tongzhouphoto.html
182		通州区文化馆—文化展示—非遗展厅	网页	网址:http://39.96.2.103/c/digitalculturalmuseum.html
183		通州区文化馆—文化展示—美术展厅	网页	网址:http://39.96.2.103/c/tongzhouart.html
184	顺义图书馆	顺义区数字图书馆—数字资源	网页	(1)网址:http://www.bjsylib.com.cn/engine2/m/ACE41F655A567526 (2)注册登录后,即可访问全站资源
185		顺义地方文献数据库	网页	网址:http://syqtsg.lib.libsou.com/?pageId=23790&wfwfid=38836&websiteId=20339
186		顺义图书馆酒文化数据库	网页	网址:http://101.251.238.34:8000/?pageId=23790&wf wfid=38836&websiteId=20339#/home/1
187		顺义图书馆顺图文化云	网页	网址:http://38836jm.portal.chaoxing.com/engine2/general/more?appId=259413&pageId=36391&wfwfid=388 36&websiteId=20339&rootAppId=

续表

序号	单位名称	数字资源库名称	访问端口	访问操作流程
188	顺义图书馆	顺义图书馆少儿数字图书馆	微信	关注“顺义图书馆”微信公众号,点击“资源库”,进入“易趣少儿”
189		顺义图书馆中版数字图书馆	微信	关注“顺义图书馆”微信公众号,点击“资源库”,进入“中版图书”
190	顺义区文化馆	顺义区文化馆官网	网页	网址:http://www.sywhg.org.cn
191		顺义区文化馆非遗特色资源	网页	网址:https://www.sywhg.org.cn/IntangibleCulturalHeritages
192		顺义区文化馆场馆特色资源	网页	网址:https://www.sywhg.org.cn/tese/cgts
193		顺义区文化馆群文特色资源	网页	网址:https://www.sywhg.org.cn/tese/qw
194		顺义区文化馆戏曲特色资源	网页	网址:https://www.sywhg.org.cn/tese/xqts
195		顺义区文化馆非遗展厅 VR	网页	网址:https://www.sywhg.org.cn/intangibleVR
196		顺义区文化馆慕课学习	网页	网址:https://www.sywhg.org.cn/muke
197		顺义区文化馆小程序	小程序	在微信中搜索“顺义区文化馆”小程序,进入浏览
198		“顺义区文化馆”微信公众号	微信	关注“顺义区文化馆”微信公众号
199	昌平区图书馆	文化昌平云平台	微信	进入微信,点击底端“发现”,进入“小程序”,搜索“文化昌平”,进入浏览
200		“北京市昌平区图书馆”微信公众号	微信	关注“北京市昌平区图书馆”微信公众号
201		昌平数字图书馆	网页	网址:http://cplib.chaoxing.com/
202		昌平数字图书馆非遗专题库	网页	网址:http://cpfytsk.lib.libsou.com/
203	昌平区文化馆	昌平区文化馆	网页/微信	网址:http://www.cpszwhg.org.cn/ 微信:关注“北京市昌平区文化馆”微信公众号
204		昌平区文化馆文雅慕课	微信	关注“北京市昌平区文化馆”微信公众号,进入“服务”,在“微服务”栏目内

续表

序号	单位名称	数字资源库名称	访问端口	访问操作流程
205	昌平区文化馆	昌平区文化馆非遗中心	微信	关注"北京市昌平区文化馆"微信公众号，进入"服务"，在"微服务"栏目内
206		昌平区文化馆线上展馆	微信	关注"北京市昌平区文化馆"微信公众号，进入"服务"，在"微服务"栏目内
207		昌平区文化馆军都文苑	微信	关注"北京市昌平区文化馆"微信公众号，进入"服务"，在"微服务"栏目内
208		昌平区文化馆—学才艺	网页	网址：http://changping-szwhg.chaoxing.com/portal1?nid=208
209		昌平区文化馆—非遗中心	网页	网址：http://www.cpszwhg.org.cn/portal/feiyi/index?nid=1
210		昌平区文化馆—特色资源	网页	网址：http://changping-szwhg.chaoxing.com/portal1?nid=208
211	昌平区文旅局	"爱上昌平"微博	微博	微博搜索"爱上昌平"官方微博
212		"爱上昌平"微信公众号	微信	微信搜索"爱上昌平"微信公众号
213		"爱上昌平"抖音号	抖音	抖音搜索"爱上昌平"官方号
214		爱上昌平网站	网页	网址：http://www.iscp.com.cn/
215		大兴区数字图书馆	微信	关注"北京市大兴区图书馆"微信公众号，点击"掌上兴图"，即可访问大兴区数字图书馆，内容包括电子图书、有声图书、电子报纸、微视频等数字资源
216		大兴区图书馆"悦读大兴"	App	下载"悦读大兴"App，使用北京市公共图书馆联合读者卡"一卡通"登录，即可实现图书在线检索、借还等功能，App同时集成电子图书近千册，供读者免费阅览，（暂不支持苹果手机用户使用）
217	大兴区文化馆	大兴区文化馆文化数字资源	微信	关注"大兴区文化馆"微信公众号
218		大兴区文化馆大兴非遗	微信	关注"大兴区文化馆"微信公众号—服务—活动资讯—大兴非遗
219		大兴区文化馆云课堂	微信	关注"大兴区文化馆"微信公众号—服务—微文化—云课堂

续表

序号	单位名称	数字资源库名称	访问端口	访问操作流程
220	怀柔区图书馆	怀柔区图书馆	网页	网址:http://www. hrlib. com. cn/
221		怀柔区图书馆启航互动	微信	关注“北京市怀柔区图书馆”微信公众号—资源服务—数字资源—启航简笔画
222		怀柔区图书馆数字有声图书馆	微信	关注“北京市怀柔区图书馆”微信公众号—资源服务—数字资源—云图有声读物
223		怀柔区图书馆展览在线	微信	关注“北京市怀柔区图书馆”微信公众号—资源服务—数字资源—看展览
224		怀柔区图书馆网上报告厅	微信	关注“北京市怀柔区图书馆”微信公众号—资源服务—数字资源—网上报告厅
225	怀柔区文化馆	怀柔区文化馆	微信	关注“怀柔文化馆”微信公众号
226		怀柔区文化馆文艺培训	微信	关注“怀柔文化馆”微信公众号,点击左下角“怀柔文艺”,进入“文艺培训”进行浏览
227		怀柔区文化馆文化活动	微信	关注“怀柔文化馆”微信公众号,点击左下角“怀柔文艺”,进入“文化活动”进行浏览
228		怀柔区文化馆非遗项目	微信	关注“怀柔文化馆”微信公众号,点击左下角“怀柔文艺”,点击“非遗项目”进行浏览
229	平谷区图书馆	平谷区图书馆	网页/微信	网址:https://www. pgtsg. com/
230		平谷区图书馆在线书城	微信	关注“北京市平谷区图书馆”微信公众号—云悦读—在线书城
231		平谷区图书馆报刊阅览	微信/App	关注“北京市平谷区图书馆”微信公众号—云悦读—报纸—选择地区
232		平谷区图书馆微讲座	微信/App	(1)关注“北京市平谷区图书馆”微信公众号—云悦读—微讲座 (2)下载安装“平谷区图书馆”App(使用北京市公共图书馆联合读者卡“一卡通”登录)—数字阅读—微讲座
233		平谷区图书馆公开课	微信/App	关注“北京市平谷区图书馆”微信公众号—云悦读—公开课
234		平谷区图书馆有声读物	微信/App	关注“北京市平谷区图书馆”微信公众号—云悦读—有声读物
235		平谷区图书馆学术在线	微信/App	关注“北京市平谷区图书馆”微信公众号—云悦读—学术资源(使用北京市公共图书馆联合读者卡“一卡通”登录)

续表

序号	单位名称	数字资源库名称	访问端口	访问操作流程
236	平谷区文化馆	平谷文化馆群文在线	微信	关注"北京市平谷区文化馆"微信公众号—群文在线
237		平谷文化馆群艺海泛舟	微信	关注"北京市平谷区文化馆"微信公众号—艺海泛舟
238	密云区图书馆	密云区图书馆数字资源库	微信	关注:"密云区图书馆"微信公众号,选择左下角"数字资源"
239	密云区文化馆	"密云区文化馆"微信公众号	微信	关注"北京市密云区文化馆"微信公众号
240		密云区文化馆文化艺术资源库	微信	关注"北京市密云区文化馆"微信公众号,进入"服务",点击"文化云",进入后选择"数字资源库",即可浏览
241		密云区文化馆少儿多媒体资源库	微信	关注"北京市密云区文化馆"微信公众号,进入"服务",点击"文化云",进入后选择"数字资源库",即可浏览
242		密云区文化馆市民百科学习课堂	微信	关注"北京市密云区文化馆"微信公众号,进入"服务",点击"文化云",进入后选择"数字资源库",即可浏览
243		延庆区数字图书馆—特色资源—冬奥文化知识库	网页	网址:http://182.92.205.244/dah/home/index
244		延庆区数字图书馆—特色资源—延庆地方文献数据库	网页	网址:http://yqqtsg.lib.libsou.com/?pageId=249223&wfwfid=122172&websiteId=148636
245		延庆区图书馆云阅读—在线书城	微信	关注"延庆区图书馆"微信公众号,点击页面下方的"云阅读",进入"电子图书""在线书城",即可阅览
246		延庆区图书馆云阅读—报纸	微信	关注"延庆区图书馆"微信公众号,点击页面下方的"云阅读",进入"电子报纸",即可阅览
247		延庆区图书馆云阅读—视频资源	微信	关注"延庆区图书馆"微信公众号,点击页面下方的"云阅读",进入"视频资源",即可播放
248		延庆区图书馆云阅读—少儿资源	微信	关注"延庆区图书馆"微信公众号,点击页面下方的"云阅读",进入"少儿资源",即可阅览

续表

序号	单位名称	数字资源库名称	访问端口	访问操作流程
249	延庆区文化馆	延庆区文化馆数字资源	网页	网址:http://wenhuaguan. fafankeji. com/
250		延庆区文化馆—延庆特色	网页	网址:http://wenhuaguan. fafankeji. com/n? nid=92
251		延庆区文化馆—文化学堂	网页	网址:http://wenhuaguan. fafankeji. com/n? nid=93
252		延庆区文化馆—文艺作品	网页	网址:http://wenhuaguan. fafankeji. com/n? nid=31
253		延庆区文化馆视频资源库	微信	关注"北京市延庆区文化馆"微信公众号,点击下方"服务专区"进入"演出直播"
254		延庆区文化馆特色文化科普资源数据库	微信	关注"北京市延庆区文化馆"微信公众号,点击下方"延庆文化"进入"文化学堂"
255	中文在线	图书、听书、期刊、讲座、绘本	网页	网址:http://shuxiang. chineseall. cn/home/index
256	超星读书	图书、听书、期刊	微信	微信搜"超星读书",关注后点击底端"发现",进入"小程序",搜索"超星读书",进入浏览
257	中艺广舞联盟	广场舞视频	微信	关注"广舞圈"微信公众号 关注"花样姐姐+广舞圈"视频号 关注"广舞圈"腾讯企鹅号,https://v. qq. com/s/videoplus/294576643

B.10

北京数字化文化服务创新发展报告

张 凯 尹冬民*

摘 要： 2022年，北京推进数字化文化服务创新发展，在政策引导、公共文化数字化服务效能、文化遗产数字化保护、智慧化文旅服务、助力科技冬奥方面取得了重要进展。本报告梳理了2022年北京数字文化服务创新发展的现状，指出北京为推动数字化文化服务的发展，需要继续充实公共文化数字资源库，丰富公共文化服务形式；推进古都文化数据库建设，打造新型古都文化形象；深挖文旅融合数字化潜力，创新文旅产品和服务形态；创新冬奥文化数字化产品，弘扬“双奥之城”文化遗产。

关键词： 数字化文化服务 公共文化服务 科技冬奥

2022年是实施“十四五”规划的承上启下之年，是党的二十大召开之年，也是我国踏上全面建设社会主义现代化国家新征程、向第二个百年奋斗目标进军的关键之年。为进一步加强全国文化中心的建设，提升文化服务水平和质量，北京大力加强数字文化资源建设，创新服务形式，更好地满足了人民群众的文化需求。

一 北京数字化文化服务创新发展新政策新举措

2022年，北京紧跟党中央、国务院在数字文化建设方面的决策部署，

---

* 张凯，博士，北京市社会科学院文化研究所副研究员，主要研究方向为城市文化、文化产业等；尹冬民，博士，教育部中外语言交流合作中心副研究员，主要研究方向为中外文化交流等。

立足全国文化中心建设的大局，积极探索北京文化资源数字化的模式和路径，充分利用最新的数字化技术创新服务形式，提升文化服务水平和质量。

（一）谋划数字经济发展新格局

“十三五”时期，我国大力实施数字经济发展战略，着力提升数字技术基础设施的质量，积极探索数字技术与各种业态的融合发展，新业态新模式成长迅速，数字技术在提升国民经济水平和社会生活质量方面发挥的作用越来越大。“十四五”规划中提出了“加快数字化发展、建设数字中国”的基本目标，要求推进网络强国建设，充分利用最新的数字化技术推进生产方式、生活方式和治理方式的变革。2022 年 1 月，国务院印发《“十四五”数字经济发展规划》，更加细化了“十四五”期间数字化建设的要求。在基础设施建设方面要求优化升级数字基础设施，在信息网络基础设施建设、云网协同和算网融合发展以及基础设施智能升级方面加快建设步伐，实现各种行业和产业的数字化转型。另外，在数字技术关键领域方面加强创新，提升相关行业的核心竞争力，从而培育新型的发展业态。具体到数字技术与公共服务的融合方面，要求到 2025 年底，数字基础设施能够广泛融入社会生产生活，在政务服务、公共服务、民生保障等方面的支撑作用进一步凸显，全面提升社会的数字化服务普惠水平，在文化教育建设、医疗健康保障、会展旅游服务等领域提升数字化供给和网络化服务水平，创造更多更优质的资源被全民共享。具体到文化和旅游方面，要求大力推进文化和旅游资源的数字化转化和开发，在景区、博物馆的文化空间创新数字化体验产品，对于近年来兴起的线上演播、云展览、沉浸式体验等新业态要规范发展格局，大力培育更具知名度和影响力的数字文化品牌。

在此基础上，5 月，中共中央办公厅、国务院办公厅印发的《关于推进实施国家文化数字化战略的意见》指出，到“十四五”结束之时，基本完成文化数字化基础设施和服务平台的建设，完善线上线下能够充分融合互动、覆盖全民的文化服务供给体系。要求到 2035 年，建成集物理分布、逻辑关联、快速链接等于一体的国家文化大数据体系，清晰呈现中华文化全景，保证中华文化数字化成果全体人民共同享有。其中部署了 8 项重点任务：一是充分利用已有的文化资源数字化工程和数据库的成果，统筹建立全面丰富的中华文化数据库；二是加强文化数字化相关基础设施的建设，充分利用已建成的有线电视网络设施、广电 5G 网络打造互联互通的平台，打造国家文化专网；三是鼓励多元社会主体共同建设国家文化专网，打造资源丰富、个性化服务的文化数据服务平台；四是鼓励各种文化机构与国家文化专网的互联互通，形成普范式的文化数据服务平台，积极探索实现文化服务的数字化转型；五是探索数字化文化消费的新模式和新场景，推动文旅融合线上线下一体化，利用最新的数字技术探索沉浸式文化新体验；六是大力推进国家文化大数据体系、全国智慧图书馆体系和公共文化云建设，增强公共文化数字内容的供给能力、提高服务数字化水平；七是在文化产业数字化方面积极探索，加大在文化数据采集、加工、交易、呈现等领域的投入，鼓励支持一批新型文化企业的发展，培育更具知名度和影响力的文化产业品牌；八是充分利用文化数字化技术完善社会治理体系，提高与规范文化市场综合执法水平和制度，保证对各类文化数据要素交易进行有效的监管。

（二）提升数字技术服务保障能力

在北京“十四五”规划中，数字化成为北京未来进行产业升级、提升城市生活品质的重要支撑，要求大力推进北京大数据行动计划，充分利用最新的 5G 技术和大数据平台为传统基础设施进行数字化赋能改造，大力发展线上文化教育、远程医疗和办公以及云上会展等新业态，打造具有国际竞争力的数字产业集群，将北京建设成为全球数字经济标杆城市。以此为指导，2022 年 5 月，《北京市数字经济全产业链开放发展行动方案》颁布，要求加快提升新型数字基础设施建设水平，鼓励各类社会主体参与相关建设、投资和运营，在数据采集处理、分类分级管理、数据资产登记等方面制定相应的标准规范，在数据资源开发、数据资源交易等方面加快改革发展，大力推动数字化技术与教育、文旅、服务等方面的融合发展。

6 月，《北京市数字消费能级提升工作方案》颁布，要求充分发挥北京数字经济的原有优势，充分利用当前最先进的数字技术促进数字化消费模式转型，在文旅、电商、直播、电竞等领域促进数字化与各个行业的深度融合，持续激发数字化创新创造的活力，并在内容产权保护、标准规范制定、人才队伍培养、行业发展环境等方面强化责任保护机制。为更好地拓展和创新数字经济领域的发展，2022 年 11 月发布的《北京市数字经济促进条例》着重指出促进数字经济发展是北京的重要战略，并提出应按照创新驱动、融合发展、普惠共享、安全有序、协同共治的原则大力推动数字经济建设，从基础设施、数据要素市场、数字产业化和产业数字化、数字经济治理等方面完善北京数字经济环境。在数字文化服务方面，要求在文旅、体育、广播电视等方面支持和规范线上的文化教育、旅游体验、网络出版、融媒体发展、数字动漫等数字消费的新业态，加快在营造数字化文化消费新场景方面的建设，通过智慧博物馆、智慧体育场馆以及智慧科技馆等新型体验空间的建设打造更加智能优质的文化服务形态。

在公共文化服务方面，10 月，《北京市公共文化服务保障条例》发布，要求为进一步提升公共文化服务的效能，积极支持公共文化设施加强数字化建设，鼓励包括公民、法人和社会各类组织参与数字文化产品资源的开发和供给，加强和创新数字文化资源的线下体验场景建设，联合经济和信息化等部门推动标准规范、互联互通、便捷实用的公共数字文化服务平台建设，为公众提供包括网上预约、数字阅读、在线收听观展等服务，为公共文化服务和传播提供更为智能化和智慧化的环境。

二　北京数字化文化服务创新发展新成效

“十三五”期间，北京在数字化基础设施建设和服务保障能力方面都有很大提升，数字经济比重近 40%，占比居全国首位。以此为基础，北京“十四五”期间将继续坚持科技创新和改革创新双引擎，通过大力推进新型数字基础设施的建设，以数字产业化和产业数字化为核心，加强数字技术在经济发展和社会服务保障能力方面的支撑作用。

（一）公共文化数字化服务效能进一步提升

以数字技术进一步扩大与丰富公共文化服务的覆盖范围和多样化形式，是北京“十四五”时期公共文化服务建设规划的重点内容。2022 年，北京继续加快数字图书馆、数字文化馆和公共图书馆数字化服务平台建设，推进线下数字化产品创新以及沉浸式互动体验空间建设。

受新冠疫情影响，北京各种公共文化空间和设施的运行受到非常大的限制。为丰富市民的文化生活、保障全体市民的文化权利，北京市文化和旅游局统筹全市公共图书馆、文化馆，并联合中文在线、超星读书、中艺广舞联盟等社会各类文化企业和组织推出了涵盖图书、音乐、舞蹈、戏剧、曲艺、书法等领域共计 7077 个数字文化资源库，其中超星读书小程序包含了 3. 8 万册电子图书、3500 种大众期刊、1 万集优质视频、1000 套绘本、400 门文化慕课等各类阅读服务和视频资源，满足市民多样化的阅读需求；中艺广舞联盟组织通过自身的微信公众号向市民提供 3 万多小时 36 万多部广场舞视频资源，保障了市民居家期间的精神文化生活。[①] 在疫情最为严重的时期，北京市、区两级数字图书馆开放了已有的数字资源库，其中 691. 5 万册电子书、1500 种期刊、300 余种报纸和 1460 余万篇学术论文都可在线上阅读。首都图书馆还针对少年儿童的需求开发了首图动漫在线 App，其中已经上传了 14 个主题系列 823 集，共计 3778 分钟的动漫短片，内容涉及北京胡同、传统美德修养、图书馆信息素质教育以及儿童教育等。

北京文化馆通过搭建的数字文化馆平台汇集了数字资源 5 万多种，资源总量超过 4TB，其中“走进”系列包括视频资源 140 余集，总时长近 1000 分钟。此外，北京数字文化馆还联合各省开展直播联动，全年通过“舞动北京”“歌唱北京”“戏聚北京”“艺韵北京”“影像北京”五大专区共开展

① 《线下关门线上不打烊　7077 个数字文化资源库提供公共文化服务》，《北京日报》2022 年 5 月 18 日。

网络直录播230余场，全网观看量超过897.8万次。而各区文化馆则各有侧重的推出特色线上文化服务：东城区文化馆推出“艺+1云课堂”“一起画国画”等特色课程；西城区文化馆侧重提供云课堂、云音乐汇、云观影等云上服务；海淀区文化馆北馆举办了“青春时间胶囊”摄影展和“云端再现”文艺培训直播活动；石景山区文化馆通过“文化E空间”汇集了90多场线上文艺汇演、180多场戏曲表演、30场非遗展示。

（二）数字技术助力文化遗产保护

近年来，数字化已经成为文化遗产保护、传承和弘扬的重要支撑，不仅可以在文物修复、监测中提供准确的数据支持，同时能够通过对文化遗产的数字化转化，为相关文化资源的传播提供更多元的渠道和更丰富的形式。习近平总书记指出，要让更多文物和文化遗产活起来，营造传承中华文明的浓厚社会氛围。而数字化技术恰恰能够帮助挖掘文化遗产多重价值，打造更多承载中华文化、中国精神价值符号的文化产品。北京的文化底蕴丰厚、文化遗产丰富，在数字化保护利用方面有着许多成功的探索。2022年，“北京中轴线”成为我国2024年世界文化遗产申报项目。在中轴线申遗进入全面冲刺阶段，为更加形象地展示北京中轴线的文化形象和魅力，11月北京市文物局、北京中轴线申遗保护工作办公室共同推出了北京中轴线官方网站，为中轴线文化遗产开启数字新篇章。网站采用了中国传统的绘画风格，通过“一线一中轴、一屏一景观、一步一洞天”的设计理念，使公众看到一步一景的画轴空间层次，获得生动的交互体验。① 而在2021年底发布的“云上中轴”小程序上，用户可以跟随北京中轴线申遗首个数字形象“北京雨燕”俯瞰包括天坛、先农坛、景山等整个中轴线上的建筑和历史地标，并可点击访问收录的19个主要文化遗产点信息。

在文物数字化保护方面，《文物三维数字化技术规范 器物》解决了器物类文化在三维数字化方面的标准不明确、作业不规范、质量不统一

① 《一屏一景观，一线一中轴，北京中轴线官网上线》，《新民晚报》2022年11月8日。

等问题，从基本要求、技术方法、数据采集、成果提交等方面规范了总体技术要求、具体技术指标、质量控制、成果检查等，对开发文物藏品更多样的表现形态，促进中华优秀传统文化的传承、传播具有重要意义。2022 年度北京市重点革命文物数字化保护提升工程（一期）项目已基本完成双清别墅和北京大学红楼的数据采集和部分处理工作，其中数字化档案管理和应用系统等软件开发、文物在线虚拟参观导览系统建设都颇具成效。

（三）创新智慧化文旅服务新模式

数字化技术能够为文旅提供更为多样的文化展现形式和更加智能的旅游服务。国务院 2022 年 1 月颁布的《“十四五”旅游业发展规划》要求，集合优势资源加强自主创新，积极推进以数字化、网络化、智能化为特征的智慧旅游，深化“互联网+旅游”业态新发展，充分利用新的数字科技拓展旅游市场。具体而言，在数字化服务智慧旅游方面，要综合应用 5G、大数据、云计算等技术整合交通、气象、游客数量等信息，对各类旅游地点和环境的实时信息进行播报，加强旅游预约、流量检测监控、科学引导分流等平台的建设，针对老年人、儿童、残疾人等特殊群体开发个性化的数字应用程序和友好界面，并在旅游市场监管和游客投诉反馈方面加强“互联网+监管”，建立大数据精准监管机制，构建开放、共享的智慧旅游公共服务体系。在旅游产品开发方面，要充分利用数字化技术建设智慧旅游城市、旅游景区和旅游街区，积极支持相关创新企业和重点项目的建设，鼓励创新型数字化旅游产品的开发，如沉浸式互动体验、虚拟展示、智慧导览等。在游客服务方面，充分利用最新数字化和智能化科技对游客咨询中心、服务中心、内部引导标识系统进行改造升级，推动相关企业和景区、度假区、酒店、民宿等与互联网服务平台的合作，利用大数据提升旅游产品销售和服务的个性化和有效性。

2022 年，北京文旅融合的智慧化增强，一些新型的在线直播、云游等营销与体验模式迅速发展。国庆期间，北京市文化和旅游局设立的“北京智慧旅游地图”微信公众号再次升级，支持游客随时查询吃、住、行、游、娱、购六要素的信息，支持包括1143个旅游厕所、366个停车场、209个游客中心、140家无障碍游览景区以及81个AED设备的位置查询，为游客制订出行计划和紧急救援提供有效的帮助。目前，此公众号已具备了智慧地图、虚拟导游、设施查询三大功能体系。智慧地图的虚拟导游功能可为游客提供北京市216个等级景区和91个红色旅游景区的语音导览。在未来的计划中，智慧地图还将为9个夜间文化和旅游消费集聚区以及39个全国乡村旅游重点村镇提供虚拟导游服务。

数字化技术也为线下虚拟旅游业态的发展提供了新的模式。2022年，中国电信北京公司联手北京市公园管理中心，在玉渊潭公园正式上线“5G+AR游览体验场景”服务，游客只需要通过手机扫描公园提示牌上的相关二维码，就可以欣赏不同时节所处地点的公园景观，同时有悠扬的音乐以及鲜花盛开的动态影像，并且随着手机镜头的移动呈现不同的观赏角度，丰富了游客的旅游观感。在“水生生境”体验区，游客扫码后可以召唤出公园文创人物“小樱”，为游客讲解该处栖息的翠鸟、荷花、黄菖蒲等特色动植物的生活习性，游客还可以与虚拟动植物一起合影。①

在公共博物馆服务方面，“北京博物馆云”服务平台在2022年“5·18国际博物馆日”开启试运行。该平台是基于北京市博物馆大数据平台开发的，本着功能简约、贴近场景、交互简单的原则，依据游客的实时位置为游客提供附近博物馆的距离、开放时间等信息，以及一键预约服务，解决了游客与博物馆之间的“最后一公里”问题。

（四）数字化打造科技冬奥

2022年2月，北京成功举办了第24届冬奥会。本届冬奥会的数字化参与程度最高，不管是冬奥会的直播宣传还是赛后冬奥文化遗产的总结传承，数字化技术在其中发挥了巨大的作用。冬奥会开幕式上，凭借人工智能动作

① 《玉渊潭荷花与樱花共赏！带你解锁游园新体验》，《北京日报》2022年7月14日。

捕捉、裸眼 3D 等数字技术的加持，《立春》等节目实现了裸眼视效、物理空间和实境表演的结合，令人耳目一新。而在赛事转播中，由于受疫情影响，现场的媒体机构和人员较过去大大减少，但制作内容的数量却远超过去。作为首个 5G 网络全覆盖的冬奥会，赛事转播依托 5G、4K/8K 超高清技术、云计算等为全世界观众贡献了全新的视听感受。本届冬奥会首次以全程 4K 超高清格式转播，赛事时长约 1000 小时，转播内容总生产量达 6000 小时。这些内容通过云端向全球转播，全球媒体借助“5G+云计算”可以摆脱卫星直播车和现场网络专线的束缚直接进行远程直播、精彩回放、特效视频和内容集锦制作等，而在 5G 网络的高传输速率和极低时延优势的支持下，观众可以在被称为“子弹时间”的实时自由视角 360°观看运动员比赛的精彩瞬间。[①] 正是在数字化的加持下，北京冬奥会的传播力度和观看人数都创造了历史，国际奥委会于 2022 年 10 月发布的《北京冬奥会市场营销报告》显示，北京冬奥会吸引了全球 20.1 亿名电视观众和数字平台观众，持权转播商在数字平台总播出时长达到创纪录的 12.067 万小时，奥林匹克官网和手机应用平台拥有 6800 万名的独立用户，而奥运社交媒体在赛事期间的互动量达到了 32 亿人次，成为转播时长最多、收视率最高、数字化互动最广泛的冬奥会。[②]

为更好地利用数字化技术推广冬奥文化遗产，2022 年 9 月 3 日，冰墩墩、雪容融裸眼 3D 形象在首钢园首发，这是奥运史上首次采用裸眼 3D 数字化技术展示 IP 形象。本次展示视频中，冰墩墩与雪容融乘坐以首钢 LOGO 形状建造的“首钢号”飞船“冲出来”，然后从飞船中一跃“扑向”观众，又“飞”入了具有首钢历史特色的车间，在以首钢工业遗存为特色打造的虚拟未来空间中尽情畅游，最后 3D 标语“遇见首钢　预见未来”从屏幕外飞入画面。这一数字化产品是对冬奥文化遗产数字化应用的创新举措，也是继续推广冬奥文化遗产、发扬冬奥精神的有效途径。

---

① 《5G，为北京冬奥增添魅力》，“中国新闻网”百家号，2022 年 2 月 19 日，https：//baijiahao.baidu.com/s？id=1725195306181498777&wfr=spider&for=pc。

② 《国际奥委会发布报告　北京冬奥会全球观众超 20 亿》，《人民日报》2022 年 10 月 22 日。

三　北京数字化文化服务创新发展对策建议

数字化技术是深化文化资源保护与开发、创新文化产品、推进各种服务多元化和个性化建设的重要途径。党的二十大报告中明确提出，“推进文化自信自强，铸就社会主义文化新辉煌”，要求讲好传播好中国声音，推进中华文化更好地走向世界。在这一过程中，加强数字化与文化资源开发和文化服务创新之间的融合，能够为社会主义文化建设提供更强大的助力。“如果说文化强国战略目标可以大致分解为两大相互联系的任务，即实现国家文化的繁荣发展（软实力）和以优秀文化赋能国家整体强盛（综合国力），那么数字化路径不仅意味着要更好地保障和完善国家文化的传承和创造，也意味着要实现以最优化的文化赋能高水平现代化强国建设。”① 2022 年，北京数字化文化服务创新发展取得了许多成就，但也在一些方面需要进一步提升和创新。

（一）充实公共文化数字资源库，丰富公共文化服务形式

近年来，北京公共文化服务体系有了进一步完善，“15 分钟公共文化服务圈”已基本建成。但公共文化服务的短板依然存在，服务设施布局不均衡、服务形式单一等问题仍制约着北京公共文化服务效能的进一步提升。对此，一是要继续完善公共文化数字化体系的整体设计，在全市范围内统筹协调各类数字化设施设备的建设和部署，加强线下“沉浸式”“交互式”体验应用场景的设计，为市民提供更丰富的文化服务形态。二是统筹配置公共文化数字资源库，通过接入国家公共文化云进一步充实图书馆、文化馆等公共文化服务空间的数字资源，充分利用大数据算法明确市民文化需求的结构和方向，引入社会机构和企业加强公共文化服务数字资源的共建共治，在数字资源分配、推送和共享方面建立更加完善的配套机制，加强 5G 基站等设施的建设，保证市民能够顺畅地获取线上数字资源。三是探索公共文化数字化

① 魏鹏举：《文化强国的数字化路径》，《人民论坛 · 学术前沿》2022 年第 23 期。

服务专业化建设。目前，我国数字化文化资源建设中仍然存在版权不明确、标准不规范、专业人才不足等诸多问题，这对数字文化资源的开发和推广埋下了许多隐患。北京在探索公共文化服务数字化发展的过程中，应当积极在版权购买和监管方面探索有效的机制，维护文化内容生产者和数字化资源开发者的正当权益，积极加强文化资源数字化加工的标准规范建设，加强对相关专业人才队伍的培训。

（二）推进古都文化数据库建设，打造新型古都文化形象

北京蕴藏着博大精深的历史文化遗产资源，但长期以来，这些历史文化遗产的展示利用与保护传承之间存在比较难以调和的矛盾：由于担心损坏，很多文物都只能在特定的环境下收藏保管，无法向公众展现其文化价值。要想面向世界展现中华文化的辉煌成就，应当充分利用数字化技术的成果，在保护文物古迹的同时借助虚拟的数字形象传播传统文化。“讲好古都故事，传播古都文化”是北京全国文化中心建设的重要环节。对此，一是要加快建设古都文化数据库，规范各类文化古迹的分类标准，完善北京各类古都文化要素的整理和数字化加工、检索和开放使用，建设以知识抽取技术为核心的古都文化元素知识库，促进数字化文化资源的整合共享。二是面向社会和企业强化古都文化 IP 的开发和运用，在政策支持、财政补贴和奖励等方面为相关文化企业提供便利的途径，加快古都文化要素的数字化形象加工和产品转化，并在版权保护、转让，数字产品定价和商业模式构建方面探索一套有效的机制。三是面向世界构建辨识度高、故事性强、体验性好的古都文化数字化形象集群，将分散的文化要素通过时空纽带串联在一起，打造出完整鲜明的数字化古都文化空间，并借助当下最新的数字化技术为全世界呈现“真实”的古都北京。

（三）深挖文旅融合数字化潜力，创新文旅产品和服务形态

文旅融合数字化是利用数字信息技术对文旅行业进行全方位、多角度、全链条的改造过程。在此过程中，数字化不仅可以为传统的旅游信息咨询、

景区服务和游客紧急救助等提供有效及时的讯息，还可以在文化资源的深度挖掘、展示传播、沉浸式体验等方面提供更为丰富多元的样态。目前，北京在文旅融合的发展中仍存在文化产品创新不足、文化体验不好、深度旅游开发较少等诸多问题。对此，一是要加强旅游景区的数字化基础设施建设，对诸如交通信息、游客数量、门票酒店预订、设备使用等情况进行明确的提示，并通过微信公众号（小程序）、App 等为游客提供更具交互感和便利性的导览、翻译、解说等服务，展现北京友好文明的旅游文化形象。二是加快北京各级景区的数字基础设施建设，强化景区历史文化资源的数字化产品开发和展示，并结合最新的 VR、AR 技术打造沉浸式体验场景和旅游产品。三是推动本地文化遗产与数字文化创意产业融合，借助智慧科技打造全域旅游新形态，在管理、服务、营销方面实现智慧科技与文化产品的融合，真正实现高品质的以文促旅、以旅彰文。

（四）创新冬奥文化数字化产品，弘扬“双奥之城”文化遗产

北京冬奥会、冬残奥会期间，数字化技术深入融入了赛事展演和传播，为全世界展现了一场高科技的智能体育盛宴。作为首届“全面上云”的奥运会，北京冬奥会开创了“云端奥运”的崭新传播空间，不仅通过“5G+8K”带来了前所未有的超高清赛场画面，还在智能算法和低延迟网络的加持下塑造新的赛事观看视角。冬奥会落幕之后，如何继续通过数字化继承和发扬冬奥文化遗产，将是北京“双奥之城”形象塑造的重要组成部分。对此，一是要系统建设“双奥之城”数字文化资源库和平台，通过全面系统梳理北京两次奥运会举办的全过程，生动地揭示奥运精神改造和融入北京城市文化形象的变迁历史，并通过移动客户端、AR 技术等打造北京数字奥运地图，增强市民对“双奥之城”的认知。二是加快奥运文化遗产数字化 IP 的设计与塑造，融合奥运文化与北京城市文化打造更具辨识度的文化产品。三是推进奥运场馆的数字化改造，在原有的体育元素基础上打造沉浸式文化体验空间，将赛事记忆、交互体验、知识讲解融为一体，丰富奥运文化体验的形态。

B.11
北京新型公共文化空间建设现状与路径研究

陈 镭*

摘 要： 近年来，北京持续推进公共文化服务设施建设，在城市书房、文化驿站、城市文化会客厅、文化广场等新型公共文化空间的建设上取得了快速发展。但仍然面临一些问题，如新型公共文化空间的内涵和类型界定不清、文化服务项目经营存在难度、缺乏专业的管理运营团队、服务的满意度需要提高等。本报告建议进一步做好新型公共文化空间的认定和分类管理，以文化信息和特色资源引流，积极培育社会化运营主体，完善公共文化服务评价机制。

关键词： 城市文化 新型公共文化空间 公共文化服务体系 北京

“十四五”以来，国家部委出台一系列关于公共文化服务的重要政策文件，明确了当前公共文化服务体系建设的主要任务和发展目标，拓展新型公共文化空间成为其中的重要内容。新型公共文化空间的“新”体现在建设运营的机制以及设施的选址、规模、业态、主题、设计等方面：在建设运营上，多实行社会化合作，以多种方式吸引社会力量参与；在选址上，深入人口密集的商圈、园区、景区、城郊大型社区等区域，弥补这些区域公共文化服务“五馆”建设的不足；在规模上，因地制宜，虽然建设了一些面积较大的户外文化广场，但更多的是突出“小而美”原则，在原有城市公共空

* 陈镭，博士，北京市社会科学院文化所助理研究员，主要研究方向为城市文化。

间基础上开辟和嵌入小微型的文化服务空间；在业态上讲究多元，把公益服务和商业项目相结合，满足市民多层次的文化需求；在主题和设计上力求特色鲜明，不像传统的公共文化服务“五馆”那样追求资源门类齐全。

“公共文化服务体系”政策表述正式提出以来，鼓励社会力量参与一直是我国公共文化服务体系建设的探索方向，发展新型公共文化空间是这一理念的延伸和强化。北京类似的文化空间建设起步较早，已有十余年历史，一批成功案例不断涌现。新型公共文化空间从地方经验上升到国家政策层面后，在全国各地掀起了一拨建设热潮，本报告对北京新型公共文化空间建设的新进展和提升路径展开研究。

一　北京发展新型公共文化空间的政策举措

“十四五”已出台的国家层面的公共文化服务政策规划包括：2021 年文旅部、国家发改委、财政部联合发布的《关于推动公共文化服务高质量发展的意见》，文旅部发布的《“十四五”文化和旅游发展规划》和《“十四五”公共文化服务体系建设规划》。三者均把新型公共文化空间建设列为重要工作，指出了创新拓展公共文化空间的目的是完善城市公共文化设施网络，同时在文化特色、品味和服务质量上要有所提升；都明确了新型公共文化空间的社会化发展方向。《关于推动公共文化服务高质量发展的意见》为新型公共文化空间建设提供了较为详细的指导，涉及建设运营的机制以及设施的选址、规模、业态、主题等方面。《“十四五”文化和旅游发展规划》和《“十四五”公共文化服务体系建设规划》则强调要把新型公共文化空间建设与老旧小区、老旧厂区、城中村的改造等工作相结合。

北京在“十三五”期间已经形成基层公共文化建设“1+3”政策体系，进入“十四五”以后在政策层面重视新型公共文化空间建设，对原有的文化服务设施网络进行巩固和拓展。2021 年发布的《北京市“十四五”时期文化和旅游发展规划》把“拓展新型公共文化服务空间”列为公共文化服务重点工作之一，其有三个要点：一是实施“城市文化会客厅”项目，把新型公共文化空间建成具备展览、沙龙、阅读、数字文化服务等功能的综合体；二是利用现有的各类城市公共空间，如产业园区、商业楼宇、公共服务大厅、交通站点、公园绿地、医疗机构、地下空间等嵌入公共文化服务；三是要加强央地合作，充分利用首都的中央单位文化资源优势。

《北京市公共文化服务保障条例》于 2022 年公布，2023 年 1 月 1 日开始实施。在第十七条“积极拓展公共文化服务空间”的表述中没有使用新型公共文化空间这一概念，但突出了相似的原则：一是利用好现有的各类城市公共空间资源，二是与城市更新工作相结合。同时在“第五章 社会参与”中指出：政府可以通过购买服务、项目补贴、奖励等方式对参与公共文化服务的社会力量给予支持。

2022 年，市政府工作报告提出“支持建设新型公共文化空间，打造更具吸引力的一刻钟公共文化服务圈”。西城区、东城区、经开区等地出台扶持新型公共文化空间的专项政策。此外，北京以“书香京城”建设为依托，把对实体书店的扶持与新型公共文化空间的营造相结合。同年 2 月，市新闻出版局发布《关于实体书店开展阅读文化活动有关要求的通知》，鼓励书店进一步向文化空间方向发展，加强公共文化服务功能。11 月，市推进全国文化中心建设领导小组发布《北京市关于深入推进新时代书香京城建设的实施意见》，提出的重点任务包括利用老旧厂房等腾退、改造空间，探索建立以阅读为核心的新型公共文化空间。

二　北京新型公共文化空间拓展的新进展

北京近十年来利用城市更新、疏解非首都功能的契机，在公共文化空间营造方面进行了大量的探索和创新，涌现一批特色鲜明的阅读空间、小微博物馆、新型市民文化活动中心、非遗传习所、主题工坊等公共文化设施，是地方性文化经验上升为国家文化政策的引领者。北京各区积极盘活存量资源，利用疏解腾退空间进行创造性改造，已经取得明显成效。大兴区共建共享模式的公共文化设施空间拓展方式、西城区的特色阅读空间运营模式成为国家公共文化服务体系示范项目，角楼图书馆、美后肆时景山市民文化中心、宸冰书坊、史家胡同博物馆、朝阳门社区文化生活馆、地瓜社区等受到市民、游客青睐。进入“十四五”时期，北京市各类创新实践都统合到“新型公共文化空间”这一关键词下，得到了有力的政策支持，获得了更好的发展机遇。

（一）新型公共文化空间建设的主要特点

从空间布局来看，目前推动的主要是在人口稠密的商圈、园区、景区等公共场所和城郊大型社区嵌入公共文化服务。东城区从2021年开始实施实体书店扶持项目，提出的“四进”（进商场、进社区、进园区、进楼宇）是有代表性的空间布局方向。除“四进”外，公园、景区也是重要的布局方向。

从建设主体来看，集合多方力量。委托方是政府部门、事业单位、财政负担的文化群团，受委托方是具备服务能力的企事业单位、非财政拨款的社会组织等，依托图书馆、博物馆、文化馆、美术馆、科技馆的总分馆制体系提供指导和文化资源。在区、街道、社区的设施或腾退空间内或利用社会单位的设施资源，开辟服务空间。社会力量参与的方式有整体运营、项目制服务、冠名协办等。

从管理方式来看，通常由区文旅局设定管理办法，向社会公开征集项目，确定责权利，特别是基本公共文化服务和延伸服务的比重，给予资金支持并进行绩效管理和评价。较早进行公共文化服务社会化发展的城区制定了细化的管理运营标准，例如东城区2022年出台的《东城区公共文化设施社会化运营全过程管理办法》。

从设施类型来看，国家政策规划中提到的城市书房、文化驿站、文化广场等公共文化设施类型，北京都有建设，各区与之对应的公共文化设施在功能配置、规模和命名上不尽相同。北京还提出“阅读空间”“阅读驿站”“城市书屋”“城市文化会客厅”等概念。

（二）各类新型公共文化空间建设进展

1. 新型阅读空间

新型阅读空间建设主要依托图书馆的总分馆制体系和实体书店，各区的同类设施称谓较多，其中“阅读空间”概念最具包容性，市文旅局 2022 年发布了“书香北京——阅读空间主题游”10 条线路。公共阅读空间过去设置在街道社区的文化活动中心图书馆（室）或利用疏解腾退空间来建设，提供图书的全市通借通还和数字资源访问服务，部分单位引入社会化运营来提升服务水平。近年来，直接与园区、单位、企业合作的项目大量增加，利用后者的设施资源，主题和特色愈加鲜明。此外，在产业园区、大型社区的公共区域设置了一批 24 小时自助型图书室。

截至 2022 年底，西城区建成阅读空间 51 家、24 小时夜读书房 5 处，平谷区建成阅读空间 20 余家，朝阳区建成城市书屋 42 家。东城区纳入“四进”项目、带有公共文化服务功能的实体书店有 33 家。大兴区建成 25 家自助型 24 小时城市书房。2021 年以来新设立的特色阅读空间包括西城区北京图书大厦的中轴文化阅读空间、金融街自在博物书店、西城区政务服务大厅阅读空间、昌平区东小口公园的飞鸟东舍书店、石景山区图书馆华夏银行分馆、海淀区华熙 LIVE 城市书房、新东方阅读空间、东城区南锣鼓巷咪咕云书店、朝阳区轩辕书馆的汽车文化主题特色阅读空间、电子城梦想书坊等；新开设的 24 小时自助型图书室包括：副中心图书馆 24 小时阅读空间、大兴区的采育镇城市书房、礼贤镇礼贤家园城市书房和北京科兴中维生物技术有限公司、荣华街道得永康公寓的城市书房等；完成整修、重新开放的设施有椿树书苑（林白水纪念馆）等。

2. 文化驿站和非遗传习所

文化驿站建设主要依托文化馆总分馆制体系，提供文化的展示、交流和资讯服务，主题有历史文化、地方文化、非遗文化、园艺文化等。在楼宇大厅、街巷走廊设置的展陈区域也属于文化驿站范畴，主要展示非遗作品、地方主题书籍、征集的文物藏品等。北京以文化驿站命名的新型公共文化空间不多，主要有通州区的运河文化驿站、首都绿化委员会办公室组建的首都园艺驿站系统等。随着国家政策规划使用文化驿站概念，预计“十四五”期间会有更多公共文化空间使用这一名称。2023 年公布的《北京中轴线保护管理规划（2022 年—2035 年）》提出在中轴线沿线设立特色文化驿站。2021 年以来新开设的文化驿站有：通州区在潞城镇党建公园、台湖镇文化广场等地设立的运河文化驿站，在希尔顿酒店、亚太花园酒店、东方宾馆、城市副中心会客厅等地设立的展陈式非遗文化驿站。

非遗传习所由各区文化部门与非遗传承人、社会机构合作建立，开展非遗的传播、体验、培训活动。北京重视非遗的活态传承，多区建有非遗传习所，海淀等区设立了非遗保护的专项资金。2021 年以来新设立的传习所有朝阳区朝阳香文化传习所、通州区北运河非遗传习所、西城区纪晓岚故居的纪府国潮工坊、白纸坊街道非遗训练传习基地等。

3. 城市文化会客厅

“城市文化会客厅”是《北京市“十四五”时期文化和旅游发展规划》提出的概念。市文物局发布的《北京市“十四五”时期文物博物馆事业发展规划》也提到，要合理利用文博建筑建设“城市会客厅”。城市文化会客厅具有展览、阅读、沙龙、数字服务等多种功能，突出“会客”理念，既满足本区域市民的文化需求，也有对外进行文化展示和文化交流的作用。城市文化会客厅与普通的公共阅读空间和文化驿站相比，规模更大、功能更全、业态更多元。

2021 年以来，新建或改造后重新开放、可归类为城市文化会客厅的项目较多，其中依托历史建筑、文博机构、公园景区建立的有昌平区回龙观玉光寺的寺锦·城市会客厅、石景山区的“古道斯存”（模式口历史文化民俗陈列馆）、燕京八绝博物馆、东城区天坛公园的“天坛拾光”文创空间、王府井 1921 燕京八绝非遗会客厅、皇城根遗址公园内的“文化东城”会客厅等。社会化运营的街道社区文化设施有石景山区街道综合文化中心、昌平区天通苑文化艺术中心、西城区大栅栏街道“乐+生活馆”、牛街和“合动力空间”、丰台区图书馆大红门新馆、朝阳区垡头传统文化实践中心等。依托商圈、园区建立的有西城区天宁1号东方艺空间、门头沟区的琉璃文创园文化驿站、朝阳区的遇见博物馆798馆、望京小街图书馆、首创郎园Station中央车站二期的文化空间等。

4. 文化广场

文化广场是基层群众进行文艺演出、体育健身、集会的户外场地，一般配有健身器材、宣传栏、雕塑小品等装置，有的还配有音响、灯光、舞台、控制室。目前，作为新型公共文化空间的文化广场大多利用原有的广场、公共空间进行改造，强化文化展示、文体演出、运动体验、赛事直播等服务功能，在景观设计上富于现代感，营造出现代城市风貌。

北京借助举办冬奥会的契机，打造了16个冬奥文化广场，包括延庆区北京八达岭国际会展中心文化广场、昌平区天通苑文化艺术中心文化广场、房山区府前文化广场、朝阳区奥森棋园文化广场、丰台区莲花池公园文化广场、怀柔区滨河森林公园文化广场、海淀区海淀公园露天文化广场、通州区运河文化广场、石景山区广宁街道冬奥社区文化建身广场、东城区地坛公园八区文化广场、西城区金中都公园文化广场、顺义区顺义公园文化广场、大兴区兴城文化广场、平谷区博物馆文化广场、密云区蔡家洼玫瑰情园文化广场、中国电影博物馆文化广场。2021年以来新设立的文化广场还有：改造后重新推出的西城区西单文化广场、通州区小堡文化广场等；正在进行改造建设的有朝阳区东岳文化广场、顺义区后沙峪龙腾世纪文化广场等。

三　北京拓展新型公共文化空间面临的问题

（一）内涵和类型界定不清

推进新型公共文化空间建设，首先要界定什么是“新型”。国家政策规划从多个角度对新型公共文化空间进行了描述性解释，各地在实际操作中有自己的理解和侧重点，但需要抓住新型公共文化空间与传统“五馆”在管理运营上的差别，而不是把创新停留在空间的选址、设计方案等层面。此外，目前各地新型公共文化空间的称谓复杂，同一类型设施的命名不一致，各区有自己的认证体系，不利于全市范围的统计分析、归类管理和资源整合。传统的公共文化“五馆”有动态更新的统计数据，而新型公共文化空间的总量统计和分类统计都缺少资料，给相关部门的决策、经营主体确定发展方向和学术研究都带来困难。

（二）文化服务项目经营存在难度

一般的基础设施 PPP（政府和社会资本合作）项目涉及市政、交通、环保、养老、医疗、教育等民生领域。相比之下，公共文化设施类 PPP 项目提供的是“软”服务，并非满足刚性需求，不少市民没有去图书馆、博物馆、文化馆的生活习惯，并且越来越依赖手机、电脑等电子设备提供的文化服务；新型公共文化空间提供的大部分文化服务带有准公共物品属性，经济效益有限，虽然在起步阶段会得到财政补贴、文化基金等支持，未来收益仍然有很大的不确定性，尤其是服务郊区、大型社区的新型公共文化空间必须解决好经营问题，才能做到可持续发展。

（三）缺乏专业的管理运营团队

新型公共文化空间需要兼顾社会效益和经济效益，管理运营主体既要有较强的服务能力、盈利能力和创新能力，又要熟悉地方文化，融入所在地的文化生态，吸引周边居民积极参与，与街道社区建立联动合作机制。这样的专业团队数量十分有限，相关的专业人才也很缺乏。目前，管理运营新型公共文化空间的社会主体大多是应运而生的小微企业，“多数已承接公共文化运营的社会主体本身实力较弱，相关运营公司、社会组织多为新兴行业主体，发展时间较短，尚未积累起足够的行业资源和成熟的运营经验”①。能

① 郭嘉：《中国公共文化服务社会化：现实困境与破解路径》，《河北大学学报》（哲学社会科学版）2022 年第 2 期。

够稳定输出标准化的运营服务，同时管理多家新型公共文化空间的连锁经营企业更是少见。

（四）服务的满意度需要提高

新型公共文化空间尚处于探索阶段，服务的方式和内容都需要根据居民实际需求不断改进。目前，对新型公共文化空间的负面意见集中体现在以下几点。首先，服务态度尤其是阅读类公共文化空间的服务人员，为避免客人占用桌椅自习办公、自带饮料、喧哗等行为，经常出言干涉，容易发生争执。有的新型公共文化空间只是经营主体发生变化，并未真正改变服务方式，没有树立顾客至上的理念。其次，很多新型公共文化空间面积较小，又要兼顾公益项目和收费项目，导致顾此失彼，其咖啡、茶饮、文创等经营性项目的水平和公共文化服务水平都不高，仅有寥寥数张桌椅，很难让顾客建立在此消费的习惯。此外，新型公共文化空间应当对社区有所倾斜，保障街道社区关注的重点人群或低收入群体能够优先享受一部分免费服务，但实际上不少网红打卡地的目标人群仅仅是年轻消费者，没有充分考虑本地文化需求，游离于周边社区之外。

四　北京拓展新型公共文化空间的对策建议

虽然新型公共文化空间是处于探索中的新领域，社会力量仍然有投资公共文化服务的动力。大卫·哈维的空间生产理论认为，创造有利于积累和劳动力再生产的城市环境属于资本的第二级和第三级循环。[①] 一些由企事业单位参与建设运营的新型公共文化空间，没有把直接经济收入放在考虑的首位，而是看重对企业、商圈、园区、商业综合体带来的整体效应和价值提升，以及服务本单位、本区域的职工，这就为“四进”（进商场、进社区、

① 参见〔英〕大卫·哈维《资本的城市化：资本主义城市化的历史与理论研究》，董慧译，苏州大学出版社，2017，第7、8页。

进园区、进楼宇）创造了条件。与此同时，市场会逐渐培育出管理规范、创新能力强的专业运营者。

（一）做好新型公共文化空间的认定和分类管理

对新型公共文化空间的认定应当强调社会化合作。如果建设主体和管理运营主体都是政府部门，资金单纯依赖财政拨款，管理服务人员的来源是政府派出、购买和招募，则沿袭了过去的“五馆”模式，只是给分馆增添了更多经营项目而已，不能视为真正的“新型”。

新型公共文化空间按照主要功能分为综合类、阅读类、文博类、非遗传习类、广场类等。综合类具有培训、彩排、沙龙、表演、展览等多种功能，通常由街道社区举办的文化活动中心转化而来，也有一些来自商圈、园区和企事业单位。文博类包含各类小微博物馆，活化利用的古建、遗存、民居，等等。非遗传习类包含传统非遗和园艺等现代生活艺术的体验培训。各类新型公共文化空间要在分类管理的基础上开展数据统计、资源整合、行业交流、优化布局的工作。

（二）以文化信息和特色资源引流

咖啡、简餐、文创产品等经营项目几乎是“网红”书店、文化打卡地的标配，但这些文化空间最终的盈利情况很不一样，许多曾经的网红店难以为继。发展较好、有稳定客流量的文化空间往往有以下可借鉴的经验。首先，扮演文化信息的整合、筛选、二次加工者的角色，书店并不追求品类齐全，而是为目标人群做推介，让消费者能迅速跟上文化生活热点，这是相对于信息芜杂的互联网的服务优势。提供文化体验、培训、交流的公共文化空间更是要扮演活动组织者和社区大学的角色。其次，研究和利用所在公共空间（商场、社区、园区、景区、楼宇、广场）的客源特点，相辅相成、互相引流。社区的综合类公共文化空间如果没有较大的客流，就要因地制宜地根据周边社区的需求，提供一些幼教、托幼、鲜花、就餐、维修、收费自习室等生活服务。最后，要充分利用特色资源，如文博资源、自然景观、文艺人才等，给消费者以独特的空间体验，把这种体验转化为文化附加值，融入咖啡、文创、书籍售卖、收费培训等经营活动。

（三）积极培育社会化运营主体

运营文化空间已经成为一种细分的商业领域，需要专业人士介入。除了对本地经营者予以资金支持、财政补贴，以及培养文艺群团、吸收志愿者等基本扶持手段外，还应当引入运营文化空间的专业团队，或者由专业团队来培训本地经营者，组织由运营者、文旅部门、街道社区、专家学者、消费者多方参与的研讨。向西西弗书店这样的优秀运营团队取经，逐步发掘和培育一批有情怀、有能力、有经验的运营团队，形成经营者的资源库。鼓励优秀的运营团队形成连锁经营，在凸显本地特色文化的基础上，提供标准化、高水平的服务。

（四）完善公共文化服务评价机制

社会化合作项目的问责制有其优点。达霖・格里姆赛和莫文・K. 刘易斯认为，传统的公共部门问责制主要是政治问责，要改进服务涉及一连串复杂的行政关系，公众未必能了解行政协调的情况，而“在 PPP 的框架下，我们看到的是相关各方公开磋商，很多情况下公众的顾虑能够得到回应和解决”①。因此，要建立完善的公共文化服务评价机制，对公共文化空间项目的建设绩效和服务绩效（服务内容、服务态度、服务效果等）进行考核管理，通过问卷调查、访问调查、座谈交流、参考网站和公共文化服务数字平台的点评等途径了解群众的意见和需求。

① 〔英〕达霖・格里姆赛、〔澳〕莫文・K. 刘易斯：《PPP 革命：公共服务中的政府和社会资本合作》，济邦咨询公司译，中国人民大学出版社，2016，第 265 页。

B.12
2022年“大戏看北京”现状、问题与对策研究

景俊美*

摘 要： 北京有深厚的戏剧文化基础，演出市场一直处于全国领先的地位。“大戏看北京”系列活动开展以来，取得了显著的成效：一是消费市场倍显韧性，舞台艺术在“阵痛”中复苏；二是戏剧活动丰富，各种展演持续发力；三是新型演出空间不断涌现，小空间大市场渐趋融合。但“大戏看北京”在发展过程中也存在学理建设滞后、软件建设待强化等问题。本报告建议要发挥首都高校及科研院所力量，积极推动学理建设；及时厘清传统戏剧活动与“大戏看北京”的关系，尽早制定切实可行的“大戏”标准；破除体制机制壁垒，鼓励先行先试；等等。

关键词： “大戏看北京”　全国文化中心　文化资源　品牌效应

2022年，因受疫情影响，北京的剧场开开关关，始终处于不稳定状态；这一年，于戏剧而言是艰难的一年。不过，技术的加持开拓了新的演绎空间，“云上”成为一种非常态中的常态。[①] 2022年也是“大戏看北京”全面展开的重要一年。首届“大戏看北京”展演季于11月5日隆重开幕，涉及舞台艺术精品剧目近40部200余场，演出类型涵盖话剧、戏曲、歌剧、舞

* 景俊美，博士，北京市社会科学院文化所副所长、副研究员，主要研究方向为文艺理论与批评、戏剧戏曲理论与实践。

① 景俊美：《小剧场：开启戏曲艺术的另一扇门》，《中国文化报》2023年1月19日。

剧、音乐剧等多个艺术门类。北京人民艺术剧院（以下简称“北京人艺”）、北京演艺集团、国家大剧院、国家京剧院、国家话剧院、中央芭蕾舞团、北京央华时代文化发展有限公司等多个单位与部门参与其中，尤其难能可贵的是，展演季不仅很好地宣传了北京的好戏大戏，而且以首都的视野，囊括了上海、浙江、陕西、河南等多个省（市）的优秀剧目，使得“大戏看北京”成为一个立足首都覆盖全国的亮丽文化名片。

一 “大戏看北京”与首都戏剧事业的发展现状

北京有深厚的戏剧文化基础，演出市场一直处于全国领先的地位。然而2022年特殊的社会大环境对戏剧的影响十分明显，整体呈现既有品牌活动的优良传统，又有2022年的独有风貌，主要表现在以下三个方面。

（一）消费市场倍显韧性，舞台艺术在“阵痛”中复苏

疫情对演艺市场的影响巨大，是2022年“大戏看北京”的现实语境。中国演出行业协会的统计数据显示：从全国范围看，2022年演出市场总体经济规模243.60亿元，比2021年降低31.33%；专业剧场演出2.56万场，比上年降低32.77%；票房收入34.26亿元，比上年降低29.11%。[①] 不过，首都北京2022年下半年演艺市场复苏强劲。2022年前三季度的北京人均教育文化娱乐支出为2260元，艺术与演出领域分别同比上涨22.5%和14.3%。[②] 此外，从全年的创演情况看，北京市属文艺院团及国家大剧院推出新创剧目24台、复排剧目57台；全市共举办营业性演出20315场，票房收入6.3亿元。除营业性演出外，2022年北京的惠民演出、公共文化服务性演出更是劲头足、

① 《报告：2022年中国演出市场总体经济规模243.6亿元》，“新京报”百家号，2023年4月8日，https://baijiahao.baidu.com/s?id=1762577593085694071&wfr=spider&for=pc。

② 《2022年北京文化消费市场寒冬蕴春意》，“蓝色智慧”微信公众号，2022年12月16日，https://mp.weixin.qq.com/s?__biz=MjM5MTk5MDY4Ng==&mid=2651346476&idx=1&sn=868027df04e4599deeb65c016870acdd&chksm=bd51e0dd8a2669cbead06c687506d33f3ed24cfe2355d65b2201ca20718b1407fa6e29c6f245&scene=27。

实力强。以朝阳区为例，2022年共开展各类系列文化活动5369场，参与市民约4046万人次；“朝阳文旅云”平台发布惠民文化活动6784场，发放惠民票116万余张。[①] 在制度建设上，北京市更是及时出台了《北京市公共文化服务保障条例》。这一条例在强化首都公共文化服务体系建设、保障人民群众基本文化权益等方面提供了重要遵循，并已于2023年1月1日正式施行。

（二）戏剧活动丰富，各种展演持续发力

北京市2022年开展的首都市民系列文化活动共1.66万场，其中节庆展演活动最强劲。8月30日，大戏东望·2022南锣鼓巷戏剧展演季——致敬中国小剧场戏剧40周年开启了为期5个月的展演活动。活动不仅展演优秀剧目，即“城·会演——小剧场剧目展演”板块，而且设立了“城·会读——剧本朗读会”“城·会来——‘戏剧大道’打卡活动”“城·会聊——戏剧高峰对话”等相关板块，使得观众全方位了解戏剧，走进剧场的同时了解剧场背后的故事以及创作人的心灵历程。9月1日，由文化和旅游部联合北京市人民政府、天津市人民政府、河北省人民政府主办的第十三届中国艺术节在京开幕。活动采取京津冀三地联合举办、线上线下相结合的方式推出了参评剧目39部，参演剧目13台26场。对比以往的艺术节举办情况，此次展演、竞演规模空前，基于技术的加持和线上同步直播的便利性、快捷性和高清保质性，此次艺术节的影响力和传播度创历史新高。9月，第六届老舍戏剧节同步启动，并一直持续到11月，开展了20余部50多场精品剧目展演和包括“老舍笔下的西城”“构建新时代的‘戏剧观’”“文学改编舞台剧的观察与思考”[②] 等在内的50多场系列文化活动。11月2日至12月31日，历时近两个月的第九届当代小剧场戏曲艺术节以线上线下

① 《两会发布丨朝阳区打造“五城”推动文旅事业高质量发展》，“北京朝阳官方发布”百家号，2023年1月3日，https：//baijiahao.baidu.com/s?id=175401 5018092915207&wfr=spider&for=pc。

② 《第六届老舍戏剧节三场论坛探讨文学戏剧改编与新时代新京味》，北青网，2022年12月4日，https：//t.ynet.cn/baijia/33650415.html。

相结合的方式共推出了京剧、评剧、扬剧、汉剧、淮剧、曲剧、湘剧、豫剧、越剧、吕剧、梨园戏、戏曲元素话剧等12个戏剧类型16部作品。其中，北京曲剧、扬剧、吕剧均是首次创作小剧场作品并首次参加当代小剧场戏曲艺术节，谱写了自身戏曲史上的新篇章。12月28日，大戏东望·2022全国话剧展演季开幕，除话剧《上甘岭》外，共遴选了20多部全国优秀话剧作品进行展演。此外，“春苗行动”优秀少儿题材剧目展演、海峡两岸暨港澳地区校园戏剧展演、纪念中国小剧场戏剧40周年系列活动、北京大学生魔术交流大会和“北京故事”优秀小剧场剧目展演等系列文化活动均如火如荼地在2022年开展起来。

（三）新型演出空间不断涌现，小空间大市场渐趋融合

新型演出空间简称“演艺新空间”，它与传统意义上的标准化剧场的最大不同，不只是空间氛围和空间大小，更主要的是受众体验。传统演出空间的受众称为“观众”，演艺新空间的受众则既是观众又是参与者。因而，演艺新空间的表演内容是一部分，观众参与其中的商业、科技、旅游、展览等其他领域的消费，则是演艺产业链的延长。故而业界定义“演艺新空间”是以演艺为主营业务，形成多业态融合、多功能协同的新型演出场所。其包括非传统的营业性演出场所；在相关室内空间开办的演出场所，如开办在商业综合体、办公楼宇、会馆、古戏楼、已改造的老旧厂房、书店内；在相关户外空间开办的演出场所，如开办在产业园区、文化街区、艺术聚集区、公园景区等。[①] 2022年，北京在固有品牌“会馆有戏”的基础上，重新确定了演艺新空间的内涵与外延，丰富了文物活化利用的方式方法，东城区的颜料会馆、临汾会馆、台湾会馆、77剧场、大麦新空间以及西城区的正乙祠、湖广会馆、福州新馆、梅兰芳纪念馆和报国寺等，都是演艺新空间的重要组成部分。这些新空间的打造，不仅有利于盘活会馆的空间资源，而且通过多

① 《小空间推动大市场　北京市授牌首批演艺新空间》，中国经济新闻网，2023年4月20日，https://www.cet.com.cn/whpd/ys/3361492.shtml。

元内容的传播和功能各异的打造，展示了中华优秀传统文化的魅力与特点。2022年新京报与大麦合作，发布了"2022最艺术演出榜十大事件"（见表1），其中"首届'大戏看北京'展演季开幕，演出市场再添响亮文化品牌"名列榜首，"8家会馆联动'会馆有戏'，传统文化添新场景"和"沉浸式戏剧走近年轻观众，大麦演绎新空间上演《现在开市》"等与演艺新空间相关的事件被纳入其中，成为年度重要事件。

表1　2022最艺术演出榜十大事件

序号	重要事件
1	首届"大戏看北京"展演季开幕,演出市场再添响亮文化品牌
2	演出界助力冬奥氛围,打造冰上舞剧,冰墩墩雪容融上舞台
3	北京人艺70周年纪念版《茶馆》首演及首次直播,退休艺术家集体回归
4	国家大剧院、北京曲剧团等院团推直播,深化线上观演新方式
5	8家会馆联动"会馆有戏",传统文化添新场景
6	百年电影院变剧场,故宫、王府井、隆福寺区域形成"文化金三角"
7	舞剧《五星出东方》斩获第十七届"文华大奖"、第十六届"五个一工程"奖
8	沉浸式戏剧走近年轻观众,大麦演绎新空间上演《现在开市》
9	中国当代小剧场40周年,各剧展、院团举行纪念活动
10	缅怀！戏剧界数位艺术大家相继离世

资料来源：《新京报最艺术演出榜｜2022年度十大事件》，"新京报Fun娱乐"百家号，2023年1月20日，https：//baijiahao.baidu.com/s？id=1755550839864389862&wfr=spider&for=pc。

二　"大戏看北京"在发展过程中存在的主要问题

（一）"大戏看北京"的学理建设滞后，实践活动的纳入标准待明确

"大戏看北京"的提出，得益于市领导对北京戏剧生态的整体认知和全方位考察，在某种程度上它发挥了很好的风向标作用。但"大戏看北京"毕竟是一个新理念，实践活动虽然丰富，但相关研究成果不多，学理建设滞后。从学术研究看，此领域目前没有专著，中国知网的相关文章不足20篇，

主要集中于如何打造“大戏看北京”文化名片等一般性研究。至于什么是“大戏”、如何界定“大戏”，目前还处于各说各话的阶段。正因为如此，如果从长远的发展目标看，“大戏”的概念界定与具体展演活动时的标准规则均应该明确。从演艺实践看，2022 年 11 月，首届“大戏看北京”展演季在国家大剧院隆重开幕，虽受疫情影响一度改为线上进行，但后续在首都各大剧场如火如荼进行，在社会上产生了广泛影响。其中，展演季先后有 35 部线下演出剧目（见表 2）和 76 部线上“云剧场”剧目，形成了一个立足北京、面向全国、初具国际视野的活动平台。但在展现首都担当的同时，如何精选好戏，形成标杆和品牌还有很多工作亟待完善。比如，哪些剧目可以纳入“大戏看北京”展演季，具体标准是什么，目前都不甚明确或不公开、不透明，这样不利于形成公信力，进而不利于实现更强的辐射力和更广的影响力。

表 2　首届“大戏看北京”展演季线下展演剧目情况

序号	剧目名称	演出时间	演出地点	演出单位
1	舞蹈诗剧《杨家岭的春天》	2022 年	国家大剧院	国家大剧院
2	评剧《蒲柳人家》	2022 年	中国评剧院剧场	中国评剧院
3	评剧《花为媒》	2022 年	北京园博园	中国评剧院
4	北京曲剧《茶馆》(云剧场)	2022 年	中国评剧院剧场	北京市曲剧团
5	芭蕾舞剧《世纪》	2022 年	国家大剧院	中央芭蕾舞团
6	话剧《莲花》	2022 年	首都剧场	北京人艺
7	大型交响组曲《江姐》	2022 年	国家大剧院	北京交响乐团
8	话剧《万水朝东》	2022 年	天桥艺术中心	中央党校大有影视中心、中央戏剧学院
9	黄梅戏《不朽的骄杨》	2022 年	国家大剧院	安徽再芬黄梅文化艺术股份有限公司
10	京剧《五女拜寿》	2022 年	梅兰芳大剧院	国家京剧院
11	舞剧《昭君出塞》	2022 年	北京展览馆剧场	中国歌剧舞剧院
12	话剧《钟鼓楼》(云剧场)	2022 年	保利剧院	北京九维文化传媒有限公司
13	音乐剧《基督山伯爵》	2023 年	天桥艺术中心	北京歌舞剧院

续表

序号	剧目名称	演出时间	演出地点	演出单位
14	话剧《奋不顾身的爱情》(惠民票宣传)	2023 年	繁星戏剧村	北京天艺同歌国际文化艺术有限公司
15	话剧《如梦之梦》	2023 年	保利剧院	北京央华时代文化发展有限公司
16	越剧《钱塘里》	2023 年	中央歌剧院新剧场	浙江小百花越剧院
17	昆曲《李清照》	2023 年	天桥剧场	北方昆曲剧院
18	舞剧《海上夫人》+演后对谈(公益场宣传)	2023 年	老舍剧场	亚彬舞影工作室
19	木偶剧《大象来了》(云剧场)	2023 年	中国木偶艺术剧院卡酷剧场	中国木偶艺术剧院
20	话剧《人世间》(惠民票宣传)	2023 年	顺义大剧院	北京一未文化传媒有限公司等
21	原创大型贺岁儿童舞台剧《卡酷大计划——飞跃兔王星》	2023 年	中国木偶艺术剧院卡酷剧场	中国木偶艺术剧院卡酷剧场
22	话剧《茶馆》	2023 年	首都剧场	北京人艺
23	芭蕾舞剧《天鹅湖》	2023 年	梅兰芳大剧院	天津歌舞剧院
24	民族室内音乐会《俪人行与青衫渡》	2023 年	国家大剧院	中央民族乐团
25	舞剧《红楼梦》(惠民票宣传)	2023 年	天桥剧场	中央芭蕾舞团
26	舞剧《五星出东方》	2023 年	天桥艺术中心	北京演艺集团
27	京剧《大唐贵妃》	2023 年	国家大剧院歌剧厅	上海京剧院
28	话剧《深海》	2023 年	国家大剧院戏剧厅	广东省话剧院有限公司
29	儿童剧《花猫三丫上房了》	2023 年	顺义大剧院	北京儿童艺术剧院
30	相声剧《"有家"客栈》	2023 年	民族宫大剧院	北京市曲艺团
31	"国韵悠长"新春音乐会	2023 年	国家大剧院	中央广播民族乐团等
32	京剧《石评梅》	2023 年	北京大学	北京京剧院
33	话剧《归去来兮》	2023 年	国话小剧场	上海绝对佰剧演艺有限公司
34	音乐剧《三里屯 42 号》	2023 年	小柯剧场	朝阳区文联
35	歌剧《山海情》	2023 年	国家大剧院	中共北京市委宣传部等

（二）“大戏看北京”与其他系列文化活动，以及“演艺之都”的关系待厘清

北京的系列文化活动十分丰富，既有大戏东望·2022 全国话剧展演季、大戏东望·2022 南锣鼓巷戏剧展演季——致敬中国小剧场戏剧 40 周年、老舍戏剧节、当代小剧场戏曲艺术节等每年均举办的各大传统展演活动，又有中国艺术节、中国京剧节等辐射全国的国家级活动，还有文化惠民、“百姓周末大舞台”等系列公共文化服务活动。遇到重大历史节点，还有特殊的展演活动。如 2022 年中国剧协开展了“喜迎二十大　建功新时代丨艺苑撷英——全国优秀青年艺术人才（戏曲武戏、丑戏）展演”活动；北京剧协等单位联合主办了“纪念中国小剧场戏剧 40 周年系列活动”；北京人艺举办了十分隆重的建院 70 周年系列文化活动，特别是经典剧目《茶馆》的直播，在社会上产生了广泛的影响。如果没有疫情，每年全国各地的进京展演活动也是北京的一大特色。因此，如何整合这些活动，或者如何梳理这些活动和“大戏看北京”的关系，是一个值得深入研究的课题。此外，2023 年初，北京市政府工作报告中首次提出“要着力打造‘演艺之都’”。那么，“演艺之都”与“大戏看北京”的界定，需要权威的、精准的、有利于首都戏剧事业长远发展的官方说法以正视听。否则，各说各话的方式只能看到表面的繁荣，而难以推动实质问题的解决和有核心竞争力的文化软实力的形成。

（三）硬件建设与软件建设不匹配，体制机制创新步履维艰

近年来，随着全国文化中心建设的步伐日益加快，北京国际戏剧中心、中央歌剧院、北京城市副中心剧院、北京歌剧舞剧院、中国杂技团剧院、北方昆曲剧院、北京市文化馆剧场等一系列刚刚建成或正在建设当中的剧院如雨后春笋般出现，为首都的戏剧事业和“大戏看北京”提供了优越的硬件条件。然而，这些动辄投入十几个亿或几十个亿的大项目，后期如何运营以及运营效果如何，相关部门并没有深入研究并付诸必要的前置思考。以国家大剧院为例，因为前期硬件建设投入过大，后期运营时采用了“场地参观”

的方式，才弥补了一定的亏空。也有一些项目，因为前期没有运营方的参与，昂贵的装修只是针对演出所做的又一番改装，而这样的投入，皆是无谓的浪费。此外，还面临一些体制机制壁垒。以老舍剧场为例，北京市文联做了场地、内部装置以及必要的剧目筛选工作，然而其因为是“公益一类”事业单位，一直未能真正运营起来。目前其所有的演出，全是以各协会会员内部观看的方式进行。虽然必要的公益演出是首都戏剧事业的重要组成部分，但是，如果没有良性的市场循环，这样的演出对整个首都演艺市场是一种反向力，不利于长远的观众培育和戏剧事业的发展。无独有偶，刚刚落成，2023 年 7 月即将启用的北京市文化馆剧场也面临同样的问题。

三　实现“大戏看北京”品牌效应的对策建议

（一）发挥首都高校及科研院所力量，积极推动学理建设

首都北京有得天独厚的戏剧资源和学术资源。“大戏看北京”不能停留在口号阶段，必须切实发挥其功能属性，需要调动首都高校及科研院所的积极性和主动性，将重要的理论问题比如什么是“大戏”、如何打造“大戏”、怎样传播“大戏”等一系列问题说清说透。具体来说，2022 年北京市在市级层面已开展了“大戏看北京”展演活动，2023 年是否可以在开展“大戏看北京”展演活动的同时，开展一些专门的学术论坛活动，使得演出实践与理论建设能够同步进行。此外，就目前的隶属关系看，“大戏看北京”是在北京市提出的，市属院团在举办相关演艺活动时一般都能积极主动与这一文化品牌相衔接，但是央属院团没有相关动力，所以应先从学理上厘清，进而上升到国家高度。用“大戏”推动全国文化中心建设，进而推动实现真正的社会主义文化强国，是“大戏看北京”发展的重要方向之一。

（二）及时厘清传统戏剧活动与“大戏看北京”的关系，尽早制定切实可行的“大戏”标准

做强做优“大戏看北京”品牌，首先要厘清多重关系，比如传统戏剧

活动与“大戏看北京”展演活动的关系。其次要制定“大戏”标准，比如是原创标准还是经典标准、是演出场次标准还是市场效益标准、是品质标准还是数量标准或者是几者兼备，同时发力。再次要注重戏剧人才的培养。“大戏看北京”不是一个口号，而是建立在戏剧资源、人才、技术和生态等一系列要素与维度之上的文化品牌。人才是关键中的关键，如何培养人才、如何用好人才，需要在实践中磨炼、在政策上明确、在管理中提升。最后，纳入“大戏看北京”展演季的剧目，要明确标准、优中选优，相关鼓励政策要及时制定，艺术实践中的纠偏也是保持航向的关键。诚如研究者所指出的：“惟有叫得响、传得开、留得住的作品方能称为‘大戏’。”[①] 因此，及时制定符合艺术规律和创作实际的“大戏”标准势在必行。

（三）破除体制机制壁垒，鼓励先行先试

文化是一个民族的灵魂，是真正持久和深沉的力量。硬件建设容易，软件建设尤难。“大戏看北京”在硬件建设上已有多重部署，在软件建设上需要克服重重难关。其中一重难关便是破除体制机制壁垒。无论是引进已经成熟的运作团队还是委托给第三方并建立健全必要的监管机制，只有努力去做，方能看到成效。当下，先行先试必然是崇高理想的试金石，这一点故宫的文创做了很好的探索。在舞台艺术领域，国家大剧院和天桥艺术中心已经有了像模像样的运作样板，故宫博物院与东方演艺集团合作的现象级舞蹈诗剧《千里江山图》是一个成功的案例。因此，相信只要给那些爱文化和懂文化的文化单位如老舍剧场、北京市文化馆剧场一点儿空间，包括未来的北京城市副中心剧院、北京歌剧舞剧院和中国杂技团剧院等，他们一定能够为“大戏看北京”这一文化品牌增添亮色，并为首都戏剧事业开创一个真正属于人民的戏剧天地和文化空间。

① 崔文佳：《以更多精品力作叫响“大戏看北京”》，《北京日报》2021 年 10 月 15 日。

B.13

北京“博物馆之城”建设现状与对策建议*

李重蓉**

摘　要： 近年来，北京“博物馆之城”建设稳步推进、亮点迸发，文博事业融入城市发展成效日趋显著。本报告从数量与级别、分类与规模、藏品数量与特色、展览活动与参观人数等方面，对2021年以来北京地区博物馆的建设情况进行了全面梳理；从政府统筹规划，加强顶层设计；财政支持力度加大，公共文化服务供给水平提升；博物馆文化传播的手段与形式不断丰富；博物馆的教育功能持续加强；等等方面总结了北京“博物馆之城”建设新进展。针对北京“博物馆之城”建设中存在的问题，提出以下对策建议：加大政策扶持，深度整合资源；修缮硬件设施，加强外部合作；提升数字化水平，继续推进文物活化。

关键词： 博物馆之城　文博事业　数字化

北京有3000多年建城史、870年建都史，是全世界博物馆资源最多的城市之一，建设“博物馆之城”具有得天独厚的资源、机构和人才优势。经过多年的建设，北京博物馆体系日趋完善，服务能力显著增强，形成具有首都特色的文博生态。近年来，北京的“博物馆之城”建设稳步推进、亮点迸发，文博事

---

* 本报告系北京市社科基金青年项目“北京地区博物馆藏汉画像研究”（项目批准号：20LSC012）阶段性成果。写作过程中得到国家文物局王汉卫博士的帮助，谨致谢忱。

** 李重蓉，历史学博士，中国国家博物馆副研究馆员，主要研究方向为秦汉史、文物。

业制度环境持续优化，文化服务供给水平持续提升，文博事业融入城市发展成效日趋显著。本报告试就相关情况做出分析和总结，并提出相应的对策建议。

一　北京地区博物馆的发展现状

（一）数量与级别

北京地区的博物馆数量稳步增长。北京市文物局公布的数据显示，2021 年全市备案博物馆达 204 家，相较于 2020 年的 197 家，增长了 3.55%；2022 年全市备案博物馆达 214 家，增长了 4.90%，年增幅较大（见图 1）。据国家文物局公布的数据，2021 年全国备案博物馆达 6183 家，较 2020 年的 5788 家，增长了 6.82%。其中，5605 家博物馆实现免费开放，占比达 90%以上。[①] 截至 2021 年底，北京地区备案博物馆数量占全国备案博物馆数量的 3.30%，新增备案博物馆的数量在全国新增中的占比为 1.80%。博物

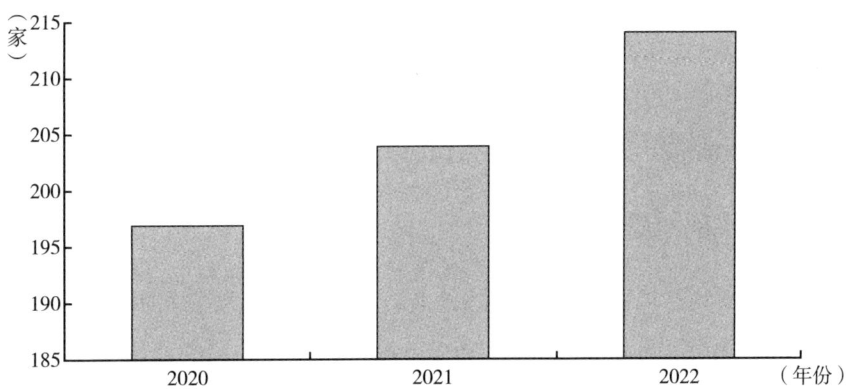

图 1　2020~2022 年北京地区备案博物馆数量

资料来源：参见《北京市文物局 2022 年工作总结》，北京市文物局网站，2022 年 12 月 30 日，http://wwj.beijing.gov.cn/bjww/362679/362680/482911/326009945/index.html。

① 《我国博物馆总数达 6183 家，90%以上免费开放》，《中国青年报》2022 年 5 月 24 日，第 11 版。

馆级别方面，由于定级工作的周期性，目前的数据仍与全国第四批博物馆定级名单相同，即北京有一级馆 18 家、二级馆 10 家、三级馆 11 家。

（二）分类与规模

北京地区博物馆的种类丰富。北京市统计局公布的统计年鉴数据显示，2021 年市文物局系统内博物馆合计 45 家，按类别划分：综合性博物馆有 17 家，含 5 家市属、12 家区属博物馆；历史性博物馆有 20 家，含 10 家市属、10 家区属；艺术性博物馆有 2 家，皆为市属；自然科技类博物馆有 2 家，皆为区属；其他类博物馆有 4 家，含 1 家市属、3 家区属。

市文物局系统内博物馆及文物保护机构的从业人员有 3628 人，其中市属博物馆及文物保护机构的从业人员有 1430 人，区属博物馆及文物保护机构的从业人员有 2198 人。

从管理属性看，截至 2021 年末，北京的 204 家备案博物馆中有央属博物馆 65 家、市属博物馆 47 家、区属博物馆 47 家、非国有博物馆 45 家。历史性博物馆的数量最多，其次是综合性博物馆，反映出北京作为历史文化名城的文化特色。央属博物馆的从业人员最多，其次是区属博物馆，再次是市属博物馆，说明北京的博物馆兼具高层化与基层化特性，既能够满足较高的文化需求，也能够提供普适性、大众化的文化服务，既别具一格又多元共生。

（三）藏品数量与特色

文物藏品始终是博物馆的立馆之本。北京市统计局公布的《北京统计年鉴 2022》数据显示，2021 年北京全市按行业管理登记的博物馆文物藏品数有 1628.9 万件，市文物局系统内博物馆及文物保护机构的文物藏品数有 131 万件，其中一级品有 1093 件。全市文物藏品数量超过 100 万件的机构仍然只有故宫博物院与中国国家博物馆两家。

其中，北京市革命文物的保护利用工作具有特色。2022 年有效清点核定文物并及时公布相关数据，组织完成北京市第二批革命文物名录核定并正式向社会公布。文物数字化工作的节奏加快，北京市重点革命文物数字化保护提升工程（一期）项目已基本完成。重点革命文物、遗址的保护利用工作取得进展，《晋察冀革命文物保护利用片区工作规划》和《冀热辽革命文物保护利用片区工作规划》，以及天安门、双清别墅、卢沟桥（宛平城）等重点革命文物保护规划已形成初步成果；国立蒙藏学校旧址文物保护修缮工程已完工。[①]

北京博物馆的藏品总数庞大、种类丰富，特别是早些年具备征集借调地方文物入京的优越条件，这些都是全国其他地区博物馆无法比拟的优势。如何真正保护、传承、利用好这些文物，为社会公众提供满足不同层次需求的文化服务、为学界提供丰富多样的学术研究资源、为祖国人民继承发扬好具有民族特色的文化传统，是北京博物馆责无旁贷又艰巨的时代任务。

（四）展览活动与参观人数

国家文物局公布数据显示，2021 年全国博物馆举办展览 3.6 万个，教育活动 32.3 万场，策划推出 3000 余个线上展览、1 万余场线上教育活动，网络总浏览量超过 41 亿次。虽然受到疫情影响，全国博物馆仍接待观众 7.79 亿人次。北京市文物局公布的数据显示，2022 年全市博物馆共举办展览和活动近 500 项。2021 年北京市按行业管理登记的博物馆的参观人数有 2000.3 万人次，约占全国博物馆同年接待观众量的 2.57%，其中文物局系统内博物馆及文物保护机构的参观人数为 1019 万人次。[②]

由以上可知，北京博物馆在全国博物馆中优势突出，无论是硬件设施、藏品基础还是人员配置，都具备其他地方博物馆难以比拟的优质资源与条件，在疫情期间也保持了发展势头，为社会公众提供了丰富多样的文化服务。

二　北京“博物馆之城”建设的新进展

近年来，北京依托丰富的文博资源和良好的实践经验，加强顶层设计和

---

① 参见《北京市文物局 2022 年工作总结》，北京市文物局网站，2022 年 12 月 30 日，http://wwj.beijing.gov.cn/bjww/362679/362680/482911/326009945/index.html。

② 北京市统计局、国家统计局北京调查总队编《北京统计年鉴 2022》，中国统计出版社，2022。

政策扶持，加大财政投入力度，积极探索创新性、突破性发展路径，高质量推进“博物馆之城”建设。

（一）政府统筹规划，加强顶层设计

推动“博物馆之城”建设工作的科学常态化，围绕此项工作举行议政会。经过前期扎实务实的集中调研，突出重点问题，广泛考察不同类型的博物馆，与博物馆负责人座谈交流，组织研讨活动，把“博物馆之城”建设纳入北京市政协2022年度重点协商议题。2022年7月15日，北京市政协和市委统战部就“推进建设‘博物馆之城’助力全国文化中心建设”联合召开议政会，溯本求源、凝聚共识。

“博物馆之城”建设的规划方案不断完善。《北京博物馆之城建设发展规划（2023—2035）》（征求意见稿）完成编制，面向社会公开征求意见。开展“类博物馆”调研和培育工作，制定方案，推进挂牌开放。

其中，朝阳区的表现可圈可点。2011～2021年，朝阳区率先出台《朝阳区关于大力推进博物馆事业发展的工作意见》《朝阳区扶持非国有博物馆发展实施办法》等多个博物馆专项政策，持续更新实施方案。朝阳区还在北京市积极推进“类博物馆”先行先试，确定懋隆文化产业园为“类博物馆”试点；积极推动“类博物馆”的备案工作，帮扶、引导、加速博物馆的成长。①

（二）财政支持力度加大，公共文化服务供给水平提升

政府加大对文博事业的财政投入，全力支持博物馆高质量发展。北京市文物局与北京市财政局共同印发《北京市社会力量兴办博物馆扶持资金管理办法（暂行）》，完成首批资金发放。各区政府也积极响应，例如朝阳区给予新建博物馆资金支持，扶持非国有博物馆金额累计达到2000万元，还

① 《朝阳高质量打造“博物馆之城”》，“北京朝阳”客户端，2022年7月14日，https://h5.chaoyangapp.com/zixunDetail.html?targetId=N6uDb-UKGoxr7ER_bGZ4n68it4S3t_A。

在博物馆业务培训、“博物馆之城”构建研究、文创开发、免费开放、绩效考评等方面设置了相应的资金补贴。

北京博物馆数量及展览活动数量持续增加，公共文化服务供给水平不断提升。2022 年，北京市继续扩大博物馆免费开放范围，提高博物馆无障碍设施和适老化服务水平；鼓励博物馆围绕传统节日及重要时间节点举办展览和文化活动；提供延时开放服务，虽然受到疫情的不利影响，2022 年仍有多个博物馆自 7 月陆续开始提供延时开放服务，其中“白塔之夜”已成为品牌项目。

（三）博物馆文化传播的手段与形式不断丰富

加强跨界合作，利用新科技手段创新形式，实现跨媒介推广，积极推动博物馆文化的传播，是这些年北京博物馆积极尝试的发展方向，取得显著成效。

自 2015 年《博物馆条例》实施以来，博物馆不断深入挖掘文物藏品的文化内涵，创新文化传播的表现形式和表达方式，让文物故事以喜闻乐见的形式进入群众日常生活。近年来，全国不少博物馆免费开放更多数字资源，让公众享受不同形式的在线服务。北京各大文博单位也不断创新传播方式，让传统文化与潮流文化相结合，展现出更加时尚新潮的面貌、历久弥新的内涵，提升文博产业对大众的吸引力，让文博产品、作品频频“出圈”。

博物馆积极构建线上线下融合的传播体系。其一，博物馆致力于利用短视频平台，以“云直播”的形式讲述文物背后蕴涵的历史文化，如抖音、快手、淘宝、B 站平台的组合已日渐成为文博圈熟练运用的传播手段。抖音发布的博物馆数据报告显示，2021 年，博物馆相关视频在抖音的播放量超过 394 亿次，相当于全国博物馆一年接待观众人次的数 10 倍。2022 年国际博物馆日，西瓜视频、抖音、今日头条联合上线“博物馆奇遇记”活动，联合凡尔赛宫、南京博物院、三星堆博物馆、湖南省博物馆、山东博物馆等 20 余家博物馆推出线上直播，通过文化名人和专业讲解员的直播，带网友线上看展，近距离观赏了解文物，抖音话题“博物馆奇遇记”获得 6.6 亿次播放量。

其二，文博类电视节目成为新媒体语境下传播历史文化的重要载体，这一载体特别适合文博知识的创新解读和形象呈现，以音视觉效果折服观众。比如中国国家博物馆、故宫博物院出镜各类综艺节目，《国家宝藏》《如果国宝会说话》“圈粉”无数，舞蹈《只此青绿》惊艳刷屏……从文物藏品到综艺节目，从文创产品到舞蹈诗剧，北京博物馆的展览、文物、文创产品不断以各种形式“破圈”，成为亮眼的文化现象。北京市文物局与北京广播电视台共同推出原创节目《博物馆之城》，以互动真人秀的形式带领观众走进北京各类博物馆，挖掘文物所蕴含的历史价值、文化价值、时代价值，在北京卫视播出后引起广泛关注。

其三，北京博物馆积极探索尝试新科技。一方面，VR 技术被运用到博物馆展览中，为展览打造出逼真的感官效果，创新出叠加交互叙事的方式，为观展者带来了物理空间与认知空间相结合的沉浸式观展体验；AR 导览服务让观众能看到复原的远古文物、“触摸”不宜展示的珍贵文物。另一方面，AI 技术的发展和数字人制作平台的出现，为文博产业的基础设施建设提供了新方向。2022 年 5 月，国内首个文博虚拟宣推官“文夭夭”亮相国际博物馆日，以多个“数字人分身”同时服务上百家博物馆，向观众讲解各件文物，感官效果新颖奇幻；7 月，数智人“艾雯雯”正式亮相并成为国家博物馆“新员工”……从数字展览、数字藏品到数字人，数智赋能文博事业，极大拓宽了历史文化的展示、传承途径，为传统的文博行业踏入虚拟空间开辟了窗口，给观众带来了更时尚的文化体验。

通过新思路、新科技、新途径，在新媒体传播语境下把握住流量密码，北京博物馆实现了“跨界”“出圈”，也让沉睡的历史和静止的文物活跃起来，为大众所感知、认同和喜爱，使民族的历史文化知识以润物无声的方式浸润着人心。

（四）博物馆的教育功能持续加强

博物馆不仅是历史文化教育课堂，还具有美育、德育、亲子教育等各类社会教育功能。在博物馆活力被激发的同时，博物馆文化基因得到了更有效的传播推广。2022 年，北京市文物局推进“大思政课”建设，面向中小学生开展“七个一”活动，面向全市博物馆征集助推“双减”资源，共征集专家资源清单 82 项、课程资源清单 91 项、活动资源清单 84 项。北京还持续推进京津冀“博物馆进校园”示范项目。

三 北京“博物馆之城”建设面临的问题

北京“博物馆之城”建设虽然取得了一定成就，但仍然面临着多重挑战，比如政策指导与支持的力度仍需加大，全市博物馆的发展仍然不平衡、中小博物馆发展后劲不足，文博行业的传播手段仍有提升空间，等等，这些依旧是北京“博物馆之城”建设必须面对的问题。

首先，“博物馆之城”建设的政策措施仍然有待细化，政策指导与支持的力度仍然有待加大，政策贯彻落实的效果还有待检验。“博物馆之城”理念的明晰与确立，需要政府的顶层设计与全盘规划；发展理念的落实到位，需要基层单位与社会各界力量的通力合作。相关部门既要提高站位，做好统筹布局、总体规划，又要在各类博物馆之间做好沟通协调，打造经验交流与资源整合的平台。

其次，北京地区博物馆发展不平衡的问题由来已久，藏品数量、展陈质量、人才梯队、学术研究、硬件设施等现实条件所导致的差距，使大型博物馆与中小型博物馆之间长期存在发展不平衡的问题，特别是在疫情期间，中小博物馆的发展较为受限。要解决这一难题，除了依靠政府打造良好的外部环境，还有赖于博物馆自身的改革创新、同行之间加强交流联络。

再次，数字化已是博物馆事业发展的大势所趋，北京博物馆的文化传播手段仍有提升空间。互联网用户群体庞大复杂，以及信息技术带来的多元化传播形式，都会使文博行业面临一系列具体问题与挑战。一方面，目前的数字化服务呈现形式相对单一，现实体验略显欠缺，更多增强体验感的方式方法有待开发；另一方面，博物馆的传播宣传、舆情风险管控和舆情应对处置等方面的工作都要进一步改善，以适应时代需求。

四　北京“博物馆之城”建设的对策建议

（一）加大政策扶持，深度整合资源

首先，“博物馆之城”建设的方向、形态、目的、意义、功能等并非抽象的理念框架，需要具体落实，形成北京独特的建筑集群与文化坐标。政府部门既要高瞻远瞩，又要指导这一事业的推进；既要契合博物馆行业自身的发展规律，激发博物馆的创造活力，又要将博物馆事业嵌入整座城市的长远发展中考量，以文化促进经济发展、展示城市风貌，乃至塑造国家形象。

其次，政府部门坚持高标定位，强化顶层设计，以系统思维解决问题。进一步完善“博物馆之城”建设的政策体系，强化执行落实，以政策提供方向、以制度保障运作，形成一套良性工作机制，并在实践中不断改进。文博工作必须以政策制度为依据，整体考量文博事业的各方面，从文物到文保单位、从地带到区域，都需要以系统思维、全局观念去统筹规划。

再次，在统筹、分配和调动人力、物力、时间等资源上，政府部门既要考虑为博物馆创造良好的外部环境，使博物馆能够获得优质资源，又要考虑到北京地区博物馆的地域、层级、属性、类型等多种多样，大型博物馆与中小型博物馆之间的差距较大等现实因素。政府部门既要推动博物馆之间共享资源、交流经验，打造开放的流通平台，还要鼓励博物馆自身改革创新、自主开拓，寻求发展之路。

（二）修缮硬件设施，加强外部合作

“博物馆之城”建设并非某一家博物馆、某一个文物机构，甚至文博界所能独立承担，而是需要整合全城资源、汇集社会力量，通盘考量、通力协作。

一方面，博物馆内部建设包括资金运转、展厅规模、文物库房、运维场所、安全设施、办公用房、办公设施等，需要遵照政府与行业的硬性规定，做到安全规范。博物馆要顺应时代潮流，借助新科技推进硬件设施的更新换代，以拥抱技术变革的姿态去实现博物馆与时代接轨，更好地传播文化、产生影响。例如中国国家博物馆 2022 年借助直播技术，实现与不同国度、区域的多家博物馆连线，举办全球博物馆珍藏展示在线接力活动，通过电子技术向观众展示多种文明风采，活动直播观看量累计超 2000 万次，相关话题阅读量超 6000 万次，效果突出。修缮设施、提升技术，是博物馆建设的必经之路。

另一方面，博物馆建设需要良好的外部环境，包括人文、人才、财政、场地等各种现实资源的配置，这些都需要与外界合作、共享资源。面对挑战，加强与各方的合作交流成为博物馆发展的必然选择。例如，加强博物馆之间的国际合作，整合优势资源，积极打造精品展、特色展。2022 年，中国国家博物馆与意大利联合举办的“意大利之源——古罗马文明展”广受好评，为博物馆探索发展方向提供了参考。应当根据社会发展需要，依托北京各种丰富的人文自然资源，建设主题博物馆；积极与企业、高校、科研单位等合作，依托特色资源建设行业博物馆；与中华老字号、非遗传承人、民间收藏家等合作共事，提升品牌影响力；鼓励将大型社区、学校公园、商业综合体、功能园区等引进博物馆。

（三）提升数字化水平，继续推进文物活化

以习近平同志为核心的党中央为文博工作指明了方向，推动文物活化利用是其中的重要内容。让文物“活”起来，包括用新颖的科技手段变革展陈形式、创新观众观展体验、推出独具特色的文创产品等。如前文所述，北京地区的博物馆在利用新兴科技方面取得了一定成绩，在未来的“博物馆之城”建设中应当继续探索，持续推进博物馆的高质量发展。

一是继续加强数字化建设，推进“云游博物馆”长效发展。对于博物馆建设而言，网络看展不是受疫情影响的应时之举，而是为线下有限的

场地分流。同时，随着数字技术的不断发展，公众从过去的单向被动接收信息转变为主动参与体验展厅。未来，还有待开发更多增强线上体验感的方法，进一步推进“云游博物馆”与线下展览融合互补，为公众提供更好的文化服务。

二是继续推进“AI+AR+博物馆”赋能数字化建设的新变革。不断提升博物馆数字化建设水平和能力，使博物馆提供更好的数字文化服务和文化产品，在展陈方式、藏品保护、导览讲解、教育美育等方面继续创新，为公众提供更好的交互式、沉浸式的文化体验。

三是继续结合展览，借助展览专题和文物符号，利用数字技术打造既富有文化内涵，又具备时尚元素的文创产品。比如，近年来中国国家博物馆着力打造“国博衍艺”文创品牌和“国博美馔”餐饮品牌，其中元宵行乐互动解谜书、天官夔九盲盒、榫卯小兵人、探月系列棒棒糖、国博美粽端午礼盒等产品深受喜爱。故宫博物院开发的“故宫日历”“故宫的猫”“角楼咖啡”“故宫彩妆”等创意产品，逐渐形成“创意 IP 王国”，并通过持续制造热点话题、覆盖多元受众群体，使 600 余岁的故宫以一种前所未有的姿态“活”起来。当然值得注意的是，部分博物馆目前只做到了让文物“活”在网上或小圈层里，还未“活”在公众心中，网民仍处于“看热闹”的阶段，娱乐化、调侃化特征明显，文物与历史知识的科普未能同步进行。

如何让文物真正“活”在公众心中、让博物馆长久“出圈”，是未来文博工作需要不断思考的问题。数字技术像一把双刃剑，博物馆既需要借助新科技让文物发挥传递文化信息、提升文化自信的作用，还需要在展览、文创等面向公众的服务工作上做到内容化与亲民化的齐头并进。力争借助数字技术，从展陈设计到文创开发能够形成一条产业链，既丰富和增强展陈的内容与设计感、体验感，忠于品质、坚守底线，传播真实的历史文化和科学知识，也系统化地研发文创产品，打造形式多样、富有创意、有较强市场竞争力的文化创意产品。

综上，北京“博物馆之城”建设持续推进，既得益于博物馆事业已有的良好基础和比较优势，也直接受益于政府与社会多方力量的共同扶持与合作。这些是对以往努力的证明，也是对后续工作的督促，政府部门要着力解决现存问题，积极拓宽“博物馆之城”建设的格局、牢牢把握工作的正确走向，将“博物馆之城”建设融入整座城市的发展，更好地满足人民群众的精神文化需求，为提升北京的文化影响力和城市竞争力做出更多贡献。

文化创新与融合发展

Cultural Innovation and Integrated Development

B.14 2022年北京文化产业发展趋势与路径

向　勇*

摘　要： 2022年是北京发展史上迈入里程碑意义新时代的第十年，发展文化产业是北京建设全国文化中心的重要内容，文化产业已经成为北京经济社会发展的重要支柱性产业。总体而言，2022年北京文化产业保持平稳增长，实现了一定程度的提质增效。具体来讲，北京文化产业的内容生产呈现传统与现代、国家与个体、本土与国际相结合的审美现代性新主流范式；生产方式注重数字技术的创新赋能，搭建数字文创的大赛展示和论坛交流平台，加强数字文化技术研发，促进文化事业与文化产业的数字化融合发展；北京文化产业的消费体验围绕"中国潮"、"国际范"与"烟火气"的国际消费中心城市定位，积极推动景区、园区、街区、社区"四区合一"的文化创意园区创新探索，打造北京夜经济生活圈，推动线下消费与线上消费日趋融合，积极培育文创

* 向勇，北京大学文化产业研究院院长、教授，主要研究方向为文化产业。

IP，推动文化产业跨界融合；海外推广以2022北京冬奥会为契机，积极发挥服务贸易平台载体作用，深度参与国际文化产业分工协作，打造一批具有全球竞争力的文化企业，促进文化交流与文化贸易的融合发展；公共治理表现为推动有效市场和有为政府的更好结合，促进文化产业发展的土地、劳动力、资本、技术和数据等要素资源的有效配置和有序发展，积极探索文化产业政府治理的创新机制。

关键词： 文化产业　高质量发展　数字赋能　北京

引　言

2022年党的二十大胜利召开，我国迈上全面建设特色社会主义现代化国家新征程。党的二十大报告提出，不断增进文化自信自强，推动文化强国建设，铸就社会主义文化新辉煌。2022年，是世纪疫情跌宕起伏的一年，是我国经济社会发展复杂多变的一年，是国际形势和全球格局剧烈动荡的一年。在这一年，中国经济社会发展处于外生冲击下的调养生息阶段，同时展现出大国经济的强劲韧性，2022年GDP比上年增长3%，中国经济总量达到121万亿元，综合国力稳步增强，中国经济跃升至一个新台阶。2022年是文化产业正式被写入党的十六大报告、成为社会主义文化建设“一体两翼”重要组成部分的第20年。在这一年，文化产业各界克服疫情带来的种种压力，积极推动文化产业数字化转型发展，培育文化消费新业态，实现全国规模以上文化及相关产业企业营业收入121805亿元、同比0.9%的平稳增长。[①] 2020年习近平总书记在湖南视察文化产业时

① 《国家统计局：2022年我国规上文化企业营业收入超12万亿元》，光明网，2023年1月30日，https：//m. gmw. cn/baijia/2023-01/30/36331681. html。

指出“文化产业既有意识形态属性，又有市场属性，但意识形态属性是本质属性”①，文化产业发展带来的不只是经济效益的增加，也推动了社会效益的增加，提升了人民群众的文化素养，增强了国民文化自信，提高了国家文化软实力，增强了特色社会主义现代化国家建设的精神力量。

2022年是北京发展史上迈入里程碑意义新时代的第十年。2022年，北京积极统筹疫情防控和经济社会发展，持续探索“建设一个什么样的首都、怎样建设首都”这一重大时代课题，面对疫情蔓延和经济发展的诸多困难及各种挑战，大力加强“四个中心”功能建设，实现2022年GDP超4.1万亿元、同比增长0.7%的可喜成绩。全国文化中心是中央赋予北京的战略定位，发展文化产业是北京建设全国文化中心的重要内容。北京第十三次党代会报告强调，“繁荣首都新闻出版、广播影视、文学艺术、网络视听和哲学社会科学事业”，“实施文化精品工程，打造‘大戏看北京’文化名片”。北京《2023年政府工作报告》指出，“奋力开创新时代首都发展新局面”，“立足文化自信自强，做好首都文化这篇大文章，更好满足人民群众日益增长的精神文化需求”，“加强博物馆之城建设，更加便利公众走进博物馆。深化全民阅读活动，建设书香京城，着力打造‘演艺之都’，推进‘大戏看北京’，精心组织创作一批文艺精品，办好惠民文化消费季。促进以文塑旅、以旅彰文”，“深入实施‘文化+’融合发展战略，积极开展数字艺术、沉浸式演出等数字文化场景建设，推动文化产业园区高质量发展”。北京积极发挥全国文化中心的示范引领作用，文化产业是首都文化建设的重要组成部分，文化产业已经成为北京经济社会发展的重要支柱性产业。

2022年，北京市委、市政府克服新冠疫情带来的种种不利因素影响，扎实推进文化惠民工程和全国文化中心建设，推动体制机制创新，成立多部门协调小组，制定顶层规划，设立专项扶持资金，积极应对疫情影响助企纾困，充分激发文化产业界的创新活力，推出了一批既叫好又叫座的文化内容

① 《扛起抓好意识形态工作的政治责任》，“湖南日报”百家号，2020年11月1日，https://baijiahao.baidu.com/s?id=1682114797134208065&wfr=spider&for=pc。

精品，加大文化与科技协同创新，积极开展数字文化、沉浸式展演等新型场景建设，推进文化与旅游深度融合，深化红色文化主题片区建设，携手张家口成功举办了北京冬奥会，促进文化与商业消费结合，推动历史街区和老旧厂房创意活化，推动文化产业园区高质量发展，促进文化与金融合作示范，实现了文化产业的稳定增长，文化产业增加值占 GDP 比重保持稳定的增长态势，开启了新时代北京文化产业发展的新范式，赋能了首都市民的美好生活，实现了疫情中的文化突围和产业创新。

一　新主流：北京文化产业的内容生产

文化内容是文化产业发展的核心要素。近年来，北京的文化精品项目和重点项目不断涌现，社会效益更加显现。2022 年，北京文化产业的内容生产在文化主题、创意形式和承载媒介等方面都表现出丰富性和多样性时代特征和首都风范。北京文化机构生产的文化产品形式多样、内容丰富、内涵深刻，涵盖了动漫、影视、音乐、非遗、数字文创、时尚等文化产业的多个不同门类。这些文化作品既有经典的视觉艺术和表演艺术，也有现代的影像艺术，更有新兴的数字艺术，充分彰显了文化内容生产的时代印记。

比如，在演艺行业领域，2022 年，按照北京市文化和旅游局的工作部署，以“大戏看北京”为品牌牵引，推出“北京有大戏”“到北京看大戏”“看到北京的大戏”等一系列文化活动，重点扶持重大革命历史题材、现实题材、中华优秀传统文化题材、京味文化题材创作，建立健全扶持优秀剧本创作的长效机制，搭建全市剧本创作孵化平台，举办 2022 年中国戏曲文化周，孵化的剧目包括新编京剧《石评梅》《赢驷与商鞅》、大型历史题材昆剧《千里江山图》《曹雪芹》、原创昆剧《赵匡胤》、现实主义题材昆剧《新海港》、复排传统昆剧《西园记》等，[①] 积极推动传统戏剧的创意活化。

① 《2022 年北京市文化和旅游局工作要点》，北京市文化和旅游局网站，2022 年 3 月 4 日，http：//whlyj. beijing. gov. cn/zfxxgkpt/zdgk/ghjh/202203/t20220303_ 2621431. html。

北京市文化和旅游局主办的2022年“北京故事”优秀小剧场剧目展演集中展示了20部党的十八大以来的优秀小剧场戏剧作品共40场，举办戏剧工作坊、云上展演等10余场公益活动，成为推动我国小剧场戏剧创作与演出推广的重要渠道。①

再如，在影视行业领域，北京一直是中国的影视重地，拥有中影、光线传媒、博纳影业、万达影视、华谊兄弟、北京文化、嘉映影业、爱奇艺影业、抖音文化、开心麻花影业等重要的影视公司，先后推出《长津湖》《流浪地球》《觉醒年代》等影视佳作，取得了良好的商业价值和社会价值，在商业模式、内容叙事、社会效果等方面引领了我国影视产业主流大片的发展潮流。2022年6月，在国家广播电视总局公示的重点网络影视剧拍摄规划备案片目中，北京市属节目制作机构备案通过59部，其中网络剧21部493集，占全国总数的25%；网络电影36部，占全国总数的25%；网络动画片2部31集，约占全国总数的3.7%，体现了北京较为强劲的内容创作能力。北京市文联主办、北京电影家协会承办的“首都青年电影人才培训计划”，培养了60名青年电影创作人才，不断为影视行业培养新锐人才。

总之，2022年北京相关文化机构生产的文化产品，既有对中华优秀传统文化的传承与活化，也有对红色革命文化的赓续与弘扬，更有对社会主义先进文化的创造与发展，并结合时代特色、市场需求，对文化产品的叙事和视觉呈现进行创造性转化，打造了一批表达主流意识形态、符合现代审美特征、注重国际认知表达的新主流文化产品。这些文化产品反映了“古都文化、红色文化、京味文化、创新文化”等北京文化资源的独特优势，立足北京文化资源的价值禀赋，重点挖掘北京中轴线文化遗产、长城文化带北京段、北京大运河文化带、西山永定河文化带、“三山五园”等重点文化资源，紧密结合文化内容的创作特性与文化市场的消费规律，彰显了文化内容生产的文化价值、市场价值和社会价值等多元价值，凸显了北京文化独特的

① 《2022年“北京故事”优秀小剧场剧目展演在京开幕》，“人民资讯”百家号，2022年11月4日，https://baijiahao.baidu.com/s?id=1748551051341298799&wfr=spider&for=pc。

气质和风韵，很好地反映了北京文化内容生产机构、创造个体与创意团队的整体水平和创作能力。[①] 当然，北京文化产业的内容创作，对北京作为全国文化中心发挥引领和示范效应及提升中华文化软实力、影响力和凝聚力的带动作用仍需增强，高质量的文化产品和服务有效供给不足，需要进一步打造能够引领主流价值观、彰显精湛艺术水平、实现高价值商业回报的精品力作。

二 新业态：北京文化产业的数字赋能

文化和科技的深度融合是推动文化资源数字化转化、传统文化产业迭代升级、文化产业高质量发展的重要引擎。2022 年 5 月，中共中央办公厅、国务院办公厅印发的《关于推进实施国家文化数字化战略的意见》提出，到“十四五”时期末，形成线上线下融合互动、立体覆盖的文化服务供给体系，到 2035 年，建成物理分布、逻辑关联、快速链接、高效搜索、全面共享、重点集成的国家文化大数据体系。2022 年 11 月，工业和信息化部等部门印发的《虚拟现实与行业应用融合发展行动计划（2022—2026 年）》指出，实施演艺娱乐领域“VR/AR 线上演播”工程。推动 5G 虚拟现实在演艺行业规模商用，建设常态化“虚拟现实+演艺”平台，支持文艺院团、演艺机构举办线上沉浸式演艺活动，促进舞台艺术线上发展，鼓励文艺院团、文艺工作者、非物质文化遗产传承人在虚拟现实平台开展沉浸式展演，培育一批符合沉浸式娱乐需求，适合线上观演、传播、消费的原生线上演播产品。支持虚拟现实在主题公园、园区街区、商业场所的应用，开发沉浸式娱乐体验产品。这为北京文化产业数字化转型发展提供了根本遵循。

2022 年 7 月，北京市广播电视局印发的《北京市广播电视局关于服务保障“两区”建设推动新视听改革创新的若干举措》提出，实施智慧广电

① 《文化内容生产是首都文化产业高质量发展的“最强大脑”》，中传云资讯系统网站，2023 年 1 月 9 日，https://www.ccmapp.cn/news/detail?id=440b1728-f3b6-46a7-b362-a88429ee4a07&categoryid=10935-mssql&categoryname=%E4%BA%A7%E4%B8%9A。

行动方案，编制“5G+8K”新视听产业地图，深化北京新视听工作组协同创新，发布5G视听创新应用典型场景，持续推进视听创新场景试点和成果转化。2022年11月，《北京市数字经济促进条例》颁布，指出“教育、文化和旅游、体育、广播电视等部门应当支持和规范在线教育、在线旅游、网络出版、融媒体、数字动漫等数字消费新模式；发展数字化文化消费新场景；加强未成年人网格保护；鼓励开发智慧博物馆、智慧体育场馆、智慧科技馆，提升数字生活品质”。北京具备数字文化产业发展的基础设施、产业结构和人才集聚的坚实支撑。以设立于北京市朝阳区的国家文化产业创新实验区为例，2022年上半年其实现收入250.7亿元，同比增长28.8%，成为北京市朝阳区经济发展的新动能。据统计，2022年1~10月，北京市“文化+科技”企业实现营业收入8564.3亿元，占全市文化企业营业收入的比重为61.7%。[①] 北京在数字文化技术研发、数字文化产品孵化、数字文化企业培育、数字消费新场景营造、数字文化服务平台打造等方面取得了一定成果。

搭建数字文创的大赛展示和论坛交流平台，推动北京文化数字化的创新发展和创意传播。2022年8月31日至9月5日举行的中国国际服务贸易交易会在国家会议中心和首钢园举办，元宇宙成为首钢园展场热点，沉浸式体验IP“那世山海”、北京古代建筑博物馆3D实景空间、圆明园拾光买卖街沉浸式飞行体验空间、《圆明园千机秀》影片等元宇宙文化项目吸引了大量观众热情体验。2022年10月启动的北京银行杯“2022北京中轴线文化遗产传承与创新大赛”特别组织了“数字文创”赛道，分别从数字IP、数字声音、数字建模等三个子赛道征集了292件作品，以数字化的多元形式传达了北京中轴线的精神内涵与文化价值。2022年11月，在北京市文物局、北京中轴线申遗保护工作办公室与联合国教科文组织国际创意与可持续发展中心共同主办的“数字化赋能文化遗产保护与传承”国际研讨会上，北京中轴线申遗保护工作办公室对外发布了“北京中轴线上的数字化实践”成果。

① 《五家京企入选全国文化企业30强及提名》，北京市人民政府网站，2022年12月30日，https：//www.beijing.gov.cn/ywdt/gzdt/202212/t20221230_ 2887366.html。

目前，“数字中轴”运用虚拟现实场景、5G、人工智能等数字技术，通过文化遗产监测数据、数字提取数据等信息，数字化复现中轴线文化场景，搭建数字化传播平台，制作了《最美中轴线》《画中轴》《万里走单骑——遗产里的中国》等节目，扩大了中轴线文化的社会传播效果，研发了古都文化要素提取技术，建设北京文化资源数据平台。2022 年 9 月至 2023 年 1 月举行的“奋进新时代　创意赢未来”第六届北京文化创意大赛，设置了文化创意项目、文化内容生产、文创产品开发、文化 IP 创意、创意设计服务和原创剧本创作六个专业赛道，共征集参赛项目 55318 个，项目质量高、类型丰富，充分展现了首都文化产业发展的强劲实力和勃勃生机。

加强数字文化技术研发，拓展数字文化产业的品质内容和表现类型。2022 年 9 月，北京市通州区人民政府与市科委、中关村管委会、市经信局联合发布了《北京城市副中心元宇宙创新发展行动计划（2022—2024 年）》，以数字内容开发应用为重点目标，突出“元宇宙+文旅”“元宇宙+商业”“元宇宙+城市服务”三个特色方向，实施强基赋能、融合建链、标杆牵引、筑巢引凤四项行动。2022 年 10 月，中共北京市海淀区委宣传部开展海淀区文化资源数字化“揭榜挂帅”项目，对外发布了“三山五园数字化”和“海淀题材文艺作品数字化”两个项目榜单。朝阳区双井街道 2022 年邻里节聚焦数字经济，全力推进 22 院街升级改造计划，计划打造首个元宇宙赋能数字经济文化艺术街区。

搭建数字文化服务平台，促进文化事业与文化产业的数字化融合发展。文化产业数字化的关键要素是文化数据，而我国海量的文化数据资源绝大部分藏于公共文化机构，北京也是如此。北京市文化馆（北京文化艺术活动中心）建立了北京数字文化馆，数字资源总量达 6. 24TB，不断实现北京文化的全景式呈现和全民共享机制。截至 2022 年 11 月，通过网站、App、微信公众号、微博、抖音、快手等新媒体平台，已经为 506. 5 万名市民提供了便捷的数字文化服务。依托这些优质的数字文化资源，北京相关文化机构参与开发了全民艺术普及系列线上课程、公益讲堂精华短视频、线上春节主题讲座等活动，为数字文化产品的研发、生产、传播和消费提供了基础。[①] 2022年7月，首都数字版权交易中心在中国（北京）出版创意产业基地成立，该中心是由首都版权协会和第一视频（北京）国际文旅集团公司联合设立的数字版权专业服务机构，成为数字版权创作、确权、发行、流转全链条的安全、高效、便捷的一站式服务平台，引导数字出版、数字艺术、虚拟与现实、艺术品授权等新型业态的有序发展。

三　新潮流：北京文化产业的消费体验

实施国家文化数字化战略，就要发展数字化文化消费新场景，大力发展线上线下一体化、在线在场相结合的数字化文化新体验。2022年新冠疫情加大了线下聚集性文化产业的经营风险，文化数字化的转型节奏与产品创新加速，推动了文化消费体验方式的场景升级。北京拥有中轴线、长城文化带、大运河文化带、西山永定河文化带、三山五园等文化遗产，拥有两千余家实体书店、百余家市级文化产业园区，通过智能技术打造了全沉浸式的文化消费场景，通过文化创意打造了众多高品质文化作品，培育了一系列北京文化消费的新潮流和新地标，为首都市民提供了丰富的文化供给。

积极推动景区、园区、街区、社区“四区合一”的文化创意园区创新探索。2022年7月，北京龙徽1910文化创意产业园开园，历史建筑、文化景观、便民设施、文创商店、创意企业置身于一个文创空间，成为北京市民学习科普知识、参与休闲娱乐、体验餐饮消费的新地标。北京电通创意广场和惠通时代广场将原有厂房的机器设备改造为复古装饰和公共装置艺术品，园区四处可见个性涂鸦、大片草坪、瀑布喷泉、连廊拱桥，为市民休闲、企业办公提供了安静优雅的环境。北京798、郎园、方家胡同46号、宋庄艺术区等北京文创园区都在不断地进行产业升级和消费升级，

① 《北京数字文化馆加快内容更新，升级线上全民艺术普及服务》，“京报网”百家号，2022年12月2日，https：//baijiahao. baidu. com/s？ id=1751063411273352232&wfr=spider&for=pc。

持续打造集创意孵化、艺术展示、消费体验于一体的综合文化创意空间和文化商业复合体。

积极打造“中国潮”、“国际范”与“烟火气”共融共生的国际消费中心示范城市。2022 年，北京市文化和旅游局打造 20 余条“漫步北京”文旅骑行线路，推出“品读建筑　发现北京之美”建筑主题游线路。2022 年北京网红打卡地评选活动，共推荐了 100 个新晋北京网红打卡地和 100 个提名推荐打卡地。2022 年 9 月，北京市规划和自然资源委员会与北京市商务局联合发布的《北京市商业消费空间布局专项规划（草案）》提出，到 2035 年，北京将整体形成国际消费有魅力、城市消费有实力、地区消费有活力、社区消费高便利的全市商业消费空间新格局。其中，国际消费体验区包括王府井×西单×前门、CBD×三里屯、环球影城×大运河、丽泽×首都商务新区四片，凸显国际交往功能，彰显传统文化魅力。2022 年第十届北京惠民文化消费季累计举办活动 27.84 万场，累计参与消费 5.25 亿人次，带动消费金额近 120 亿元，联动开展北京文化消费促进行动，配套 5000 万元财政资金直达市场主体。[①] 北京惠民文化消费季对释放北京居民文化消费潜力、满足首都人民多元文化需求，推动文化事业和文化产业繁荣与发展都发挥了重要作用，实现了有效市场和有为政府的有机统一，取得了丰硕的成果，已经成为全国范围内政府引导公共文化服务供给模式的创新典范。

积极鼓励夜间餐饮、文化娱乐、旅游等活动，打造北京夜经济生活圈。2022 年 7 月，北京国际消费中心城市领导小组办公室发布《北京市促进夜间经济繁荣发展的若干措施》，旨在打造包容多元、业态融合、动静相宜、安全便捷的“夜京城”，延长剧院、剧场、博物馆、图书馆、文化馆、书店等主体夜间开放时间，推进城市街景装饰、夜间标识、景观小品、灯光设施、休闲设施等智慧配套设施建设，拓展特色夜间多元消费。开发夜游大运河、夜游亮马河等特色旅游项目，新培育 10 条市级“深夜食堂”特色餐饮

---

① 《第十届北京惠民文化消费季：充分激发文化消费全新动能》，光明网，2023 年 1 月 17 日，https：//m.gmw.cn/baijia/2023-01/17/36308518.html。

街区，深入挖掘京郊传统文化和乡俗风情，推出一批京郊游特色路线，打造一批乡村民宿特色乡镇，形成北京夜经济“北京范”“时尚潮”“文化芯”“科技核”的突出特色。北京欢乐谷、王府井、环球城市大道、朝阳大悦城、亮马河风情水岸、国家大剧院、五棵松华熙 Live、三里屯商圈、前门大街等地成为夜经济的新亮点。

当前，文化消费呈现线下消费与线上消费日趋融合的发展态势。高书生认为，“线下代表的是文化生产传统体系，即传统体系；线上代表的是文化生产新兴体系，即以互联网企业为代表的体系”，新兴和传统两种体系，具有鲜明的优势互补特点，“对方的优势恰恰弥补自身的缺陷，自身的优势恰恰是对方的短板，新兴体系的‘缺口’恰恰可以由传统体系堵上，传统体系的‘缺陷’恰恰是新兴体系的优势”，“文化生产新兴和传统两种体系形成互补关系，并形成合力，推动文化数字化生产力充分发展”。[①] 2022 年，北京王府井大街建设“故宫以东·城市盲盒”数字沉浸式体验空间，北京前门地区北京坊打造全球“5G+虚拟现实”智慧商圈，北京广播电视台开设全国首个 8K 电视频道，第九届北京惠民文化消费季开展线上“云享京彩文化生活节”，北京 SKP-S 商场以“数字-模拟未来”为主题，整个商区布满火星元素，运用数字化模拟未来情景与过去时光，打造了沉浸式的购物空间。北京环球影城、美克洞学馆、侨福芳草地等商业空间，运用影视 IP、生活美学、当代艺术等文化手段，并充分调动各种艺术、技术和商业手段，成为引领时尚的生活美学场景集合地和城市生命体验地。

积极培育文创 IP，推动文化产业跨界融合。2022 年，北京市文化和旅游局全年开展“京郊好特产”地理标志农产品资源推广工作。2022 年 6 月，“2022 画廊周北京”邀请了 30 余家画廊与非营利机构举办了近 40 场展览，并获得参展艺术家作品的艺术授权，开发了限量版的北京地铁数字艺术卡与

① 《高书生：文化数字化建构五个方面全新体系》，“人民资讯”百家号，2023 年 1 月 30 日，https：//baijiahao. baidu. com/s? id = 1756409359413535219&wfr = spider&for = pc。

斯凯奇文创礼盒。2022 年 9 月，北京市房山区举办北京西山民俗文化节，发布了“云居文化 IP”及品牌产品开发计划和房山“有猿人”系列文创 IP 及产品征集活动，旨在培育区域文化发展的“房山模式”。2022 年 9 月，北京“宫囍龙凤呈祥”主题餐厅正式营业，将全聚德非遗传承技艺与“宫囍龙凤呈祥”文化元素及当代艺术融合，是全聚德与北京故宫文化传播有限公司合作开办的首家联名餐厅。此外，北京内联升、珐琅厂等老字号，圆明园、恭王府、曹雪芹纪念馆等传统文化景区，央视总台、莱百珠宝、九芝堂、凯叔讲故事等，通过时尚与文化的融合，开发出各式各样的品牌联名产品和文创衍生产品。

四　新走向：北京文化产业的海外推广

近年来，北京国际文化交流合作机制不断建立健全，全国文化中心引领示范效应也在不断增强，对提升我国文化软实力和中华文化影响力起到积极的带动作用。2022 年 7 月，商务部等 27 个部委发布《关于推进对外文化贸易高质量发展的意见》，提出积极培育网络文学、数字出版等领域出口竞争优势，提升文化价值，打造具有国际影响力的中华文化符号。在 2022 年疫情风险、国际局势变动与经济下行压力并存的环境下，北京对外文化交流机构积极创造有利的工作条件，借助 2022 北京冬奥会的成功举办，进一步推动海外文化交流工作，推动对外文化贸易，很好地讲述了中国故事、展示了首都国际形象。

发挥服务贸易平台载体作用，构建国家级对外文化贸易服务平台。北京天竺综合保税区是商务部、中宣部、文化和旅游部、国家广播电视总局共同认定的国家对外文化贸易基地，北京天竺综合保税区、北京市东城区、北京市朝阳区是文化和旅游部、商务部认定的国家文化出口基地，这三家基地通过国际文化贸易企业聚焦、国际文化产品展览展示及仓储物流、国际文化产品交易等服务功能，打造对外文化贸易的展示、交流和交易平台。在商务部会同中宣部、财政部、文化和旅游部、国家广播电视总局等单位共同开展的

"国家文化出口重点企业和重点项目"2021~2022年度评定中，北京市共69家企业、31个项目入选，入选企业数量、项目数量均位居全国第一。北京充分发挥国家对外文化贸易基地、国家文化出口基地、北京影视译制基地等平台作用，提升中国（北京）国际服务贸易交易会、北京国际电影节、北京国际图书节、北京国际设计周、中国艺术品产业博览会等大型文化交易平台功能，积极带动全国文化企业对外贸易发展。

提升文化产品和服务核心竞争力，深度参与国际文化产业分工协作。中文在线一直推动实施"数字内容出海计划"，持续贯彻"夯实内容、服务产业、决胜IP，国内国外双轮驱动"的发展战略，将畅销全球的现象级数字文学作品改编成影视作品，进而实现文学IP的多元推广。2021年，其海外业务收入占比超过50%，旗下的《天盛长歌》《新白娘子传奇》《混沌剑神》等IP海外推广效果显著。2022年，与国际机构联合出品影片《岛上书店》，在美国、日本等地设立子公司及分支机构，正式启动"国际化2.0战略"探索。完美世界面向全球文化市场的需求，自主研发游戏精品，聚焦"MMO+"和"卡牌+"两大领域，注重海外本土化的产品研发和市场推广，旗下游戏《幻塔》在海外上线首月收入超3亿元，成为当月出海游戏收入增长冠军。2023年1月17日，完美世界发布业绩预告。2022年公司预计实现归母净利润13.6亿~14.4亿元，同比增长268.41%~290.08%；实现扣非后净利润6.9亿~7.5亿元，同比增长578.88%~637.92%，来自海外的业务营收也做出了重要的贡献。

扶持重点企业和重点项目，打造一批具有全球竞争力的文化企业。近年来，北京出台多项激励政策措施，大力培育具有较高成长性和海外发展潜力的创新型、科技型文化企业。根据《北京市朝阳区国家文化出口基地建设实施方案》，北京市朝阳区力争用三年时间，在国际传播、数字出版、影视传媒、网络游戏、数字广告等诸多领域培育100家具有较强国际竞争力的文化出口品牌企业（项目），文化出口额实现年均增速8%左右。2022年7月，北京市东城区发布的《国家文化出口基地建设实施方案》提出，力争2025年，该区文化产业增加值实现350亿元，构建艺术品交易全链条、推进戏剧演艺与国际深度接轨、建设国际影视高地、拓展国际化全媒体出版产业、健全国际网络游戏孵育体系、优化国际文化旅游消费供给，推动故宫—王府井—隆福寺“文化金三角”成为国际顶级文化矩阵。

深化对外文化交流与合作，促进文化交流与文化贸易的融合发展。2022年1月30日至2月2日，北京市文化和旅游局为芬兰、爱沙尼亚、希腊、加拿大和比利时举行2022“欢乐春节”云端文艺盛典，展示中国武术、舞蹈、京剧、音乐、北京冬奥等魅力风采，展现了北京世界文化名城、国际宜居城市和世界旅游目的地城市的形象。2022年7月25~26日，以“传承·创新·互鉴”作为永久主题的首届北京文化论坛举行，论坛以“推动文化创新　赋能美好生活”作为年度主题，广邀国内外嘉宾围绕“历史文化传承与发展”“文化与科技融合发展”“文艺精品创作与传播”“文化交流与合作”等议题展开深入交流和合作对话，力争打造文化领域的全国性品牌论坛。2022年正值中日邦交正常化50周年，11月7日，北京市国有文化资产管理中心和中国外文局亚太传播中心联合主办了“联通世界·感知北京”北京-东京文化产业交流对接活动，以线上线下相结合的形式在北京和东京同时举行，中日数字文化贸易服务平台正式成立，进一步深化了中日之间的产业交流与项目合作。北京海外文化交流中心组织的“吉庆生肖设计”“长安雅集”等系列品牌项目，不断挖掘中国传统文化和北京历史文化资源，建设文化数字资源库，不仅搭起与各国人士开展文化交流与合作的桥梁，也为北京文化产业的发展和对外文化贸易的开展打下了基础。

五　新机制：北京文化产业的治理创新

中国特色社会主义市场经济的发展经验表明，“充分发挥市场在资源配置中的决定性作用，更好发挥政府作用，推动有效市场和有为政府更好结合”。文化产业的发展也需要有为政府与有效市场的有机结合。党的二十大报告指出，“健全现代文化产业体系和市场体系，实施重大文化产业项目带动战略”。

现代文化产业和市场体系的构建，离不开文化市场主体的作用，也离不开政府现代治理能力的提升。2022 年 1 月，中共中央办公厅、国务院办公厅印发的《建设高标准市场体系行动方案》指出，大力推进土地、劳动力、资本、知识、技术和数据等要素资源高效配置。文化产业的高质量发展，也离不开土地、劳动力、资本、技术和数据等要素资源的有效配置和有序发展。

推动文化产业土地要素的政策创新，设定保护利用老旧厂房拓展文化空间的 5 年过渡期。2022 年是北京市政府出台《关于保护利用老旧厂房拓展文化空间的指导意见》的第 5 年，经过实践层面的创新探索，已经形成老旧厂房改造的“北京经验”，在全国范围内受到广泛关注。将土地属性与土地用途适度分离，统筹工业文明遗迹保护与现代文化元素利用，在过渡期内简化和规范用地属性变更程序，设计出项目申请、立项、规划、施工、验收以及登记注册等一整套流程规范，优化营商环境、创新政策服务，推动保护利用老旧厂房拓展文化空间，融入北京都市更新计划。2022 年 5 月，北京市政府印发《北京市城市更新专项规划（北京市“十四五”时期城市更新规划）》，延续了过渡期的创新经验，鼓励特色文化商业区内的老旧厂房发展文化、旅游等新型服务，形成富有活力与特色的文化地标，打造新型文化消费与体验空间，这为北京新时代的城市更新、文化产业用地工作开展提供了政策指引。

突破文化产业创新人才发展的体制机制，积极营造文化产业创新人才发展的良好生态。人才是第一资源，是推动文化产业高质量发展的创新动能。北京市国有文化资产管理中心连续主办“北京文化产业高级人才研修班”，采取宏观形势分析、专题授课、案例分享、政策解读与活动推介、问题研究等形式，自 2013 年以来已举办 13 期，先后培养了 900 余名文化产业各类人才，为首都文化产业发展注入新动能。为落实《朝阳区“十四五”时期人才发展规划》要求，2022 年北京市朝阳区启动文化带头人评审认定及扶持工作，按照“能力强、素质高、贡献大、影响高”的要求，最终评选出 20 名文学艺术类、1 名图书馆类、9 名文博类、35 名群众文化类、17 名非遗类、4 名文化产业类文化能人。

引入金融活水助力文化产业高质量发展，加快构建“文化+”融合发展新格局。北京不断完善“投、融、担、贷、孵、保”金融服务体系，据北京市委常委、宣传部部长莫高义介绍，2022 年 1～9 月，北京文化产业的融资活跃度居全国首位，文化和金融相辅相成，互为促进，相互成就。2022 年，北京市文化和旅游局继续推动北京旅游资源交易平台及投融资服务平台建设，积极推动京郊旅游政策性保险投保续保工作，重点开展乡村精品民宿投保工作。北京银行从 2006 年开始全面推进金融支持文化产业的探索实践，设立文化特色支行——宣武门支行，截至 2022 年 10 月累计为万余家文化企业提供贷款超过 3800 亿元。北京市东城区是文化和旅游部、中国人民银行、财政部认定的首批国家文化与金融合作示范区，2022 年 9 月 13 日，国家文化与金融合作示范区服务中心在雪莲·亮点文创园正式揭牌，为文化企业提供政策信息服务、股权融资服务、债权融资服务、企业孵化服务、文化金融产品研发服务和文化金融人才培育服务，实现文化企业股权融资、债权融资和财政支持资金的有效对接，打造首都文化金融“生态圈”，构筑北京市文化金融合作的发展新优势。①

推动文化与科技融合，加快文化产业数字化转型发展。基于国际科技创新中心建设目标，北京正在“打造世界主要科学中心和创新高地”，“拓展企业主导的产学研深度融合新范式，支持龙头企业牵头组建创新联合体和共性技术平台，加快建设新一期高精尖创新中心”，“出台基础研究领先行动方案，实施关键核心技术攻坚战行动计划”，推行“揭榜挂帅”“赛马”等新型管理制度创新，推广科研经费“包干制”。北京坚持“科技赋能文化，文化赋能城市”的发展理念，各级政府“准确把握数字化、智能化、绿色化、融合化发展趋势”，鼓励数字文化企业参与企业级数字基础设施开放合作。② 北京

① 《打造国家文化与金融创新合作先行先试的“东城样本”》，北京市东城区人民政府网站，2023 年 1 月 3 日，http：//www. bjdch. gov. cn/n3952/n9279505/c13050648/content. html。

② 《2023 年政府工作报告》，北京市人民政府网站，2023 年 1 月 15 日，https：//www. beijing. gov. cn/zhengce/zhengcefagui/202302/t20230223_ 2923029. html。

市委、市政府印发的《北京市“十四五”时期国际科技创新中心建设规划》指出，推动数字技术在文化领域创新应用与场景落地，探索建立高效协同的文化科技融合创新体系，培育一批文化科技领域杰出人才、领军机构、示范园区、品牌活动，推动设计融入研发前端，提升公民科学素养。2022 年是北京市东城区《关于进一步加强文化与科技融合发展的实施意见》的实施完结年，2023~2025 年实施意见正在制定。2022 年 7 月，北京市科协联合相关机构印发《北京科技科普与文化旅游融合发展的工作意见》，建立“科文旅联合体”发展协调推进机制，推动将北京文化旅游资源优势转化为科技科普发展优势。2022 年 12 月 28 日，光明日报社和经济日报社联合发布了第十四届“全国文化企业 30 强”名单，来自北京的蓝色光标、完美世界入选“全国文化企业 30 强”，流金岁月、盛通印刷、歌华传媒入选“全国文化企业 30 强”提名企业。这些企业，要么本身就是文化与科技深度融合型企业，要么近年来自身业务的增长来自文化与科技融合创新的结果，充分体现了北京文化与科技融合发展的产业特点。

挖掘文化数据资源，建设文化产业数据中心和服务平台。文化数据是文化产业数字化转型和高质量发展的核心要素，推进国家文化数字化战略已成为首都共识。2022 年 6 月，北京市经济和信息化局、北京市商务局联合印发的《北京市数字消费能级提升工作方案》提出，将北京市建设成为全国“数字消费首善之城”，提升数字内容服务供给能力，充分挖掘游戏电竞、生活服务扩容、老字号守正创新等不同领域的数据来源和场景应用，构建游戏公共服务平台体系，完善数字内容产权保护机制，强化品牌塑造信任机制，建设数字版权保护生态体系。2022 年 8 月，深圳文化产权交易所承建的“全国文化大数据交易中心”上线试运行，采取“专网交易、互联网分发”的形式对文化资源数据和文化数字内容两类交易标的进行交易，来自北京的新华网、中国数字文化集团、国家图书馆出版社、狮凰文化等中央文化机构和北京文化机构陆续进场，积极参与全国性文化大数据要素市场的构建。2022 年 9 月 22 日，北京希普思文化咨询有限责任公司与中国新闻出版研究院负责人代表中国数字出版博览会组委会宣读了《全国出版业数字资源供需联合倡议书》，提出“共同利用好数博会展示交易平台”，“提升交易交流效益”，“构建品位高端、品质优良、品类丰富的数字出版生态”，推动数字资源贸易高质量发展。

结　语

北京文化产业的整体实力、全国引领水平和国际竞争力还存在一定的不足，北京作为全国文化资源和文化设施的“首要之都”，也要成为全国文化产业和文化品牌的示范之城，未来几年仍然是北京发展文化产业的重要机遇期。2023 年，是我国全面贯彻落实党的二十大精神的开局之年，是实施“十四五”规划承前启后的关键一年，是北京扎实推进全国文化中心建设、增强大国首都文化软实力的重要一年，是北京率先基本实现社会主义现代化的起飞之年。按照北京市委的战略决策和市政府的重点任务清点，结合《北京市“十四五”时期文化产业发展规划》的工作部署，2023 年北京文化产业的总体目标是“实现高质量发展”，紧紧围绕“四个中心”城市战略定位，进一步强化核心价值观，坚持以人民为中心的创作导向，促进优秀文化资源数字化转化，培育原创精品版权产业链，建设更高品质的首都文化精品供给体系；发挥市场积极作用，培育壮大各类市场主体，加强全国性文化数据要素市场建设，建立健全更具活力的现代文化产业和市场体系，提升创意创新创业机制的文化产业空间环境，建立扩大和引导文化新消费的长效机制，完善文化产业的政策体系和实施机制，深入推进文化产业机构改革和体制机制创新，加快建设全国文化中心和具有国际竞争力的创新创意之城。

B.15

2022年北京文化财政金融创新、问题与对策

何 群　杨 悦　江 维*

摘　要： 2022年，随着统筹推进疫情防控和经济社会发展，北京市在文化财政金融领域实现了多方面的创新。加大财政精准投入，保障全国文化中心建设；加强政策与服务扶持，纾解文化企业困难；加大重点领域投入，推动首都文化高质量发展；加强文化金融服务平台建设，进一步优化首都文化企业营商环境；提供文化金融定制服务，金融活水持续助推北京文化繁荣。但北京市文化财政金融领域也面临诸如对文化消费市场的提振依然不足、文化人才流失、文化投融资市场的重振还须努力等问题。对此，北京市可以采取促进文化消费市场扩容提质、加强文化人才队伍建设、推动文化投融资市场繁荣等措施加以应对。

关键词： 文化财政　文化金融　文化产业　北京

2022年，随着统筹推进疫情防控和经济社会发展，首都经济持续稳定恢复，但疫情防控形势的不确定性，导致国内经济下行压力一直存在。在此背景下，北京市政府通过财税调整、金融发力，推动首都文化持续发展，保障全国文化中心建设。

---

* 何群，博士，中央财经大学文化与传媒学院副院长，教授，硕士研究生导师，主要研究方向为文化产业、创意经济；杨悦、江维，中央财经大学文化与传媒学院艺术管理方向硕士研究生。

一　北京文化财政金融的创新发展

（一）北京文化财政创新

1. 加大财政精准投入，保障文化中心建设

首先，北京市的文化财政投入增长显著，侧重点突出。《关于北京市2021年预算执行情况和2022年预算的报告》显示，2022年，北京市文化旅游体育与传媒行业支出安排为108.3亿元，增长4.8%。在预算具体支出方向上，主要侧重以下四个方面：一是在体育文化建设方面，支持广泛开展全民健身活动，支持举办北京冬奥会、冬残奥会。二是在文物保护方面，加快推进中轴线申遗工作，支持“一城三带”重点文物保护，加强革命历史文物保护。三是在公共文化方面，做好剧院城市副中心“森林书院”图书馆、“运舟之河”博物馆、“文化粮仓”等三大建筑的开办资金保障，推动国家文化公园建设。同时实施全民阅读工程。四是在文化产业方面，鼓励文化产业园区提供公共服务；扩大文化旅游消费，创建国家文化和旅游消费示范城市；通过“投贷奖”、房租通等政策，扶持文化、旅游企业发展。这些资金对于繁荣发展社会主义先进文化，推进北京作为全国文化中心的建设起到了重要的保障作用。

其次，北京市的文化财政投入更加精准，财政资金使用效率不断提高。一方面，疫情防控形势下，不少文化活动采用线上形式，成本削减，减少财政拨款。如北京市文化馆，2022年财政拨款收入为3786.86万元，比2021年下降了2.6%。另一方面，围绕全国文化中心建设，不断加大对北京重点文化建设领域的财政投入。如为了丰富非遗文化活动，促进北京文化艺术的繁荣，北京文化艺术传承发展中心2022年度的财政拨款达13909.75万元，比2021年增长了42.3%。精准投入使有限的财政资金用在了刀刃上。[①]

最后，用少量财政资金撬动文化消费大市场，大力促进首都文化繁荣。

---

① 北京市文化馆、北京文化艺术传承发展中心网站。

在第十届北京惠民文化消费季中，根据《北京文化消费促进行动管理办法》，北京市国有文化资产管理中心对参与2022年北京文化消费促进行动的80余家合作单位提供了资金支持，包括北京开心麻花娱乐文化传媒股份有限公司、北京天桥艺术中心管理有限公司、北京三联韬奋书店有限公司、北京今日美术馆等不同文化艺术领域的国营和民营企事业单位，每家财政支持金额不超过200万元。资金虽然不多，却极大地激发了合作单位的积极性，整合了各种优质资源，共同以“享文化　惠生活”为年度主题，聚焦新技术、新场景、新模式、新空间、新业态，以“20余项主体活动引导+400余项精品市场活动协同”的双线融合活动体系，带动了首都文化消费的大市场，繁荣了群众文化消费生活。

2. 加强政策与服务扶持，纾解文化企业困难

受疫情影响，2022年北京市文化企业依然面临严峻的形势。北京市采用税费减免和引导金融支持等多种措施，为文化企业纾困解难，恢复发展。

首先，制定财政扶持政策，加大对中小微企业的帮扶力度。为了帮助文化企业渡过难关，北京市出台了《关于继续加大中小微企业帮扶力度加快困难企业恢复发展的若干措施》，提出实施增值税期末留抵退税、落实减税降费政策、减免服务业小微企业和个体工商户房屋租金、实施阶段性社保优惠政策、降低企业疫情防控成本和提供金融支持等措施，减轻中小微企业负担。并特别提出要加强对旅游业、文化演出行业等受疫情影响突出行业的帮扶。北京市文化和旅游局则专门出台《关于促进文化和旅游业恢复发展的若干措施》，提出了旅游服务质量保证金暂退比例由80%提高至100%、京郊旅游保险财政补贴80%保费、发挥文化艺术基金扶持引导作用、加强演出行业纾困帮扶等诸多措施，精准扶持文旅行业复苏发展。从政策出台到2022年6月，仅东城区就为区内193家旅行社暂退保证金1.24亿元，其中54家暂退比例达到100%。①

① 《北京市各区积极开展文旅行业助企纾困工作》，北京市文化和旅游局网站，2022年6月10日，http：//whlyj.beijing.gov.cn/zwgk/xwzx/gzdt/202206/t20220610_2735146.html。

其次，利用文化金融融合发展资金，缓解文化企业融资困难。北京市国有文化资产管理中心的调查显示，85.66%的文化企业受疫情影响，资金流动性不足，存在融资需求，但62.89%的企业认为当前的融资成本过高，贷款会导致企业刚性负担较重。[①] 根据2021年末发布的《北京市支持文化金融融合发展资金管理办法》，北京市通过“投贷奖”政策、“房租通”政策以及风险补偿政策等多种措施，引导撬动金融资本扩大对首都文化产业的投融资规模，解决文化企业融资难、融资贵、融资慢问题。2022年，基于“投贷奖”政策，北京市向666家审核通过的文化企业和金融机构发放支持资金近1.4亿元，对成长型文化企业进行了有力支撑；基于“房租通”政策，北京市向近3000家小微初创文化企业拨付了2.3亿元房租补贴，“雪中送炭”减轻企业经营负担。[②] 为了有效实施上述措施，北京市国有文化资产管理中心会同相关单位，推出了《北京市文化产业“助企纾困”政策清单》《北京市文化产业“助企纾困”金融产品清单》。多措并举，有效地提升了文化金融服务水平，助力文化企业恢复发展。[③]

3. 加大重点领域投入，推动首都文化高质量发展

第一，保障冬奥，促进体育多元业态发展。第24届冬季奥运会及冬残奥会的成功举办，是2022年北京市的重大事件。它使北京成为世界唯一的“双奥之城”。北京市不仅全力保障了冬奥会的顺利进行，而且以此为契机，大力推进全民健身活动，推动体育产业高质量发展。

在财政投入方面，《关于北京市2021年预算执行情况和2022年预算的报告》中将体育产业作为支出的侧重点；《关于北京市2021年国民经济和

① 李洋：《北京发放1.4亿元“投贷奖”资金，有效推动文化金融融合发展》，《北京日报》2022年12月9日。

② 李洋、邵小芸、宁宇杭：《2.3亿元“房租通”补贴直达文化企业》，《北京日报》2022年12月9日。

③ 《北京市国有文化资产管理中心关于发布〈北京市文化产业“助企纾困”政策清单〉和〈北京市文化产业“助企纾困”金融产品清单〉的通知》，北京市国有文化资产管理中心网站，2022年8月2日，http://wzb.beijing.gov.cn/wzbdwdt/wzbdwgg/ff808081825834ae01825d40b3e0001c.html。

社会发展计划执行情况与2022年国民经济和社会发展计划的报告》中，以筹备好冬奥、促进体育产业发展为2022年经济社会发展计划的主要任务和措施。从北京市体育局公布的数据来看，2022年北京市体育方面的支出预算为34965.66万元，比2021年增长了48.01%，基本支出预算为3661.48万元，占总支出预算的10.47%，比2021年增长了5.45%。[①] 这些支出以保障冬奥筹办、持续完善全民健身公共服务体系、推动体育产业高质量发展等为主要目标。

在政策支持方面，北京市出台《北京市公共文化服务保障条例》《北京市全民健身场地设施建设补短板五年行动计划（2021年—2025年）》《深入打造新时代首都城市复兴新地标，加快推动京西地区转型发展行动计划（2022—2025年）》等，主要目标在于：弘扬冬奥精神，发挥"双奥之城"优势，将奥运文化资源与公共文化服务相融合，开展文化体育活动，提升公共文化服务能力和品质；补齐首都市民健身场地设施短板，满足首都市民多样化的健身需求；将旅游产业与体育产业等其他产业相结合，互促发展，促进体育产业高质量发展。尤其是拥有我国首个冬奥广场的石景山，利用冬奥遗产保护带来的历史机遇，建设冬奥遗产文化新地标。它大力培育冬奥遗产文化引领的多元业态，注重高新技术成果在冬奥遗产中的应用，着力发展文化科技融合业态，推动了"文化+体育"的融合发展。

第二，数字赋能，加快实施文化数字化战略。近年来，我国数字经济发展迅猛，在文化领域，国家相继出台了《关于推动数字文化产业高质量发展的意见》《关于做好国家文化大数据体系建设工作的通知》等政策，2022年中共中央办公厅、国务院办公厅印发了《关于推进实施国家文化数字化战略的意见》，不断发力推动数字文化产业发展和文化大数据体系建设。北京市深入贯彻国家的战略部署，2022年出台了《北京市数字经济促进条例》《北京市数字消费能级提升工作方案》《北京市促进数字人产业创新发展行动计划

① 《北京市体育局（本级）2022年财政预算信息》，北京市体育局网站，2022年3月2日，http：//tyj. beijing. gov. cn/bjsports/zfxxgk_ /czyjs/21236079/index. html。

（2022—2025 年）》等一系列相应政策和规划，在布局首都数字经济发展格局时，对文化数字化战略和数字文化产业发展进行了整体部署和推动，以加快全球数字经济标杆城市建设，促进首都数字经济高质量发展。

首先，加快推进数字基础设施的建设。通过推动 5G 基站精准覆盖、推动构建基础软件技术体系、加速 VR/AR 等前沿技术的全域应用等，2022 年上半年北京共建成和开通 5G 基站 7000 多个，北京人均 5G 基站数位列全国第一。其次，推动公共文化活动数字化。北京市采取线上线下相结合的方式，打造数字阅读等新型公共文化空间，推动智慧文旅平台试运行，开展了首都市民系列文化活动。如北京市数字文化馆升级线上艺术普及服务，将线上和线下公共文化活动结合起来进行双线交流，仅 2022 年 11 月，就有 506.5 万人次文化爱好者通过北京数字文化馆观看、阅览了优质的公共文化资源。再次，推进文化资源数字化。北京市采用“揭榜挂帅”方式，向全社会发布了北京城市图书馆智慧场景——元宇宙图书馆智荐平台、三山五园数字化和海淀题材文艺作品数字化等多个榜单，引社会之智推进文化资源数字化发展。最后，北京实施“文化+数字”融合战略，加快文化产业数字化，推动文化产业园区高质量发展。如坐落于朝阳区的文化产业试验区，顺应数字产业化和产业数字化的发展趋势，培育壮大新型文化业态，改造提升传统文化企业，努力提升文化产业核心竞争力。截至 2022 年 9 月，区域内已有 300 余家文化企业被认定为高新技术企业，2022 年上半年实现收入 250.7 亿元，同比增长 28.8%，已成为区域经济发展的新动能。①

（二）北京文化金融创新

1. 加强文化金融服务平台建设，进一步优化首都文化企业营商环境

为了更加有效地对接金融机构和文化企业，北京市不断加强文化金融服务平台建设。2022 年 9 月 13 日，由北京文创板平台和市区国企合作打造的国家文化与金融合作示范区服务中心，于雪莲·亮点文创园正式成立。服务

① 《数字文化产业成经济发展新动能》，《北京日报》2022 年 9 月 14 日。

中心搭建了“1+6”服务功能体系，1个平台即服务中心内的北京文创板发展有限公司，这是一个面向全国的综合性文化金融服务平台，为文化企业提供全方位的投融资服务。6个服务板块即政策信息服务、股权融资服务、债权融资服务、企业孵化服务、文化金融产品研发和文化金融人才培育。这套体系将深挖文化企业的价值，确定一套银行认可的标准，在一定程度上帮助企业增信，从而推动文化企业获得融资便利。①

东城区发挥国家文化与金融合作示范区的服务优势，构建金融资本与文旅产业的长效对接机制，拓宽文旅企业的直接融资渠道。其创建的“故宫以东”文旅共创计划，一方面，联手中国银行、北京银行，为优质企业及项目提供全方位金融服务，定制文化金融产品；联手中国银联“红火计划”，聚焦“文化金三角”、前门等消费场景，开展交易手续费减免活动，进一步激发文旅消费市场活力。另一方面，通过“故宫以东”平台链接优质文化资源，为金融机构提供具有文化附加值的特色支撑，实现文化与金融双向赋能。

北京市其他文化金融平台的服务同样越来越优化。如北京市文旅局和北京产权交易所携手，依托北京文旅资源交易平台着力打造的“北京文旅投融资服务专题板块”，不断推进完善规划、政策、金融“三位一体”的文旅产业投融资服务体系。该板块自2021年11月上线以来，已累计发布重点文旅项目290宗，先后为40宗项目带入意向合作机构，推动16宗项目达成投资合作意向。② 再如2021年揭牌运营的北京文化企业股权转让平台，2022年9月又有鸣尚传媒、缤果文化等8家文化企业成功挂牌。平台为挂牌企业提供“政策通”“资源通”“融资通”“转板通”专属“四通”服务，成为文化企业上市融资的“加速器”。

2. 提供文化金融定制服务，金融活水持续助推北京文化繁荣

2022年，北京银行、北京农商银行、华夏银行等北京的金融机构继续

---

① 《国家文化与金融合作示范区打造文化金融生态圈，“两区”建设为文化企业插上“金翅膀”》，《北京日报》2022年9月21日。

② 《“第三届北京文旅重点项目投融资对接会”举办——融资融智融产 10大类61宗项目总投资超71亿元》，北京产权交易所网站，2022年11月17日，https://www.cbex.com.cn/wm/rddt/bjsdt/202211/t20221117_138843.html。

围绕北京建设全国文化中心的大局，依托首都丰富的文化资源，探索适应北京文化产业发展特点的金融服务新路径，开发出不少定制化文化金融服务新产品。其中，北京银行的表现最为突出。

第一，为北京中轴线文物遗产保护提供定制金融服务。首先，北京银行为北京奥运博物馆、首都博物馆等文物局所属机构以及天坛公园等中轴线申遗重点文物保护单位，提供了定制化的结算服务；其次，为博物馆运营、文物拍卖、文物文创等相关领域的文化企业，提供信贷资金支持。为了提升金融服务质效，北京银行还携手北京市文物局举办首届北京中轴线文化遗产传承与创新大赛，打造文化创客中心“文化大师课”等六大主题活动。目前，北京银行正在着手打造若干家“中轴线文化主题银行”，为北京中轴线文物遗产保护提供专业、专门的定制金融服务，以建立金融服务与文化遗产保护传承之间更加长久、有效的联结纽带。

第二，为北京电影产业提供专门的金融扶植计划。在第十二届北京国际电影节上，北京市政府与北京银行共同发布了“首都电影人才金融扶植计划”。该计划通过 5 年时间，面向具有竞争优势、具备高成长性的首都电影人才，提供全方位金融服务输送和保障。北京银行支持北京电影产业的历史由来已久，它甚至有金融领域的“电影人”之称。它对电影企业不断升级特色金融供给，量身打造支持方案。如北京银行自 2020 年与联瑞影业建立合作关系后，一直积极对企业的成长给予资金支持。2022 年，北京银行城市副中心分行为联瑞影业量身打造融资方案，及时为企业发放流动资金贷款，助力企业度过困难时期。北京银行文化创客中心已经被北京市政府授牌“北京电影产业共建基地”，这表明北京银行将为推动首都电影产业发展持续加码金融服务创新，助力首都率先建成高水平电影人才和电影产业高地。[①]

第三，为赋能文旅消费新空间开展网红打卡地金融服务。2022 年 7 月 28 日，北京银行发布 2022 北京网红打卡地金融支持计划，重点围绕数字文旅、精品民宿、户外潮玩、暑期游学、文创 IP 衍生品、景区园区升级六大

① 宋亦桐:《北京银行“贷”动文化》,《北京商报》2022 年 8 月 26 日。

支持方向，提供包括移动贷款服务、文化驿站营销、营地计划培育、减费让利优惠、信用卡商户引流等五方面的助力举措。这是北京银行积极支持《北京培育建设国际消费中心城市实施方案（2021—2025年）》落地的新型金融服务方式。截至2022年12月，北京银行已累计为包括首钢园、首创·郎园Station、爱乐汇艺术空间、和平菓局、酷车小镇等40余家网红打卡地推荐和提名推荐单位提供了超过196亿元的资金支持。①

综上所述，2022年北京文化财政和文化金融创新的关键词分别是“精准投入”和“定制服务”。

二　北京市文化财政金融面临的问题

2022年，北京市在文化财政金融领域，仍然存在一些问题亟待解决。

（一）对文化消费市场的提振依然不足

虽然2022年北京市通过举办惠民文化消费季等品牌消费活动和财政扶持、金融支持等多种措施，在一定程度上促进了首都文化消费。但由于疫情影响，北京的文化消费情况总体上并不理想。2022年前三季度，北京人均教育文化娱乐支出为2260元，同比下降2.6%。市属艺术表演团体的演出场次、国内演出观众人次、演出收入分别同比下降了23.20%、39.53%和29.68%，北京旅游市场游客总量、总收入分别下降了26.1%和27.8%，北京票房收入为118967.4万元，较上年同期下滑26.3%。2022年，北京电影票房收入为14.25亿元，较2021年的22.3亿元下降了36%。②

随着疫情形势的好转和防疫政策的转变，大众对线下实体的文化消费和服务消费的需求会逐渐释放，再加上疫情发生后飞速发展的线上文化消费，新一年的文化消费市场会明显向好。但北京市政府面临以下挑战：如何激发

① 《北京银行发布2022北京网红打卡地金融服务季》，同花顺经济网，2022年12月13日，http://stock.10jqka.com.cn/20221213/c643582457.shtml。

② 北京市统计局、北京市文化和旅游局网站和灯塔数据。

以线下活动、实体空间为依托的人群聚集性文化消费，促进文化消费市场回暖；如何满足人们对文化产业新业态、新场景、新内容、新模式的消费欲望，和对个性化、定制化、体验化文化消费的需求，促进文化消费市场升级；如何使线上线下的文化消费的互动与融合常态化，实现文化消费市场的扩容和提质。

（二）文化人才的流失问题亟待重视

作为首都和全国文化中心，北京的人才优势一直非常显著。猎聘发布的《2021 年数字经济人才白皮书》显示，北京市数字经济人才总量位居全国第一，占比达 16.0%。同时，北京市对数字经济人才吸引力较大，流入的数字人才占比达到 15.6%，仅次于上海，位列数字经济人才流入城市排行榜第二。包括文教传媒人才在内的数字经济人才，正是当下蓬勃发展的北京（数字）文化产业的主力军。但不可忽视的是，近年来北京人口和非首都功能的疏解以及较高的生活成本所导致的人才流失现象，也越来越明显。

从表 1 中的从业人员平均人数来看，北京市文化产业核心领域和相关领域均为同比负增长，整体下降 2.6%。在核心领域中的细分领域中，除了内容创作生产和文化娱乐休闲服务，其余均为负增长，尤其是创意设计服务、文化传播渠道，下降幅度分别达到了 5.7%和 5.6%，十分显著。另外，据脉脉人才智库推出的《乘势而上——人才流动与迁徙 2022》年度报告，北京的新经济人才呈“南下”趋势，主要流动方向为长三角地区和珠三角地区，其中流入量较大的城市是上海、深圳和杭州。[①] 人才是北京建设全国文化中心的第一资源和竞争力，优秀人才的流失可能会导致文化产品的供给不足，文化产业的高质量发展无法实现，也不利于文化消费市场活力的释放，北京市应对此予以重视。

① 《“新经济”成求职关键词，一季度竞争难度加剧》，北京日报客户端，2022 年 4 月 13 日，https：//bj. bjd. com. cn/5b5fb98da0109f010fce6047/contentShare/5b5fb9d0e4b08630d8aef954/AP6256281de4b09a81e010366b. html。

表1　2022年1~10月北京规模以上文化产业情况

项目	收入合计				利润总额		从业人员平均人数	
			营业收入					
	金额（亿元）	同比增长（%）	金额（亿元）	同比增长（%）	金额（亿元）	同比增长（%）	人数（万人）	同比增长（%）
合计	14218.5	0.0	13877.2	0.2	1523.9	28.8	64.3	-2.6
核心领域	12888.7	0.6	12641.0	0.8	1479.3	33.6	55.2	-2.3
新闻信息服务	4175.7	4.7	4096.1	4.9	191.7	67.9	14.4	-3.9
内容创作生产	3666.0	17.3	3554.2	18.3	1179.2	44.4	18.5	2.3
创意设计服务	2780.6	-15.5	2780.6	-15.5	49.6	-32.9	10.9	-5.7
文化传播渠道	2122.7	-6.5	2109.4	-6.5	79.8	-27.6	8.0	-5.6
文化投资运营	37.8	-12.3	34.8	-3.5	23.6	-1.1	0.3	-3.3
文化娱乐休闲服务	105.9	11.3	65.9	28.2	-44.6	—	3.2	0.3
相关领域	1329.8	-5.2	1236.2	-5.3	43.4	-42.0	9.0	-4.2
文化辅助生产和中介服务	558.2	-11.1	464.6	-12.4	18.9	-32.7	7.5	-4.0
文化装备生产	68.4	-24.0	68.4	-24.0	1.2	-46.1	0.6	-8.1
文化消费终端生产	703.2	2.7	703.2	2.7	23.3	-47.7	0.9	-3.5

资料来源：北京市统计局网站。

（三）对文化投融资市场的重振还须努力

2022年，北京市通过各种财政、金融措施对文化企业进行了多方面的资金支持。但这些资金大多是为了“助企纾困”，即维持企业生存，减轻其经营负担，尚未达到助推文化企业全面恢复并发展的目的。2022年1~10月北京规模以上文化产业中，文化核心领域中创意设计服务营业收入和利润总额同比分别下降15.5%、32.9%；文化传播渠道营业收入和利润总额同比分别下降6.5%、27.6%；文化投资运营营业收入和利润总额同比分别下降3.5%、1.1%；文化休闲娱乐服务的利润总额下降了44.6亿元。由此可见，2022年北京市文化产业的发展状况不容乐观。

随着疫情政策的调整和社会整体状况的恢复，北京市文化企业将迎来新的发展。但仅仅依靠有限的财政资金，是无法达到全面激活文化企业的活力、促进文化产业发展的目的的，势必要依靠日益活跃的文化产业投融资市场的支持。但2022年全国和北京市的文化产业投融资市场均不景气。据《2022年中国文化产业投融资市场报告》发布的数据，2022年1~11月，全国文化产业投融资市场整体融资次数与融资金额同比分别下降50.1%和82.5%。私募股权市场与并购市场发生融资事件次数较2021年同期分别下滑42.1%与36.3%。[①] 清科研究中心旗下PEDATA MAX的数据则表明，2022年1~11月，北京市文体行业投资事件同比下降41.2%，退市企业则同比增长了150%，[②] 文化投融资领域的下滑比较严重。因此，要想重振北京文化投融资市场，进一步解决文化企业融资难融资贵的问题至关重要。

① 《〈2022年中国文化产业投融资市场报告〉发布》，“中国经济周刊”百家号，2023年1月3日，https://baijiahao.baidu.com/s?id=1753981933760437081&wfr=spider&for=pc。

② 清科创业（HK.01945）旗下的国内私募股权投资领域专业SAAS系统PEDATA MAX，https://max.pedata.cn/client/home。

三 解决北京市文化财政金融问题的对策

针对上述问题，北京市政府可从以下方面推动文化财政与金融领域的进一步发展创新，进一步开创首都文化建设的新局面。

（一）促进文化消费市场扩容提质

首先，北京市应该出台各种扶持和激励措施，鼓励文化企业尽快建立新运营模式，向市场提供更丰富、优秀的文化产品和文化服务，激发文化消费市场活力。

其次，北京市应致力于构建以文化为主题，相关产业互通且融合、线上线下相结合的新型文化消费空间，形成集合多种业态、多样功能，配套设施齐全，上下游产业链完整的文化消费集聚区，以吸引更多不同类型的消费者，促进文化消费提档升级。如位于朝阳区双桥地区的491空间，是围绕四九一电台旧址改造升级的文创空间，既集合了陆地冲浪、摩托车等潮流运动文化，又有城市露营板块，还有百年历史红色记忆等文化内容，吸引不同文化的爱好者前来消费。

最后，依托北京中轴线和西山永定河文化带、大运河文化带、长城文化带等带状相连的文化遗产，串联空间上分散的文化要素以及沿线地区的旅游资源，形成重量级的新北京的文化旅游产品和IP品牌，重构北京文化旅游消费新场景。

（二）加强文化人才队伍建设

首先，加大文化人力资源的开发力度。北京市人力资源和社会保障局公布的《国家服务业扩大开放综合示范区和中国（北京）自由贸易试验区建设人力资源开发目录（2022年版）》，包括重点产业领域人力资源开发目录和技能人才急需紧缺职业（工种）目录，“数字艺术与文旅IP开发”领域名列其中。这说明北京在建设全国文化中心的过程中，对数字文化人才的需求较大。但发展北京庞大的文化艺术行业或文旅产业，仅开发数字文化人才显然是不够的，应逐步开发更多领域的文化人力资源，以弥补北京文化人才缺口。

其次，设立文化领域里的高端人才引进和认定计划。目前，北京市已经设立了一些高端人才引进或认定计划，如“朱雀计划”“凤凰计划”等。但这些计划大多限于科学技术领域，或属于综合性人才计划。如“朱雀计划”主要引进培养一批科技项目经理人——具有科学家思维、工程师技能，拥有创新资源调配能力的高端项目管理人才，主要服务于国家实验室、新型研发机构等重点科研机构和“三城一区”等重点区域建设。“凤凰计划”则覆盖科技、金融、教育、社会治理、商务、文化、卫生等诸多领域的高层次人才认定，文化领域高层次人才的认定只是其中一个组成部分。文化领域应当设立专门的高端人才引进和认定计划，给予相应的荣誉与待遇，以吸引更多的高端文化人才留在北京。

最后，完善文化人才服务。在现有的人才政策下，加强对中高端和优秀青年文化人才优惠待遇的落实，优化服务流程，提升服务水平，让文化人才在北京落得下脚，安得下心。

（三）推动文化投融资市场繁荣

首先，加大开发性金融支持文旅产业发展的力度。2021 年，文化和旅游部、国家开发银行出台了《关于进一步加大开发性金融支持文化产业和旅游产业高质量发展的意见》，要求做好部行合作，加大开发性金融的支持力度。以北京银行为代表的北京金融机构在此方面做出了很大的努力，开发出了一些新的文化金融产品，但面对疫情给北京文化企业发展带来的诸多变化，北京金融机构显然还需要做出更为灵活的应对，提供更为贴心的服务。

其次，加快私募资本市场的发展，提升文化资本市场活力，增强对文化中小企业的支持。如北京市可以进一步推动文化产业债券市场的发展。之前北京市的文化产业债券融资规模一直位居全国前列，但受疫情冲击，文化产业债券市场占整体债券市场比重有所降低。北京市可有序加大债券融资规模，拓展文化产业债券融资渠道，探索多种文化产业债券融资方式，为小微企业提供更多的选择，也为文化金融市场注入更多的活水。

最后，加快构建“一站式”文化企业上市服务机制。推动文化企业上市一直是北京市政府的重要使命，为此北京市还建立了北京文化企业上市培育基地，为文化企业上市提供专业化服务。2022 年 11 月，由北京市国有文化资产管理中心、北京证监局、北京地方市金融监督管理局、上海证券交易所、北京证券交易所联合举办的 2022 年北京文化企业上市培训班如期进行。这是北京市推出的“十百千”文化企业上市培育计划的一个组成部分。北京市应加快“构建起文化行业主管部门、金融主管部门、证券交易所、券商、中介机构等‘一站式’整合服务文化企业上市的新机制”,① 相信这套新机制将对北京文化投融资市场的繁荣起到重要的推动作用。

① 张婧:《打造“一站式”服务文化企业上市新机制》,《中国文化报》2021 年 6 月 25 日。

B.16
冬奥之年北京内循环格局下的文旅产业发展报告*

荆艳峰　尹　航　陆跃祥　刘　敏**

摘　要： 本报告从冬奥之年北京市旅游市场发展的政策背景、行业背景、技术背景出发，从疫情中北京市旅游市场艰难前行、冬奥会遗产游及冰雪主题游成为网红、微度假成为替代性旅游消费的主力、非遗旅游“破圈”等方面分析2022年北京旅游市场发展状况，并从认知、情感和行为意向三个维度，以北京市居民为主要抽样对象，调研北京市民冰雪旅游消费行为，并提出通过开拓创新型、时尚型冰雪旅游资源，增加冰雪旅游公共交通线路，加大冰雪旅游价格优惠力度，适当发放消费券，发挥冬奥运动员社会影响力激励全民参与等促进北京旅游市场进一步发展。

关键词： 冬奥会　文旅高质量发展　旅游消费

一　2022年北京旅游市场发展背景

2022年是我国冬奥之年，是中国共产党第二十次全国代表大会召开之

---

* 本文是北京市社会科学基金重点项目（15JGA032）的研究成果。

** 荆艳峰，博士，北京联合大学旅游学院副教授，主要研究方向为旅游经济、市场营销；尹航，北京体育大学硕士研究生，主要研究方向为旅游信息化；陆跃祥，博士，北京师范大学经济与工商管理学院教授，博士研究生导师，主要研究方向为消费行为；刘敏，博士，北京联合大学旅游学院教授，主要研究方向为旅游管理。

年，也是向第二个百年奋斗目标进军的起始之年。文旅高质量发展有了新使命、新内涵和新要求。

（一）政策背景

1. 党的二十大精神指导文旅融合发展

2022 年 10 月 16 日党的二十大报告提出，要“坚持以文塑旅、以旅彰文，推进文化和旅游深度融合发展。”这是文旅行业进入新发展阶段，贯彻新发展理念，构建新发展格局，推动高质量发展的战略指向。

2. 高质量发展出台行动方案

2022 年 1 月，为更好地发挥北京文化旅游优势，有力支撑国际消费中心城市建设，北京市发展改革委及北京市文化和旅游局共同制定并印发《北京市“十四五”时期推进旅游业高质量发展行动方案》，指出“到 2025 年，北京市文旅深度融合的现代化旅游产业体系初步建成，新增一批富有文化底蕴、特色鲜明的世界级旅游景区和精品旅游线路，国际一流、主客共享、城乡协调的旅游公共服务体系基本完善，国际化、规范化、便利化、智慧化的旅游服务环境显著提升”，并就具体的发展路径和建设目标给予明确的指导。

3. 统筹疫情防控和文旅复苏

在党中央“疫情要防住、经济要稳住、发展要安全”的要求下，2022 年北京旅游业在配合疫情精准有效防控的同时，全面淘汰过剩和过时产能，苦练内功，以“旅游+”和“+旅游”的理念多方位融合探索，积极寻求出路，精深化运作，打造创新新业态、新产品，为实现复苏发展积极储备动能。

4. 制度保障优化文旅战略和营商环境

2022 年国家层面和北京市层面分别出台了一系列政策措施。国家发展改革委、文化和旅游部联合印发了《国民旅游休闲发展纲要（2022—2030 年）》，旨在进一步优化旅游休闲环境，提升产品和服务质量，丰富旅游休闲内涵，促进相关业态融合。支持精品民宿、帐篷营地规范健康发展，围绕促进文旅市场全面复苏，积极谋划新布局、拓展新业态、创造新需求。文化和旅游部、公安部、自然资源部、生态环境部、国家卫生健康委、应急管理部、国家市场监管总局、银保监会、国家文物局、国家乡村振兴局联合发布《关于促进乡村民宿高质量发展的指导意见》，北京市推进实施《关于促进乡村民宿发展的指导意见》，全市累计 785 家乡村民宿完成证照办理。

此外，《关于推进实施国家文化数字化战略的意见》《文化和旅游市场信用管理规定》《关于促进文化和旅游业恢复发展的若干措施》《北京市扩大文化和旅游新消费奖励办法》《关于规范引导帐篷露营地发展的意见（试行）》等文件不断优化营商环境，加强信用体系建设，为北京市探索中国式旅游现代化指出了文旅融合发展的崭新路径，对助推文旅体商深度融合、打造文旅新场景和新业态，促进旅游消费活力提升，带动文化和旅游高质量发展提供了思想指导和制度保障。

（二）行业背景

1. 京津冀文旅体商一体化向纵深发展

京津冀协同发展迎来奥运新契机。2022 年北京与张家口联手举办冬奥会，促进了京张体育文化旅游带建设。延庆海陀滑雪度假地获评国家级滑雪旅游度假地，结合长城、大运河以及西山永定河文化带建设，携手奥林匹克文化建设，冰雪旅游成为市民冬季旅游休闲的热门选择，将京津冀文旅体商协同发展战略推到新的高度。

2. “一城三带”精深化建设

2022 年北京市紧紧围绕老城整体保护与复兴、中轴线申遗保护工作和“三条文化带”传承保护利用工作，以文塑旅、以旅彰文，突出了中轴线代表的东方文明，以及“三条文化带”承载的“刚柔相济、山水相依”的北京文化精髓和象征作用，采用漫步北京、“品读建筑·发现北京之美”、第二届北京国际运河艺术周、大运河文化旅游博览会、西山永定河文化带文旅资源分享会、主题游线路发布、“京畿长城”国家风景道发布、线上云游等方式，结合中轴线申遗、长城、大运河国家文化公园建设保护和北京（通州）大运河文化旅游景区 5A 级旅游景区创建工作，以历史文化为媒，构建文化旅游体验基地，发掘北京文旅消费新场景，释放文旅消费新潜力，丰富文旅资源展示输出，拓展文旅新业态，推动文旅行业恢复发展、创新发展、高质量发展。通过科技数字赋能，助力社会主义文化强国先行区和世界重要旅游目的地建设，传承文脉特征。

3. 文旅营商环境持续优化

内循环格局下，旅游行业融资、融智、融产的市场布局行为不减。2022 年 11 月 16 日，由北京市文化和旅游局主办、北京产权交易所承办的“第三届北京文旅重点项目投融资对接会”成功举办，有 10 大类 61 宗项目总投资超 71 亿元。2022 年 7~9 月，累计发放 3000 万元京郊住宿消费券，带动京郊旅游消费 3. 6 亿元，9150 家住宿单位平均每家增收 3. 9 万元，拉动比达 1∶12。[①] 露营产业、自驾游产业生态格局初步建立。“微度假”“漫步北京”“畅游京郊”“北京网红打卡地”等品牌行动丰富了居民的旅游消费内容。

金融产品和创新服务，助力文旅企业纾困解难。京郊旅游融资担保旅游保险服务提升了京郊小微旅游企业经营抗风险能力。北京银行从移动贷款服务、文化驿站营销、营地计划培育、减费让利优惠、信用卡商户引流五大方面支持北京网红打卡地发展，截至 2022 年 7 月，已为 40 余户北京网红打卡地提供 190 多亿元的资金支持，[②] 为金融支持文旅高质量发展做出了良好示范。

实施乡村民宿餐饮提升工程，开展“大厨下乡”结对帮扶活动。推出《我的桃花源》大型文旅体验节目第二季。环球主题公园二、三期建设和副中心文化旅游区建设推进，形成新的旅游品牌聚集地和旅游经济增长点。

---

① 《北京推动文旅重点项目投融资对接》，“中国服务外包研究中心”微信公众号，2022 年 11 月 25 日，https：//mp. weixin. qq. com/s? _ _ biz = MjM5NDg0NTA2Nw = = &mid = 2649780623&idx = 2&sn = 1bcbf0928fadfc21a95a66715cd9fda6&chksm = be85496b89f2c07d8bc1b2f29e51d9243703d45704f8624e9429acc91227e5ff90858d03a286&scene = 27。

② 《文化金融的“北京模式”：网红打卡地出圈，百亿资金扶持》，腾讯网，2022 年 7 月 27 日，https：//new. qq. com/rain/a/20220727A01Y1J00。

（三）技术背景

数字化带动文化和旅游发展势不可挡，积极寻求科技赋能成为文旅发展的紧迫要求。疫情发生后，旅游行业断臂求生，果断淘汰落后产能，孕育文旅领域“上云用数赋智”的科技升级。元宇宙所带来的文化旅游深度沉浸式体验、无人驾驶汽车等将在不远的将来带给我们超越时空的深度体验。在区块链、人工智能、虚拟现实等数字技术的加持下，文旅元宇宙时代揭幕。

二　2022年北京旅游发展情况

（一）疫情中北京市旅游市场艰难前行

1. 出游行为进一步受限

游客接待量方面，受疫情影响，2022 年前三季度游客总量为 14661.9 万人次，同比增长 -26.1%。其中国内游客 14643.3 万人次，同比增长 -26.1%；外省来京游客 6754.6 万人次，同比增长 -31.6%；市民在京游客 7888.7 万人次，同比增长 -20.7%。入境游客 18.6 万人次，同比增长 13.3%。其中主要客源国为美国（23450 人次）、韩国（12803 人次）、日本（9726 人次）、德国（7628 人次）、加拿大（7333 人次）。增长最快的国家有蒙古国（240.7%）、印度尼西亚（181.8%）、巴基斯坦（139.5%）、瑞士（129.9%）、泰国（118.6%）。

2. 国际旅游收入增长“一枝独秀”

旅游收入方面，受疫情影响，2022 年前三季度实现旅游总收入 2219.0 亿元，增长 -27.8%。国内旅游收入 2194.8 亿元，增长 -28.2%，其中外省来京收入 1907.3 亿元，增长 -29.0%，市民在京收入 287.5 亿元，增长 -22.1%。国际旅游外汇收入 3.7 亿美元，增长 33.9%；实现国际旅游收入折合人民币为24.3亿元，增长35.9%。

3. 新业态驱动郊区旅游新增长

分区来看，受环球影城、运河文化带建设和北京（通州）大运河文化旅游景区5A级旅游景区建设影响，通州区旅游收入实现了10.3%的增长，门头沟区实现了3.3%的增长，密云区和延庆区分别实现了0.6%和0.5%的增长，其余区均为负增长。2022年前三季度各区游客总量均不及上年。①

（二）冬奥会遗产游及冰雪主题游成为网红

北京冬奥会后，围绕延庆打造国际知名休闲度假旅游目的地，协调建设京张体育文化旅游带工作，北京市积极推进冬奥遗产全民共享。2022年12月9日，北京市冰雪文化旅游季启动仪式在国家高山滑雪中心举办，文旅行业全面实现复工复产。冰雪文化旅游季集结区域内冰雪资源，积极探索“冰雪+”新玩法，推动冰雪运动与文旅、休闲、体育等资源深度融合，着力培育冰雪产业新业态发展，推出全要素全覆盖的冬季文旅产品供给，营造冰雪消费新场景。随着奥运场馆的赛后利用与冰雪运动的普及推广，秀池、三高炉、首钢滑雪大跳台等首钢园标志性地点成为网红打卡点。

（三）微度假成为替代性旅游消费的主力

休闲旅游新业态不断涌现。《国民旅游休闲发展纲要（2022—2030年）》的公布促进文化休闲、康养休闲、体育休闲成为创造新需求、拉动新消费的重要经济增长点。根据美团关键词搜索量排名，北京市文化和旅游局与美团联合发布2022年十大旅游休闲新业态：滑雪、帐篷营地、飞盘、骑行、桨板、徒步、精酿、蹦床、剧本杀、下午茶。房车露营等新业态火爆出圈，促进了房车、帐篷、户外桌、咖啡炉、卡式炉、露营灯、氛围灯等户外装备产业链的健全，房车租赁、户外活动、预制菜等营地生活配套服务解决方案不断涌现，适合市民家庭夏季周末休闲的帐篷营地受到欢迎。北京房

① 根据北京市文化和旅游局网站（http：//whlyj. beijing. gov. cn/zwgk/zxgs/tjxx/）统计信息整理。

车露营自驾旅游协会联合相关部门、企业和行业协会，积极主动作为，注重产业的规范化和品质化，不断促进区域房车露营产业规模的扩大和高质量消费供给。

微度假成为城市居民节假日的生活方式。2022 年北京市文化和旅游局正式推出“北京微度假”文旅新消费品牌，并联合相关区发布了首批 6 个北京微度假目的地品牌。通过去哪儿旅行 App 和小程序 3 期发放 3000 万元京郊住宿消费券，释放消费潜力。首旅慧科推出了“北京微度假”子品牌“京彩之旅 · 周末行家”，在京郊精品民宿和度假酒店植入文化演出、亲子玩乐、烧烤美食等内容，丰富京郊住宿的可玩性和趣味性，举办日不落露营音乐节、山野民谣会、咖啡烘焙体验、健身、宠物派对等活动。北控置业集团以“建筑网红打卡、文化体验之旅、周末短途度假”为核心，推出集国际高端会议、精品会展、休闲度假、观光体验、文化艺术、购物餐饮、亲子活动等多种功能、多种游览方式于一体的系列产品，满足多种旅游度假需求。

微旅游精耕细作。“漫步北京”系列深挖北京古都文化底蕴，结合艺术、非遗、节气等主题特色，以慢行交通系统为纽带，以文化场所、旅游景点、网红打卡地为节点，带领市民深度鉴赏北京文化。全年打造 21 条“漫步北京”文旅骑行线路，推出 10 条“二十四节气”夏季主题游线路和 10 条“京郊之夏”精品农事体验游线路。文化旅游体验基地继续挖掘内生动力，2022 年又新增 16 家文化旅游体验基地，充分挖掘各类资源优势，发挥品牌效应，推动文旅消费新升级。“北京网红打卡地评选活动 3.0 版”公布名单，在前两届的基础上，最终评出十大类主题 100 个新晋北京网红打卡地和 100 个提名推荐打卡地，投票选出 20 个最具人气网红打卡地。落实国际消费中心城市建设，打造重磅文旅消费产品，提振文旅行业信心，稳增长、促消费，全面展现首都文旅发展的韧性与活力。① 前门大街、三里屯太古里入选国家级旅游休闲街区；王府井等 5 家单位入选第二批国家级夜间文化和

① 《超百万人次参与投票　2022 北京网红打卡地推荐榜单发布》，中国新闻网，2022 年 12 月 13 日，https：//baijiahao. baidu. com/s？ id = 1752081876186749490&wfr = spider&for = pc。

旅游消费集聚区；9 个村镇入选第四批全国乡村旅游重点村镇，751 家园区上榜国家工业旅游示范基地名录，聚焦“时尚设计”与“消费体验”两大业态，持续推动工业遗产地保护利用与文化旅游有机结合，打造一批集城市记忆、知识传播、创意文化、休闲体验于一体的“生活秀带”，实现了由老工厂向高端时尚创意产业园区的蜕变升级，引领“文化旅游+工业”新风向，成为文旅新消费的新地标。

（四）非遗旅游“破圈”

2022 年 11 月 29 日，北京市非遗项目吴裕泰茉莉花茶制作技艺、张一元茉莉花茶制作技艺参与的“中国传统制茶技艺及其相关习俗”申报联合国教科文组织人类非物质文化遗产代表作名录成功，这是我国第 43 个列入联合国教科文组织人类非物质文化遗产代表作名录的项目，也是北京市继昆曲、京剧等项目之后，第 13 个入选联合国教科文组织人类非物质文化遗产代表作名录的项目。之后，围绕非遗茶文化的传承、休闲体验、研学旅行、主题线路与主题文创、博物馆、节庆活动等相继展开。

2022 年京剧跨界营销取得很多创新成果。“京剧+旅游”的“京剧文化之旅”IP 将六大旅游要素与京剧有机结合。“京剧+波普艺术”的沉浸式数字艺术空间创新进一步推进了京剧数字化；“京剧+体育”推出京剧文创飞盘、扑克牌、T 恤、明信片，成为潮生活的代表；“京剧+智慧地图”囊括了 42 处点位，涵盖吃、住、行、游、购、娱六大服务内容，广大游客和市民可以在移动端小程序通过点击图标，了解每个点位的图文、影音等详细资料，并实现 VR 全景观看、一键导航等功能。“京剧+骑行”推动北京非遗“破圈”。

此外，“北京中轴线非遗之旅”成功入选全国非遗主题旅游线路；“北京非遗中心”官方抖音账号使北京非遗有了专属社交阵地；老字号申报非遗“北京礼物”品牌；北京珐琅厂、老舍茶馆建设非遗旅游体验基地；中国银行联合中央美院设计推出全国首套北京非遗主题系列银行卡受到年轻人热烈追捧。非遗老字号线上集市创造性转化创新性发展非遗黑科技、非遗新国玩，推动北京传统文化创新，助力全国文化中心建设。

三 2019~2022年疫情前和疫情中北京旅游发展情况比较

（一）总体发展情况比较

旅游是高度依赖流动性的行业，疫情对北京旅游业造成巨大损失，但北京旅游业并没有消极“躺平”，而是从疫情应对中不断调整姿态，寻求变化、积极储备、转型升级，在危机中育新机，于变局中开新局。

与2019年相比，2022年北京市接待游客总量和旅游总收入几乎腰斩，国内市场（甚至市民在京市场）成为北京旅游市场的重要组成部分（见图1），市民在京游客占游客总量的比重由2019年的3.8%升至2022年1~3季度的53.8%（见图2）。入境市场几乎关断，2022年1~3季度接待游客人数和旅游外汇收入不足2019年的一成（见表1）。北京旅游业遭受新中国成立以来最严峻的挑战。曾经一路高歌猛进、欣欣向荣的旅游行业遭受严重打击，旅游企业的经营和旅游从业者信心从一开始的赔付善后、众志成城抗击疫情，变为寻找机会积极期待，再变为焦灼和漫长的等待，直至2022年11

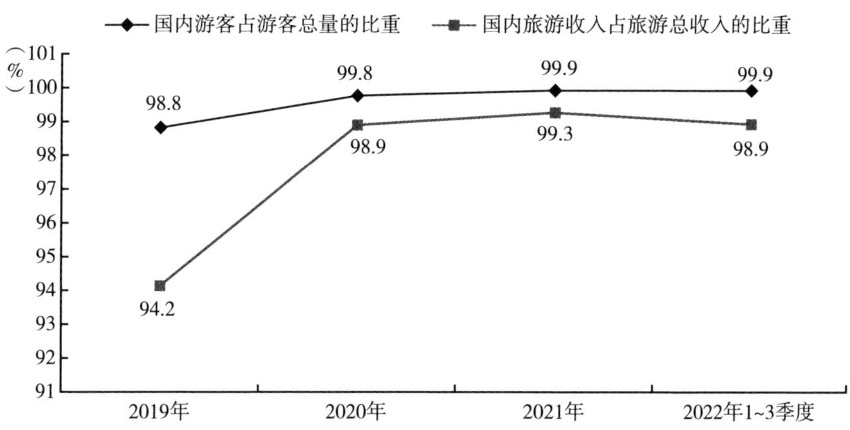

图1 2019年至2022年1~3季度国内游客及旅游收入比重变化情况

资料来源：如无特殊说明，本报告数据来自北京市文化和旅游局网站，http：//whlyj.beijing.gov.cn/zwgk/zxgs/tjxx/history/。

月 11 日，国务院联防联控机制《关于进一步优化新冠肺炎疫情防控措施科学精准做好防控工作的通知》和 2022 年 12 月 26 日中华人民共和国国家卫生健康委员会《关于对新型冠状病毒感染实施“乙类乙管”的总体方案》发布，以及之后全民疫苗接种和大面积感染后形成全民免疫屏障，旅游业才迎来重启的曙光。

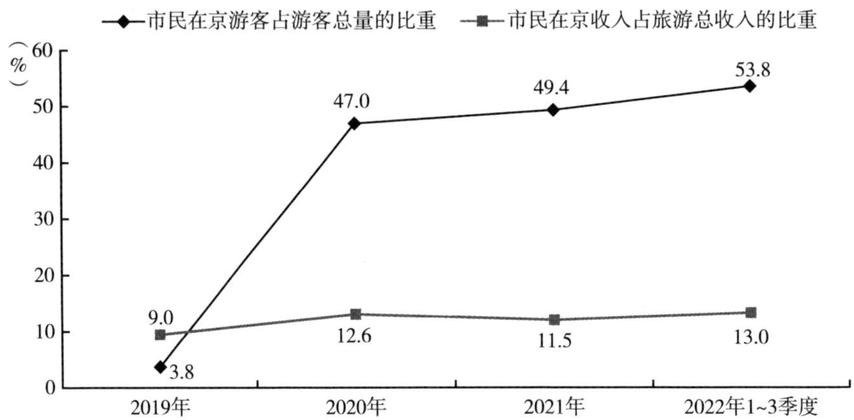

图 2　2019 年至 2022 年 1～3 季度市民在京游客及收入比重变化情况

表 1　2019 年至 2022 年 1～3 季度北京旅游市场总体变化情况

指标	2019 年	2020 年	2021 年	2022 年 1～3 季度
游客总量(万人次)	32209.8	18386.5	25512.8	14661.9
国内游客(万人次)	31833.0	18352.4	25488.3	14643.3
外省来京游客(万人次)	19267.2	9713.0	12881.1	8754.6
市民在京游客(万人次)	12565.7	8639.3	12607.2	7888.7
入境游客(万人次)	376.9	34.1	24.5	18.6
总收入(亿元)	6224.6	2914.0	4166.2	2219.0
国内旅游收入(亿元)	5866.2	2880.9	4138.5	2194.8
外省来京收入(亿元)	5306.9	2513.9	3657.7	1907.3
市民在京收入(亿元)	559.2	367.0	480.7	287.5
国际旅游外汇收入(亿美元)	51.9	4.8	4.3	3.7

疫情期间北京旅游业也积极储备了各种新的力量，细分市场出现了新的变局，技术创新和产品创新不断升级，产业结构借势做出优化调整，过剩的产品和产能顺势淘汰，适应新消费习惯的产品层出不穷。

（二）旅行社接待游客情况对比

旅行社在疫情不很严重的实践区段加紧开展业务，2022 年组织国内旅游人数大约是 2019 年的 3~5 成；受通关限制，组织（外联）入境旅游人数呈现断崖式下降；组织出境旅游在 2021 年和 2022 年几乎停顿。

（三）2019~2022年旅游区点活动情况对比

疫情期间，旅游区点的营业收入为 2019 年的 5~9 成。其中，由于旅游消费替代效应和旅游区点积极转变经营内容，以及文创产品不断创新等，门票收入在营业收入中的比重不断下降，商品销售收入和其他收入比重总体呈上升趋势（见图 3），打破了以往“门票经济”的樊篱，体现了旅游产业的发展韧性和内在发展取向。2020~2022 年旅游区点接待人数为 2019 年的 5~7 成（见表 2）。

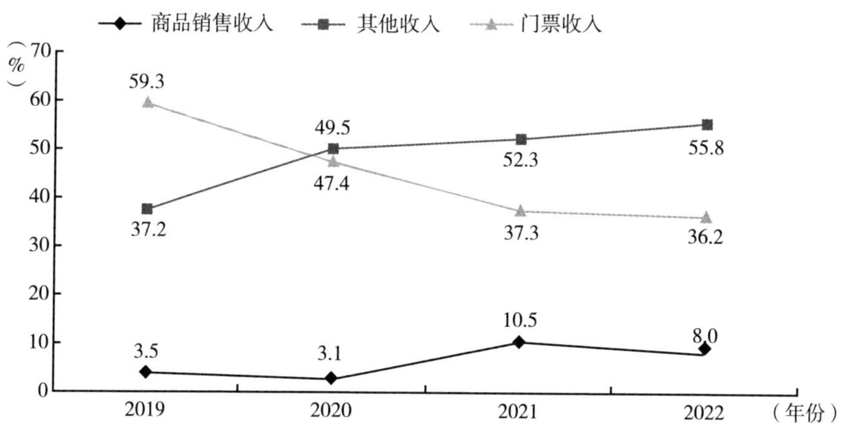

图 3　2019~2022 年旅游区点各项收入在营业收入中的占比变动情况

表 2　2019~2022 年旅游区点活动变化情况

单位：万元，万人次

指标	2019 年	2020 年	2021 年	2022 年
营业收入	882511.2	423941.5	786606.0	673983.6
门票收入	523708.7	200825.3	293070.3	244295.2
商品销售收入	30903.8	13247.0	82488.4	83728.3
其他收入	327898.7	209869.2	411041.3	375960.1
接待人数	31772.1	16779.5	21648.2	19063.8

（四）2019~2022年限额以上（重点）住宿业情况

2020~2022 年限额以上（重点）住宿业接待住宿人数为 2019 年的 4~6 成，接待入境住宿人数为 2019 年的 1 成左右。平均房价随着消费降级和需求下降逐渐降低，平均出租率由 2019 年的近 7 成下降到 2022 年 1~3 季度的 4 成左右。2022 年 1~3 季度的收入约为 2019 年的 4 成（见表 3）。

表 3　2019 年至 2022 年 1~3 季度限额以上住宿业变化情况

指标	2019 年	2020 年	2021 年	2022 年(1~3 季度)
接待住宿人数(人次)	44223248	23203131	26689423	18333410
接待入境住宿人数(人次)	3034302	335558	242434	217017
平均房价(元/间)	560.2	497.6	452.8	442.3
平均出租率(%)	69.8	36.0	47.8	38.7
收入合计(万元)	5050432	2916075	3299786	1967958

四　北京市冰雪旅游消费行为研究

受到冬奥会举办的鼓舞，北京市冰雪旅游成为旅游消费的新潮流。本报告的调研对象是北京市居民，通过线上“问卷星 App”进行问卷发放。本次调查发放问卷 100 份，实际回收 100 份问卷后进行问卷数据分析，得出相关结论及策略建议。

（一）北京市冰雪旅游消费者人口统计学特征

年轻消费者，特别是年轻男性成为冰雪旅游的主要群体。由于冰雪旅游的装备、场地等费用较高，多数冰雪爱好者来自家庭年收入在 20 万元以上的家庭。其中亲子旅游占比 44%。大多数消费者是冰雪运动新手和初级冰雪运动爱好者，分别占比 52%和 32%（见表 4）。

表 4　北京冰雪旅游受访者特征

单位：%

指标	样本特征	占比
性别	男	55
	女	45
年龄	18 岁以下	1
	18~35 岁	62
	35~50 岁	30
	50~60 岁	3
	60 岁以上	4
学历	初中及初中以下	3
	高中	10
	本科/大专	63
	研究生及以上	24
家庭年收入	5 万元以下	10
	5 万~20 万元	23
	20 万~50 万元	41
	50 万元以上	26
职业	学生	35
	教师	11
	管理人员	17
	公司职员	17
	自由职业	16
	退休人员	3
	其他	1

续表

指标	样本特征	占比
家庭结构	未成年与父母同住	8
	单身	25
	夫妻二人	23
	单胎家庭	24
	二、三胎家庭	20
身份	冰雪运动新手	52
	初级冰雪运动爱好者	32
	资深冰雪运动爱好者	13
	冰雪运动员	3

（二）北京消费者冰雪旅游认知状况

1. 对冰雪体育旅游的认识

冬奥会举办期间，北京市通过电视、城市广告等渠道广泛介绍北京市各大冰雪旅游景点，为北京市资源提高曝光度，让市民充分了解家门口的冰雪旅游资源。筹办冬奥会以来，北京市消费者积极通过各种渠道了解冰雪旅游、冰雪运动，说明冬奥会的举办对群众冰雪消费有较大的促进作用。消费者对各类冰雪专业运动的认知度为 4.17（满分为 5），对可参与的冰雪旅游项目的认知度为 4.11，对冰雪旅游资源的认知度为 4.00，对冬奥历史文化的认知度为 3.81（见图 4）。

2. 对冰雪体育旅游的认同度

消费者非常认同北京冬奥会的举办提振了中国文化的精气神，认同度为 4.36。冬奥会举办期间正值春节假期，受冬奥会的带动以及季节气候的影响，更多消费者选择冰雪旅游，将自己的闲暇时间更多地分配给冰雪运动；大多数消费者认同北京冬奥遗产利用将丰富民众生活，认同度为 4.14；消费者认为北京冬奥会带动了青少年冰雪项目培训，认同度为 3.93（见图 5）。根据交叉分析发现单胎家庭及二、三胎家庭的消费

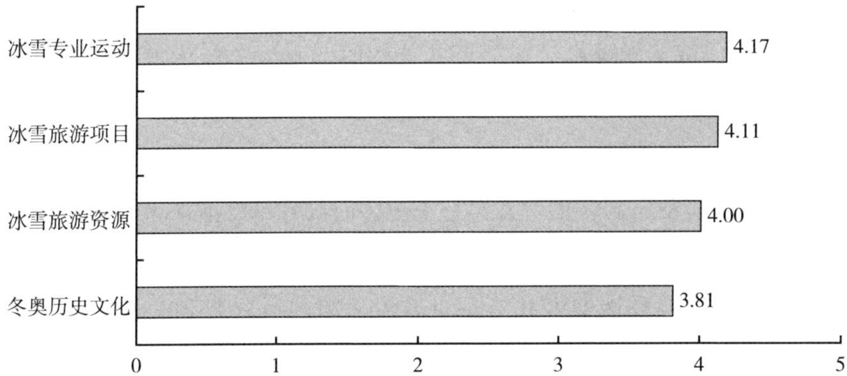

图4　北京消费者对冰雪体育旅游认知情况

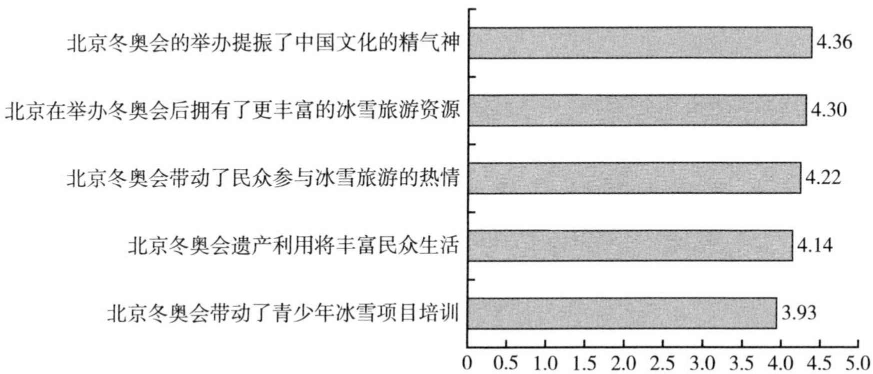

图5　北京消费者对冰雪体育旅游认同度

者非常愿意让自己的孩子接受冰雪运动的专业培训，想让自己的孩子在冰雪运动中学习专业的知识技能，但也存在一些消费者希望以业余娱乐活动的方式让青少年参加冰雪运动，广交朋友、强健体魄。

（三）北京消费者冰雪旅游情感状况

1. 情绪

近8成消费者为北京市成为“双奥之城”感到骄傲，均值达到4.34，为最高；消费者认为掌握一项冰雪运动技能很有成就感，均值为4.15。冬奥会中国冰雪健儿在赛场上夺金争光的表现，使消费者受到奥运精神的鼓舞，均值为3.99（见图6）。人们非常希望能够掌握一项冰雪运动技能，并以此获得成就感及荣誉感。消费者积极肯定冰雪旅游这种新颖的旅游形式，认为参与冰雪旅游既能丰富业余生活，也能在冰雪运动与旅游活动中享受乐趣，结交更多朋友。同时消费者愿意花更多时间在冰雪旅游上，愿意增加冰雪旅游的消费支出，均值均在4以上，说明消费者非常认可冰雪旅游并愿意参与其中。有71%的消费者并没有对冰雪运动的风险感到害怕，另外一些消费者担心运动难度过高，缺乏安全保障设施与人员，仍害怕冰雪运动风险，均值为3.86。

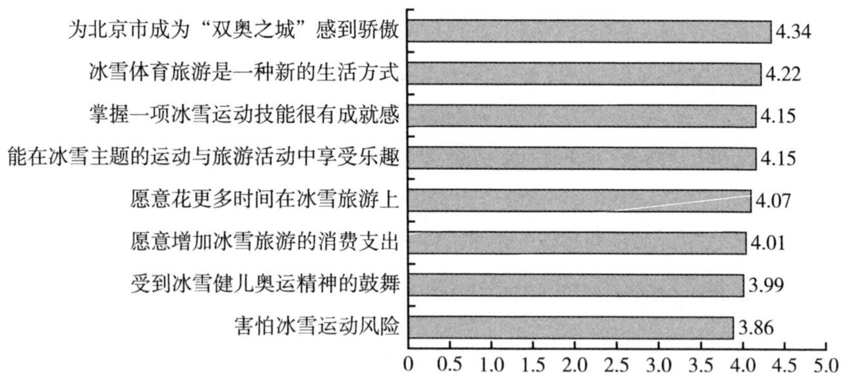

图6　北京冰雪旅游消费者情绪均值

2. 期望

在冬奥会精彩比赛的感染之下，消费者期待北京市能够承办更多的冰雪赛事，均值为4.11；消费者比较期待参与冬奥项目体验，切身体会冬奥运动健儿在赛场上的感受，均值为3.97；亲子家庭非常期待冰雪主题乐园相关产品，希望通过这个机会拉近与孩子的距离，充分满足孩子的娱乐需求，并学习冰雪文化与知识，达到寓教于乐的目的，均值为4.25，为最高（见图7）。通过与年龄结构的交叉分析得出，35~60岁的消费者更加期待冰雪特色度假村，以满足休闲、娱乐、放松身心、保持健康的需求，均值为4.07；和其他几项相比，消费者对于冰雪虚拟现实体验的期待程度最低，由于虚拟现实技术在冰雪旅游中并未大规模普及，只有部分消费者比较期待自己喜欢的冰雪旅游项目能够结合先进技术。

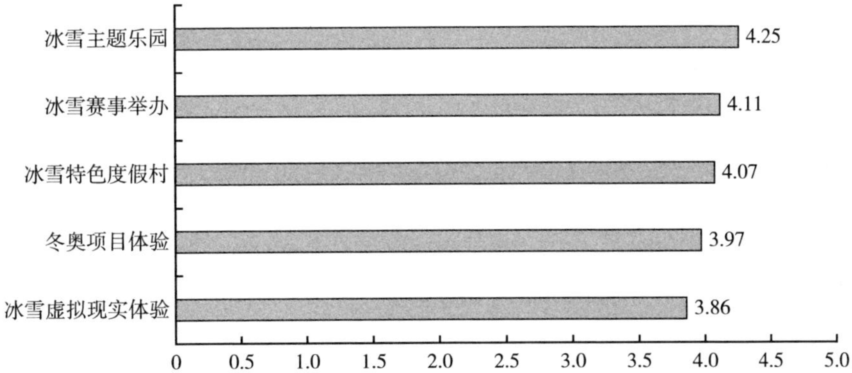

图 7　北京冰雪旅游消费者期望均值

（四）冬奥会后冰雪旅游行为意愿

1. 参与种类意愿

对于参观类冰雪旅游项目，中青年消费者非常愿意观看冰雪运动比赛，均值为 3. 83。35~50 岁的消费者比较愿意参与冰雪观光（如冰灯、冰瀑、冰雕、雾凇等自然景观），体验独特的冰雪景观，在欣赏美景愉悦身心的同时了解与冰雪相关的自然知识，均值为 3. 56。消费者渴望在打卡冬奥场馆的同时能亲身在冬奥场馆、赛场体验冰雪运动，均值为 3. 84（见图 8）。

对于专业运动类冰雪旅游项目，有 74%的消费者更愿意体验冰雪运动，均值为 4. 07。通过与消费者年龄的交叉分析发现，18~35 岁的消费者最愿意参加专业冰雪运动，35~50 岁的消费者也有较强意愿。滑冰、滑雪等作为大众所熟知且接受度最高的冰雪旅游项目，大众参与度很高。而在冬奥会的带动下消费者更加愿意去体验在冬奥会期间了解到的比赛运动项目（如冰壶、冰球等），更积极地参与自己从未接触过的项目。年收入在 20 万~50 万元的中青年男性消费者愿意报名加入冰雪俱乐部学习专业冰雪运动知识与技术，结交更多冰雪爱好者，分享运动经验，均值为 3. 29（见图 9）。

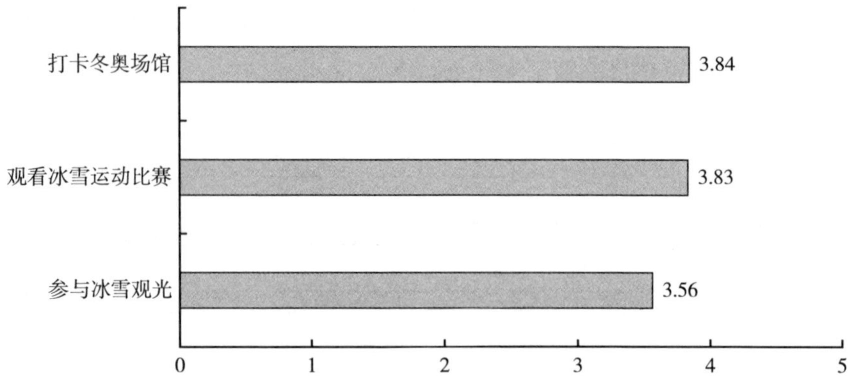

图 8　北京消费者参观类冰雪旅游项目参与意愿均值

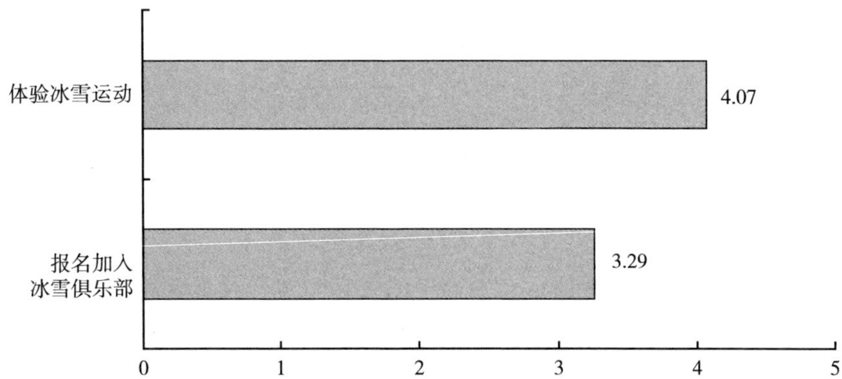

图 9　北京消费者专业运动类冰雪旅游项目参与意愿均值

对于娱乐体验类冰雪旅游项目，消费者更愿意参与冰雪趣味比赛，均值为 3. 84。通过访谈得知，有近 40%的消费者与家人、朋友组队参加过北京市在怀柔、密云、鸟巢等优质冰雪场地举办的大众冰雪趣味比赛。消费者更加青睐“滑雪+度假”模式，调查发现中老年消费者在计划冰雪度假（如冰雪探险旅游、冰雪温泉体验）方面的意愿均值为 3. 81，说明冰雪度假旅游结合冰雪体育运动成为“最热”冰雪消费之一。消费者对于参与冰雪休闲娱乐（冰雪文化演出、特色美食、购物、节庆）、参加冰雪游乐、冰雪民俗体验（冰嬉、冰舞、冰上摔跤等）的意愿均值在 3. 4~3. 7 区间（见图 10），相对于当下最热门的冰雪体育旅游来讲，消费者的意愿并不强烈，但也愿意尝试体验新鲜冰雪旅游项目。

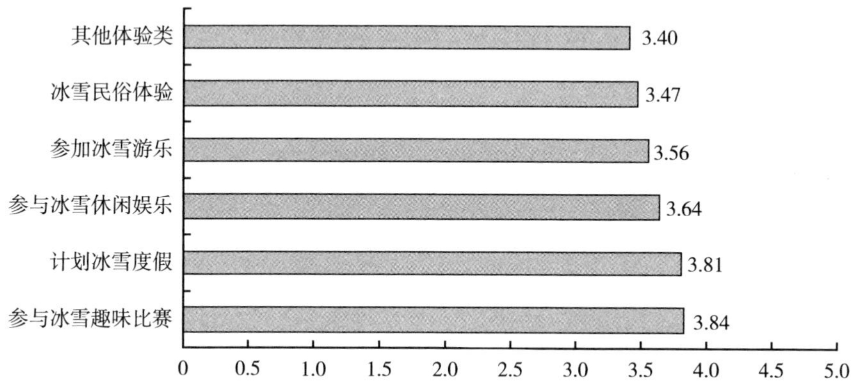

图 10　北京消费者娱乐体验类冰雪旅游项目参与意愿均值

2. 行动中重视的因素

冰雪旅游中的人员服务、设施设备、安全保障、信息宣传、文化体验、交通便利程度、消费支出和项目丰富度是消费者重视的重要旅游因素，决定了消费者能否拥有一个很好的冰雪旅游体验、是否选择该目的地、是否会重游。

有近50%的消费者认为旅游目的地高质量的人员服务是必不可少的。如消费者希望在冰雪旅游度假村享受到专业冰雪运动人员的陪同，希望在使用冰雪旅游虚拟现实技术时得到专业人员的指导。老年消费者由于腿脚不便，希望在冰雪旅游中得到充分的照顾。消费者非常重视安全保障，均值为4.40（见图11）。冰雪旅游具有体验性及危险性的特点，如果冰雪旅游地缺乏安全保障措施，会给消费者带来不安。交通是非常重要的旅游基本要素，其便利性在一定程度上决定了消费者的出游选择。对于旅游目的地文化体验与信息宣传，消费者认为目的地要有自身的特色及文化底蕴，传播冰雪文化能够更加吸引消费者。消费者比较重视旅行的消费支出和项目丰富度，冰雪旅游作为消费水平较高的旅游项目，过高的消费支出会给消费者带来压力。

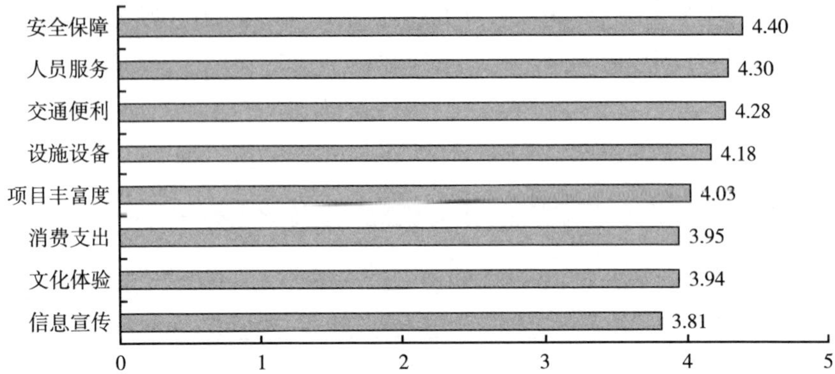

图 11　北京消费者在冰雪旅游中的重视因素均值

3. 目的地选择

受疫情的影响，北京消费者更倾向于选择近距离冰雪旅游目的地，并且冬奥会为北京市带来了丰富的冰雪旅游资源，也给消费者带来了更多选择。所以居民更希望在家门口得到冰雪旅游体验。部分居民认为北京市各郊区拥有非常丰富的冰雪资源，但是冬季旅游者过多，存在资源拥挤现象，所以会选择张家口、崇礼等地。东北三省及西北地区凭借出众的地理区位优势，近年来也在快速发展冰雪旅游产业，出现了许多冰雪度假胜地，一些消费者会选择在节假日及寒暑假陪同孩子一起到东北、西北地区进行冰雪旅游（见图 12）。

4. 信息获取渠道

大多数消费者主要通过新媒体平台博主分享来获取资源信息，占比66%。随着科技的发展和社会的进步，网络新媒体已经成为当今社会重要的信息宣传与获取手段。通过访谈得知，消费者通过在新媒体平台上浏览视频、帖子来获取信息存在偏差与疏漏，其更希望旅游目的地官方在新媒体平台上发布旅游信息，做到信息公开透明。亲朋好友向消费者介绍相关冰雪旅游经历后，部分消费者会产生出游行为，这种更加主观且贴合实际的信息交流方式会对消费者的选择产生较大的影响。通过调查分析发现，16%的中老年群体对互联网使用不熟练，脱离网络环境，选择利用电视广告宣传、旅行社推广等传统方式来获取冰雪旅游信息（见图 13）。

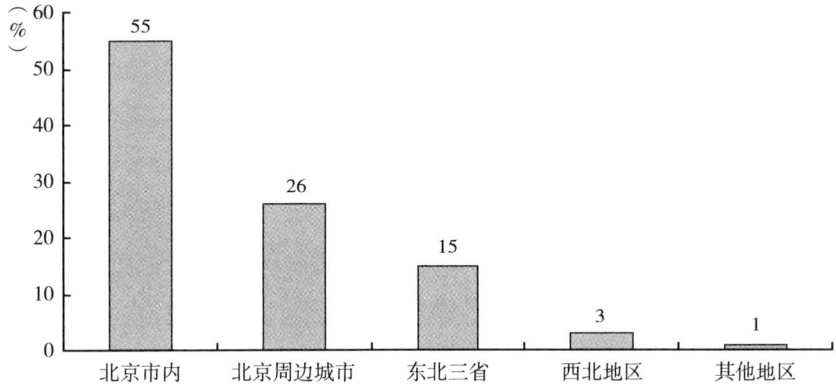

图 12　北京消费者冰雪旅游目的地选择占比

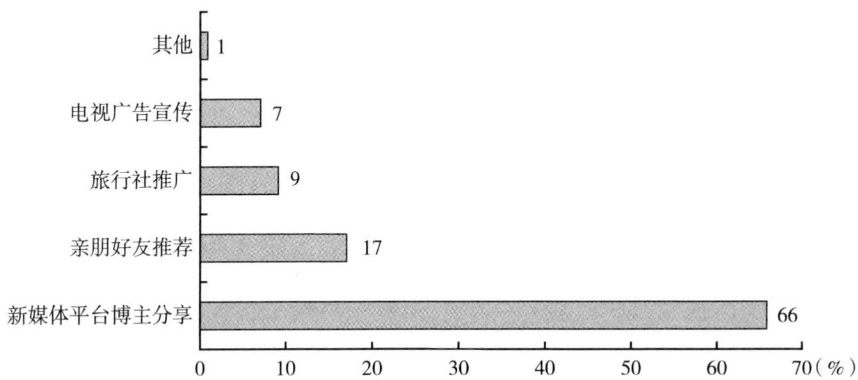

图 13　北京消费者信息获取渠道占比

5. 同游人选择

有 57%的消费者选择与同学或朋友一同进行冰雪旅游，以中青年消费者为主，其在年龄相仿、兴趣爱好相同的群体中更容易找到对冰雪旅游的共鸣。有 25%的消费者选择和家人一起出游，主要是有孩子的家庭为了培养孩子的运动能力、拉近亲子关系。14%的消费者参与公司团建活动，在工作之余体验冰雪项目，缓解工作压力（见图 14）。

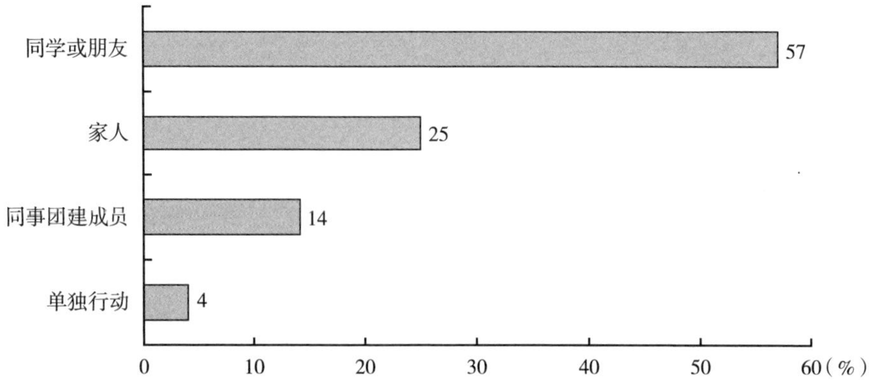

图 14　北京消费者同游人选择

（五）冰雪旅游消费影响因素

1. 目的地冰雪文化环境

在“三亿人上冰雪”与“冬奥梦”的双重影响下，消费者非常看重冰雪文化环境，目的地冰雪文化环境均值最高，为4.12（见图15）。冬奥会成功推动冰雪旅游由小众走向大众，让更多人感受到冰雪文化的魅力。例如北京市石景山区首钢园通过承办多项冬奥赛事，为园区营造了冰雪文化环境，石景山区部分街道积极宣传冰雪文化，吸引冰雪旅游消费者来到冬奥赛场打卡，带动园区内冰雪运动的开展，使冰雪文化与冰雪旅游完美融合。北京市冰雪旅游消费者对冬奥历史文化的认知进一步加深，赛事期间政府通过各类媒体渠道及冬奥健儿的大力宣传，积极号召冰雪运动新手及初级冰雪运动爱好者踊跃参与冰雪旅游，通过冬奥会提振了中华文化的精气神，与现代奥林匹克精神完美融合，丰富了北京市民的精神文明生活与物质生活。

2. 冰雪旅游资源丰富程度

通过对消费者市场细分发现，不同类型的冰雪旅游消费者的需求和选择是截然不同的，消费者非常重视冰雪旅游资源的丰富程度。冬奥会期间，冰雪产业快速发展，北京市增加了众多丰富的冰雪旅游资源，市政府利用冬奥

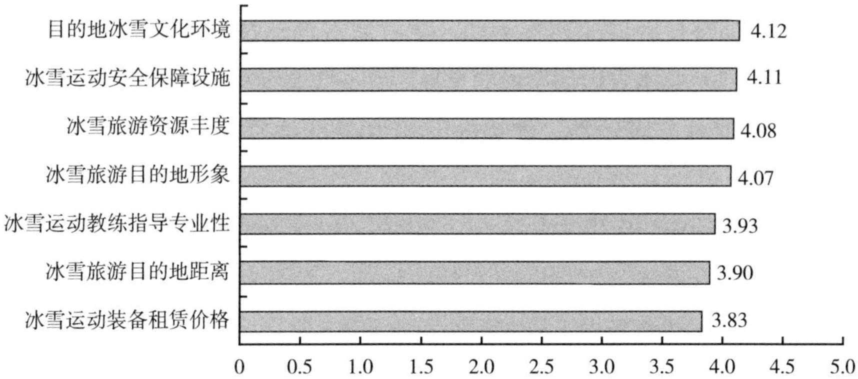

图 15　北京消费态度影响因素均值

赛事场地结合各郊区特色冰雪旅游资源，设计推出了不同主题的冰雪旅游线路，消费者可以自由选择。

3. 冰雪旅游目的地形象

只有对冰雪旅游资源进行准确定位和充分整合，塑造独树一帜的形象，才能吸引消费者的目光。旅游目的地的城市特色、文化环境、民族民俗等都代表其形象。北京市利用冬奥赛事文化积极宣传，打造独一无二的冰雪旅游目的地形象。

4. 冰雪旅游目的地距离

“行”作为旅游六要素之一，对旅游消费者的选择影响较大。由于疫情影响以及冬奥会的带动作用，北京市冰雪旅游消费者更多地选择在市内进行短途冰雪旅游。只有通过改善公共交通以及规划交通线路，为游客节省出行成本，才能增加消费者的出行次数，进而推动冰雪经济健康发展。

5. 冰雪运动装备租赁价格

冬奥会激发了消费者对冰雪运动、冰雪旅游的热情。冰雪运动装备是游客进行冰雪运动时的刚需，而大多数游客选择在目的地租赁冰雪运动装备。只有根据冰雪运动新手、初学者、资深玩家的不同需求提供冰雪运动装备，合理定价，才能提高游客重游率。

6. 冰雪运动教练指导专业性

消费者期待接触专业冰雪运动，学习冰雪运动技能，体验冬奥运动项目，希望得到专业冰雪运动教练的指导。在冬奥会及体教融合的背景下，更多青年群体加入冰雪运动，教练的专业性及教学质量直接影响青少年的培养。

7. 冰雪运动安全保障设施

消费者非常重视冰雪运动安全保障设施，均值为4.11。在冬奥会各项运动的带动下，消费者也更加青睐参加冰雪体育运动乃至冰雪竞技比赛，提高冰雪运动安全保障水平尤为关键。旅游目的地需要配备安全员及专业医疗团队保障游客的安全。运动医学专业人士通过网络、电视等渠道科普冰雪运动知识，预防伤病出现。游客在了解到冰雪旅游目的地安全保障设施充足且齐全的情况下，会增加冰雪运动频率。

（六）促进冰雪旅游消费的策略建议

1. 开拓创新型、时尚型冰雪旅游资源

冰雪旅游消费者呈现年轻化特点。冬奥会为北京市带来了丰富的物质文明与精神文明资源，青年消费者喜欢追求时尚，冰雪运动在青年群体中非常流行。所以培育冬奥文化、冰雪文化是重中之重，应设计融合冬奥文化与青年群体喜爱的传统冰雪运动的冰雪旅游资源。青年群体受到奥运健儿在赛场上争金夺银的熏陶，渴望体验冰雪虚拟现实技术与冬奥运动项目相结合的项目，在上学、上班之余能够体验轻松、新鲜的冰雪旅游项目。例如针对青年女性，开发“瑜伽+花样滑冰”等具有美感的创新型产品、“文创购物+旅游”等时尚型产品，既能满足其体验冰雪文化的需求又能满足其美感的需求。老年群体希望在保持身体健康的同时增加娱乐活动，开发“冰雪+康养”等创新型冰雪旅游资源，能够满足老年人的健康与娱乐需求。对于有家庭游、亲子游需求的家庭，冬奥会能够带动青少年冰雪运动培训，家长希望把孩子送到冰雪运动俱乐部接受专业培训，也希望能和孩子一起通过游玩冰雪项目，增进感情，可以开发特色冰雪主题乐园，加入冰雪文化教育元素，达到寓教于乐的目的。

2. 增加冰雪旅游公共交通线路

交通便利程度是北京市冰雪旅游消费者非常重视的出游因素。北京市目前拥有多条特色冰雪旅游路线，但绝大多数市民只能通过自驾游的方式抵达目的地。车辆限号以及节假日交通拥堵会直接影响市民出行。北京市政府应当开设通往旅游目的地的公交车路线，开通便民、价格合适的冰雪观光巴士专线，并与冰雪旅游目的地开展合作，推出微信团购小程序，推出“车票+景区门票”组合优惠产品，形成互联网与冰雪旅游相结合的新模式。对于远郊区各大滑雪场、冰雪旅游度假区等目的地，可以设计市郊冰雪特色地铁路线，提升交通便利性及可到达性。针对自驾出行的冰雪游客，可以通过由旅游目的地报销高速过路费、建设冰雪自驾游营地吸引游客。

3. 加大冰雪旅游价格优惠力度，适当发放消费券

通过互联网宣传冰雪节庆活动及价格优惠吸引更多消费者。推出市民喜闻乐见的冰雪文化主题节庆活动，政府可以推出“线上电子消费券+线下券”。线上电子消费券通过官方微信公众号发放，分为通用满减消费券以及学生一元抵扣券（需要学生群体自行抢购，先到先得，吸引其体验各种冰雪旅游项目），消费者在消费时直接通过微信抵扣电子消费券。线下券可以与超市、商场、银行进行合作，适当发放。政府还可以利用消费者对奥运冰雪文创产品的购买力，将冰雪旅游产品与文创产品以较低的价格进行组合销售。各大冰雪旅游目的地可以与公司合作，适当向公司员工发放旅游目的地餐饮、酒店消费券，吸引公司将冰雪旅游作为团建项目。

各中小学在体育教学中，应适当让学生了解冰雪体育运动，普及冰雪体育文化，培养学生冰雪体育运动兴趣与能力，让冰雪体育运动走进中小学课堂。旅行社可与学校构建合作体系，为在校学生提供价格优惠。

4. 发挥冬奥运动员社会影响力，激励全民参与

大多数消费者借助新媒体平台来获取冰雪旅游信息。大众传媒在一定程度上会对消费者的认知、情感产生影响，因此要充分发挥新媒体平台的信息传播能力。冬奥运动员在一定程度上具有榜样作用，他们身体素质强且具有

专业的冰雪运动知识与能力，并代表国家参加冬奥会，这些条件能够让消费者对冰雪运动产生好奇，在消费中做出积极的选择。应通过奥运健儿的社会影响力，增加消费者对冰雪旅游的信任，让奥运健儿代言商业广告及在新媒体平台上增加与粉丝的互动，带动更多的粉丝消费者参与冰雪运动。同时不应当局限于互联网媒体平台的宣传，应当充分利用在居民社区张贴海报的宣传手段让中老年群体了解冰雪旅游，进而参与冰雪旅游。

市政府可以在各大媒体平台创建官方账号，聘请专业的摄影团队与剪辑团队，策划推出创新型、时尚型冰雪旅游产品的介绍视频与真实体验视频。还可以推出电视综艺节目，邀请奥运冠军、知名演员和歌手参加节目，发挥其带动作用，提高冰雪旅游曝光度与关注度。

五　北京文旅产业发展趋势分析

（一）旅游行业逐渐全面恢复

随着旅游市场重启，未来一年北京旅游市场宏观上的平稳有序恢复与局部市场供需力量不对等、产品市场冷热不均，以及突然来临的急速调整的尴尬将并存。

出入境旅游将逐渐放开。但长线境外目的地并未完全放开，以内循环为主的旅游经济发展框架还将持续，短期内出入境旅游仍将以商务旅行、研学旅行、康养旅行等跨境刚需为主。市场需求旺盛，但制约条件较多，出入境旅游市场恢复疫前水平尚待时日。

国内旅游仍将是旅游市场的主体。以内循环为主的发展模式短期内难以扭转。北京文化旅游市场的蓄能将使国内来京市场迎来爆发式增长，以环球影城、冬奥场馆和“一城三带”新文旅业态和产品为代表的新消费，将吸引大量来京游客，成为旅游业长期以来期盼的“报复性增长”的主要爆发点。

微度假将成为市民在京旅游持久的消费惯性，文旅商体在技术加持下不断深度跨界融合，创新业态和产品继续深耕，夜经济重启，国民休闲意识增强，休闲产品将在居民消费结构中占据更高的比重。

疫情期间，旅游企业经营结构调整和人员流失问题将在短期内接受旅游市场需求爆发的考验，“需求创造供给”将引导文旅企业调整经营内容。居民消费信心将随着消费能力的修复而逐渐增强。

（二）技术发展倒逼文旅创新

以5G、元宇宙为代表的新场景增强游客沉浸式体验。文化借助视觉、体感和联想的全方位沉浸式体验，能表达得更为真实、丰富与通透。数字文化资源搭载沉浸式交互技术和5G传输支持，与实景实物展陈相得益彰，变成新形态的文化旅游产品。景区、博物馆、公共文化服务场所的“虚拟+场景”营造沉浸式体验吸引大量现代前卫的年轻人，元宇宙不再是营销噱头，元宇宙文旅搭建、5G传输、互动触摸屏、VR感设备等生态链的布局将成为文旅投资新热点。

（三）头部企业圈定旅游新领地

疫情没有阻挡旅游行业甚至非旅游行业的一些头部企业、领军品牌布局文旅市场。中旅旅行、首旅集团和北控置业等企业纷纷进军文旅新业态、新产品、新场景、新市场。文旅市场值得期待。

（四）新媒体成为文旅消费的种草机、风向标和快渠道

媒体渠道如阿里巴巴、百度地图、北京时间、哔哩哔哩、抖音、高德地图、马蜂窝、猫眼、美团、去哪儿网、首旅慧科、携程等一边进行海量分享和内容营销，一边“种草”，同时提供“拔草”链接，为年轻人文旅产品消费设置了完美的“闭环”。加之订购、支付、交通越来越快捷便利，说走就走成为年轻人的旅游消费新常态。

（五）旅游目的地更加生活化

随着“反向旅游”现象的产生，越来越多的旅游者不再将大城市、大景

点作为出游的首选，也不再将匆忙赶路、排队扎堆、网红打卡作为旅游日常。考察地区发展差异、了解民俗风情、体验不同的生活方式、寻找更为宽松惬意的精神身体修复地，不做深度攻略的随机流浪式自驾游，成为部分群体的旅游出行新方式。旅游有了更轻松、更自由、更惬意、更随机的新内涵。

结　语

疫情阴云已经逐渐褪去，文旅市场供需两侧的磨合调整、文旅市场活跃度恢复还需要时日。文旅企业人力资源规划调整、供应链资源重新梳理、产品内容优化升级、消费能力回血，消费信心提振仍然需要时间。但是，作为最有活力的经济构成，文旅行业重回繁荣值得期待。

B.17

主题公园溢出效应视域下的文旅商融合发展研究

唐 鑫 赵雅萍*

摘 要： 在旅游界，主题公园热潮正在兴起，发挥主题公园溢出效应，推动文旅商融合发展，既有扎实的理论基础，又有迫切的现实需求，还有一定的实践经验。概念、机理，背景、现状，方向、路径，都是为了满足现实需求必须理清的，当然理清的本身也是实践基础上的理论创新。本报告借鉴成功经验，将理论与实践紧密结合，得出做实文旅商高水平融合的载体、增强文旅商高水平融合的科技赋能等6个部分27条对策建议。

关键词： 主题公园 文旅商融合 文化旅游

按照世界旅游组织的预测，主题公园是目前乃至未来国际旅游发展的三大趋势之一。形成这个大趋势的原因是主题公园具有溢出效应，承接其溢出效应能够带来巨大的经济、社会效益。随着北京环球主题公园的正式运营，承接其溢出效应越来越受到政府、市场和社会的重视。北京城市副中心文化旅游区作为环球主题公园的所在地，是承接溢出效应的核心圈层；通过高质量承接溢出效应建设国家文旅商融合发展示范区，是其未来的重要发展目标。本报告旨在通过该案例的实证研究，探讨承接主题公园

---

* 唐鑫，北京市社会科学院市情研究所所长、研究员，北京世界城市研究基地主任，主要研究方向为旅游产业、文化创意产业；赵雅萍，北京市社会科学院市情研究所博士，北京世界城市研究基地特约研究员，主要研究方向为旅游产业、文化创意产业。

溢出效应与文旅商融合发展的内在联系，在掌握基本原理的基础上探索实践路径。

一 理论综述

（一）有关概念的界定

根据国际游乐园及景点协会（IAAPA）定义，主题公园（theme park）是指拥有主题景点的游乐园，包括游乐设施、纪念品、奢侈品乃至餐饮、服装等零售商店。主题公园不仅是主题景点的集合，而且集娱乐活动、休闲要素和服务接待设施于一体，具有资本和技术密集、品质优良、精心装饰、以用户为导向、休闲环境优良等特点。

“溢出”一词最早出现在1890年英国经济学家马歇尔的著作《经济学原理》中，他指出“外部经济的存在”能够提高正常经济活动的技术效率。他通过对中小企业的集聚行为进行分析发现，分工不同的企业在特定区域的集聚原因是相互之间可以产生溢出效应，如技术、信息、创新思想的自由传播。溢出效应简单地可以解释为人们的行动或者行为对其他人的行为产生直接或间接的影响，在区域经济上表现为某一产业对本区域或其他区域经济产生的市场发展的相互制约、依赖性作用，正的溢出可以影响区域经济主体之间的互动，增强产业竞争力，推动区域经济发展。

综上所述，主题公园溢出效应主要体现在：通过核心项目的运营，有效驱动文化资源的市场价值转化，并创造出更高的经济、文化、社会、生态价值，带动区域经济发展、丰富区域文化内容、促进区域社会和谐、美化区域生态环境等，提升文化旅游产业的经济效益和社会效益。

（二）作用机理的概述

推动上下游产业联动。主题公园一般以电影IP为核心，融合“文化+旅游+商业+科技+金融”等产业，形成涵盖100多个行业的产业链，上游连接着文艺、电影等产业，下游连接着动漫、游戏等产业，横向延伸到餐饮、住宿、商业、会展、教育培训、科技服务、金融服务等产业。围绕主题公园溢出效应，加强上下游产业联动，有利于推进文化、旅游与商业、科技、金融等跨界融合，促进演艺娱乐、体育赛事、休闲度假乃至会议会展等共同发展，推动第三产业补链强链，满足游客高品质生活需求。

引领消费提质升级。主题公园是承接旺盛文化旅游消费需求的黄金载体，能极大地带动周边地区形成文化旅游新消费，并使文化旅游上下游产业链承接“二次消费”。通过主题公园溢出效应，促进文化旅游与科技融合发展，丰富旅游产品供给，促进消费转型升级；同时，激活文化旅游消费市场，消化疫情引致的出境旅游消费回流，扩大文化旅游消费规模，加快双循环尤其是文化旅游产业内循环。

加快生产要素流动。以主题公园为“核”，充分发挥其在人流、物流、信息流、技术流、资金流等要素方面的集聚、辐射和带动作用，不仅有利于完善文化旅游产业布局、优化产业生态、打造国家文旅商融合发展示范区和新型文体旅融合发展示范区，而且有利于带动地方文化旅游功能的完善和城市品质的提升，形成合理分工、各展所长的高质量发展圈层，推动区域文化旅游协同发展，促进“生产型”城市向“生产+生活型”城市转型。

二　发展现状

（一）国内外背景扫描

主题公园溢出效应既是区域经济学、产业经济学的理论命题，也是区域经济发展中的实践问题，处于相关研究的前沿领域。主题公园对国际旅游产业的蓬勃发展发挥了重要的推动作用。国际知名主题公园发展模式已经从单一娱乐项目向多功能综合化集群转变，实现产业融合、增强溢出效应是其提升经济效益的重要途径。终端消费是主题公园追求的主要目标，也是检验其溢出效应的重要指标。主题公园经营者把培育市场、促进消费作为营销战略的关键因素，打造文旅商融合产业链，不仅增加游客量、扩张市场规模，而且提升整体消费水平。奥兰多主题公园凭借每年7000余万人次的客流规模，将“吃、住、行、娱、游、购”等旅游业基本要素汇聚在一起，带动周边区域餐饮、住宿、商业零售、休闲娱乐等服务业实现规模扩张、品质提升和结构优化，形成区域消费高地。奥兰多国际大道，作为政府规划的大型旅游带，也是著名的商业街，串联起环球主题公园等众多主题公园。这里不仅布局了各种娱乐景点及表演、高尔夫等活动，还有各种特色餐厅、酒吧、大型商场、品牌商店、酒店等配套，高性价比的消费和夜间经济活力深受游客欢迎。

继上海迪士尼乐园开业后，我国一批主题公园类园区兴起，各地正在积极探索如何发挥其溢出效应。北京环球主题公园的建成运营，顺应了国际旅游产业发展的潮流，也契合了北京市主动服务、融入新发展格局的要求。北京市立足新发展阶段，提出“五子”联动融入新发展格局，为文化旅游产业实现质量变革、效率变革和动力变革提供了路线指引。文化旅游产业链条长，与“五子”中的每一子均有高关联度，是“五子”子子相连、互相促进、联动发展的重要载体。这就要求发挥主题公园溢出效应，在“五子”联动中找准发力点，用足用好“两区”政策，依靠科技创新与产业提质升级，搭建数字场景，创造“文旅+科技”融合新业态，引领消费新时尚，带动京津冀地区文化旅游产业协同发展。北京市出台了一系列与文化旅游产业相关的促进“五子”联动发展的政策，如2022年9月16日市规自委公布的《北京市商业消费空间布局专项规划（2022年—2035年）》，明确北京市将打造4片国际消费体验区，涉及城市副中心的，即“环球主题公园及大运河”片区，围绕环球主题公园、运河核心区、副中心枢纽三个区域，打造新增培育型城市消费中心；2022年11月14日发布的《北京城市副中心（通州区）商务服务产业高质量发展三年行动计划（2022—2024年）》指出，要协同大运河文化旅游景区联动运营，加强特色小镇与环球主题公园对接。这些表明承接主题公园溢出效应正在“五子”联动发展中得到落实，促进文旅商融合发展的作用正在显现。

（二）北京环球主题公园溢出效应现状

1. 游客量和游客留住时间逆势增长

北京市文化和旅游局的数据显示，2022 年上半年，受疫情影响，北京市净游客量为 7966.4 万人次，同比降低 39.1%，不足 2019 年的一半，而通州区同期旅游人次同比增长 56.2%；2021 年 10 月至 2022 年 6 月，通州区接待游客总量达 573 万人次，全市排第 8 名，位次同比上升 4 位。另外，外地游客占比较全年高出 25.6 个百分点，客源遍布全国 30 个省份。这当中环球主题公园的带动作用功不可没，主要体现在以下几点。一是已经具备“聚客”能力。百度地图显示，2022 年春节期间，环球主题公园客流指数为 16.9，在主题公园类中排第 1 名。环球主题公园监测数据显示，2022 年暑期和“十一”期间，环球主题公园共接待游客 104.1 万人次，其中通州区承接了 40.3 万人次的环球外溢游客，占比达到 38.7%，该部分游客到达环球主题公园前或离开环球主题公园后，在通州区停留时间满 2 小时。二是“留客”能力增强。通州区统计局抽样调查数据显示，从停留时间看，游览过环球主题公园的游客在通州区平均停留时间为 1.5 天，比未去过环球主题公园的游客多 0.2 天；从过夜占比看，游览过环球主题公园的游客在通州区过夜占比为 25.3%，比未去过环球主题公园的游客高 4.9 个百分点。

2. 相关产业的规模与效益持续提升

大众点评和去哪儿网数据显示，环球主题公园开业前，周边有餐饮、购物、酒店（含民宿）、休闲娱乐、运动健身等门店 1800 余家，环球主题公园开业后，增加至 2100 余家，其中新增门店 300 余家。分类型看，新增门店主要集中在餐饮、休闲娱乐和酒店（含民宿）领域，分别新增 102 家、76 家和 67 家。

2022 北京新闻中心新闻发布会上公布的数据显示，北京环球主题公园带动了周边配套产业发展，2021 年通州区规模以上文化、体育、娱乐业收入同比增长 367.4%，住宿业收入同比增长 122.6%，2022 年第一季度通州区文化、体育、娱乐业收入同比增长 532.7%。另据通州区统计局的数据，2021 年 10 月至 2022 年 8 月，在环球主题公园的带动下，通州区规模（限额）以上文旅及相关产业主要行业营业收入同比增长超40%。其中，娱乐业、住宿业营业收入分别是同期的30.6倍和1.9倍（见表1）；零售业、餐饮业营业收入增幅虽小，分别为2.6%和0.1%，但表现明显好于同时期全市零售业（-4.6%）、餐饮业（-11.3%）平均水平。

表1　2020年10月至2022年8月通州区规模（限额）以上文旅及相关产业主要行业营业收入及同比增速

指标	单位数量（家）	2021年10月~2022年8月营业收入(亿元)	2020年10月~2021年8月营业收入(亿元)	同比增长（%）
合计	195	164.3	116.9	40.5
零售业	109	109.6	106.8	2.6
住宿业	30	6.9	3.6	91.7
餐饮业	44	3.5	3.5	0.1
文化艺术业	5	1.4	1.6	-12.5
娱乐业	7	42.9	1.4	2964.3

资料来源：通州区统计局。

在环球主题公园的带动下，通州区规模（限额）以下文旅及相关产业主要行业呈现良好发展态势。2021年10月至2022年9月，环球主题公园周边5公里内文旅及相关产业主要行业营业收入合计增长12.8%。其中，文化艺术业、住宿业、零售业营业收入均实现两位数增长，分别为38.2%、15.8%和11.8%（见表2）。

表2　2020年10月至2022年9月通州区规模（限额）以下文旅及相关产业主要行业营业收入及同比增速

指标	单位数量（家）	2021年10月~2022年9月营业收入(万元)	2020年10月~2021年9月营业收入(万元)	同比增长（%）
合计	74	16788.8	14890.2	12.8
零售业	38	11235.2	10047.8	11.8
住宿业	11	2268.3	1958.8	15.8

续表

指标	单位数量（家）	2021年10月~2022年9月营业收入(万元)	2020年10月~2021年9月营业收入(万元)	同比增长(%)
餐饮业	13	1816.5	1652.3	9.9
文化艺术业	7	635.4	459.8	38.2
娱乐业	5	833.4	771.4	8.0

资料来源：通州区统计局。

银联监测数据显示，2022年暑期和“十一”期间，通州区5个重点区域文旅及相关产业消费金额为22.23亿元，占全区文旅及相关产业消费金额的57.1%，较2021年提升1.6个百分点。其中，梨园、北苑区域消费规模较大，占比分别为19.0%和13.4%。从增速看，5个重点区域消费金额同比增长11.8%，较全区高3.1个百分点，其中北苑、梨园与环球主题公园周边区域消费市场增长较快，增速分别为14.2%和13.3%，较全区分别高出5.5个和4.6个百分点（见表3）。

表3　2022年暑期、“十一”通州区重点区域文旅及相关产业消费金额

单位：亿元，%

指标	消费金额	同比增长	占比
通州区	38.92	8.7	100.0
其中:5个区域合计	22.23	11.8	57.1
其中:梨园与环球主题公园周边区域	3.83	13.3	9.8
梨园区域	7.41	11.6	19.0
北苑区域	5.22	14.2	13.4
运河核心区	4.12	12.0	10.6
宋庄小堡	1.66	2.5	4.3

资料来源：通州区统计局。

3. 对经济增长的贡献有所加大

环球主题公园开业以来，带动其所在门类文化、体育和娱乐业增加值占全区 GDP 比重明显提升，这些行业逐步成为通州区支柱产业。2021 年第 4 季度，文化、体育和娱乐业增加值占全区 GDP 的比重为 6.1%，这一比重较环球主题公园开业前（2021 年 1~3 季度）提升了 4.4 个百分点。2022 年 1~3 季度，文化、体育和娱乐业增加值占全区 GDP 比重为 4.2%，尽管受环球主题公园 5 月、6 月闭园影响，这一比重较上年第 4 季度有所回落，但仍较上年同期提升 2.5 个百分点（见表 4）。同时，文化、体育和娱乐业拉动全区 GDP 同比增长 1.4 个百分点。

表 4　2021~2022 年通州区文化、体育和娱乐业增加值及对 GDP 的拉动

指标	2021 年 1~3 季度	2021 年 第 4 季度	2022 年 1~3 季度
通州区 GDP(亿元)	869.8	336.6	892.3
其中,文化、体育和娱乐业增加值(亿元)	14.8	20.5	37.3
文化、体育和娱乐业增加值占 GDP 比重(%)	1.7	6.1	4.2
文化、体育和娱乐业对 GDP 的拉动(百分点)	1.4	2.7	1.4

资料来源：通州区统计局。

另据通州区税务局数据，2021 年 10 月至 2022 年 9 月，全区包括第三产业在内的税收均较上年同期有所下降，但在环球主题公园带动下，全区文化、体育和娱乐业税收却同比增长 10.6%，分别高出全区和第三产业税收 19.9 个百分点和 15.2 个百分点。

三　主题公园溢出效应视域下文旅商融合发展的对策建议

（一）做实文旅商高水平融合的载体

1. 打造环球主题公园优质服务项目

强化营销推广、提高客流量，推出特色主题活动，扩大会展旅游及团体旅游市场规模，与旅行社、赞助商等机构开展联合营销；完善票务政策，适时推出主题公园门票与城市大道、酒店联合促销的政策；增加京外甚至境外宣传活动频次，吸引外地游客。打造城市副中心夜经济地标，把握季节、天气条件，延长项目营业时间，推出夜间特色活动；做好城市大道运营管理，争创国家级夜间文化和旅游消费集聚区；大力发展“首店经济”，协调城市大道店铺推出更多具有独创性的特色产品。扩大游客二次消费规模，增强酒店、商品、餐饮等市场吸引力，并融合中华文化推出特色 IP 产品，拉动游客门票外的二次消费。

2. 打造特色演艺园区

推动通视界文化中心等项目落地，发挥环球百老汇投资顶级音乐剧项目的优势，创作一批弘扬中华优秀传统文化的音乐剧，通过剧院演出丰富群众文化生活。同时，开拓室内沉浸式演艺秀，打造“角色+科技+观众”的互动空间，增强剧院吸引力，与环球人流形成互补。综合线下演出及原创作品优势，开展多维度艺术培训，形成地标式艺术培训孵化中心，培养音乐、舞蹈、舞美、灯光等创作设计的人才。建设与剧院配套的主题酒店，根据著名剧目剧情设计体验式装饰和客房，提供特色文化服务和餐饮服务。

3. 打造国际影视街区

与国际影视领域头部企业合作，在文化旅游区内开展拍摄、放映、研讨、交易等活动，形成国际影视街区。开展中外影视传媒文化交流和文化贸易的跨国文化传播，引进金树国际纪录片节的入围影片在区内展映，凝聚全球目光，用镜头将植于某个地点、某段历史、某种文化、某项科技发明的影片从一个大陆传播到另外一个大陆，探讨世界各国不同文明间的文化之源，促进交流互鉴，充分彰显中国人的世界担当。发挥全媒体联动传播平台、法兰克福中国文化产品及服务贸易基地、纪录片国际版权交易网等平台的作用，运用“两区”政策在文化旅游区内开展影视产品和版权国际贸易。

4. 打造大型商业综合体

加快张家湾车辆段商业综合体建设，通过科技手段，以沉浸式体验娱乐和配套打造国际性商业娱乐综合体，内容主要分为集中商业、高端酒店、文旅小镇三大组团。其中集中商业拟以国际名品为主体、免税店为吸引、功能体验为支撑，打造“强引流、强聚集、强体验、漫生活”的奥莱 Mall，多引擎联合发展。五星级酒店提供约 350 间高品质客房及中、西餐厅。酒店将引进诺岚品牌，针对年轻客群打造轻奢住宿环境。文旅小镇定位为多元化的休闲度假酒店或商业，以契合年轻人喜好的精品民宿酒店为主，还有沉浸式体验建筑（儿童探索馆、运动主题馆、音乐名人堂艺术馆等），配有酒吧、文创商业、特色餐饮及零售等商业；通过先进技术对中国文化进行诠释，打造自成目的地的城市级的旅游度假标杆产品。

5. 打造首都现代时尚旅游集散地

通过首旅集团总部入驻项目建设，在旅游、商贸等服务业发挥首旅集团的头部企业作用，利用其联系广泛的销售网络，组织客源向环球主题公园度假区集聚。通过环球主题公园北综合交通枢纽项目建设，打造集轨道交通、地面公交、出租车等交通方式于一体的综合换乘枢纽，建设 1 座面向城市商务客群和环球游客的五星级酒店，完善为酒店配套的商业服务设施，吸引客源向环球主题公园度假区集聚。统筹考虑自驾游、同城游、外地游等不同类型游客需求，以开设专线、互联站等方式完善交通接驳功能。与北京首都国际机场、北京大兴国际机场、地铁沿线等建立直接联系，便于游客向环球主题公园度假区集聚。

（二）增强文旅商高水平融合的科技赋能

1. 搭建元宇宙体验消费平台

引进天境元宇宙体验项目，打造前沿科技与艺术完美结合、深度沉浸式互动体验平台。开辟天境电影场景沉浸式戏剧体验区、元宇宙应用场景体验区，形成沉浸式全景 3DVR 系列体验产品，包括翼装飞行、探访消失的古文明、角色扮演剧本杀、演化地球生态、演绎世纪大预言、解读文史哲、科幻电影全明星角色扮演、航天军事主题互动等，以独特的形态逻辑、故事文化、人物设定和游戏规则吸引消费者。

2. 搭建数字资产交易平台

引进沃知野 NFT 项目，运用区块链技术，使数字资产具有唯一性、稀缺性、可溯源、不可分割等特性，解决数字资产所有权及其交易问题。通过打造版权素材上传、版权作品封藏、版权作品上架交易、数字藏品成交上链、版权作品再次流转的全流程平台，为数字资产所有权人提供完整的交易、流转、法务、财务等服务。从短视频版权数字资产交易切入，围绕短视频数字资产的粉丝互动运营，进行私域流量的商业转化，实现短视频版权变现。

3. 打造数字创意产业高地

引进科技型文化企业，加大情感感知、新型人机交互、全息成像、虚拟现实、文化资源数字化处理等技术创新力度，建设数字技术场景转化基地，促进数字内容产业发展。通过科技创新丰富技术应用场景，深度应用大数据、云计算、人工智能等科技创新成果，提升线下设施与内容的数字化水平。引进网络游戏、影视科技、IP 设计等企业，加强与周边中国传媒大学等院校的合作，探索建立数字视听产业基地，培育知名视听科技平台总部企业和独角兽企业。

4. 打造更具科技感的旅游体验区

引进文化旅游头部企业，鼓励深度应用 5G、大数据、云计算、人工智能、元宇宙等科技创新成果，推动线上线下融合，扩大优质数字文化旅游产品供给，培育壮大云演艺、云展览、数字艺术、沉浸式体验等新型文化旅游消费业态，创新消费场景，激发消费潜力。充分利用元宇宙等新技术手段拓展虚实结合的沉浸式体验，丰富不同 IP 主题的游玩性，提升体验度，通过体验的不断创新升级形成持续的吸引力。与周边北京第二外国语大学旅游学院合作，以满足大流量游客的新型餐饮住宿需求为目标，以提供高品质、高科技、高效率的旅游体验平台为手段，研究建设人性化的智慧酒店，全生态、全场景接入 AI，集成应用人脸识别、生物识别、环境感知、语音助手、机器人等技术，实现全自助式入住点餐、机器人服务、智能识别安全支付和出入管理、室内家具智能化唤醒和控制、自动清扫和消毒等功能，让游客全面感受到高科技带来的舒适和便利。

5. 打造科技新品首发地

建设国际会展中心和国际名品街，推进新技术与新场景应用，引领新消费业态落地和新消费品牌诞生。围绕5G超高清视频直播等强化数字化新场景应用，促进VR/AR交互娱乐、虚拟真人秀、数字展览展示等创新科技布局应用，培育云旅游、云演出、云阅读等特色线上消费。瞄准新消费群体数字化需求，形成一批未来商店、概念商店、艺术购物中心，促进智慧商店、智慧街区、智慧商圈建设。创新服务方式，打造特色体验店和定制中心，拓展协同化制造、个性化定制新模式。吸引互联网平台企业利用技术、数据和供应链等优势，链接社区商业网点和企业采购供应链网站，线上发布新品等商业信息，提升运营效率和精准服务能力。

（三）创造文旅商高水平融合的开放条件

1. 形成文化贸易开放新高地

推动文化贸易创新发展，拓展文化交流合作。吸引5~10个外商独资、中外合资文化主体集聚，举办10次以上各类国际大型交易博览会、知名展览、品牌活动、高端会议，汇聚一批高水平文化交流活动。建设国际艺术品交易中心，打造全球艺术品展示、交易新高地。试点建立国际数字版权交易中心，培育一批数字文化贸易新业态、新模式。

2. 树立特色鲜明的国际消费地标

推动环球城市大道的新店、首店、旗舰店加速集聚，大力发展“首店经济”，协调城市大道店铺推出更多具有独创性的特色产品。提升服务品质，优化消费环境，营造国际化消费场景和特色街区，延长项目营业时间，推出夜间特色活动，发展夜间经济，形成国际化夜间文化和旅游消费集聚区。

3. 举办全球授权高端展会

对接国际授权业协会等国内外一流协会，围绕IP授权、设计与各领域衍生品，举办全球授权展等高端展会，促进动漫、影视、文博艺术、网络文学、娱乐、游戏、出版、企业品牌、体育等授权类别拥有者与制造商、被授权商与零售商的有效对接。扩大 IP 授权展效应，鼓励授权 IP 与北部地块商业活动结合，形成“文化+IP+商业”的融合模式。

4. 建设高品质国际教育园区

推进北部地块国际人才社区建设，引进国内外优质教育资源，加大国际教育供给，建设 1~2 所外籍人员子女学校。推进职业教育国际合作示范项目，探索引进考试机构及理工类学科国际教材，鼓励外商投资成人类教育培训机构，支持外商投资举办经营性职业技能培训机构。

5. 深化文化旅游制度性开放

鼓励在区内举办国际性文娱演出，允许外商按规定投资文艺表演团体，优化营业性演出许可审批。聚焦文化传媒、视听、游戏和动漫版权、创意设计等高端产业发展，开展优化审批流程等方面的试点。探索建立过往资历认可机制，允许具有境外职业资格的创意设计、财会金融等领域符合条件的专业人才备案后，依规办理工作居留证件，并在区域内服务，其境外从业经历可视同境内从业经历。

（四）放大文旅商高水平融合的品牌效应

1. 创办国际知名商务论坛

立足“环球”这个最大的品牌，开展一系列品牌营销活动，举办环球商务论坛、环球产品展销会、环球文化旅游节、环球影视作品大赛、环球艺术嘉年华等。重点将环球商务论坛办成国际知名论坛，与中国国际服务贸易交易会、中国国际进口博览会、中国国际投资贸易洽谈会、中关村论坛、金融街论坛等对接，组织区内企业参加这些活动，汲取主办方的成功经验，不断提升办会能力和水平。

2. 建立品牌发布会制度

制定关于推行品牌发布会制度的管理办法，明确召开品牌发布会的准则、审批条件、具体要求、参加对象等，确立品牌代言人，定期召开品牌发布会，适时推出文化旅游区的新产品、新作品、新人物、新动态。把握媒体策略，将品牌发布会与其他传播方式相结合，运用多媒体终端展示，穿插有形广告、媒体公关等活动，形成远程传播能力，在国际上树立品牌口碑形象。

3. 完善招商推介体系

打造有针对性和创新性的招商引资政策服务包，探索建立特色化多元招商机制。聚焦链式招商，拓宽招商渠道，充分利用专业招商中介、行业协会等各类优质平台，牵线搭桥，“走出去”“引进来”相结合，共同开展招商引资工作。发挥智库平台作用，聚焦文化旅游区产业发展需求，立足文化旅游区局工作实际，与智库单位共同创办高端论坛，开展品牌管理、招商引资、规划编制、制度设计、职业培训、难点问题破解等方面的合作，补齐招商推介体系中的短板，增强智力支持。

（五）优化文旅商高水平融合的营商环境

1. 深化商事制度改革

深入推进“证照分离”“一业一证”“一照多址”改革，实现“证照分离”改革全覆盖，制定区级涉企经营许可事项改革清单。在更大范围内推行“一业一证”改革，落实行业综合许可制度，制定相关行业综合许可办事指南、审批流程和综合监管制度规范，压减申报材料20%以上。

2. 优化外籍人才服务

结合国家外国高端人才、专业人才标准，按照外籍“高精尖缺”人才地方认定标准，加大外籍人才引进力度。积极为高端外籍人才来华办理工作许可，为持有《“两区”境外职业资格认可目录》中职业资格、符合文化旅游区实际需求的外籍申请人办理工作许可提供便利服务，提高工作居住证办理效率。

3. 提高政务服务质效

完善告知承诺审批管理制度，扩大告知承诺制范围，落实承诺制事中事后核查机制，实现承诺内容在线核查。加快推进依申请政务服务事项和证明事项实行告知承诺制和电子证照应用，深入精简政务服务事项申请材料，探索实行企业仅凭营业执照即可办理经营许可、纳税、社保、医疗、民政、养老等领域高频政务服务事项。推动电子证照、电子签章在货物报关、银行贷款、项目申报、招投标、政府采购等业务领域中应用，提升窗口服务水平。

4. 提升纳税服务便利度

优化办税流程，深化“多税合一”申报改革，进一步压减纳税人申报和缴税的次数。实现退税业务全税种、全流程网上办理，增值税与附加税费等同征同退。推行企业所得税“报退合一”，实现全部申请数据自动预填，申请时间压缩至1小时以内。

5. 加大知识产权保护力度

探索使用地理标志保护文化产品，将内容创作生产、创意设计、文化传播、文化辅助生产和中介服务的知识产权统一纳入依法管理范围，建立专利侵权纠纷快速处理工作机制，加强知识产权审判领域改革创新，完善知识产权司法保护制度，提高执法效能。加大跨境电子商务知识产权保护力度，落实北京市跨境电商领域知识产权保护规则和跨境电商网络平台保护管理标准。完善知识产权质押登记制度、知识产权质押融资风险分担机制以及质物处置机制。

6. 争创国家文化出口基地

组建工作专班，编制争创国家文化出口基地建设实施方案，加大对《国家文化出口重点企业和重点项目名单》入选企业或项目的吸引、扶持力度，与运河商务区合作争取北京自贸区政策在文化旅游区落地，打造高质量的艺术品贸易服务平台，开展艺术品快速通关及相关仓储等服务。对区内影视类文化企业制作的影视作品优化审查流程，优先支持区内符合条件的文化企业申报信息网络传播视听节目许可证和游戏版号，大力发展跨境数字文化贸易。

（六）加强文旅商高水平融合的基础建设

1. 推进服务管理智慧化

积极对接城市副中心新基建，推进文化旅游区数字化、网络化、智能化建设，搭建园区智慧化服务管理平台。实现园区5G通信全覆盖，建设园区大数据中心，创造园区人工智能技术运用场景，优化权力运行前端、中端、末端监控点位，实时掌握企业需求、政策执行、赋权效能等动态情况，运用人工智能辅助分析问题，提高科学决策水平，确保权力运行在高效廉洁的区间。加强智慧交通建设，针对环球影城周边可能出现的超大人流和车流拥堵问题，建设一体化智慧引流平台，实现全天候实时监测车辆和游客流量、泊位停车共享、智能停车引导、无感支付、流量预测、精准导流等功能，打造可对外复制推广的片区超大流量交通引导解决方案。

2. 推进公共设施优质化

以打造精品示范街区、提升居住品质为原则，在每个街区规划建设一处集教育、文化、医疗卫生、餐饮、养老、家政服务于一体的社区家园中心，打造 5 分钟社区生活圈，实现公共服务设施均衡布局。完善新建绿地及环卫设施，保障生产生活需求，提升城市活力，实现高品质产城融合。建设体育公园，支持举办全球顶级赛事活动，促进体育消费产品多元供给。适应绿色生态、户外休闲、安全环保等新要求，推动体育公园绿色空间与建设设施的有机结合，创新体育公园建设方式，优化体育公园运营模式。

3. 推进园区运行零碳化

引进绿色能源项目，围绕可再生能源开发利用，通过合同能源管理的形式，推动绿电进京、绿色交通和碳排放权交易，稳步提升非化石能源消费比重。搭建智慧能源管控平台，提升能源综合利用效率，构建以新能源为电力主体的新型电力系统园区应用场景。

B.18
2022年北京文化资源数字化发展报告

王林生*

摘　要： 在推进文化及相关产业数字化进程中，首都突出与强化数字孪生技术在传承传统文化领域中的应用，通过完善相关政策，培育新一代信息技术的文化应用场景，数字孪生技术在文化功能、文化情境和文化角色的孪生化等层面，实现了与传统文化的创新性结合。为促进文化资源和文化遗产的利用，强化数字孪生技术对首都文化及相关产业的支撑作用，首都应在系统观规划、价值观融入、内容创新以及要素供给保障等多个层面完善相关举措。

关键词： 文化资源　数字孪生　资源数字化

《文化和旅游部关于推动数字文化产业高质量发展的意见》的出台与实施，意味着推动文化产业的数字化已成为我国文化发展的重要战略。在推进文化产业数字化的进程中，传统文化及相关文化遗产资源作为重要的内容发挥着重要的支撑作用。推动传统文化的创造性转化和创新性发展，实现文化遗产的活化利用，离不开数字科技的加持，在此过程中数字孪生等新一代数字信息技术成为文化数字化的强力支撑。首都北京是优质传统文化高度集聚和新一代数字科技高度集中的城市，数字孪生技术与传统文化和文化遗产相互碰撞与融合，推动了传统文化的创新和文化遗产的活化，在功能、情境和角色等领域的应用场景，呈现文化与技术“双向赋能”的发展特征。

---

* 王林生，博士，北京市社会科学院文化研究所副研究员，“京脉云”人文北京 IP 资产与场景谱系云平台主编，主要研究方向为创意城市、文化产业。

一　加强首都数字孪生化建设的政策保障

数字孪生等新一代互联网信息技术，已成为推动文化数字化的重要手段。在推动文化产业数字化的过程中，世界各国都较为重视数字孪生技术的应用与推广。美国自2010年将数字孪生引入《NASA空间技术路线图》之后，不断强调数字孪生技术的应用。欧盟、日本、韩国等纷纷出台相关政策，推进数字孪生与社会经济的结合。2021年公布实施的《中华人民共和国国民经济和社会发展第十四个五年规划和2035年远景目标纲要》中第五篇“加快数字化发展　建设数字中国”，明确提出迎接数字时代，激活数据要素潜能，在建设智慧城市和数字乡村中“探索建设数字孪生城市”，数字孪生与未来智慧城市建设紧密地结合在一起。数字孪生与城市建设密切相关，首都在建设国际科技创新中心及积极推动城市数字化转型和建设国际消费中心城市的过程中，把数字孪生作为城市发展的重要战略（见表1）。

所谓数字孪生，本质是一种计算机应用技术，以数字化的形式把物理世界的人、物、行为、事件等以动态的形式呈现出来，在物理世界与数字世界之间建立实时的联系。整体而言，数字孪生受到人们的关注与人工智能、物联网等技术的兴起密切相关，“在通向第四次工业革命的时代背景下，数字孪生势必成为至关重要的砝码”。[①] 在推进数字化以及实现数字化国家转型的整体进程中，数字孪生已经成为国家战略的重要内容。

表1　北京发布的有关数字孪生的部分政策文件

类别	发布时间	名称	内容
规划纲要	2021年1月	《北京市国民经济和社会发展第十四个五年规划和二〇三五年远景目标纲要》	实施数字孪生创新计划，鼓励研究机构、产业联盟围绕数字基础设施、通用软件、应用场景推出一批数字孪生解决方案

① 王忠民：《金融科技前沿》，中国金融出版社，2019，第59页。

续表

类别	发布时间	名称	内容
城市专项规划	2021 年 11 月	《北京市"十四五"时期国际科技创新中心建设规划》	发展数字孪生、数字内容生成、数字信用、智能化交互等技术
	2021 年 9 月	《北京城市副中心(通州区)国民经济和社会发展第十四个五年规划和二〇三五年远景目标纲要区级任务分工方案》	开展三维城市建模,打造数字孪生城市运行底座,开展数字孪生城市应用试点
	2021 年 7 月	《北京市关于加快建设全球数字经济标杆城市的实施方案》	推动新一代信息技术和城市基础设施深度融合,建设数据原生的城市基础设施体系,推动城市数字化由数字孪生跃升到数字原生
	2021 年 1 月	《加快科技创新推动国家服务业扩大开放综合示范区和中国(北京)自由贸易试验区建设的工作方案》	发展数字孪生、数字内容生成、数字信用、智能化交互等技术,提升数据应用价值与治理能效,实现资源的快速优化配置与再生
	2021 年 3 月	《北京市"十四五"时期智慧城市发展行动纲要》	积极探索建设虚实交互的城市数字孪生底座
	2021 年 2 月	《北京市经济和信息化局推进国家服务业扩大开放综合示范区和中国(北京)自由贸易试验区建设工作方案》	加强工业自动化控制、工业 AR、数字孪生等技术研发和示范应用,推进工业级网络操作系统、工业 App 平台技术的研发和产业化
	2021 年 9 月	《关于推进北京城市副中心高质量发展的实施方案》	打造全球领先的数字孪生城市底座,加强城市信息模型平台和运行管理服务平台建设,超前布局以大数据平台、城市大脑、智慧灯杆感知载体为代表的数字基础设施项目
	2021 年 11 月	《国务院关于支持北京城市副中心高质量发展的意见》	加强城市信息模型平台和运行管理服务平台建设,打造数字孪生城市,建设智慧高效的城市数据大脑,探索形成国际领先的智慧城市标准体系

续表

类别	发布时间	名称	内容
行业发展	2020年6月	《中共北京市委　北京市人民政府关于加快培育壮大新业态新模式促进北京经济高质量发展的若干意见》	加大装备制造、新能源汽车、医药健康、高效设施农业等领域应用场景开放力度，加强5G、工业自动化控制、工业AR、数字孪生、超高清视频等技术示范应用，推动智能化、数字化转型
	2020年9月	《北京市促进数字经济创新发展行动纲要(2020—2022年)》	聚焦数字孪生体专业化分工中的难点和痛点，开展数字孪生创新计划
	2021年8月	《北京市"十四五"时期高精尖产业发展规划》	支持虚拟现实、人工智能、数字孪生、区块链等新技术与产业互联网融合开发新产品和解决方案，开展测试验证和商业化推广
	2023年2月	《北京市发展和改革委员会等11部门关于北京市推动先进制造业和现代服务业深度融合发展的实施意见》	支持园区加快计算中心、算力中心、工业互联网、物联网等基础设施建设，建设园区大脑、数字孪生园区
	2021年11月	《北京市"十四五"时期现代服务业发展规划》	支持虚拟现实、人工智能、数字孪生、区块链等新技术与产业互联网融合开发新产品和解决方案，开展测试验证和商业化推广
	2021年9月	《北京市"十四五"时期教育改革和发展规划(2021—2025年)》	建设数字孪生校园，运用大数据、云计算、区块链、人工智能等前沿技术推动校园管理理念、手段等创新
	2021年8月	《北京市"新智造100"工程实施方案(2021—2025年)》	推动时间敏感网络、面向工业的SDN、边缘计算、网络安全等新一代网络技术的研发突破和示范应用，开展产品设计、工艺知识库、数字仿真建模与数字孪生等先进技术的持续优化和推广应用
空间载体	2020年10月	《中关村国家自主创新示范区数字经济引领发展行动计划(2020—2022年)》	支持中关村企业开展数字孪生、云直播、沉浸式观赛等应用技术研发，形成创新应用案例库

续表

类别	发布时间	名称	内容
空间载体	2022 年 2 月	《"十四五"时期中关村科技园区丰台园发展建设规划》	加强人工智能、数字孪生、大数据等领域技术研究与产品开发，开拓应用场景
	2022 年 12 月	《中关村世界领先科技园区·创新创业引领工程——标杆孵化器培育行动方案(2022—2025 年)》	引导各类创新创业主体，研发、孵化、投融资、产业链供应链等资源要素，集成运用人工智能、区块链、Web3.0、XR 等技术，打造线上沟通洽谈、路演分享、展览展示、合作签约、交易结算等虚拟孵化场景，促进供需智能匹配，逐步构建孵化元宇宙，实现中关村创新创业生态的数字孪生和虚实融合互促，引领孵化服务行业颠覆性变革
	2022 年 6 月	《中关村国家自主创新示范区促进园区高质量发展支持资金管理办法(试行)》	支持采用人工智能、区块链、物联网等新一代信息技术，建设园区大脑、数字孪生园区，不断提升园区运营管理的智能化、精细化水平
规范标准	2022 年 10 月	《首都标准化发展纲要 2035》	依托《北京大数据行动计划工作方案》，推动数字孪生、区块链、量子科技、分布式存储、云原生等核心技术标准研制，提升数字技术的产业引领能力
	2022 年 12 月	《北京市贯彻落实〈计量发展规划(2021—2035 年)〉的实施方案》	加强计量测试技术在人工智能、虚拟现实、数字孪生、区块链等新技术领域的应用

2020 年以来，首都发布有关数字孪生的政策、规划多达 20 多项，从类别上看涉及规划纲要、城市专项规划、行业发展、空间载体和规范标准等。

北京市"十四五"规划有 7 处提及数字孪生，其中涉及文化的有 4 处，分别是实施数字孪生创新计划，推出一批数字孪生解决方案；加强数字孪生、云转播、沉浸式观赛等技术应用；支持数字孪生等技术应用和集成创新；建设智慧体育馆、"云游"博物馆等一批数字孪生景区。北京市"十四五”规划中反复提及数字孪生，意味着在首都数字经济的培育和发展中，数字孪生将发挥重要的文化创新和引领作用。

城市专项规划中，数字孪生涉及国际科技创新中心建设、城市副中心建设、“两区”建设、全球数字经济标杆城市建设、智慧城市等首都经济社会建设的重大议题，这些议题关注数字孪生不仅认为数字孪生能够推动首都经济和社会的高质量发展，而且能够助力北京引领世界数字经济发展潮流。阿里巴巴作为互联网头部企业，积极参与北京数字经济建设，自 2016 年起实施“杭州+北京”双总部战略，且积极布局北京地区的云计算，深度参与北京多个市级和朝阳、通州、平谷等多个区级的数字政府项目建设，以及企业数字化转型项目。

在行业发展领域，数字孪生涉及数字经济、现代服务业、新型制造业等新业态，以及“高精尖”产业和教育业。总体来说，行业关注数字孪生更多地聚焦在技术创新、场景呈现、园区发展等层面。在场景应用领域，当代日益活跃的文化体育活动为数字孪生技术应用提供了良好契机，尤其是在北京冬奥会期间奥运赛场的数字孪生操作系统、冬奥场馆数字孪生仿真系统、捕捉选手训练运动轨迹的数字孪生分析系统，为奥运赛事精彩呈现和赛事保障提供了有力支撑，阿里巴巴推出 2022 北京冬奥数字人宣推官“冬冬”，以创新的方式为奥运迷提供与云端、电商平台服务相关的冬季奥运体验。而且数字孪生技术在文化娱乐行业的大量应用，极大地促进了文化内容的创新。

在空间载体领域，数字孪生成为中关村科技园重点关注的对象。中关村作为首都乃至我国最具影响力的科技创新产业园，引领了全国的科技创新。中关村科学城独角兽企业从 2016 年的 32 家、占北京市的 49%，估值 9220 亿元、占北京市独角兽企业估值 70%增长到 2021 年的 42 家、占北京市的 46%，估值 2.8 万亿元，占北京市独角兽企业估值 74%，一直占据国内独角兽企业的核心位置。[①] 政策规划从行动计划、园区建设、资金扶持和企业孵

① 王晓娟：《亮家底：中关村科学城独角兽企业数量占北京市近一半——中关村科学城独角兽企业可持续发展报告重磅发布》，《中关村》2022 年第 8 期。

化等多个角度，推动数字孪生企业在中关村的落地发展。2022 年中关村不仅推出国内首个数字孪生技术领域的职业能力培训岗位——物联网数字孪生技术开发师，而且积极引入数字孪生的潜力企业入驻中关村，如引入打造墨数通城市数字孪生智能管理平台的海塞未来。

在标准规范领域，《首都标准化发展纲要 2035》和《北京市贯彻落实〈计量发展规划（2021—2035 年）〉的实施方案》的公布与实施，从行业技术保障的层面为数字孪生技术的应用提供了规范。从世界范围内来讲，数字孪生的标准化成为各国关注的对象。2022 年，北约发布《北约数字孪生体标准化计划》（NATO Digital Twins Standardization），推动建立数字孪生体标准。首都积极推动数字孪生标准建设，有助于充分发挥首都城市的引领示范效应，也有助于数字孪生技术在各领域应用。

整体而言，首都在政策规划顶层设计层面对数字孪生技术开发应用的积极布局，为数字孪生文化场景应用提供了良好的政策保障。在相关政策规划的推动下，首都在多个文化领域涌现出数字孪生场景。如大兴机场的数字孪生场景、“万象中轴”场景、三山五园数字孪生系统等，一出现即成为受众关注的对象。这充分说明数字孪生技术与文化之间在诸多领域存在相互融合之处，能够为生成新的文化生态系统提供强力支撑。

二　数字孪生在传承传统文化中的多重应用

数字孪生作为一种数字技术，能够将物理世界发生的一切，投放到数字空间中，既是一种物理世界的数字化呈现手段，也是我们理解和改造现实世界的工具。由于现实世界急速变化，以及传统文化本身作为历史上的文化遗产，传统文化在时代性、实践性和创新性等问题上与现代化进程和现实适应性存在诸多矛盾与冲突。但是，新技术的出现，为传统文化的创造性转化和创新性发展提供了可能性。整体来说，数字孪生与传统文化的碰撞，在多个层面激发了传统文化的活力。

一是功能的数字孪生。传统文化的生成得益于其在传统社会中有内在的功能，能够为当时社会经济发展或解决民生诉求发挥某种特定的作用。2022年，《北京文化消费促进行动管理办法》指出，借助5G、大数据、人工智能、区块链、AR、VR、以超高清为代表的高新视频等技术，加快培育文化消费新业态，而充分利用和依托传统文化资源与数字孪生技术的沉浸式数字艺术，是新业态的重要内容。二者之所以能够结合，就在于数字孪生技术为传统文化资源创造了新的功能。因为，当代社会发生的现代性变革，使传统文化失去了其功能所应具有的价值。这一点在非遗中体现得尤为明显，如北京内联升的布鞋，现代人对运动鞋、皮鞋的喜爱，使布鞋失去了市场空间，而在探索创新发展的过程中，内联升与《王者荣耀》联名，推出游戏里的诸葛亮布鞋、“凤求凰”李白布鞋等一系列产品，借助中国手机游戏第一IP的流量，在90后年轻玩家群体中掀起一波布鞋风潮。此外，《王者荣耀》中还使用了京剧皮肤，如项羽和虞姬的情侣皮肤为“霸王别姬”，皮肤语音也采用“四面楚歌起，英雄站末路”等原著台词。包括《王者荣耀》《QQ飞车手游》在内的等多个头部游戏还推出了长城主题活动，用数字资产将文物遗迹植入虚拟世界。基于游戏技术，腾讯打造了“数字长城”项目，全球首次运用数字技术实现了最大规模文化遗产毫米级高精度、沉浸交互式的数字还原。可以说，数字技术赋予了传统文化新的功能，并促进了传统文化的传播和活化。

二是情境的数字孪生。当前文化产业越来越注重体验感、沉浸感，而数字技术在人与对象之间的深度互动、体验场景的营造等方面，具有独特的优势。2022年“数字孪生”冬奥会成为数字孪生技术应用的一个典范。数字孪生技术能够为传统文化再造文化情境提供技术支撑，使人们对传统文化有更加深入具体的了解与认识。在探索数字孪生的过程中，对传统物品进行数字化，尤其是在NFT（非同质化通证）日益流行的背景下，依托NFT的各类数字藏品不断涌现。其中，不仅有博物馆收藏的大量珍贵藏品，如中国文物交流中心的十二兽首，首都博物馆的《伯矩鬲》《班簋》《松石绿地粉彩蕃莲纹多穆壶》等数字藏品，一经上线，迅速售罄。数字藏品备受市场青睐，说明跨媒介叙事扩展了藏品的呈现方式与组织方式，为藏品本身找到了新的应用情境，同时，“数字藏品与文化产业相结合的横向发展，为传统艺术文化产业注入了新的活力，同时通过技术赋能形成与大众生活相结合的参与式共同体，为日常生活提供更加便捷的服务与体验”①，使得数字藏品收藏成为数字技术与传统文化相结合的新业态。场馆情境的孪生化，也是数字孪生技术的重要应用领域。2021 年中国共产党历史展览馆定制打造的数字端 1∶1 还原数字场馆，实现了中国共产党百年历史底蕴数字资产的记录、留存和展示。

三是角色的数字孪生。数字技术平台及数字科技的不断迭代，为传统文化带来更多创新、创作和创意的空间，一批以传统文化为底色的虚拟数字人频频出现在各类数字平台上。各类视频化的传播形态，又让这些传统文化形象的传播更为生动、立体、沉浸。2022 年抖音推出以敦煌文化为支撑的虚拟数字人“天好”，并且让“天好”参与心理关怀公益活动。在虚拟人“天好”正向舆论的影响下，此项活动得到众多用户的关注与转发，视频仅仅发布一小时便登上了抖音挑战榜 Top2 的位置，彰显了传统文化与数字技术结合的巨大魅力。2023 年中华书局打造的“苏东坡数字虚拟人”成为新年伊始的话题人物。加强对数字人产业的发展，是北京推动文化产业创新发展的重要内容。为积极推动数字虚拟人新兴业态的发展，2022 年 8 月，北京市经济和信息化局发布《北京市促进数字人产业创新发展行动计划（2022—2025 年）》，从构建数字人全链条技术体系、培育标杆应用项目、优化数字人产业生态等层面，为数字人产业的发展提供了专项政策支撑。

从整体而言，推动数字孪生在传承传统文化中的应用，既是传统文化本身适应新时代发展要求，主动追求内容与形式的变革，在功能、情境和角色的实现上积极与数字技术相结合，又是数字信息技术本身在实践中寻找新的应用场景，谋求技术应用与现实需求的高效统一。在数字信息技术与传统文化的相互赋能过程中，首都在推动与激发企业进行文化创新的同时，围

① 张丰合、吴铁：《共同体视域下 NFT 数字藏品本土化发展的价值探讨》，《东南传播》2022 年第 12 期。

绕重点街区推出一些数字孪生项目，如 2023 年 1 月上线的北京厂甸云庙会——“北京琉璃厂历史文化街区非遗元宇宙”项目，推动了数字信息技术与历史街区、民俗文化、非物质文化遗产相互融合。

三　进一步推动数字孪生在首都传统文化数字化建设中的应用的建议

推动传统文化的数字化，是文化建设的重要趋势。近年来，“故宫上新”“数字中轴”“云游长城”“京剧数字藏品”等数字产品层出不穷，文化传承从线下走到线上，文化体验从现场直观走向云端沉浸，文化消费实现了从实体走向虚拟，以数字孪生为依托的数字化媒体为优秀传统文化的传承、传播与互动开辟了新渠道。为进一步推动数字孪生技术在首都传统文化数字化建设中的应用，提出如下建议。

（一）强化数字孪生技术传承优秀传统文化的系统观念，打破碎片化的传承方式

系统观念是“十四五”时期经济社会发展必须遵循的重要原则，习近平总书记指出：“全面建成小康社会后，我们将开启全面建设社会主义现代化国家新征程，我国发展环境面临深刻复杂变化，发展不平衡不充分问题仍然突出，经济社会发展中矛盾错综复杂，必须从系统观念出发加以谋划和解决，全面协调推动各领域工作和社会主义现代化建设。”① 从系统观念出发谋划优秀传统文化的数字化，是推动新时代首都优秀传统文化传承创新的重要遵循。

2020 年工信部等 8 部门联合发布的《数字孪生应用白皮书》中指出，物质文化遗产的数字化领域将是数字孪生技术应用的重要场景。《腾讯数字

① 《习近平：关于〈中共中央关于制定国民经济和社会发展第十四个五年规划和二〇三五年远景目标的建议〉的说明》，学习强国网站，2020 年 11 月 3 日，https：//www. xuexi. cn/lgpage/detail/index. html？ id=16817249654017644470&amp； item_ id=16817249654017644470。

孪生云白皮书》指出，腾讯以云、图、AI 等基础能力为基础，依托在游戏领域积累的渲染引擎能力、大规模在线游戏的协同技术、AI 驱动和游戏化的交互技术，社交领域的音视频技术等，打造的数字孪生云，能广泛应用于文化旅游领域。因此，优秀传统文化的传承发展，以及文化产业数字化的进程，都是数字孪生技术的应用场景。但是，与智慧城市等领域的数字孪生不同的是，当前，利用数字孪生技术传承优秀传统文化的探索，尚未形成统一和整体的认知范畴，传承保护和创新发展的观念较为松散，多停留在对某一文化形式进行简单的数字化、网络化上。各地在数字孪生化的过程中，往往利用新概念如“元宇宙”、区块链等为噱头，吸引政府关注、企业入局，对传统文化进行简单虚拟化、沉浸式包装，未体现出对传统文化数字化的长远战略性思考。以系统观念推进文化的数字化建设，就是以大文化观和大数据观梳理和整合文化资源，围绕传统文化的核心内容、形式、观念典范以及首都传统文化的核心特色等进行集中创新，充分挖掘社会历史传统和社会资源中蕴藏的文化基因，构建富有首都传统文化特色的文化业态。

（二）强化数字孪生技术传承优秀传统文化的价值理念，提升传承内容的品质

传承优秀传统文化，传承的不仅仅是内容和形式，更重要的是把优秀传统文化的价值理念进行现代化和时代化，使优秀传统文化的价值理念融入现代生活。优秀传统文化中蕴含着人们对宇宙、自然、政治、社会、生态等方面的认识和思考，推动优秀传统文化的数字孪生化不能仅停留在对传统文化内容或形式的数字化上，更重要的是通过讲故事的方式，以更为生动和现代的方式把传统文化蕴涵的价值理念表达出来。习近平总书记指出：“中华优秀传统文化中很多思想理念和道德规范，不论过去还是现在，都有其永不褪色的价值。”① 因此，传承优秀传统文化的核心在于传承传统文化的价值

① 《坚定文化自信，建设社会主义文化强国》，学习强国网站，2009 年 6 月 15 日，https://www.xuexi.cn/lgpage/detail/index.html?id=16989271376662118629。

理念。

当前，在数字孪生技术传承传统文化的过程中，一些文化产品和文化内容往往是通俗的供人们娱乐消遣的大众文化，或者将文化数字化简单等同于文化与数字的符号化拼贴，满足的仅仅是视觉上的冲击，缺乏有价值内涵的高品质内容产品。这就需要在传统文化的数字孪生化过程中，加强对优秀传统文化核心价值的提炼和传播，尤其是要发挥首都高校、科研院所密集的优势，围绕产品内容，加强对文化意蕴的理解和当代解读，提炼个性鲜明且能触动大众心弦的核心价值。《典籍里的中国》节目借助数字孪生等技术，更好地实现了古今对话。

（三）强化数字孪生技术传承优秀传统文化的创新，丰富数字化的内容呈现

以数字孪生化的形式传承优秀传统文化，应充分发挥多元化数字化媒介的作用，丰富传统文化的呈现形式。当前，传统文化的数字化仍面临手段渠道的制约。“当前中华优秀传统文化传承人尤其是非物质文化遗产的手艺人普遍年纪较长，更倾向借助传统传承手段，依赖口耳相传、口传心授的方式进行文化传承，传承理念较为单一。此外，受自身技术、知识素养等主观因素限制，年迈的传承人往往对直播、短视频等新兴数字化传承手段知之甚少，传承手段相对滞后，难以融入时代潮流。”① 因此，加强传统文化的数字孪生化，应积极拓展和探索数字孪生技术在多元媒介中的呈现和传播。

加强多元数字媒介、数字孪生技术与传统文化创意性传播的结合。传统文化与数字媒介相结合，并不是简单地将传统文化移植或复制到数字媒介上，而是要经过创意性改造和设计。而创意性改造本身就为数字孪生技术的介入提供了空间。数字电影、数字电视、数字报刊、动画、短视频、数字藏品、数字人、元宇宙等媒介，均是数字孪生技术的应用场景。北京在推动优秀传统文化数字

① 周建新：《中华优秀传统文化数字化：逻辑进路与实践创新》，《理论月刊》2022 年第 10 期。

化的进程中，应充分发挥字节跳动、B 站、百度、腾讯、阿里等互联网头部企业的技术优势，积极推动企业与高校、文化单位等联合构建互联网内容平台制作基地，形成相互赋能的发展效应，释放数字孪生技术的潜能。

（四）强化数字孪生技术传承优秀传统文化的要素供给，培育文化数字的市场

数字孪生技术传承优秀传统文化，并非文化与科技二者的纯粹结合，更非简单地把物质文化遗产虚拟化，而是需要一系列相关生产要素的配合。一般而言，生产要素的内容主要包括两个方面：人的要素和物的要素。人的要素主要是参与生产的劳动者，尤其在今天数字创意经济时代，具有文化与科技知识复合背景的人才，将扮演突出角色。物的要素主要是指资本、资源、园区、设备等生产资料。在人与物的结合层面又需要组织和管理进行统一协调。当前，数字孪生技术在推动优秀传统文化的传承中，不仅受制于长期以来形成的文化与科技之间“两张皮”的问题，且由于数字孪生技术与传统文化结合的领域较多集中在文博领域，社会资本对介入传统文化数字化表现得并不积极。同时，长期受制于部门“条块分割”，管理机制相对滞后。“现有的监管体系由于管理部门的分散性，无法为新兴网络内容提供系统的、有效的、及时的监管；现有政策法规多由部门规章组成，也没有形成体系；在对某些行业的管理上，‘扎堆’与‘缺位’现象同时存在。”① 这就意味着，推动数字孪生技术对优秀传统文化的传承，在生产的人的要素与物的要素方面，都存在不可忽视的缺陷。

因此，首都从管理体制、人才培养、硬件建设、软件建设等多个层面，加快培育文化数字孪生市场，是推进优秀传统文化数字孪生化传承的重要保障。在这个过程中，应发挥首都城市品牌的优势，重点扶持一批“专精特新”的技术应用开发企业，尤其是在金融领域，对传承优秀传统文化的技

① 许立勇、高宏存：《“包容性”新治理：互联网文化内容管理及规制》，《深圳大学学报》（人文社会科学版）2019 年第 2 期。

术应用场景，应通过银行贷款、企业上市、文化基金、私募等方式在税收、示范企业认定等层面予以适当倾斜。加快数字孪生科技与文化的融合，支持企业与高校、科研院所、国外企业共建联合研发中心，加快新兴技术的研发。成立由以传统文化数字孪生化为目标方向的生产要素市场各种类主体共同参与的企业联盟，切实发挥集群效应。挖掘各方优势资源，加强市场在生产要素配置中的调节作用，逐步实现技术、资本、人才和专业机构的集聚。

B.19
北京市网络游戏产业发展现状及建议

刘 瑾*

摘 要： 2022年北京市网络游戏发展呈现下滑趋势。在政府政策帮扶下，网游企业减员、减薪、调整项目渡过难关。随着网络游戏的社会形象越来越正面，北京市网游产业力争打造完整产业链、制作出多类型精品网游产品、丰富网游展会、补齐电竞短板等，细化落实疫情前产业发展计划，促进北京市数字经济发展再上新台阶。

关键词： 网络游戏 游戏产业链 电竞 北京

网络已然成为人们不可或缺的工作学习、获取信息、人际社交、娱乐购物等日常活动的重要媒介工具。上网课、在线会议、视频聊天、在线就医、在线健身、网络刷剧观影、刷短视频、网络音乐、网络小说、网络游戏等都是人们的便捷选择。“网络+”悄然无声地成为疫情下保证民众完成基本日常各种工作事务和维护人际交往、保护个人心理健康的不二替代方式。手机已经从最初具备收发短信、接打电话单一联络功能的大砖头逐渐变成了一个外形轻薄、功能强大的个人事务综合处理器。人们可以通过手机实现工作沟通、调查填写、统计接龙、车辆信息处理、就诊挂号、查看检查报告等。网络应用已经变成了生活必需用品。虚拟世界已经是现实世界的补充。

网络游戏在疫情期间一度满足了无法去现场观看足球比赛、无法去音乐

* 刘瑾，北京市社会科学院副研究员，主要研究方向为文化创意产业。

厅近距离聆听美妙音乐的一部分受众的娱乐需求，因而产业整体呈现上扬趋势。但随着疫情缓解，游戏产业表现开始下滑。

一　各级相关政策出台，逐步树立游戏产业社会正面形象

一是加强政策监管，升级未成年人游戏防沉迷保护措施。未成年人保护一直以来都是国内外电子游戏或电子娱乐领域引发社会极大关注和讨论的热点。截至 2022 年，国内所有批准运营的网络游戏全部接入了防沉迷实名认证系统。国家网信办连续 3 年开展未成年人网络环境整治专项行动，严厉打击各种网络违法违规行为。2019 年 10 月，国家新闻出版署发布了《关于防止未成年人沉迷网络游戏的通知》，类似韩国的“灰姑娘法”，规定每天 22 点至次日 8 点，网游企业不可以为未成年人提供网络游戏服务。在充值金额上，单次不能超过 50 元，月充值金额不能超过 200 元。2021 年 6 月 1 日，《中华人民共和国未成年人保护法》实行，明确了家庭、学校、社会、网络平台、政府、司法等各层面的责任。它强调了父母的监管责任，不能放任孩子沉溺网络及接触有害身心的网络信息，但任何组织或者个人不能以侵害未成年人身心健康的方式干预青少年沉迷网络。网络游戏、网络直播、网络音视频、网络社交等应用都需要设置针对未成年人使用的时间管理、权限管理、消费管理等功能。网络教育平台不得推送游戏链接及与教学无关的广告。在审批后运营、未成年人身份认证、适龄提示、未成年人禁玩时间方面都对网络游戏供应商做出了明确规定。2021 年 8 月 30 日，国家新闻出版署继续出台《关于进一步严格管理切实防止未成年人沉迷网络游戏的通知》，明确提出网游企业只能在周五、周六、周日及节假日的晚 8 点到 9 点给未成年人提供 1 个小时的网络游戏服务。经过大范围实施严格的游戏提醒和青少年账号限时措施后，家长反映有接近 4 成孩子确实减少了打游戏的时间，管控确实起到了前所未有的作用，家长对政策实施度比较满意。这对游戏的正面社会形象树立起到了相当积极的作用。2022 年 4 月，国家广播电视总局

网络视听节目管理司、中共中央宣传部出版局联合发布《关于加强网络视听节目平台游戏直播管理的通知》，提出加强游戏内容管理，严禁介绍传播违规游戏，禁止未成年人打赏主播，督促平台形成并落实对青少年用户的保护机制。

二是除了三年疫情、世界经济整体下滑的影响外，政策层面的版号停发无疑是对游戏产业布局的重大调整。从 2021 年 7 月再次停发版号，到 2022 年 4 月重启版号发放，游戏企业靠既有的游戏项目苦苦支撑。2022 年一共有 384 款游戏获得版号，比 2021 年减少约 50%，而 2017 年发出了 9368 款游戏的版号。2021 年 7 月到 2022 年 6 月底，全国共有 3500 多家网络游戏相关企业注销。一款游戏的用户黏着度是有一定时效的，如果没有后续产品跟进，会面临已有的部分玩家流失的情况。诸多不利因素导致众多游戏企业在 2022 年底陆续开始裁员或者关闭。高科技企业本身投入高，极具冒险性，在市场中能存活下来的都是大浪淘沙后的凤毛麟角，经济下行，叠加行政干预，能撑下来的企业实属不易。

三是北京市加强疫情期间对游戏产业的扶持。疫情发生后，北京市出台了《关于应对新冠肺炎疫情影响促进文化企业健康发展的若干措施》，鼓励企业免费对公众开放优质功能性小游戏，优秀项目可以申报北京市宣传文化引导基金。充分发挥国产网游属地化管理试点的优势，设立综合服务窗口，加快北京属地游戏审批效率，加快产品面世。困难游戏企业缓缴社会保险，缓缴期间免收滞纳金，政府推广“房租通”政策，减免租金，发放资金补贴，补贴贷款利率等。这些是网游企业切实需要的帮助，显示了市政府与网游企业在困难时期“共克时艰”。网游企业也积极参与社区志愿服务，提供一些抗疫活动技术支持，捐赠防疫与生活物资等，积极履行企业的社会责任与担当。

四是游戏产业是数字经济发展的重要推手。2022 年 1 月 12 日，国务院《“十四五”数字经济发展规划》正式对外公开发布。明确了发展数字经济是中国未来产业革新和科技革命的战略选择。提出了补齐关键技术短板，强化优势技术供给，抢先布局前沿技术融合创新。“深化新一代信息技术集成创新和融合应用，加快平台化、定制化、轻量化服务模式创新，打造新兴数字产业新优势。”

电子游戏产业本身就是高科技数字内容产业的代表，以发展游戏产业为路径，探索新科技新应用的新趋势新动向。Facebook 宣布改名为 metaverse，吸引了全世界的注意力。随后，他们试图在一个类电子游戏的空间里放入真人，第一步是进行社交之类的活动。由于经费投入过多，市场反响并不好，目前这项探索已不再是公司主营业务。从这个事件可以看出，电子游戏承担了探索新世界的重要作用。美国、欧盟、澳大利亚等正在陆续提高电子游戏的国家战略高度。在数字博物馆、数字文化遗产保护、数字电影制作、智慧城市等中，电子游戏相关技术都得到了广泛应用，产生了很好的社会反响。未来，电子游戏技术也会助力人工智能、信息传感等方面的发展。

2022 年 5 月《北京市数字经济促进条例（征求意见稿）》出台。该条例指出，为了落实打造全球数字经济标杆城市和智慧城市，本市统筹推进人工智能、区块链、大数据、隐私计算、城市空间操作系统等新技术基础设施建设，支持建设通用算法、底层技术、软硬件开源等共性平台，建立领先的新技术能力支撑体系。“应当支持和规范在线教育、在线旅游、在线出版、融媒体、网络游戏、数字动漫等数字消费新模式。”健全完善对未成年人的网络保护机制，鼓励开发智慧博物馆、智慧体育场馆，提升数字生活品质。2022 年 12 月 1 日，北京市公布《北京市数字经济促进条例》。北京将在市经济和信息化部门的具体组织协调指导下，推进全市在数字基础设施、数据资源、数字产业化、产业数字化、智慧城市建设、数字经济安全、保障措施等方面的细化工作，具体落实北京数字经济建设的重要发展战略，打造北京现代化发展重要引擎，全面有力支持国家竞争力提高。2022 年 7 月 28~30 日，全球数字经济大会在北京召开，20 多个国家和地区的 200 多位专家、企业人员参会。

2023 年，北京市将着力重点打造科技创新中心，建设好国家重点实验室，加快其纵深横向延伸发展，大力建设好世界领先科技园区，争取在高精尖领域实现技术突破，打造新的经济增长引擎。继续推进新一代数字集群专网、边缘计算体系等新型基础设施建设，加快数据中心统筹和算力优化，全力发展互联网 3.0，大力研发 6G 技术，推动新业态健康发展。切实做好数字经济与实体经济的进一步深度融合，落实好《北京数字经济促进条例》，进一步深入融合数字技术与文化产业，有力推动中国式现代化发展。

二 产业实际经营情况分析

（一）网络发展现状

中国互联网络信息中心（CNNIC）第 50 次《中国互联网络发展状况统计报告》数据显示，中国网民数量和上网时间都在缓慢增长。截至 2022 年 6 月，我国网民规模为 10.51 亿人，占总人口的 74.4%，比 2021 年 12 月新增网民 1919 万人，提升 1.4%。网民人均每周上网时长是 29.5 个小时，比 2021 年 12 月增加了 1 个小时，移动终端手机上网占比最大，达到 99.6%，台式电脑上网占比 33.3%，笔记本电脑上网占比 32.6%，平板电脑上网占比 27.6%，电视上网占比 26.7%。网络短视频用户达 9.62 亿人，占网民的 91.5%；即时通信用户达 10.27 亿人，占网民的 97.7%；网络直播用户达 7.16 亿人，占网民的 68.1%，其中游戏直播用户达 3.05 亿人，占网民的 29.0%，比上年末增长 290 万人；在线办公用户达 4.61 亿人，占 43.8%；在线医疗用户达 3 亿人，占 28.5%。其中，20～29 岁、30～39 岁、40～49 岁的网民占比接近，分布在 17%～21%区间，为网民主体。10～19 岁的青少年网民占比 13.5%，50～59 岁网民占比 14.5%，60 岁以上网民占比 11.3%。

（二）游戏产业发展状况及问题

疫情期间，生产速度放慢、物流运输紧张、上市新产品供应变少、物价不断上涨等成为全球市场趋势。全球各地经济下滑，手机游戏产业也出现了 8 年连续利好后的首次受挫。Newzoo 数据显示，2022 年全球游戏收入约 1844 亿美元，同比下降 4.3%，其中手游、主机游戏收入均下降，而电脑端游戏增长 0.5%。全球游戏用户保持增长态势，总量达到 32 亿人，同比增长 4.9%，中东及非洲地区增长最快，同比增长 8.3%。

在世界经济下行压力加大的大环境下，中国游戏产业也难以独善其身，产业整体各方面数据出现下滑，这当然也包括北京的游戏产业。疫情下，员工纷纷居家办公，团队协同效率降低，新产品研发超时、上线缓慢，产品更迭降速，产品成本增加。产业投融资减少，研发、运营经费缩减，各厂家纷纷“瘦身”砍项目、减员增效。厂家的首要任务是在收益减少的下行经济形势中活下去。中国音数协游戏工委和电竞工委提供的数据显示：中国游戏市场 2022 年实际销售收入 2658.84 亿元，同比下降 10.33%；游戏用户规模为 6.64 亿人，下降 0.33%；自主研发游戏国内市场实际销售收入为 2223.77 亿元，同比下降 13.07%，自研游戏海外市场收入为 173.46 亿美元，同比下降 3.7%。2022 年中国电子竞技产业收入为 1445.03 亿元，同比下滑 14.01%；中国电竞用户规模为 4.88 亿人，同比下降 0.33%。除了端游市场收益增加，其他手游、主机游戏、页游、海外市场等产业均呈现下降趋势。已发年报的 30 多家中国游戏厂商中，有 60%的企业在 2022 年亏损。

2022 年中国游戏产业年会上，“优秀游戏科技创新企业”花落广州网易计算机系统有限公司，十强提名中广东有 3 家、上海有 2 家、北京有 1 家；“优秀走出去企业”是上海的米哈游网络科技股份有限公司，提名中上海有 6 家、广州有 1 家、北京有 1 家；“优秀游戏研发团队”是北京完美世界的幻塔工作室，提名中上海有 3 家、广东有 3 家、北京有 2 家；“优秀游戏运营平台”是上海易玩的 TapTap，提名中广东有 5 家、上海有 1 家、北京有 3 家；“优秀移动游戏”是上海米哈游的《原神》，十强提名中广东有 3 家、上海有 4 家、北京有 2 家；“优秀客户端游戏”是上海钛核网络的《暗影火炬城》，十强提名中北京有 2 家、上海有 2 家、广东无；“优秀社会价值游戏”是广东腾讯的《健康保卫战》，十强提名中广东有 2 家、北京 1 家、上海无；“优秀中华传统文化游戏”由杭州风侠网络的《紫塞秋风》获得，十强提名中北京有 4 家、上海有 2 家、广东有 2 家；“优秀游戏音乐设计”由广东腾讯的《王者荣耀》获得，十强提名中上海有 3 家、北京有 2 家、广东有 2 家；“优秀游戏美术设计”由广东网易的《无尽的拉格朗日》获得，十强提名里上海有 3 家、北京有 2 家、广东有 2 家。

通过这个评选结果，可以看到全国网络游戏主要支柱企业集中分布在北京、上海、广东三地。其中，上海游戏企业非常追求产品市场价值，贴近年轻人审美，风格比较二次元，“走出去”和手游产品都极为出色，研发、运营及客户端游戏竞争力都不可小觑，代表性游戏企业有上海米哈游、莉莉丝、巨人网络、哔哩哔哩、盛趣游戏、沐瞳等。广东阵营强在有平台“超级大鳄”腾讯、网易以及阿里驻扎，经常收益能占到国内游戏市场的一半以上，头部垄断地位实难撼动。由于早期平台建设积聚了大量用户，用户吸引能力超强，流量有基本保证，整体表现稳。游戏设计的基本功力扎实，企业社会责任意识强，有业界正向示范效应。广州天河区的科韵路集中了大量游戏企业，是目前国内最大的游戏产业集聚区。北京游戏产业在三地中稍占下风，基本每个奖项都有提名，比较擅长宣扬古风传统文化的游戏及开发客户端游戏。随着手游市场的兴起，北京的游戏产业有下滑趋势，在产品创新、新生代企业蓬勃发展方面缺乏动力，继续耕耘早期擅长的网游、页游游戏类型，即 MMO 和数值卡牌类型。北京的代表性游戏企业有完美世界、搜狐畅游、昆仑万维、FunPlus、壳木游戏、跨领域做游戏的字节跳动与爱奇艺等，但和腾讯、网易比较起来，目前实力还没有那么强。除了完美世界一直是全国十大游戏公司之一，北京其他游戏公司难以挤进全国第一梯队，头部企业数量太少。根本原因还是人才外流，没有人才就没有好的创意和产品，就没有丰厚的效益回报，形成恶性循环，所以项目和公司的表现都一般。产业研发后劲不足，力量单薄。出于保险的目的，部分游戏公司一直套用原有的盈利游戏，稍微进行修改就上市，不愿意尝试新模式产品。另外，北京的生活成本高，户口问题也困扰游戏人才。上海和广州的各种游戏展会、展览比北京多，导致北京的行业周边氛围没有其他两座城市浓厚。其中，最让人感慨的就是 2004 年 1 月第一届 Chinajoy 明明是在北京开的，同年 10 月在上海举办了第二届后，后续展会则全部落户上海浦东新国际博览中心进行。Chinajoy 参展观众数从第一届的 6 万多人逐年增长，从形式相对单一的游戏展会逐渐发展成为内容多元丰富、颇有国际影响力的综合性娱乐展会，成为国内游戏产业首屈一指、国际排名前 4 的游戏展会，对上海的游戏产业发展、城市经济增长、城市影响力的攀升都起到了巨大的推动作用。时至今日，北京依然没有一个符合业界专业标准的展厅场所来承办大大小小的游戏展会。电竞产业和游戏展会一样，也是游戏产业的相关延伸产业，需要把产业链每个环节做到位，使每个环节可以自我良好运转，又能互相促进发展。上海已经率先成立了电子竞技运动协会，已经有 170 多名注册电竞运动员，并且陆续修建了几座专业电竞馆，比如 M-Hub 静安电竞馆等，将举办电竞大师赛、市级全民锦标赛、高校挑战赛以及国际科技体育博览会等活动，这些都是对北京电竞发展极好的启示与借鉴。

（三）游戏展会情况

2022 年的北京游戏展会情况如下。2022 年 10 月 2~6 日，在北京五只猫娱乐 Mall 举办了“第十届北京惠民文化消费季”的“IJOY 北京国际动漫游戏狂欢节”，三十大特色亮点活动、两大舞台、两大顶级赛事近 30 项互动娱乐活动等把二次元文化推向高潮。2022 年 4 月 3~4 日，在北京亦创国际会展中心举办了延期的“2022 北京元旦 IDO37& 梦次元动漫游戏嘉年华”。2022 年 4 月 3~4 日，在北京国家会议中心举办了延期的“2022 元旦北京 IJOY 漫展×CGF 中国游戏节”，现场鱿鱼游戏比赛角逐以及常规 coser 歌舞活动等又是动漫游戏迷的交流盛会。

三　北京市游戏产业发展对策及建议

北京有在全国居于领先地位的中关村高科技园区，其科技创新能力全国最强。众多老牌厂商和高校保证了现有技术人才和未来人才的发展储备。北京是国内第一个出台推进游戏产业健康发展政策的城市。但是无论在游戏企业的数量、竞争力上，还是在电竞队伍、场馆等产业综合指数上，北京并没有排在全国第一。并且由于疫情的影响和干扰，产业政策未能很好地落地细化，疫情前的产业发展计划滞后。2019 年制定的《关于推动北京游戏产业健康发展的若干意见》中的很多提议未能很好地落实。应抓紧时间发展，持续不懈地推进落实该意见的每一项细则。

一是继续大力推动“北京原创精品游戏研发工程”，对原创游戏的研发、发行等方面进行资金扶持，尤其要倾斜于新类型游戏产品，以此来改变北京游戏产品类型相对陈旧的问题。对市场上有投机性质、干扰产业发展的买量行为保持警惕。游戏产业是内容产业，好的内容是产品制胜的根本。在原有的端游、页游的开发优势下，北京网游企业要敢于创新产品类型，推陈出新，深耕细作，经过一段时间的积累，逐渐形成系列化的 IP 拳头产品，形成品牌效应。

游戏产业不仅仅是面向青壮年的娱乐产业，应大力提倡挖掘其更多的可能性，从而使其协助打造一个更加和谐美好的人类现实社会，弘扬“科技向善”。比如针对老龄化社会，特别开发一些银发族友好的游戏产品，既能提高老人的数字文化修养，弥补数字鸿沟，又能促进其手眼配合，提升思维敏捷度，延缓衰老，减轻病痛或者辅助恢复锻炼，这样的技术产品将大大造福人类。

二是促进打造完整的游戏产业链条。北京游戏产业的头部企业完美世界做海外发行目前也是把产品代理给广东的腾讯，做电竞要去上海，所以北京的游戏产业界首先要打造完整的产业链条，吸引优质的短缺平台落户或者鼓励打造优质的环节平台，使产业可以在地化正常运转，提升整体能力。

三是成立北京市电竞协会，加强与市体委的沟通协调工作，进一步落实好电竞人才的选拔训练，组建北京的电竞人才库和电竞队伍。建设专业级别的电竞场馆，确实落实获批土地的电竞使用目的，提供保障各级别电竞赛事组织和转播的场馆，可以让世界玩家观看欣赏比赛以及在线互动等。加强电子竞技与体育赛事的关联，树立电子竞技的正面社会形象，扩大社会的受众面，满足青年文化消费的需求，并促进其健康发展。

四是打造北京自己的世界级别的游戏展会，建设标准的展馆，以此为链接点，推动游戏产业各产业链环节的良性互动循环，进一步推进北京的数字经济建设，向世界展示一个更有亲和力的数字北京新形象。

五是高度关注世界科技的发展热点，但切忌盲目跟风、亦步亦趋。中国式现代化的发展进程不是盲目全盘西化。对于一些科技造势要有清醒的科学和人文判断与审视，能否拉动在地经济发展、能否大范围推广应用、能否提升人民生活幸福度、是否符合基本人伦常理都是需要认真思考的严肃问题。

B.20

2022年北京夜间经济发展分析报告

王淑娇*

摘　要： 2022年北京夜间经济发展成果显著，本报告主要从夜间经济的政策制定、消费内容和形式、配套设施等方面概述夜间经济的发展现状和基本特征。北京夜间经济存在空间布局上以夜都地标为主，尚未形成规模化集聚区网络；消费体验还不够多元，仍需进一步挖掘地方文化和旅游特色；疫情防控常态化下个人夜间消费需求与夜间消费产品传统供给方式之间不对等；城市夜间管理和服务水平还需不断完善等问题。本报告提出夜间经济的进一步发展和繁荣还需实现夜都地标功能联动，形成集群式夜间经济产业链；以文化助推夜间经济发展，促进夜间经济与城市特色文化深度融合；继续提升城市夜间服务和管理水平，实现夜间消费环境治理与民生改善的双赢。

关键词： 夜间经济　文化消费　城市特色

夜间经济，又称夜经济或夜晚经济，一般是从当日晚上六点到次日早上六点之间发生于城市夜空下的各种商业性消费活动的总称，其内容涵盖餐饮、购物、旅游、体育、娱乐等方面。夜间经济的繁荣程度不仅是城市总体经济发展水平和城市夜间治理水平的直接体现，更是判断一座城市是否具有活力的重要依据。激发夜间消费新动能，创造夜间消费新供给，开

* 王淑娇，北京市社会科学院副研究员，主要研究方向为城市文化。

发夜间消费新业态成为国内外几乎所有城市和地区的共同选择。2022 年发布的《北京市促进夜间经济繁荣发展的若干措施》提出了要在疫情防控和经济发展的统筹部署下，积极推进夜间经济的进一步发展，对标国际打造“夜京城”城市名片的目标。围绕这一目标，北京市继续强化夜间经济制度保障、丰富夜间消费内容供给、提升城市夜间服务水平，卓有成效地推动了夜间经济的复苏，强化了夜间经济在促进城市经济高水平发展、提升居民生活便利度和满意度、增强城市活力与彰显城市魅力中的重要地位和作用。

一　2022年北京夜间经济发展状况与特征分析

2022 年，北京夜间经济在以下五个方面不断推进且成果显著：政策助力，促夜间经济复苏；丰富消费内容，构建“夜经济+”新型消费业态；扩展消费方式，线上线下融为一体；深挖文化潜力，开展夜间文化消费特色项目；不断完善设施建设，提升夜生活便民度。

（一）政策助力，促夜间经济复苏

受疫情影响，北京夜间经济一度陷入活力不足的低迷状态，为了促进夜间经济尽快恢复发展，同时为了满足人民群众对高品质、多层次夜间消费的需求，北京市政府继续加大政策上的扶持力度，有效推进了夜经济的活力复苏。2022 年 7 月 15 日，由北京国际消费中心城市领导小组办公室发布的《北京市促进夜间经济繁荣发展的若干措施》（以下简称《措施》）提出，要打造凸显“北京范”“时尚潮”“文化芯”“科技核”，且以包容多元、业态融合、动静相宜、安全便捷为特色的“夜京城”。《措施》提出 9 条具体措施：打造 10 个特色消费地标、30 个融合消费打卡地、40 个品质消费生活圈；盘活文化消费场馆资源，引导和支持图书馆、博物馆、文化馆等文化机构和文化场馆延长开放时间，打造特色主题的“文化 IP”；促进科技与艺术的结合，利用城市公共空间打造兼具城市美学艺术和科技特色的夜间体验场景；开发夜游大运河、夜游亮马桥等特色项目，在全市范围内打造5~10条夜游精品路线；打造10条特色餐饮街，多元提升夜间餐饮消费场景；加快一刻钟便民服务圈建设；深挖京郊传统文化与民俗风情，推出一系列京郊游特色路线；优化夜间出行交通保障，满足消费者夜间出行需求；创新管理方式，提升管理水平，为发展夜间经济提供安全保障等。

2022年7月25日印发的《文化和旅游部关于金融支持文化和旅游行业恢复发展的通知》以促进文化和旅游行业的尽快恢复和发挥文化和旅游行业在加快构建新发展格局中的重要作用等为目标，指出要继续加大对文化和旅游行业的金融支持力度，进一步扩展企业的融资渠道，并为受疫情影响较大的企业提供差异化的金融服务。在全国各地加快文化和旅游消费复苏的大背景下，作为城市文化和旅游消费的重要板块，夜间文化和旅游消费理所当然地成为促进城市文化和旅游发展的关键部分。《北京市商业消费空间布局专项规划（2022年—2035年）》于2022年11月30日正式发布，该规划提出，到2035年将北京建设成为突出“中国潮”“国际范”“烟火气”的国际消费中心示范城市的主要目标，在全市重点打造4片国际消费体验区、29个城市消费中心、84个地区活力消费圈。该规划指出，海淀区以五棵松消费区为抓手发展夜间经济，推动中关村科学城的南北均衡发展。

（二）丰富消费内容，构建“夜经济+”新型消费业态

在各项政策措施的扶持下，北京市夜间经济的消费内容得到进一步丰富和提升，逐渐构建起“夜经济+”的新型消费业态，时尚、体育、科技等都成为夜间经济的消费内容。2022年10月5日和6日晚在朝阳区亮马河国际风情水岸隆重举办的“2022北京朝阳亮马河国际风情水岸时尚秀典”是一场“夜经济+时尚”的消费盛宴。该活动以“文化与艺术、传统与现代、科技与未来”为主题，通过亮马风尚、先锋力量、时尚新声、遇见朝阳四个部分挖掘和展示亮马河的时尚资源，尽显朝阳区时尚国际和开放活力的魅力特色，对于推进朝阳区“时尚之城”品牌化建设，激活朝阳夜间消费活力产生了非常重要的作用。

随着《北京市促进夜间经济繁荣发展的若干措施》对开展夜间一系列体育活动，形成夜间体育消费新风尚的鼓励，“夜经济+体育”逐渐成为助力北京夜间经济发展的新引擎。依托场馆资源优势，五棵松每年承接的大型体育赛事多达上百场，利用独有的体育 IP 优势，“夜经济+体育”的消费模式有效强化了五棵松商圈的发展势能，并进一步推进五棵松成为以体育消费为主的京西夜经济核心。2022 年 8 月 6 日“夜尚京动”北京城市副中心十公里健康夜跑在城市绿心森林公园举办，本次夜跑活动以发放优惠券的方式带动周边商铺的夜间消费，由此形成了“夜经济+体育”的融合发展。为促进体育消费，北京城市副中心还将在打造围绕水系的十大跑步路线的基础上，完善沿线餐饮和文化等设施建设，整合路线周边资源，以形成“体育+运河+夜经济”的联动发展体系。

以声光电、水雾火、全息投影、多维激光、虚拟现实等新技术不断探索和开发互动式、体验式夜间消费项目，成为不少主体单位和机构的共同选择。北京园博园 4 号门的追星迹 360°球幕项目于“十一”期间正式向游客开放，追星迹 360°球幕由直径分别为 26 米、15 米、3 米的地球球幕、火星球幕和月球景观以及多个星空舱共同组成，为游客开启了一场仿佛置身外太空的探索之旅。借助外太空科普活动与园区特色的融合，园博园为游客提供了全新的“科普+夜经济”沉浸式教育体验。据悉，园博园还将继续丰富夜间消费产品供给，坚持把科技、文化、生态等元素融入夜间消费，以营造形式多元、内容丰富且具有可延展性的夜间消费环境。

（三）扩展消费方式，线上线下融为一体

在做好疫情防控的前提下，线下夜间消费活动持续开展。2022 年 7 月 15 日，“2022 北京消费季·夜京城”活动在亮马河国际风情水岸正式启动，活动持续 4 个月，联动全市范围内的 20 多个商圈和近万家商户，以“京夜有戏·夜赏”“京夜有料·夜味”“京夜有趣·夜娱”“京夜有动·夜动”“京夜有范·夜购”五大板块，共推出不夜美食咖啡节、街头艺术家、萌物派对等百余项活动。在为期 3 天的开幕仪式上，瑜伽健身、舞蹈休闲、啤酒

美食节、潮购市集、歌手驻唱等活动为广大市民献上了一场不同业态融合的高品质夜间消费盛宴。以音乐串联北京城，展现北京“文艺范儿”的亮马河夜游、雁西湖夜游是“京夜有戏·夜赏”板块的重要构成。“京夜有料·夜味”板块以龙虾节、啤酒节、烤肉节为三大活动 IP，开启夜京城美食盛会，中粮·祥云小镇“深夜食街 4.0”开街，华熙 Live·五棵松 100 多家不同业态的品牌商户延长营业时间，朝阳合生汇“深夜食堂 5.0”于每周五、周六延长营业时间至 24 点。“京夜有趣·夜娱”板块以吉祥物夜间舞蹈巡游活动为主要内容，通过向消费者派发礼品或优惠券的方式打造萌宠视觉盛宴，北京荟聚于暑假期间开展了“荟聚宜夏生活节”活动，借助室内露营、特色市集、幻彩光影等元素打造夏日消费好去处。“京夜有动·夜动”板块主要是将夜间运动与老北京特色结合起来，推出夜间运动赛事系列活动，如朝阳合生汇举办的深夜食堂开街滑板赛、大兴绿地缤纷城举办的明星教练热舞派对等。北京市商务局的监测数据显示，“十一”期间，市民在夜赏、夜味、夜娱、夜动、夜购中体验精彩纷呈的夜京城，夜间服务消费人次同比增长 9.1%。①

疫情防控常态化下，“线上+线下”的新型消费方式成为夜间经济活动业态拓展的重要渠道。由北京市体育总会主办的“点亮夜经济　释放新活力——运动点亮夜京城线上运动会”于 2022 年 6 月 13～20 日举办，参赛者利用夜光体育器材，在傍晚录制参赛视频并上传至抖音参加活动评选，截至活动结束共收到上百件参赛作品，话题播放量超 3 万次。由北京西城文旅局主办、天桥艺术中心承办的 2022 年南中轴·夜天桥艺术推广活动于 2022 年 11 月 30 日圆满结束，该活动以“线上+线下”的方式为全市人民带来包括线上市集、云游展览、线上直播等在内的 30 多场演出，文创 5 小时不打烊直播环节邀请了 60 家商户对 100 件文创产品进行甄选，累计 3.7 万人次参与线上互动。

① 《国庆假期北京重点监测商家入账 78.4 亿元　“夜京城”异彩纷呈》，“中国新闻网”百家号，2022 年 10 月 7 日，https://baijiahao.baidu.com/s?id=1746035161817814328&wfr=spider&for=pc。

（四）深挖文化潜力，开展夜间文化消费特色项目

2022年，北京夜间消费活动文化属性进一步凸显，多个特色消费项目以深挖地方文化潜力为内核，“文化+夜经济”成为北京夜间经济迎来新一轮业态升级的重要着力点。南中轴·夜天桥艺术推广活动以天桥民俗文化和北京中轴线历史文化为内蕴，分设以南中轴城市空间形态表达为主要内容的“夜展”板块，在“筑·城南”“乐·城南”“忆·城南”三大主题下探索传统民俗文化的当代性表达和转化；以“CITY WALK南中轴”漫游南中轴骑行活动为主要内容的“夜游”板块，联动南中轴沿线的电影院、餐饮、剧场等机构，使人们通过骑行实地感受南中轴城市空间历史变迁和中轴文化的独特魅力；以传承中轴文化为主要内容的“夜读”板块，引领公众从人文、城市、历史、艺术等视角认识和解读中轴线。在亮马河夜游的1.8公里航线中，游客可以在游船中以光影秀的方式了解亮马河的前世今生，以大运河文化为依托，亮马河夜游成为传承文脉精神的环节之一，为人们领会北京城市积淀深厚的历史和文化底蕴提供了有力支撑。

2022年，北京地区多家博物馆纷纷开启“夜场模式”，成为市民夜间文化消费的重要场所。值得注意的是，“夜场”模式并不仅仅是日间模式的简单式延长。北京自然博物馆、北京天文馆、北京石刻艺术博物馆等在延长夜间开放时间的同时，积极探索自身场馆优势和馆藏特色，打造出别具风格的博物馆“奇妙夜”。北京自然博物馆8月2~6日开放夜场，并于晚上7点推出由“博物护照打卡”、“听专家及明星志愿者讲解”、“教育活动齐参与”和“博物夜谈——这里是北京”四个板块组成的夜场文化活动，观众可在古爬行动物展、古哺乳动物展、神奇的非洲展、人之由来展等展厅探寻自然奥妙。景泰蓝艺术博物馆于8月20日至9月17日开启“梦幻景泰蓝”夜间体验活动，本次活动充分发挥北京市珐琅厂自身优势以及其作为国家级非物质文化遗产生产性保护示范基地和“京珐”艺苑工厂店等的优势，以凸显景泰蓝艺术博物馆在传承非遗文化中的积极作用为导向，为参与者打造出一个集社交性、趣味性、文化性、艺术性、休闲性于一体的夜间消费地。中国

工艺美术馆、中国非物质文化遗产馆、白塔寺等文化机构依托传统文化相继推出二十四节气、“白塔之夜”、“八月八玩转白塔”、“书香妙应寺”等主题夜场活动。

（五）不断完善设施建设，提升夜生活便民度

城市夜间出行便利度是直接影响夜间经济发展的主要因素之一，改善夜间出行条件，为夜间经济的从业人员和消费者群体创造良好的出行条件，成为夜间经济进一步发展和繁荣的关键点之一。《北京市促进夜间经济繁荣发展的若干措施》提出要进一步优化夜间出行交通保障机制，不断完善夜间经济相关配套设施建设，提升夜生活便民度。2022 年，北京市继续加强“夜京城”地标和集聚区周边出租车、网约车的夜间车辆调配，将停车位数据接入数字化出行平台以方便停车。地铁 14 号线串联起合生汇、SKP、蓝色港湾、合生麒麟新天地等重要夜间消费节点，从 2022 年夏天起，朝阳区正式启动“14 号线商业带”的建设，逢周五、周六将双向延长 14 号线运营时间，末班车最长延时 40 分钟，以发挥地铁和夜间商业发展的双向带动作用。为满足市民夜间出行要求，北京公交集团电车分公司特于国庆假期期间开通了由前门到奥林匹克公园的双层夜景观光线，上行由洼里南口发出（发车时间为 20 时、20 时 30 分、21 时），下行由前门发出（发车时间为 18 时、18 时 20 分、18 时 40 分），途经前门、王府井、鼓楼、国家体育馆等城市热门观光旅游消费景点。为打造一刻钟便民服务圈，北京市鼓励便利店、药店等视情况延长营业时间，有条件的可 24 小时营业。叮当快药加强夜间健康服务，为市民提供 7×24 小时的在线问诊和 28 分钟送药上门服务，为提升北京夜生活品质和便利度添砖加瓦。

二　2022年北京夜间经济发展存在的问题分析

2022 年 9 月于上海举办的“全球 24 小时活力城市论坛”发布了中国城市夜经济指数，该指数是从业态、活动、人群、配套四个关键性的夜间经济

要素以及城市夜间出行活跃度、夜场电影活跃度、城市公交夜间活跃度、夜间灯光强度、酒吧数量和新兴展演空间数量六个方面对国内各城市夜间经济发展和繁荣水平的综合评价。该指数显示，全国夜间经济综合实力排名前十的分别是：上海、深圳、北京、成都、广州、重庆、杭州、苏州、武汉、西安。北京排名第三，与上海和深圳都还存在一定的差距。就目前的情况来看，北京夜间经济虽然在政策制定、内容供给、服务水平、配套设施等方面都取得了不错的成绩，但是还存在空间布局上以夜都地标为主，尚未形成规模化集聚区网络；消费体验还不够多元，仍需进一步挖掘地方文化和旅游特色；疫情防控常态化下个人夜间消费需求与夜间消费产品传统供给方式之间不对等；城市夜间管理和服务水平还需不断完善等问题。

（一）空间布局上以夜都地标为主，尚未形成规模化集聚区网络

2022 年 8 月 25 日，文化和旅游部公布了第二批国家级夜间文化和旅游消费集聚区名单，北京东城区王府井、朝阳区北京欢乐谷、朝阳区大悦城、通州区北京环球城市大道、昌平区乐多港假日广场等五地入选。但是，目前北京市夜间经济在整体空间布局上仍以点状式的夜都地标为主，地标性消费场所之间、地标性消费场所与其他城市消费和服务设施之间缺少进一步的空间与功能联动，尚未形成独具规模的聚集区网络格局。在这样的情况下，即便某个商场或商铺延长夜间营业时间或举办夜间消费活动，也很难形成多元化、一站式消费体验。2022 年 7 月，北京隆福寺“悬疑大会”创意主题市集正式开市，隆福文化中心同时重新开放，通过为市民提供集剧本杀、电音 Disco、国风等于一体的互动娱乐体验而成为北京市沉浸式消费的新地标。但隆福寺夜间消费地标与其周边的故宫、王府井等夜间热门消费场所之间互动不足，在很大程度上制约着隆福寺夜间消费活力的进一步提升。只有通过以点到面的拉动式发展模式，打造故宫—王府井—隆福寺的夜间体验式消费金三角，才能促进隆福寺及其周边地区夜间经济连片式高质量发展。

（二）消费体验还不够多元，仍需进一步挖掘地方文化和旅游特色

夜间消费体验不够多元、消费供给内容单一以及由此造成的夜间消费动力不足等问题可以说是全国范围内主要城市发展夜间经济所面临的普遍性难题。全国多地现有夜间消费产品和服务以逛和吃为主，文化类产品供给不足，夜间经济活动的文化内涵和品牌效应挖掘不够，由此造成了多地多商圈消费业态和产品供给的高度同质化。就北京地区而言，其消费业态于2022年得到明显提升，开始探索“夜经济+”的发展模式，将体育、时尚、科技、文化作为拉动夜间经济繁荣发展的新引擎。然而，在文化体验消费越来越成为拉动夜间经济迅速增长的助推器，而餐饮反而越来越成为文化体验消费的配套服务的必然趋势下，北京市目前对夜间消费产品的特色文化挖掘还远远不够，这在很大程度上不利于夜间消费的品牌化、差异化、个性化提升，同样是夜间消费热门场所，前门、王府井等因缺少特色区域文化的提炼而呈现类似的消费体验。

（三）疫情防控常态化下个人夜间消费需求与传统供给方式之间不对等

受疫情影响，北京市民的夜间消费模式从以线下消费为主向线上线下消费相结合转变，网购、外卖等已经成为夜间经济的重要构成部分。美团外卖数据显示，2022年6月6日至7月18日，北京夜间整体消费订单量占全天比例高达33.7%，已超过2020年同期的32.2%。从夜间消费订单量看，18~24时订单量环比4月24日至6月5日增长48.2%，0~6时的订单量环比4月24日至6月5日增长37.5%。可以说，疫情防控常态化下，线下消费成为拓展夜间经济消费市场、延长夜间经济消费时间、扩充夜间经济消费品类的重要渠道之一，线上与线下的结合成为疫情防控常态化下夜间经济复苏的制胜法宝。2022年北京市在探索夜间消费线下渠道方面做出了积极的尝试，但是，尚存在夜间经济线上营销模式单一的问题，即多是通过几个主流平台进行运作，没有建立起多渠道线上运营合作机制，不能较好地满足线

上消费的多元化需求，夜间消费线上需求量大与线上产品供给平台有限之间的矛盾制约着夜间经济的进一步发展。

（四）城市夜间管理和服务水平细节还需不断完善

2022年，北京市在进一步推进夜间经济基础设施建设和服务水平提升上取得了一定的成就，尤其是延长部分公共交通夜间运行时间、开设夜间城市观光公交专线、为线下消费活动配置生活服务设施等方面有效推动了夜间经济的高品质发展，但是问题依然存在。北京市消费者协会于11月14日发布的《2022年北京旅游消费体验调查报告》指出，在部分夜间经济消费线路中，文创类产品未能明码标价，个别消费场所垃圾箱清理不到位，服务人员佩戴口罩不规范，个别路线夜间打车等候时间过长等都表明北京夜间经济在管理和服务细节上还需要不断完善。宏观来看，发展夜间经济是一项关乎经济发展、生活质量、城市建设等的系统性、综合性工程，不是仅靠部分地优化夜间出行条件就可以实现的，而是需要从整体上完善城市夜间管理和服务，从而为消费者提供一个安全、便捷且充满活力的消费体验环境。这就使得城市在发展夜间经济的同时面临噪声治理、治安管理、食品安全、环境污染、垃圾清理等多方面的严峻考验，不断提升各类配套服务成为城市发展夜间经济过程中的一项长期性重点工作。

三　北京夜间经济未来发展的对策建议

虽然2022年北京市在促进夜间经济的复苏和持续发展中取得了多方面的可喜成就与进展，但在总体布局与建设上还存在一些问题与不足，需要进一步加强如下三个方面的工作：实现夜都地标功能联动，形成集群式夜间经济产业链；以文化助推夜间经济发展，促进夜间经济与城市特色文化深度融合；继续提升城市夜间服务和管理水平，实现夜间消费环境治理与民生改善的双赢。

（一）实现夜都地标功能联动，形成集群式夜间经济产业链

发展夜间经济不是在某个城市空间中简单植入几个消费场所或一片消费

区，如果缺少夜间消费场所或区域之间的功能联系与空间关联，以及消费场所或区域与周边城市空间的良性互动，那么，某个消费场所或某片消费区就极有可能成为城市夜晚中逐渐被人遗忘的存在。对于消费者而言，如果夜间经济没有通过加强地标之间的联动而形成一种集群效应式的夜间经济产业链的话，就算是某一个夜都地标延长营业时间，或是推出特色消费活动，专门跑一趟进行消费也并不是一件讨喜的事。目前，北京市夜间经济在打造特色消费地标、升级特色商圈方面做了不少积极的尝试和探索，但是，夜间经济整体上的空间布局仍以夜都地标为主，尚未形成规模化集聚区网络。针对这一问题，首先要转变思维，要将夜间经济发展融入城市及其空间的整体规划和布局中进行统筹考虑，“夜经济是一个庞大的系统，与整座城市系统息息相关、融为一体。发展夜经济不是一个个夜游项目，而是要将它们融入整座城市，在空间上考虑与周边的互动。”① 其次，要结合夜间消费场所或夜间消费圈的周边城市空间资源，以城市空间的差异化带动消费场所或消费圈的差异化，以避免多个夜间消费场所同质化发展。

（二）以文化助推夜间经济发展，促进夜间经济与城市特色文化深度融合

夜间消费不仅仅是对物质的消费，随着物质生活水平的不断提高，越来越多的人对精神文化休闲和体验有了更多的消费需求，因此夜间经济不应只是简单的吃喝买，而应以文化助推夜间经济，发展和创新文化消费模式，促进夜间经济与城市特色文化深度融合。夜间经济的发展必须以城市文化特色作为支撑，立足于城市历史文化资源、传承城市文脉内涵不仅有助于夜间经济走出同质化的困境，而且对于挖掘城市底蕴、塑造城市形象具有非常重要的作用。就北京夜间经济发展状况来看，夜间消费活动的历史文化内涵挖掘不够仍然是一项亟须解决的难题。第一，可以借助各高校和研究机构的学者

① 华高莱斯国际地产顾问（北京）有限公司：《夜经济》，北京理工大学出版社，2020，第7页。

资源对北京历史文化，尤其是具有当代转化价值的历史文化进行全方位的整理和阐释，为文化助力夜间经济提供内容上的保障。第二，注重本地特色文化与夜间消费的结合，加快培育具有北京本地特色的夜间消费活动，发挥体验式文化消费的拉动性，让夜间经济更具文化深度。第三，提升公共文化空间产品供给质量。2022 年，北京市多个博物馆推出了夜场活动，遗憾的是，这些夜场活动并没有成为一种常态化的夜间消费内容，不少游客甚至提出"博物馆奇妙夜"可以再奇妙些。因此，在鼓励公共文化空间延长夜间开放时间的同时还应进一步加大文化产品供给力度，丰富文化产品供给内容。

（三）继续提升城市夜间服务和管理水平，实现夜间消费环境治理和民生改善的双赢

发展夜间经济不仅面临交通、治安、噪声、污染、食品安全等多方面的问题和考验，而且关乎民众生活质量的提升，因此，夜间经济的发展与繁荣必须以城市夜间环境治理水平的整体性提升为前提，以改善民生为最终目标。为进一步提升城市夜间服务和管理水平，实现夜间消费环境治理和民生改善的双赢，可以从以下几个方面进行考虑。第一，进一步完善夜间交通设施配套，以保障夜间出行的便利性。可以通过对夜间实际出行需求的大数据分析和实地考察，分路段、分区域调整或新增夜间交通线，并鼓励社会团体或单位机构在夜间进行停车位共享，以解决重点区域停车难的问题，另外，需加大夜间消费热门区域出租车与网约车派遣力度。第二，鼓励商圈及其周边地区药店、书店、餐饮店、超市等延长夜间开放时间或 24 小时开放。这不仅能为夜间消费者提供便利的生活服务，还能借助简·雅各布斯所说的"街道上的眼睛"来提升夜间环境的安全度。第三，需要不断提升夜间经济的精细化管理水平，通过加大对消费区域的环境监测力度，整改排烟排油系统，增建公共卫生间，增建公共充电桩等，在提升消费区域便民度的同时促进城市夜间消费环境的良性发展。

文化交流与文明互鉴

Cultural Communication and Mutual Learning Among Civilizations

B.21

2022年北京文化传播与文化交流发展报告

张　力*

摘　要： 2022年，北京举办冬奥会为文化传播与文化交流提供了重大机遇，同时疫情持续为文化传播与交流带来了挑战和阻碍，北京努力克服困难并卓有成效地实现冬奥赛事、奥运文化的全球传播，为首都和国家赢得广泛美誉。总体上讲，2022年北京文化传播与文化交流工作重点突出、成绩显著、稳中向好。

关键词： 文化传播　文化交流　北京

2022年是党的二十大召开之年，是北京冬奥之年，也是实施“十四五”

* 张力，北京市社会科学院国际问题研究所副研究员，博士，主要研究方向为国际传播、国际城市比较研究。

规划承上启下的重要一年。北京坚持以习近平新时代中国特色社会主义思想为指导，积极推进落实习近平总书记关于全国文化中心建设、首都文化发展的重要讲话精神，按照市委、市政府和市委宣传部的决策部署，突出宣传贯彻党的二十大工作主线，突出服务保障北京冬奥会、冬残奥会，奋力推动首都文化传播交流事业高质量发展、创新融合发展。一年来，在持续做好文化和旅游行业疫情防控常态化工作的前提下，北京文化事业、文化产业持续稳步恢复、向好发展，坚持做到稳中求进、守正创新，积极落实国家文化发展整体战略，彰显全国文化中心引领示范作用，首都文化消费、文化生活愈加丰富多彩，市民精神生活满意度、获得感不断提升。特别是，党的二十大胜利召开，推进文化自信自强，为全国文化中心建设指明了新时代文化发展方向。北京冬奥会、冬残奥会为对外文化传播与交流提供了重大机遇，北京卓有成效地实现冬奥赛事、奥运文化的全球传播，为首都和国家赢得广泛美誉。总体讲，2022 年首都文化传播与文化交流工作，重点突出、成绩显著、稳中向好，为推进“十四五”时期全国文化中心建设高质量发展起到了良好助推作用。

一　2022年北京文化传播与文化交流总体情况概述

2022 年是党的二十大召开之年，是推进“十四五”规划实施的关键之年。北京围绕全国文化中心建设，讲好北京故事，讲好文化故事，展示中国首善之区人文精神风貌。虽然受疫情影响，北京文化传播与文化交流的线下工作与活动受限，但是在数字文化、数字传播快速发展的现实背景下，2022 年北京因时制宜、因地制宜，努力统筹好疫情防控与文化传播交流工作，最大限度地满足市民精神文化生活需求，促进国内外文化领域交流往来，策划举办线上线下各类文化主题活动，传播冬奥文化理念，丰富城市文化生活，打造“大戏看北京”“会馆有戏”“博物馆之城”等重点城市文化传播品牌项目。特别是发挥互联网科技和社交媒体优势，整合各界资源，做优做强网络文化产品供给、网络文化传播，推出了一场场内容充实丰富、体验互动多样的网络文化活动，成为本年度文化传播交流的突出特点。2022 年，北京文化传播与文化交流克服疫情阻碍，通过各种形式与途径满足城市文化生活需要，积极推进全国文化中心建设，广泛传递向上向善的精神力量。

具体来说，一是做好冬奥主场传播，凸显文化传播交流的国际视野。在疫情防控背景下，北京冬奥会传播与宣传，充分发挥融媒体云传播优势，弥补国内外观众无法在场体验精彩赛事、无法实地感受北京城市风采的遗憾。由北京广播电视台负责组织举办的“北京城市形象线上观光”系列网络直播活动，通过十多场直播带领中外记者领略北京城市历史文化，参观冰雪运动场地等。同时，在精心有序的组织下，境内外媒体在闭环内采访、报道、体验冬奥村生活，欢庆冬奥元素中国年等活动，展示了北京冬奥文化、中华传统文化以及智能科技文化，吸引了百余家境内外注册媒体密切关注和积极报道。二是整合文化相关行业资源，大力服务北京文化传播交流。首都媒体和文化部门担负着文化传播交流、建设全国文化中心的责任，服务和宣传北京各方面的建设和发展情况。深挖本地各行业资源，推动各个政府部门、企事业单位和各行各业携手合力，在疫情防控背景下促进文化消费，激发文化旅游产业活力，提升市民群众幸福感和获得感，全面聚焦北京全国文化中心建设，讲好北京文化故事，做好文化传播与文化交流这篇大文章，释放文化传播与文化交流的巨大影响力。三是疫情下深化媒体融合，实现全媒体联动传播。在疫情持续、媒体融合深入推进的背景下，北京文化传播与文化交流抓住传播趋势特点，适应现实条件和大众使用媒体的习惯，依托互联网各社交平台、新媒体终端等，以融媒体传播思路策划设计传播全程，内容制作和参与互动形式以互联网传播样态为主，大力推动互联网传播，同时带动电视、广播等联动传播，从而形成矩阵效应，实现在“云端”的文化传播与文化交流。四是紧扣重要时间节点和主题，传承与弘扬优秀传统文化。始终肩负弘扬中华优秀传统文化的责任感、使命感，将其作为文化传播与文化交流的重要工作内容。在传统节气节庆时间，把文化传播交流与文化生活服务相结合，融入大众日常生活，比如根据节气传播相关文化知识、旅游指南，根据节日介绍生活常识、娱乐项目、历史掌故等，生动灵活地传播中国传统文化的内容精髓与价值理念，赋予优秀传统文化新时代生命力。

二　做好北京冬奥会文化传播，掀起冰雪文化热潮

面对严峻的疫情防控形势以及国际舆论的密切关注，北京成功举办了一届简约、安全、精彩的冬奥盛会，跨越文化壁垒和认知隔阂，牢牢把握舆论引导主动权，以具有真实性、亲和力的有效传播，向世界展示了开放、自信、可敬的中国形象。北京市城市文化活动组办公室充分发挥统筹协调作用，组织开展丰富多彩的冬奥主题文化活动，营造浓郁的冬奥城市文化氛围。以“魅力京韵　共赴冰雪”为主题举办“相约北京”奥林匹克文化节北京文化周，策划开展“国粹奥运”系列京剧演出，展示中华民族优秀传统文化、北京城市文化，弘扬冬奥文化、冬奥精神。国际奥委会发布的《北京冬奥会市场营销报告》显示，共有20.1亿人通过数字平台和广播电视收看了北京冬奥会。近30个国家和地区的600余个品牌在首钢园参加“2022国际冬季运动（北京）博览会”。[①] 乘北京冬奥会之东风，冰雪产业蓬勃发展，冰雪运动从赛场走向群众日常生活，随着冬奥场馆等文化体育设施面向广大公众开放，大众参与冰雪运动的热情持续高涨，冰雪文化成为北京城市文化一道新的靓丽的风景线，奏响了体育文化强国建设的时代强音。伴随北京冬奥会举办，北京组织策划了各类线下、线上冬奥城市文化活动659项1.16万场。全市有15个区共设16个冬奥文化广场，自2月4日起上演文艺演出总计1008场，既有专业艺术团队演出也有群众业余艺术团队表演，涵盖了歌舞、曲艺、戏曲、杂技、广场舞和武术表演等多种艺术形式。[②]

2022年1月10日，在北京举行了第二届文明交流互鉴对话会，线上线

① 《弘扬北京冬奥精神　推进冰雪运动普及》，《人民日报》2023年2月2日。

② 《文化迎春　燃情冬奥　全市538项、8266场冬奥北京城市文化活动精彩呈现》，《北京日报》2022年1月30日。

下参会中外各界人士约260人，共同表示冬奥会是促进文化交流、凝聚团结力量的文明交流方式，促进弘扬相互理解、友谊团结、公平竞争的奥林匹克精神，推动世界和平与发展。[①] 1月14日北京冬奥会友城合作发展论坛举办，以“相约北京冬奥　共谋合作发展”为主题，通过线上线下结合的形式进行，参会代表共计200人，分别来自23个国家的72个友好城市。北京冬奥成为促进友城合作的重要平台，推动友城之间深化合作交流，增进友谊互助，携手一起向未来。[②]

本年度大型系列主题融媒体宣传活动“云游北京”从2月开始至11月结束，冬奥冬残奥、健身运动新理念、大戏看北京、城市夜经济、关爱老年人等主题宣传活动贯穿全年，聚合媒体传播合力，整合各界资源，依托主流网络传播平台，展现北京文化新风貌、城市精神新气象。

三　激活文化旅游业传播动力，讲好首都北京文化故事

在做好疫情防控的前提下，积极提振文旅产业发展活力，促进文化消费推动北京城市文化传播。北京城市文化是文旅产业发展、文旅产品开发的肥沃土壤。在“以文塑旅、以旅彰文”的文旅传播过程中，文旅融合与体验式传播有机结合，提高文化消费品质，在更大程度上满足人们对城市文化的了解与体验需求。

2022年，北京克服疫情影响，持续做优做深优质文旅产品，注重强化文旅产品的功能体验、文化体验、科技体验和情感体验。精心设计北京特色精品旅游路线，包括挖掘“大运河文化带”文化内涵，推进北运河游船线

① 《第二届文明交流互鉴对话会举行　中外人士表示北京冬奥会将促进文化交流、凝聚团结力量》，“国际在线”百家号，2022年1月10日，https：//baijiahao. baidu. com/s? id=1721581473186882024&wfr=spider&for=pc。

② 《北京冬奥会友城合作发展论坛在京举行》，“人民资讯”百家号，2022年1月10日，https：//baijiahao. baidu. com/s? id=1721581086973775877&wfr=spider&for=pc。

路向廊坊延伸实现互联互通，开发设计“环球主题公园+运河游”系列产品，与环球主题公园形成叠加效应，推动京西文化旅游路线开发，打造京西南国际旅游线路等。开发具有北京特色的文化旅游产品，弘扬传播古都文化、京味文化、红色文化和创新文化。文旅部门推动开发红色旅游产品，更新北京红色旅游地图，设计红色研学旅行活动；文化文物单位设计开发将传统京味和现代时尚完美结合的文创商品，打造“北京礼物”品牌影响力。进一步实施“漫步北京”计划，打造21条“漫步北京”文旅骑行线路。发布了25条“品读建筑　发现北京之美”建筑主题游线路，生动展示千年古都北京的建筑文化和历史底蕴。举办2022年北京网红打卡地评选活动，助力北京文旅业发展，文旅传播持续升温。北京市统计局数据显示，2022年北京市规模以上文化及相关产业法人单位实现收入合计17997.1亿元。其中，规模以上文化企业实现营业收入17555.3亿元。文化核心领域实现收入16339.4亿元，其中，新闻信息服务、内容创作生产和文化娱乐休闲服务等3个领域收入合计同比分别增长4.3%、17.2%和8.1%。文化相关领域实现收入合计1657.8亿元。①

2022年，北京文化消费进一步发挥拉动经济、传播文化的功能。据统计，7~10月第十届北京惠民文化消费季，共举办27.84万场活动，共计5.25亿人次消费，消费金额近120亿元。从2022年北京文化消费整体情况来看，一是疫情影响下，第三季度文化消费开始快速恢复，电影、演出、文化艺术、图书等领域消费近乎翻倍增长。二是文化数字化发展迅速，数字文化消费潜力巨大，数字文化消费金额和频次均位列前三。三是打造一批主旋律文化精品，包括《万里归途》《长津湖之水门桥》《只此青绿》等。四是文化园区和文化街区等成为热门文化消费空间。五是“露营+”微度假成为文旅消费新时尚，露营经济成为发展新风口。纪实性木偶剧《大象来了》、丝绸之路上的敦煌——数字敦煌展、2022北京冬奥会吉祥物冰墩墩、电视

① 《北京2022年规模以上文化产业收入17997.1亿元　与上年持平》，央广网，2023年2月1日，https：//www.cnr.cn/bj/oiue/20230201/t20230201_526141667.shtml。

剧《人世间》和舞蹈诗剧《只此青绿》等 54 个品牌荣登 2022 年度北京文化消费品牌榜。①

通过举办“京彩文化消费嘉年华”“微度假趣京郊”“金牌首钢园 敢为不凡”等一系列文化消费活动，利用文博展馆、文化产业园区、特色文化商圈、景区景点和阅读空间等文化场所开展文创市集、主题展览、游学游园、现场演艺等，形成重点文化领域融合联动的文化消费集群。在京郊热门旅游线路上，举办主题游园活动 52 场和群众性文化活动 300 余场，举行“月圆京城、情系中华”主题展 113 场和以“拾城记”为主题的文化市集 137 场。北京惠民文化消费季在为市民提供丰富多彩的文化活动的同时，实施多项惠民消费政策。比如发放文化消费券等。统计数据显示，仅京郊住宿消费券发放总额就达 3000 万元，将“文化惠民”落实到位、落实到底。②

四 繁荣首都文化艺术传播交流，倾力打造文化节庆国际品牌

繁荣发展首都文化，推动文化传播交流走向国际，意味着北京文化艺术的创造力、吸引力和影响力要在世界范围内具有特色优势。近年来，北京致力于围绕打造“演艺之都”的目标，策划一系列相关演艺文化项目，正在发挥重要作用。2022 年，北京打造了“大戏看北京”品牌并以此为抓手，扶持现实题材、革命历史题材、中华优秀传统文化和京味文化题材等作品的创作，创作推出一批优秀文艺作品，包括民族歌剧《山海情》、舞蹈诗剧《杨家岭的春天》等。北京作品在金鸡奖、文华奖、飞天奖、鲁迅文学奖等国家级奖项中取得“满堂红”，电视剧《觉醒年代》等 10 部作品入选第十

① 《2022 北京文化消费：数字市场潜力巨大，“露营+”成风口》，“中国青年报”百家号，2023 年 1 月 12 日，https：//baijiahao. baidu. com/s? id = 1754786065110768447&wfr = spider&for = pc。

② 《紧扣节日主题 将推出文艺演出、展览展示、群众文化、公共阅读、中秋游园等活动 “两节”期间文化盛宴推千场活动》，北京市文化和旅游局网站，2022 年 9 月 11 日，http：//whlyj. beijing. gov. cn/zwgk/xwzx/szfdt/202209/t20220911_ 2813333. html。

六届精神文明建设“五个一工程”奖。首届“大戏看北京”展演季于2022年11月拉开帷幕，展演季坚持以人民为中心，集中展示具有很高思想性和艺术性的精品力作，发展社会主义先进文化，传承中华优秀传统文化，弘扬革命文化。[①] 本届“大戏看北京”展演季采用线上线下相结合的方式，线下演出空间包括国家大剧院、天桥艺术中心等综合剧场，也包括繁星戏剧村等城市小剧场，另外利用了诸如颜料会馆、园博园等演艺新空间。在节假日期间，围绕多元演艺空间，打造集美食、景区、观演和休闲等于一体的文化新地标，丰富市民群众文化生活和休闲时光。展演季还在抖音、北京时间等网络平台开设“云剧场”“云展播”等，直播展演剧目，与线下展演交错穿插，多途径多形式地满足市民精神文化需求。[②]

同时，策划打造文化节庆活动成为建设全国文化中心、增强文化传播国际影响力不可或缺的环节。第十三届中国艺术节于9月在北京举办，中国艺术节是我国最高规格、最具影响力的国家级综合性文化艺术盛会，本届中国艺术节秉承“艺术的盛会、人民的节日”的宗旨，以“喜迎二十大　奋进新征程”为主题，充分展现了中国文化艺术界的新成果新气象新高度。艺术节期间，来自全国各地的包括58部（台）文华奖参评作品、26部（台）特邀剧目、100余个群星奖参评作品在内的优秀舞台艺术作品进行展演，举办了全国优秀美术、书法篆刻、摄影三项展览，以及全国演艺及文创产品博览会等。[③] 全国78家文艺院团、112个基层文艺团体近两万名文艺工作者参加了本届艺术节，共展演84台舞台艺术精品，汇聚32个合唱团，145部群众文艺佳作，1007件美术、书法篆刻和摄影作品。艺术节期间，近20万人

---

① 《“大戏看北京”使文艺作品成果颇丰，今年将继续擦亮这张文化名片》，《新京报》2023年1月16日。

② 《首届“大戏看北京”展演季在京拉开帷幕》，“北京台文艺频道”百家号，2022年11月6日，https://baijiahao.baidu.com/s?id=1748762332219550532&wfr=spider&for=pc。

③ 《第十三届中国艺术节在北京开幕》，中华人民共和国中央人民政府网站，2022年9月2日，http://www.gov.cn/guowuyuan/2022-09/02/content_5707950.htm。

次走进剧场、博物馆、美术馆和展览馆，超 3.5 亿人次共聚云端。[①] 11 月举办以“和合共美”为主题的第六届中国戏曲文化周，既有以演出、互动为主的戏曲乐园、戏曲市集，又有研讨形式的学术论坛，线上线下共举办约 400 场丰富多彩的活动。戏曲文化周期间，游客可以观赏戏曲，还可以逛文创生活市集，参观展览，参与游戏，通过多种形式深度体验戏曲文化。[②]

值得一提的是，中秋、国庆“两节”文化活动，联动第十三届中国艺术节、北京国际设计周等综合性艺术盛会，开展百余项文化和展演活动。同时在展演场馆及周边，设计打造 10 条“漫步北京——美好体验艺术之旅主题游”线路，将观演观展和赏景消闲结合一起，方便市民综合性文化消费。“两节”期间，中央和市属等各级文艺院团集中优质资源创作奉献精神文化产品，包括国家大剧院举行《今宵月正圆》《2022 国庆音乐会》等主题音乐会；首图举办“月满中秋”中国传统文化展，市文化馆举办“迎国庆逐梦新征程”爱国主义教育活动等；“会馆有戏”推出一系列演出活动，繁星戏剧村、三里屯·爱乐汇等演艺新空间推出时尚多元的演出等。此外，电影、戏剧、脱口秀、曲艺等荟萃舞台，精彩不断，各种文化活动内容丰富、贴近群众。[③]

此外，云端应用场景为丰富线上文艺演出和文化活动提供了良好体验。受疫情影响，数字文化消费、线上文化活动成为受推崇的文化体验方式，各类文化艺术作品被搬上新媒体平台，市民通过“云观演”“云看展”等实现“云端的”文化体验，如北京考古遗址博物馆 3D 展厅，让市民能够在线上沉浸式游览大葆台西汉墓；在官网、新媒体平台上播出中秋文化活动、第十三届北京青年相声节等。文旅北京手机端的“北京演艺资讯”小程序、新

① 《文旅中国发布 2022 年度文化和旅游活动热度榜单》，“文旅中国”百家号，2023 年 2 月 2 日，https：//baijiahao. baidu. com/s？ id = 1756709161341809939&wfr = spider&for = pc。

② 《第六届中国戏曲文化周将举办约 400 场活动》，“央广网”百家号，2022 年 11 月 2 日，https：//baijiahao. baidu. com/s？ id = 1748345548983256301&wfr = spider&for = pc。

③ 《紧扣节日主题　将推出文艺演出、展览展示、群众文化、公共阅读、中秋游园等活动“两节”期间文化盛宴推千场活动》，北京市文化和旅游局网站，2022 年 9 月 11 日，http：//whlyj. beijing. gov. cn/zwgk/xwzx/szfdt/202209/t20220911_ 2813333. html。

浪微博“精彩中国节、风雅度中秋”文化沙龙、快手“月圆中秋”主题短视频征集以及“国潮京品节”活动等，都拥有很高的人气，另外，北京欢乐谷等文化景区也推出线上活动，在文化消费中推动文化传播。①

五 发挥文化遗产文化传播作用，传承与弘扬中华文明

为更好地传承与弘扬中华文明，北京加快建设享誉全球的世界文化名城，推动“博物馆之城”建设，加强文物保护与传承利用，擦亮北京历史文化遗产“金名片”，围绕让文物和文化遗产活起来，营造传承中华文明的社会氛围，展示文物保护利用工作进展，6 月 11 日策划举办了 2022 年文化和自然遗产日系列活动，通过开展寻找“北京最美文物守护人”宣传推介活动、“北京中轴线文化遗产传承与创新大赛”等形式多样的遗产日活动，推动社会各界形成保护传承历史文化遗产的共识，促进社会各界和公众积极参与保护和传承中轴线文化。此外，还策划推出“北京文化遗产保护”云讲堂，以 11 个小时超长直播的形式，围绕六大主题邀请专家学者与观众分享对历史文化遗产保护、传承与利用的感悟。遗产日期间，北京市 16 个区立足各自资源特色，开展包括展览、讲座、宣传等一系列文化活动 60 余项，推出云展览、云直播、云表演等 30 余项线上推广活动，在全市营造参与遗产保护的浓厚文化氛围。比如，海淀区开展“诗意三山五园，照焕古今同辉”活动推进“国家文物保护利用示范区”建设，西城区举办“非遗演出季”云演播活动等，传播历史文化遗产相关知识，在全市范围内营造参与遗产日活动、参与遗产保护的浓厚氛围。②

---

① 《紧扣节日主题　将推出文艺演出、展览展示、群众文化、公共阅读、中秋游园等活动“两节”期间文化盛宴推千场活动》，北京市文化和旅游局网站，2022 年 9 月 11 日，http：//whlyj. beijing. gov. cn/zwgk/xwzx/szfdt/202209/t20220911_ 2813333. html。

② 《北京开展文化和自然遗产日系列活动》，《中国文物报》2022 年 6 月 15 日。

六　积极开展国际文化交流活动，大力推动文化网络传播

在文化传播与文化交流中推动世界文明互鉴互通。2022 年是冬奥之年，也是中意文化和旅游年，以及中国和韩国、中国和克罗地亚建交 30 周年。自 2019 年启动的“魅力北京”系列电视片海外传播活动，在 2022 年邀请了来自意大利、韩国和克罗地亚的摄制组，围绕“人文北京、科技北京、绿色北京”采访拍摄颐和园、通州大运河、国家速滑馆、首钢园元宇宙体验中心和中关村软件园等地，通过他们的镜头讲述北京“双奥之城”丰富多彩的故事，向海外展现了北京多元多姿的城市魅力，取得了热烈的社会反响。①

此外，2022 年 7 月，“京·彩”北京文化网络传播活动启动，以“逐梦新征程，京彩向未来”为主题，旨在贯彻落实争做中国好网民工程部署，推动“科技为文化赋能，文化为城市赋能”，借由北京文化和首都文明的网络传播展现“首都风范、古都风韵、时代风貌”，讲好北京故事，激发建功新时代新征程的精气神，做好首都文化这篇大文章。本届活动紧紧围绕迎接党的二十大这条主线，通过直播、短视频、微综艺、网络游戏、条漫、网络音乐等多种方式，吸引社会各界网民互动参与，展现党的十八大以来首都文化发展成就，展示全国文化中心建设成果等。开展了线下网络文明快闪、线上“京彩文明有我”连麦的网络文明接力活动，引领向上向善的网络文明风尚。本次活动期间，还邀请网民共同体验“每一面都京彩”北京城市风貌，发起“京气神儿”网络直播节、“北京这十年”城市盲盒、“京彩绽放”微团综三大主题征集活动，并推出北京城市空间之歌、京彩 NFT 限时共创画、“阅读京彩”文化书单和京彩故事条漫等四大文化创意产品，吸引

① 《“魅力北京”系列电视片海外传播成果分享会举办》，北京市文化和旅游局网站，2023 年 2 月 28 日，http：//whlyj. beijing. gov. cn/zwgk/xwzx/szfdt/202302/t20230228_ 2925384. html。

广大市民热情参与互动。“京·彩”北京文化网络传播活动期间，各区竞相在网上举办宣传文化品牌活动，微博、抖音等28家属地网络平台也开展了北京文化主题网络活动，社会各界共同携手建设网上美好精神家园。①

七　凸显全国文化中心首善标准，加强文化传播与文化交流能力建设

2022年，北京文化传播与文化交流攻克疫情带来的困难挑战，既严格做好了疫情防控工作，又在文化传播和文化交流工作中探索了新路径，取得了新成果。但仍然存在一些问题和不足，包括：文化传播运行机制效力有待提升，文化内容生产能力较弱，缺乏思想性和艺术性俱佳的代表性精品力作，北京文化品牌的国际知名度有限，国际文化交流形式仍需不断创新丰富，在“文化+科技”“文化+金融”“文化+产业”等方面的探索需要加快推进等。

针对以上短板弱项，加强北京文化传播与文化交流能力建设，第一，必须以习近平新时代中国特色社会主义思想为指引，加强传播理论研究为工作实践夯实理论基础，在政府统筹引导、传播体制机制建设、文化产业优化升级、融媒体传播水平提升以及做强做大文化企业等方面推进。第二，全国文化中心文化传播与文化交流要立足大众对精神文化生活的需求，以及世界文化交流互鉴的客观要求，努力创作更好地阐释中国价值观、体现中华精神的文化产品、文化作品，打造推出一批内容创作、思想内涵、艺术水平、观赏价值均属上乘的精品力作，形成知名文化品牌，提升国际传播吸引力和辐射力。第三，要放眼国际文化产业发展前沿，进一步推进文化与科技深度融合，提升科技创新适应文化新业态的能力，大力发展文化新业态，优化文化产业布局，增强文化发展内生动力，提高文化国际竞争力，文化企业要主动对接文化市场，提升文化产品质量，向文化产业链和价值链高端发展，促进

① 《2022年北京文化网络传播活动“京·彩”启动》，《北京日报》2022年7月15日。

文化传媒企业成长壮大，实现跨越式发展。第四，加快培养一批业务精、懂经营、善管理的文化复合型人才。为各级文化部门文化机构培养输送视野开阔、具有战略思维、文化素养高、业务能力强的优秀人才，提高政府部门、国有文化传媒企业等文化管理人才队伍的整体素质水平，为建设全国文化中心、做好文化传播与文化交流工作提供充分的人员与智力支持。

B.22

国际大都市文化品牌活动的运行及启示

——以巴黎、伦敦、纽约和东京为例

张　丽*

摘　要： 巴黎、伦敦、纽约、东京的文化品牌活动与城市发展历史、国家文化发展战略、传统文化资源息息相关，是国家和城市文化发展的重要内容。这四座国际大都市的文化活动既存在共同性，也具有地方特色，是当地文化产业发展的支柱，也是城市居民精神生活的重要组成部分。在文化活动品牌塑造过程中，地方政府的主导、历史文化资源的累积与现代生活方式的需求成为关键的影响因素，因此，遵循城市文化发展与国家战略的契合、传承文化传统与满足当代城市需求是塑造城市文化活动品牌与提升城市美誉度可供选择的方案。

关键词： 国际大都市　世界文化名城　国际论坛　国际展会　国际艺术节

巴黎、伦敦、纽约、东京作为国际大都市，都重视文化在城市发展中的作用，把文化活动品牌的塑造看作城市生活的重要内容，使文化成为城市的金字招牌，从而促进了文化产业的繁荣发展，也提升了城市在全球的影响力。在运行文化品牌活动的过程中，这些城市根据各自所在国家的城市发展背景、文化历史资源及国家战略安排逐步形成自己的典型模式。本报告选择

* 张丽，北京市社会科学院国际问题研究所副研究员，博士，主要研究方向为世界经济与国际政治经济学。

巴黎、伦敦、纽约、东京近年来举办的具有国际影响力的大型文化活动进行比较分析，总结这些文化品牌活动的形式、内容与意义，以期为北京全国文化中心建设和首都功能的强化提升提供一定的启示。

一　国际大都市文化品牌活动类型

综合来看，国际大都市的大型文化品牌活动主要分为展览展示活动、文娱节庆活动和国际性文化论坛三类。

（一）展览展示活动

巴黎是目前展览业世界排名第一的城市，以世界一流的展馆设施和展业服务水平吸引世界各类主题的大型国际展览活动。

纽约在由各个社区、各个文化场馆如图书馆、博物馆、公园等自行举办的丰富多彩的中小型文化活动方面表现突出。

日本规模最大的艺术品交易博览会是东京艺术博览会。创始于 2005 年的东京艺术博览会自 2007 年起每年 4 月在东京国际论坛大厦举办。在博览会举办期间，东京成为日本最大的艺术品展销市场，各个类别不同年代的艺术品、工艺美术作品集中展出，大大小小的画廊精选艺术品进行集中展示和销售。博览会在促进文化消费的过程中，传播了东京艺术魅力。2022 东京艺术博览会于 3 月 11~13 日举行，汇集了约 150 家海内外画廊，呈现的约 3500 件展品既有日本传统工艺艺术品，也有来自美国等的全球知名艺术家的当代艺术品。

（二）文娱节庆活动

巴黎拥有许多主要节日庆典与艺术类大型文化活动。在巴黎的众多文化活动中最有活力的一项是每年定期举办的“巴黎不眠之夜”。它于 2002 年由巴黎市政府发起，成为巴黎群众性文艺活动品牌。“巴黎不眠之夜”每年都在 10 月的第一个周六举办，在活动当晚，巴黎地铁和公交车免费，巴黎大大小小的博物馆、美术馆等文化机构都通宵为民众免费开放。这一活动具有两大特点。第一，活动规模庞大。“巴黎不眠之夜”以整个巴黎为活动空间，所有市民一起走入博物馆、画廊、图书馆进行免费参观，欣赏各类文艺展出和展览。第二，创意性强。“巴黎不眠之夜”推出许多具有原创性的艺术作品，强化了巴黎在艺术创新中的地位，并通过大规模的参观活动将艺术创新理念推广至整个城市。

被称为世界乐坛奇迹的夏季逍遥音乐会是伦敦的一个招牌。伦敦夏季逍遥音乐会是全球著名的古典音乐节，自 1895 年创办至今已经有 100 多年的历史，可谓历史悠久的艺术节。其作为古典音乐的盛宴不断创新发展流传下来，吸引世界各地知名演奏家前来表演，向世界展示音乐界的风采。伦敦还有一个使其享有世界设计之都美誉的文化活动，即被称为全球设计师大聚会的伦敦设计节。伦敦设计节自 2003 年开始举办，成为英国每年向世界传播设计艺术的平台。在伦敦设计节期间，上百场展览呈现的展品免费供公众参观，向世界展示英国世界级的创意水平，其间在伦敦各大艺术中心举办的主题讲座、论坛等一系列相关活动使整个城市充满了艺术气息。

纽约举办的国际或全美范围的大型文化活动多以节庆的形式呈现。纽约市举办的大型节庆活动很多冠以“国际”或“世界”等字样，表明纽约搭建了国际文化的交流平台，其国际吸引力和世界领先性，足以吸引世界各地的艺术团体前来进行交流和展示，以影视类、戏剧类、音乐类、舞蹈类艺术活动为主，其中影视类活动占据突出地位，表明了纽约作为世界影视中心的地位。

东京艺术周活动是日本当代艺术平台联同东京艺术周流动项目筹备委员会共同举办的大型文化品牌活动，目前得到日本文化厅的支持，一系列覆盖全市的当代艺术活动，为观众提供空前规模的体验机会，在日本及亚洲的影响力极大。东京艺术周活动利用国际艺术界人士与收藏家的积极回响，推动日本与国际艺术界人士相互交流，提升东京文化的影响力，塑造东京的全球文化形象。东京艺术周 2021 年初步启动，50 个参与场地迎接了超过 20000 名观众。2022 年东京艺术周参展阵容和活动分布在文京区、新宿区、涩谷区、港区、千代田区各大美术馆周边。包括东京国立新美术馆、东京都现代美术馆及东京都庭园美术馆在内的顶尖博物馆、艺廊及另类展览空间，精心布置一系列参展项目。同时，2022 年东京艺术周创新发展，推出多个全新项目，除了以当代艺术进一步丰富参观者探索东京艺术图景的精彩体验以外，也涵盖建筑、工艺、设计、时尚甚至美食享受，使参观者享受东京市内一流的住宿、购物、餐饮和其他活动，把当代创新艺术与日本传统文化结合，以开放的姿态塑造日本文化。

（三）国际性文化论坛

欧洲文化高峰论坛是近年来巴黎典型的国际化文化论坛。1984 年法国文化部发起法国文化遗产日活动，每年 9 月的第三个星期日定为名胜古迹免费开放日。1985 年经欧盟委员会和欧洲理事会联合发出倡议，为展示欧洲各国的文化、传统、建筑与艺术，加深欧洲民众对欧洲文化丰富性和多元性的认识，促进民众之间的相互理解，确立欧洲遗产日。2019 年 10 月 27 ~ 31 日在巴黎召开的欧洲文化遗产高峰论坛得到总统马克龙的支持。论坛设计颁奖环节，奖励的项目分别是：保护项目、研究项目、社会服务项目、教育培训和认知提升项目。

世界文化名城论坛由伦敦市政府倡议，联合纽约、上海等城市共同发起组建，于 2012 年成立，目前成员城市已经达到 42 个，是全球最大的世界城市文化交流组织，在城市文化发展研讨、文化政策制定领域引领全球。世界文化名城论坛汇集城市领导者、高层政策制定者等权威人士，以发展文化活动和创意经济为目标，制定长期战略，推动城市互动合作及共同发展，是世界顶级的文化智库之一。继 2017 年成为世界文化名城论坛会员城市之后，中国成都已经连续 3 年与伦敦共同举办“世界文化名城论坛 · 天府论坛”。2020 年在疫情全球大流行、世界格局深刻变化的背景下，论坛针对经济、政治、公共卫生、文化等方面如何增强城市韧性、提高面对风险的抵御力、适应力和恢复力等问题提出新思路、新方案。2021 世界文化名城论坛全球大会在成都与伦敦两个主会场同步拉开帷幕，以“线上”为主，以“世界公园城市——文化与可持续发展”为主题，全球超过40个城市参与。世界文化名城论坛各会员城市相关负责人以及文化学者通过连线方式，围绕文化与城市发展相关议题展开热烈讨论。论坛秘书长保罗·欧文斯表示，本届大会线上参会人数创造了一个新的纪录，“这是世界文化名城论坛有史以来最大规模的一次线上聚会”。[①] 2022年采取“线下+线上”的形式，设成都主会场，上海、伦敦线下分会场，以及全球十余个线上分会场。在伦敦会场，伦敦市副市长、世界文化名城论坛主席贾斯汀·西蒙斯发布报告《世界城市文化报告》，分享对各大文化名城的案例研究。

二　国际大都市文化品牌活动运行特点

（一）政府以文化政策引导活动开展

整体来看，国际大都市文化活动存在国家战略背景。巴黎以文化的丰富多样性和文化产业的创新性发展而闻名全球，尤其在文学、艺术、雕塑、戏剧等方面处于全球领先地位，是人们向往的世界文化名城。在法国国家战略与文化政策的引领规范下，近年来，法国文化传统与现代文化创意的结合日益紧密，巴黎市民参与文化活动的积极性得以保持，大规模的经典性文化活动品牌不断地传扬下来。巴黎的政府主导实施文化活动保护政策，巴黎文化活动在政府主导型文化制度保护下，呈现政府主导、全民参与、国际性与战略性增强的特点。法国的文化事务统一由文化部管理，地方设立直属文化事务局，保证中央政府文化政策的实施。法国政府和巴黎城市主管部门都对巴黎的文化发展施以保护政策，保护文化多样性发展。巴黎市政府自2001年以来每年发布《文化政策》作为文化行动纲领，以城市特色为导向，塑造城市文化艺术氛围。比如，通过公共部门的资金补贴支持私人的艺术创新活

① 《世界文化名城论坛全球大会迎来最大规模线上聚会》，每经网，2021年11月4日，http://www.nbd.com.cn/articles/2021-11-04/1981439.html。

动，市政厅不定期开展艺术展览，通过国家电影艺术中心对电影行业进行资助。“大巴黎计划”于2007年推出以后，重视文化景点布局和文化创新，2010年成立了大巴黎公司，募集资金陆续建设文化设施，拓展巴黎的文化版图。

伦敦是世界文化名城，位于伦敦的国家博物馆建于18世纪，是世界上最大的博物馆，集中了世界各国许多的古代文物。值得伦敦人骄傲的城市文化生活不仅仅是司空见惯的文化设施和数量众多的活动。从宏观的经济效益到街角的草根艺术，文化已经全面渗透至伦敦人的生活，其广度和深度都彰显着这个城市的深厚底蕴。伦敦文化战略的成功离不开规划体系的保障，上至国家、下至地方，英国各个层级的政策都对城市的文化发展十分关注。2004年，伦敦市政府颁布了第一份市长文化战略报告《伦敦文化之都：实现世界级城市潜力》，以创意产业为核心的知识经济迅速发展。

纽约市文化局创立于19世纪70年代，是依托纽约自然历史博物馆、纽约大都会博物馆等项目成立的部门，负责文化场馆的建设，而场馆的展品提供和运作则由私营机构承担。纽约市文化局既是美国国家文化政策的执行者和实施者，也在地方文化政策的制定和实施方面扮演着十分重要的角色。20世纪70年代，纽约的城市发展战略调整为大力发展以服务业为主体的第三产业，包括开展多种文化活动来刺激旅游业的发展。纽约市文化局确立政府与民间协同联动的模式，文化战略和文化政策的制定吸纳多方参与。纽约市政府、公共组织、私人基金会和文化政策研究机构共同参与文化战略与文化对策的制定，对纽约城市文化建设和发展发挥了重要作用。①

日本的文化厅成立于1968年，主要实施以文化遗产保护为中心的文化政策，文化预算的70%用于文化遗产的保护。1990年以后积极致力于实施艺术创造和艺术文化振兴政策，并在该年设立了艺术文化振兴基金。2001年日本对文化的支持从完善文化设施的文化艺术振兴，转变为对文化艺术创造传播的支持，公布《文化艺术振兴基本法》。2003年制定公共设施指定管

① 任一鸣：《纽约二十一世纪以来城市文化发展观测》，《上海文化》2014年第5期。

理者制度，加强了文化与产业观光及其他领域的关系，促进了文化活动主体的多样化。自2004年2月起召开历时一年的文化政策讨论会，明确了资助文化创造与传播的重要主题。东京都于2006年2月制定了《东京都文化振兴指针（草案）》，确定了东京面向世界的文化创造与传播政策。在这样的政策背景下，日本的文化活动主要为以下内容。一是让世界感受日本城市的文化魅力，对年轻艺术家实施资助，营造文化传播环境，培养艺术文化人才。二是让市民感受引以为豪的日本文化，促进市民的文化活动，继承发展传统文化。三是充实文化创意产业的内容，进行文化设施的改革，以日本文化魅力完善文化振兴战略。

（二）全民参与赋予文化活动浓厚氛围

巴黎文化活动为全民化发展模式。由于受到中央和地方的双重保护，巴黎整个城市的文化气息和氛围特别浓厚，文化艺术全民化。巴黎艺术委员会由专家和部分巴黎市民组成，重视文化艺术的广泛普及，民众融入巴黎文化生活，享受巴黎文化资源，尽可能多地了解文化艺术，不断创新文化。巴黎各类文化机构和组织开展市民参与的文化活动、艺术实践课。艺术和文学悄然融入人们生活的巴黎成为法国的文化之都，散发着浓郁的文化气息。巴黎沙龙文化浓厚，各种各样的沙龙为文化交流提供了重要的基础。法国前总统萨科奇曾明确表示："我希望文化是法国应对世界经济危机的方法。"面临金融危机，法国仍然保持了对文化产业的高投入。① 作为法国文化支柱的巴黎文化，成为法国人心中的精神支柱，对于法国社会政治经济发展具有不可忽视的促进作用。

（三）强化城市文化的本土特色

巴黎注重本国文化产业的国际化发展。多年来，巴黎重视与世界其他城市进行广泛的文化交流。巴黎市政府每年接待来自世界各地的艺术家和作

① 赵冬菊：《国内外文化创意产业发展现状及趋向》，《企业文明》2011年第11期。

家，其在巴黎的停留时间为三个月到一年。并且设立法国文化协会，分布在世界各地，提供法语教学支持，推广法国文化。

东京城市文化发展一直以纽约、伦敦、巴黎这些世界一线城市为借鉴。同时，东京也偏重于呵护自身文化，使本民族文化浸润至城市建设的细枝末节，塑造鲜明的城市辨识度。在文化节庆活动方面，日本一些地区每年都会举办多场具有浓厚民族特色的节事活动或节日祭典，包括烟火大会、祭典游行、表演等，周边的店面在活动举办期间争相开展各种特别的活动，塑造城市形象。

三　国际大都市文化品牌活动运行的启示

（一）政府政策是影响文化活动品牌塑造的直接因素

文化品牌活动的形成需要当地政府的鼎力支持。综观国际大都市文化活动的运行情况，具备一定品牌效应的文化活动往往有政府的参与并在其中起主导作用。首先，符合社会发展期待，有利于地方产业发展的活动，离不开政府的政策扶持。其次，政府政策支持下的社会团体或公共基金，为当地的文化活动提供财力支持。最后，政府通过人才培训等方式，使本地的文化活动开放性发展，向国际推出文化品牌活动，或者引入文化人才为文化品牌活动的提升提供智力支持。

（二）满足民众精神文化需求是文化品牌活动持久的基本要素

广大民众是文化活动的参与主体，其通过参与各种文化活动来获得精神享受。满足精神文化需要，是城市文化活动品牌塑造的群众基础。因此，城市文化活动的开展只有以满足民众的精神文化需求为根本，其影响力才会更加显著。社区是民众参与文化活动的基层单位，相关展览、论坛、节庆活动的开展更有利于扩大文化活动的规模，有利于文化品牌活动长久开展。

（三）民俗风情的融入是文化活动形成品牌的核心要素

地方特色文化是文化活动的重要内容，要注重挖掘存在于生活实践中的地方特色资源，使其成为文化活动的优势资源，让那些民众喜闻乐见的活动方式得到广泛的传扬，成为丰富民众生活的精神文化产品。城市民俗风情能够单独成为文化活动的主题，也可以融入重大的论坛、赛事、博览会等活动，成为城市文化活动的特色，为塑造城市文化活动品牌提供丰富的内容，有利于文化品牌活动多元化开展，形成综合效应。融入民俗风情的节庆活动往往具备一定的规模效应，加上民众对活动的质量要求高，必须体现传统与现代结合的生活气息，因此，城市要发挥自身的历史文化资源优势，打造文化品牌活动，让文化活动更具生命力，彰显城市的人文情怀和精神面貌，使城市文化活动品牌的塑造获得丰富的主题内容。

B.23

2022年北京文化出海报告

刘纪虹　郑以然*

摘　要： 国家文化"十四五"规划与党的二十大将提升中华文化国际影响力列为任务目标之一，对文化出海提出了更高的要求。2022年，北京高度重视数字化战略，充分发挥数字技术、数字媒介在文化出海中的作用，提升对外文化传播数字化水平。文化产业继续国际化进程，一批影视、游戏、网文等文化产品出口海外并赢得良好的市场反馈；平台出海、模式出海也成为文化产业出海的重要组成部分。文化产业新业态为文化出海带来了更多的可能性，北京的文化出海进入提质升级阶段。

关键词： 文化出海　文化传播　文化贸易　北京

当前中国已经成为世界第二大经济体，建设社会主义现代化强国需要与之相配的国家文化软实力和影响力。文化出海是彰显国家文化实力，增强中华文化国际影响力的必经之路。自21世纪初至今，中央始终将中华文化"走出去"作为国家文化建设的重大方针。习近平总书记在主持中共中央政治局第三十次集体学习时表示："要更好推动中华文化走出去，以文载道、以文传声、以文化人，向世界阐释推介更多具有中国特色、体现中国精神、

* 刘纪虹，首都师范大学文学院硕士研究生，主要研究方向为文化研究；郑以然，首都师范大学文化研究院副研究员，主要研究方向为城市文化、城市政策。

蕴藏中国智慧的优秀文化。”① 2022 年中共中央办公厅、国务院办公厅印发的《“十四五”文化发展规划》将“中华文化影响力进一步提升”作为五大目标任务之一。同年 10 月召开的党的二十大上再次强调，增强中华文明传播力影响力。加快构建中国话语和中国叙事体系，讲好中国故事、传播好中国声音。北京作为首都与全国文化中心，要通过文化交流传播、贸易消费，向世界展现中华优秀传统文化与最新建设成就，以更为自信的姿态参与世界文化格局的重塑。

一　北京文化出海肩负的使命及其时代意义

北京文化出海在中国文化出海快速发展的良好局面之下乘势而动。2021 年中国对外文化贸易额首次突破 2000 亿美元，文化产品出口金额超 1300 亿美元。在疫情的冲击下，中国对外文化贸易依旧呈现良好的增长趋势。2022 年，从太极拳风靡全球到“冰墩墩”海外爆火，中国文化出海的成绩有目共睹。2020~2022 年，中国文化产品出口金额呈增长态势，2022 年 1~11 月中国文化产品出口金额达到 14965604 万美元（见图 1），已经超过 2021 年全年的文化产品出口金额，同期文化产品进口金额为 1462022 万美元，同比下降 20%，中国文化产品对外贸易顺差呈增长态势。中国本土文化精品与业态的成功出海意味着国内相关文化行业与全球产业更为深入的互动，意味着世界各民族之间增进相互理解，向构建人类命运共同体更进一步。2022 年 7 月，商务部等 27 部门联合发布《关于推进对外文化贸易高质量发展的意见》，这是继 2014 年国务院印发的《关于加快发展对外文化贸易的意见》后又一份关于对外文化贸易的重要文件，提出着力促进文化贸易规模增长和结构优化，以增强我国文化产品与服务的国际竞争力，向世界推介更多中国优秀文化，提升国家文化软实力和文化影响力。

---

① 《习近平主持中共中央政治局第三十次集体学习并讲话》，中华人民共和国中央人民政府网站，2021 年 6 月 1 日，http：//www.gov.cn/xinwen/2021-06/01/content_ 5614684.htm。

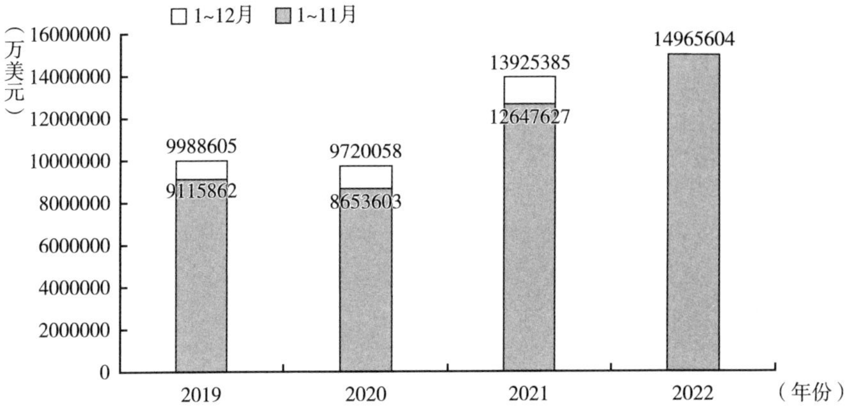

图1　2019~2022年中国文化产品出口金额

资料来源：中国海关、华经研究院整理。

国家加快了对外文化贸易的部署，北京市肩负起时代使命，全力促进文化传播与文化贸易，积极探寻文化出海的新路径。

北京文化出海的大船，在中国文化出海的浪潮中水涨船高，同时是其中的主力领航者。一方面，文化出海让北京的文化名片为世界所熟知，另一方面，北京致力于建设全国文化中心，在推动文化出海、增强中华文化国际影响力方面发挥了强大的引领作用和辐射作用。据北京市政府公布的“十三五”文化产业成绩单，北京上市文化企业约占全国的三成，文化领域独角兽企业约占全国的一半。2020年，北京文化产业增加值占GDP比重首次突破10%，以10.5%远超全国文化产业增加值占GDP比重（4.43%），稳居全国首位（见图2）。截至2021年，北京已经连续6年在中国省市文化产业发展综合指数排名中位列第一。文化产业的发达带动对外文化贸易的繁荣，一批京产的优秀影视剧、动漫、文创等文化作品成为中国文化走向世界的重要力量，在文化出海方面做出了良好示范。北京天竺综合保税区、东城区、朝阳区入选国家文化出口基地，北京的文化出口基地数量在全国领先。此外，自商务部、中宣部等单位开始评选国家文化出口重点企业和重点项目以来，北京市入选的企业与项目数量均为全国首位。2018~2021年，北京文化产品进出口额稳定增长，占全国文化产品进出口额比重大幅上升（见图3）。

2021 年北京文化产品出口额超过 19 亿美元。北京已经成为中国文化出海至关重要的“港口”，也是传播中国文化的主力城市。2022 年 11 月 10 日，在北京召开了由中国外文局文化传播中心等主办的 2022 中华文化国际传播论坛，探讨中华文化海外传播的道路，共商人类命运共同体建设。

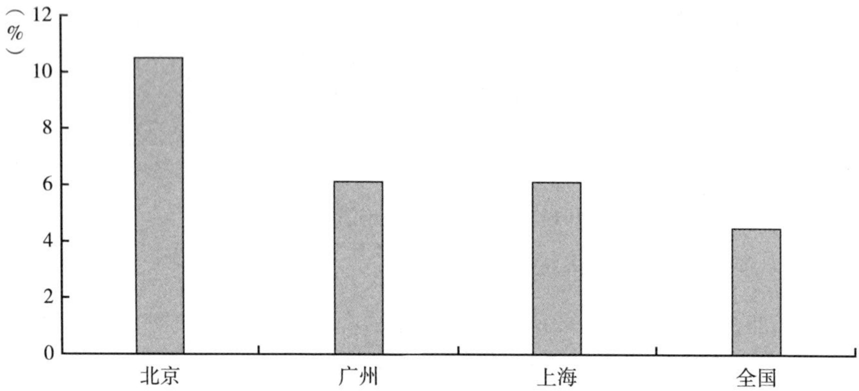

图 2　2020 年北上广及全国文化产业增加值占 GDP 比重

资料来源：国家统计局、各城市市属统计局。

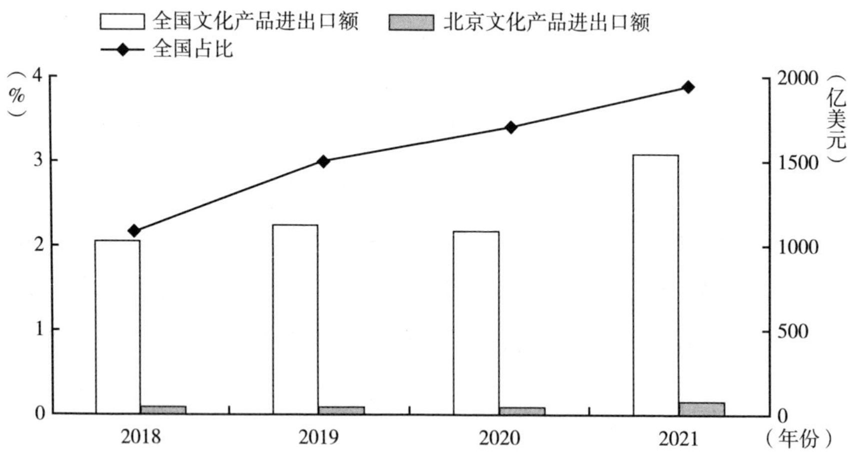

图 3　2018~2021 年北京文化产品进出口额及全国占比

资料来源：中华人民共和国商务部、华泰研究。

2022 年是中国第二个百年奋斗目标的开局之年，也是疫情的关键转折点，文化出海肩负起更重的时代使命。中华民族有几千年的文化积淀，面对百年未有之大变局，面对数字技术和新媒体带来的崭新局面，北京积极促进中华优秀传统文化的创新性发展和创造性转化，培育出了大批有视野、有内涵、有质量的文化精品。同时，在疫情防控常态化之下，线上文化传播路径得到极大的开发和应用，新媒体传播方式深入参与了国际文化交流与贸易。2022 年初，北京召开的冬奥会使更多的中国元素和北京元素为世界所知。2022 年底，中国政府调整疫情防控政策，文化出海迎来窗口期，要把握好这一新变化，加快北京文化出海的步伐，应该对 2022 年全市文化出海的总体情况进行回顾和总结，从中吸取经验，发现问题，思考对策。

二　2022年北京文化出海状况分析

2022 年，北京文化出海势头不减，进入提质升级阶段。北京市积极响应国家推进对外文化贸易高质量发展的号召部署，在《北京市“十四五”时期文化和旅游发展规划》中提出，要立足首都深厚的文脉底蕴和资源优势，构建具有全球影响力和竞争力的资源体系、服务体系和产业体系，实现融合发展、创新发展、高质量发展。同时，全力支持北京天竺综合保税区、东城区、朝阳区三大国家文化出口基地的高质量建设，出台国家文化出口基地建设实施方案，依托国家文化出口基地，以点带面推动全市文化出海事业迈向新台阶。

在政府的大力扶持下，北京的国家文化出口基地建设取得了显著成果。2022 年 1~7 月，朝阳区重点文化企业进出口额达 8.2 亿美元，12 家企业和 9 个项目被认定为 2021~2022 年度国家文化出口重点企业和重点项目。天竺综合保税区的“保税功能助力文化展示拍卖新业态发展”案例被选为国家文化出口基地第二批创新实践案例。东城区开展八大专项行动，推动影视精品与国际接轨，打造国际影视高地，拓展国际化全媒体出版产业，鼓励优秀产品在海外发行。国家文化出口基地集聚了一批具有国际竞争力的文化企业，有利于打造文化出口产业链，发展数字文化贸易，创新文化贸易平台。2022 年，北京的文化出海在全方位、深层次的政策、载体及环境支持中启航，借冬奥会、文博会、服贸会等盛会加快航程，从官方主导的对外文化传播到文化企业的对外贸易，从产品内容出海到平台模式出海，全面有序地推进文化“走出去”进程。

（一）文旅局提升对外文化传播数字化水平，数字赋能文化出海

2022 年，北京冬奥会成功举办。北京冬奥会将数字科技和中华文化相融合，开幕式结束后，推特词条“北京 2022”热度达到 469 万次，“开幕式”话题热度达到 8.3 万次。[①] 北京冬奥会是有史以来第一届“云上奥运”，数字智能实现核心系统全面“上云”，虚拟人参与奥运播报和服务，国际奥委会电视和营销服务首席执行官兼常务董事蒂莫·卢姆表示，北京冬奥会是目前为止在数字平台上观看人数最多的一届冬奥会，在各平台上的互动数量达到了数十亿次。而冬奥会吉祥物冰墩墩在互联网爆火，成为 2022 年最受海外消费者欢迎的中国文创之一。9 月，中国国际服务贸易交易会在北京开幕。本次服贸会共有 71 个国家和国际组织参会，北京文旅局在服贸会上设置了文旅服务专区，以“数字赋能文旅发展，文化创新美好生活”为主题。文旅服务专区用科技展现北京文化，如通过巨幅百变屏，将京剧资料和影像呈现给观众，打造沉浸式数字艺术空间，吸引了大量外国友人。虚拟全景沉浸式游览空间《千机圆明》复原圆明园昔日盛景，向世界展示“万园之园”的辉煌，在社交网络上获高频点赞。

无论是冬奥会还是服贸会，都是讲好中国故事的重要载体，官方主导的文化盛会为更多中国优秀文化资源走向国际提供了良好的平台。而“数字赋能”是二者在文化出海方面共同的关键词。商务部等 27 部门在 2022 年印发的《关于推进对外文化贸易高质量发展的意见》中将“大力发展数字文化贸易”列为培

① 王岩、陈奇：《北京 2022 年冬奥会境外社交媒体舆情分析及应对策略》，《对外传播》2022 年第 4 期，第 58 页。

育文化贸易竞争新优势的第一项任务。提出要推进国家文化数字化战略的实施，促进优秀文化资源、文娱模式数字化开发。支持数字艺术、云展览和沉浸式体验等新型业态发展，提升文化价值，打造具有国际影响力的中华文化符号。提升文化出海的数字化水平是北京市文化出海提质升级的关键举措。

在文化节目出海方面，北京文旅局采取“互联网+”的方式，通过线上转播、新媒体等手段，邀请各国友人共享中华文化之美。如春节期间文旅局举办的2022年“欢乐春节”云端文艺盛典，在芬兰、爱沙尼亚等海外5国的电视台、网络社交媒体直播，并在北京时间、Visit Beijing等官方海外媒体账号进行国际传播和推送，助推中国元素在海外展现风采。同时北京市海外文化交流中心策划了“大戏看北京——京剧文化之旅特展”线上虚拟展，将上年服贸会期间举办的线下展以虚拟现实的方式加以重现，数字科技与京剧的融合创新了展览的体验方式，也为“京剧文化之旅”这一文化IP的出海拓宽了路径。在国际旅游因疫情而受阻的情况下，北京文旅局把握短视频赛道，创新北京文化的视觉表达方式，将北京代表性的旅游景点、地标和艺术制作成系列短片《京·粹》，在海外社交平台播放。《京·粹》共10期，仅前4期就收获了超过231万次的总播放量，总曝光量超624万次。

在数字经济日渐成为主要经济形态，现代信息网络的核心地位日渐突出的当下，数字化也是文化参与全球竞争的重要助力，政府作为文化出海的倡导者、政策的制定者和方向的引导者，将数字技术与文化传播相融合，做出了良好示范。数字赋能使文化站在更好的传播节点上，加快对外话语体系的建构。

（二）对外文化贸易拓深提质，文化产业加速国际化进程

2022年前11个月中国文化产品出口金额超过1496亿美元，同比增长8.3%。[①] 我国对外文化贸易仍在持续蓄能发展，而文化产品出口的增量增速依赖文化企业的高质量生产。北京集聚了一批文化领域的龙头企业，文化

① 《2022年11月中国文化产品出口金额统计分析》，华经情报网，2023年1月9日，https：//www.huaon.com/channel/tradedata/862613.html。

产业增加值占 GDP 比重超过 10%，2022 年 11 月，北京新认定市级文化产业园区 96 家，文化产业园区协同国家文化出口基地的建设，致力于提升文化产业的国际化水平。北京的文化企业是多元化、多层次的，北京的对外文化贸易也是多领域、多模式的。2022 年，北京的文化企业在游戏、影视、网文、短视频、文创等领域都有良好的表现，生产出大批流行海外的优秀文化产品，自产的平台也赢得了广泛的国际知名度，为各国人民所使用，“内容+平台”形成了文化企业出海的高效贸易链条。

1. 自研游戏显现出海张力

据中国音数协游戏工委公布的 2022 年中国游戏产业数据摘要，2022 年中国自主研发游戏海外市场实际销售收入为 173.46 亿美元。游戏工委此前公布的《2022 年 1-6 月中国游戏产业报告》显示，2022 年 1~6 月，中国自主研发游戏海外市场实际销售收入为 89.89 亿美元，说明 2022 后半年中国游戏出口势头不减。中国游戏出海的目标国家和地区明显增多，新兴市场不断扩展，未来发展空间十分广阔。北京优厚的政策待遇和环境待遇吸引了众多游戏企业集聚，在游戏出海方面表现出非凡的张力。以游戏出海头部企业掌趣科技、FunPlus、完美世界为例，掌趣科技是国家文化出口重点企业之一，近年来海外市场规模不断扩大，其海外收入约占总体营业收入的一半。2022 年 5 月，掌趣科技研发的《全民奇迹 2》在欧美发行，进入 Sensor Tower 6 月中国手游海外收入增长榜的前列。7 月，游戏上线东南亚地区，斩获东南亚多国的游戏免费榜第一、畅销榜前五。[①] FunPlus 自成立以来一直致力于拓展海外市场，其研发的游戏 State of Survival 依靠成熟的设定和发行模式在海外流行。据 Sensor Tower 发布的《2022 年上半年美国移动游戏市场洞察》，2022 上半年 State of Survival 在美国收入破亿美元，位列收入榜第二。而完美世界开发的二次元类型游戏《幻塔》手游端和 PC 端于 2022 年 8 月在海外上线，首月收入超 4400 万美元，跻身出海手游收入榜前五，成为 8 月出海

① 《数字文化企业“出海”，推动中华文化走出去》，中共文化和旅游部党校网站，2022 年 8 月 18 日，https：//www.cacta.cn/detail_ BigData.aspx？BDid=5068。

游戏收入增长榜冠军。北京的游戏公司在自研游戏出海中向来扮演着主力军的角色，江娱互动、龙创悦动、Camel Games 等也是相当活跃的游戏出海企业。北京已经进入精品自研游戏“走出去”的时代，在全球产业链中占领了重要位置。

2. 网文应用搭载网文生态出海

网文出海已经成为中国最引人瞩目的文化出海现象，中国网文拥有上亿名海外读者市场，主要以实体书出版、IP 改编传播、在线翻译传播、海外本土化传播及投资海外平台等形式在海外传播。北京的文化企业深度参与了中国网文出海的模式转变。据 Sensor Tower 发布的《2022 年书籍与漫画应用市场洞察》，2022 年 1~8 月的网文应用海外收入冠军是中文在线旗下互动叙事类阅读产品 Chapters，与中文在线同在北京的掌阅科技旗下产品 iReader 和点众科技旗下产品 Webfic 分别位列第四、第五，中文在线旗下的 Spotlight、Kiss 等多款阅读应用同样拥有众多海外用户。此外，北京的互联网巨头字节跳动也加入了网文应用出海行列，旗下番茄小说的海外版 Fizzo 进军海外市场。2022 年，北京继续推动网文生态出海，深化中国网文模式在海外市场本土化，打造具备衍生潜力的优质网文 IP。中文在线启动“国际化 2.0 战略”，在全球范围内多点布局，输出符合目标市场文化背景的优质 IP，强化国际业务之间的信息与资源协同，在进一步提升翻译质量的同时培育本土作者。目前中文在线拥有海外作者约 3000 名，专业译者覆盖 15 国语言。北京的网文出海由应用平台出海转向平台搭载生态出海，网文应用向海外推广 IP，扶持海外作者创作，建立完善激励和培养机制。

3. 影视出海形成国际传播新格局

2022 年，北京影视出海表现强劲，上半年北京影视内容产品和服务出口总额达到 1241.69 万美元，比上年同期增加 1058.77 万美元，占全国出口总额的 22%，全年出口总额有望突破 2000 万美元，已经基本恢复至疫情前的水平，京产影视作品质量不断提高，形成国际传播新格局。首先是海外市场不断拓展。非洲市场得到开拓，2022 年 8 月，第五届中非媒体合作论坛在北京举行，为北京与非洲在影视行业的合作提供了新机遇。目前已有 132 部以京产影视剧为主的中国影视剧在非洲播出，北京四达时代重视非洲市场的运营，目前向赞比亚顶星通讯出口节目收入已达 802 万美元。[1] 京产影视作品向欧美的出海也开始起步，《沉香如屑·沉香重华》《风起陇西》等出口北美，英文字幕配制和英语配音服务也在逐渐完善。其次是海外传播渠道更为多元。除了当地电视台和中宣部、国家广电总局打造的“电视中国剧场”等传播平台外，新媒体视听平台也成为影视出海的重要渠道，视频项目“一国一品”是中非展开的新媒体合作尝试，话题阅读量超过 3 亿次。爱奇艺、芒果 TV 等新媒体视听平台的海外版将更多京产剧带向世界，网络剧、网络综艺也搭载网络平台扬帆出海，网络视听节目出口超过 51 万美元。再者，出海视听作品类型更为丰富。虽然影视剧出口额仍然占据 2022 年北京视听内容产品出口总额近 80%的份额，但综艺、动画片等视听产品也取得了不俗的出海成绩。网络综艺《了不起！舞社》等出口东南亚。2022 年初上线的《无敌鹿战队第二季（上）》利用冬奥会冰雪元素，对标国际制作和播出标准，一经播出便登陆尼克国际儿童频道，覆盖东南亚、英国、澳大利亚、德国等国家和地区。[2] 京产影视内容出海开拓了新格局，也开启了更广阔的空间前景。

（三）文化新业态带动行业变革，文化出海呈现新景象

文化新业态是在数字科技、互联网等现代通信技术高速发展下文化行业呈现的新内容、新形态。2022 年，国内文化新业态特征较为明显的 16 个行业小类营收超 43860 亿元，同比增长 5.3%。[3]“科技+文化”“IP+产业”等模式是文化行业新业态的主要表现方式，文化新业态的韧性和潜力正不断增强。在文化新业态下，文化出海的动力来源发生变革，数字技术成为加速文化传播与贸易的重要能量。在政府主导下，借助互联网新媒体、转播技术

---

① 《不断落地非洲　“京产”节目内容出口表现强劲》，“中国新闻网”百家号，2022 年 8 月 30 日，https：//www.52hrtt.com/yjd/n/w/info/A1661309702165。

② 《原创精品迭出　特色 IP 纷呈　京产动画片再创佳绩》，北京市广播电视总局网站，2022 年 8 月 29 日，http：//gdj.beijing.gov.cn/hyjj/ztcz1/202208/t20220829_2802206.html。

③ 《2022 年全国规模以上文化及相关产业企业营业收入增长 0.9%》，“光明网”百家号，2023 年 1 月 30 日，https：//m.gmw.cn/baijia/2023-01/30/1303267080.html。

等，北京的文化形象找到了更加有效、更为灵活的表达渠道。网络游戏、网络文学、网络影视等“互联网+”行业在海外的影响力不断扩大，出口额持续增长，数字文化传播与贸易日渐成为文化出海的主力军和新动能，文化出海呈现新景象。

一是出海模式更为成熟多元。从内容出海到平台出海，再到部分领域的生态出海，输出中国的模式和标准，目前我国的文化出海已经驶入更为广阔的海域。北京的文化企业在出海模式探索中表现亮眼，爱奇艺是视频平台完成内容出海到平台出海转变的范例之一，爱奇艺积极进行平台国际化探索，推出支持多国语言字幕的 iQIYI 海外 App，并通过剧场模式细分视听内容类型，精准对接海外目标群体。冰墩墩 IP 走红海外也显示出北京文化 IP 出海运营的成绩，北京正在探索元素出海、符号出海、IP 衍生出海的新空间。

二是短视频领跑文化出海。TikTok（抖音海外版）、Kwai（快手海外版）等短视频 App 风靡全球（见表 1），短视频成为动漫、网文、游戏、影视等其他类型的文化行业进行 IP 塑造和宣传的重要媒介。据 Cloudflar 统计的数据，TikTok 已经超越谷歌成为 2021 年全球访问量最大的互联网站点。短视频内容集中、冲击性强、制作与浏览门槛低，并且能根据观众的浏览数据进行个性推荐，将不同国家的用户纳入兴趣圈子，增加用户黏性。以短视频为载体，北京的文化出海进入“快车道”。如美国单板滑雪运动员麦蒂·马斯特罗在 TikTok 上发布多条冰墩墩短视频，带动冬奥文创在海外销售额增长。2022 年上线的京产短剧《千金丫环》，其片名 Tag 下短视频在 TikTok 的累计播放量截至 2022 年 10 月已破 2.3 亿次，极大地提升了该剧的海外热度。

表 1　北京企业短视频 App 海外布局一览

应用名称	所属企业	推出时间	主要运营地区
TikTok	抖音	2017	北美、俄罗斯、巴西、欧洲、中东、东南亚
Helo	抖音	2019	斯里兰卡、阿联酋、沙特
Kwai	快手	2017	南美洲、东南亚、俄罗斯
Zynn	快手	2020	北美

资料来源：Sensor Tower 前瞻产业研究院。

三是“元宇宙+”发掘文化资源新潜能。2022年8月，北京市通州区人民政府印发《北京城市副中心元宇宙创新发展行动计划（2022—2024年）》，提出要打造4大“元宇宙+”应用场景。面对疫情对文旅业的冲击，北京利用“元宇宙+”的方式，即通过3D虚拟技术打造数字孪生的空间场景，挖掘北京丰富的人文景区资源、博物馆资源等“云上”出海的新可能。2022年“5·18国际博物馆日”，北京市开办了50项线上博物馆展览活动，各博物馆通过数字展厅等方式吸引观众“云”观展。同年5月中国文物交流中心公布《全国博物馆（展览）海外影响力评估报告》，北京多家博物馆名列其中，除故宫博物院、国家博物馆外，还有首都博物馆等市属博物馆、中国农业博物馆等专题博物馆，其中首都博物馆在“最受欧美受众关注博物馆”榜单名列第四。元宇宙场景搭建是博物馆提升海外知名度的一大推力，而“元宇宙+故宫”等对名胜古迹的数字孪生实践也将开启北京数字文旅的新征程。

三　北京文化出海的现存短板

2022年北京的文化出海情况总体向好，但也存在一些不容忽视的短板和亟须正视的问题。

在政府方面，一是文化出海缺乏顶层设计。文化交流、传播与文化贸易没有充分利用北京高校资源优势进行有效配合，政府主导的文化交流与传播项目未能及时带动相关文化产业对外贸易的增长。系统统筹工作不足，各出海主体缺乏沟通与合作，企业、民间组织、个人等在北京对外文化交流方面的参与度仍有待提高，文化产业各个领域之间尚未建立成熟的合作链条。

二是文化出海仍需系统的政策支持。除设立国家文化出口基地的三个重点区外，北京其他地区同样拥有丰富的文化资源，应该得到资金、人力、土地、税收等全方位的支持，与国家文化出口基地形成以点带面的出海布阵。北京在文化出海方面推行“一国一策”，注重国家之间的差异，尊重本土文化与法律，因时因地采用不同的具体政策。而政策与政策之间仍需形成系统配合，要把握宏观方向和目标，打好政策的“组合拳”。

三是本土文化的国际传播度不足。北京明确“四个文化”基本格局，即源远流长的古都文化、丰富厚重的红色文化、特色鲜明的京味文化、蓬勃兴起的创新文化。然而在文化出海方面，北京“四个文化”还有巨大的挖掘空间。北京自产的文化节目与内容，如“欢乐春节”“大戏看北京”等体现出一定的北京城市文化特色，有一定的海外影响力，但国际覆盖水平和知名度还需提升。北京的“红色文化”“创新文化”同样是北京文化名片的重要组成部分，也应寻找出海的契机。

四是文化符号创新动力较弱。北京拥有“故宫”“四合院”“胡同”等一系列名扬海外的传统文化符号，“鸟巢”“水立方”等现代符号也因国际盛会及赛事为世界所知。北京的城市文化符号体系是丰富多元的，但创新动力稍显不足，符号的文化含义较为固定，在文化出海中常常被滥用而缺乏新意。北京的变化日新月异，应随着时代变化发掘北京文化符号更具时代创新性的内涵。

在企业方面，一是文化作品的普适性和深度稍显不足。一些极具中国元素的影视剧、动漫、网文等在海外遇冷，市场反应不如预期，原因在于海外观众对中国符号不具备本土情感，文化作品如果缺乏对人类共同关切的深入思考，仅凭表面符号难以获得理想的出海成绩。而短视频、“爽文”、“甜剧”在爆红海外后进入平缓期，并且面临多方竞争，出海内容深度的不足很可能会让企业在出海赛道失去可持续的动力。

二是产业生态链条不够完善。文化产品从生产、翻译、海外推广到落地本土的链条中存在薄弱环节。国内审核标准和国际不一致、翻译人工成本高效率低、IP 推广效果差、文化隔膜等问题影响和制约文化产业从内容到模式全生态在海外的落地，企业如何更高质量、更低成本地进入国际市场、加快国际化进程，是仍需探索的问题。

三是文化 IP 的衍生开发程度较低。成功的文化 IP 具有巨大的衍生价值，能够实现自我繁衍增值。在文化 IP 出海过程中，文化企业在跨界联动完成 IP 开发利用，鼓励海外受众对 IP 进行二次创作等方面仍大有可为。另外，文化 IP 的目标受众分类不够精准，与中国元素结合不够深入，IP 版权的管理与保护等问题都需要关注并给予解决。

四 推动北京文化出海的对策与建议

当今世界仍在变局之中，面对更为复杂的文化互动、交融与对峙，建设社会主义文化强国，增强文化自信是以“不变”应“万变”之举。北京作为首都肩负中华文化传播的历史责任和时代使命，多年来一直致力于推动文化“走出去”，在文化出海提质升级阶段，要把握好时代机遇，使首都的国际文化影响力与其国际地位相匹配。

一是发挥政府的主导作用，统筹文化国际传播与贸易。政府以前瞻性的视野做好文化出海的总布局，规划好各主体、各领域、各要素的位置与责任，设置文化出海的短期与长期目标，有序推进各项工作。做好政策扶持，加强与文化企业的沟通，重点培育数字文化产业，为文化企业的国际化之旅保驾护航。鼓励企业、民间主体参与北京的对外文化传播，使社会主体形成由政府引导的强劲合力。建设好国家文化出口基地，鼓励文化产业间的协同合作，发挥大规模集群效益，集中力量完善文化产业出海链条，弥补薄弱环节，不仅要推动文化产品“走出去”，更要“走进去”，实施“一国一策”，做好目标市场本土化落地工作。

二是拓展文化交流与传播平台，积极搭建自有平台。要发挥主流媒体的引导和宣传作用，习近平总书记曾要求：“要加强国际传播能力建设，增强国际话语权，集中讲好中国故事，同时优化战略布局，着力打造具有较强国际影响的外宣旗舰媒体。”① 北京构建以融媒账号矩阵为助力的“1+2+N”媒体融合新发展格局，加强传统主流媒体如北京卫视、《北京日报》等与新型主流媒体在技术、体制、模式等方面的融合，在海外交流

① 《习近平引领国际传播能力建设》，“国际在线”百家号，2022 年 6 月 1 日，https://baijiahao.baidu.com/s?id=1734377054953167437&wfr=spider&for=pc。

平台提升中国主流媒体的影响力和传播度，讲好中国故事。利用好冬奥会、服贸会等国际盛事，抓住契机构建文化展示与贸易商谈平台。文化产业做好平台出海，掌握出海主动权，进一步开发完善自有平台，为产品出海提供稳固载体。

三是加强技术与文化的融合，以数字技术助力文化出海。推动文化数字化，发展数字文化贸易是在数字信息时代向文化强国目标奋进的必经之路。互联网已经成为当下文化交流与贸易的主要平台，借助数字技术，对北京的旅游资源、文物资源、非遗资源等进行数字化转化，使北京的文化精品能够超越时空限制面向海外人民。顺应数字产业化和产业数字化发展趋势，鼓励文化产业新业态发展，支持传统文化企业完成数字化转型，利用网络平台、新媒体拓展国际市场与业务。构建数字文化生态圈，整合文化资源，协同文化主体，共享数据信息，通过技术驱动与多方合力推动文化出海。

四是挖掘北京多元文化元素，增强出海内容的首都风采。一方面，用鲜明的中国风格、北京风格打造跨文化传播产品，挖掘北京古都文化符号、红色文化符号、京味文化符号、创新文化符号，除传统文化外，也要着眼于北京现代文化，体现社会主义先进文化，转变北京对外文化形象的单一印象，在文化节目与文化产品中体现富有历史底蕴又与时俱进的北京。另一方面，文化符号要与世界共通情感与价值联结，以达到理想的海外传播效果。文化元素的使用要打破刻板固化印象，化具体为抽象，在细节中有血有肉地展现北京文化风貌。

五是坚持构建人类命运共同体理念，坚持“一带一路”建设。文化出海，既是文化强国的要求，也是向世界传播中国文化精华，丰富人类文化资源的行动。文化出海要坚持全球性思维和整体性思维，关切人类共同命题，坚持以构建人类命运共同体为方向。“一带一路”建设是构建人类命运共同体的具体实践，也是文化出海的重要路径和契机，要深入与“一带一路”共建国家的文化交流和贸易。国家之间存在文化隔膜，文化传播与贸易要做好调研，以尊重为前提，与他国建立有效的对话机制，在交流过程中增进相互理解并进行深入合作。

2022 年是党的二十大召开之年，是冬奥会开幕之年，是实施“十四五”的关键之年，也是实现第二个百年奋斗目标的启程之年。2022 年也是北京抓住历史关键节点，推动全市文化出海提质升级的一年，未来，北京将立足于深厚的城市文化积淀，把握文化产业数字化转型的有利时机以及疫情防控政策调整后国际市场需求变化的契机，肩负起大国首都的文化使命，积极推动国际文化传播、交流与贸易，推动北京文化出海事业更上一个台阶。

Abstract

Annual Report on Cultural Development of Beijing (*2022-2023*) is based on the teamwork of researchers in Institute of Culture in Beijing Academy of Social Sciences, and coordinated with experts and scholars from various sectors of society, which analyses every aspect of cultural developments of Beijing and provides an annual report. This report is under the guidelines of Xi Jinping Thought on Socialism with Chinese Characteristics for a New Era and Xi Jinping's speech during the work inspections in Beijing, and followed the principles and policies of General Office of Beijing Municipal People's Government on Cultural development and progress, in combination with the realities of cultural development and key goals of Beijing's "14th Five-Year Plan" for cultural development.

Annual Report on Cultural Development of Beijing (*2022-2023*) reviews the overall pattern and situation of the cultural development and construction of the capital in 2022, and analyzes the new progress, achievements, and trends in cultural development and construction in 2022. The general report of this book focuses on the research and analysis of the construction of the National Cultural Center in Beijing, and is divided into four parts. The first part analyzes the overall trend and index of cultural development in Beijing in 2022; The second part reviews and dynamic analysis the development status of various cultural fields in Beijing in 2022; The third part focuses on analyzing the highlights of Beijing's cultural construction in the new era; The fourth part analyis the problem of Beijing culture and give some development suggestions. The other of book consists of five thematic sections: "cultural strategy and cultural demonstration", "cultural inheritance and conservation of heritage", "cultural benefits for perple and public services", "cultural innovation and integrated development", and "cultural communication and mutual learning amog civilizaion". Its respectively discuss key and hot issues such as Beijing's innovative consciousness and global vision in further promoting the construction of national cultural center, the protection and inherit of historical and cultural cities, the cultural heritage and urban sustainable development on the central axis, the construction of a public cultural service system, the construction of a museum city, new development trends in the cultural industry, the integration of culture, tourism and business, and mutual learning between cultural communication and cultural exchange. They provide a systematic analysis of Beijing's cultural development from a macro perspective. There has also been detailed research on specific fields of cultural development, and practical and feasible countermeasures and suggestions have been proposed based on the problems.

Keywords: National Cultural Center; Cutrural Heritage; Public-interest Cultural Programs; Cultural Innovation; Beijing

Contents

Ⅰ General Report

Abstract: In the year of 2022, the construction of the national cultural center and the development of the various fields of culture have been steadily advanced into a new phase although the COVID－19 pandemic had caused hardship. This year the highlights of Beijing's cultural development include Double Olympic Culture, the application of Central Axis to world heritage list, City of Museum, Great Drama in Beijing and the first Beijing Culture Forum, they all have displayed the vitality and potential of the city. From the perspective of cultural development trends in recent years, the high quality of culture development has integrated into the overall development of the capital in the new era, and accumulated a wave of strong development potential. We will see the new stage of high speed, high quality of the cultural development in Beijing, and the construction of the national cultural center will embrace the bright future.

Keywords: The National Cultural Center; New Cultural Formats; Cultural Digitization

Ⅱ Cultural Strategy and Cultural Demonstration

B.2 Beijing's Innovative Consciousness and Global Vision in Further Promoting the Construction of National Cultural Centers

Zhang Xiang, Liu Qiaozhi and Wang Tingting / 040

Abstract: 2022 is a crucial year for the "14th Five-Year Plan". Beijing has steadily promoted the construction of the national cultural center and made significant progress in the conservation of key cultural heritage and the development of cultural industries. The protection level of key cultural heritage has been further improved, and preparations for the application of the "Beijing Central Axis", the construction of the three cultural belts, and the construction of the "City of Museums" have continued to advance. The perspective of historical and cultural conservation has been further expanded. The holding of the China International Fair for Trade in Services and the 24th Winter Olympics has injected new momentum into the development of Beijing's cultural industry, achieving a "two-way integration" of technology and cultural industries. This report proposes that in the future work of promoting the construction of the national cultural centers, Beijing should deepen its innovation awareness, broaden its global perspective, further explore ideas for the conservation and utilization of historical and cultural resources, and continue to play a leading role in the digital cultural industry nationwide.

Keywords: Digital Industry; City of Museums; Central Axis Appication to World Heritage List; Beijing

B.3 Research Report on the Collaborative Development of Beijing、Tianjin and Hebei Culture in 2022

Zhang Dawei, Wang Yunfang, Wang Qian and Shi Yu / 057

Abstract: In 2022, the cultural collaboration of Beijing, Tianjin and Hebei culture has achieved significant development. Many cultural and artistic performances in the three regions have been displayed to celebrate the 20th National Congress of the Communist Party of China and the Olympic Games. Beijing has the most diverse forms of literature and art. There are three important kinds of cultural resources in the coordinated development of the three cultures, including the Winter Olympics、Winter Paralympic Games, Grand Canal and intangible cultural heritage. The cooperation forms of cultural constructive interaction among the three regions have the transformation and upgrading with both online and offline efforts. They are more pluralistic. Cultural activities in international exchanges are tending to be branded. In order to meet the requirements of building a world-class urban cluster, three suggestions are recommended. Firstly, we should deeply connect the cultural heritage of Beijing, Tianjin, and Hebei with the connotation of Chinese culture, seek common ground while reserving differences, and create the influential cultural brands of Beijing, Tianjin, and Hebei. The second, we should strengthen the cooperation and integration of public cultural resources for promoting the formation of cultural identity consciousness of Beijing, Tianjin, and Hebei integration. The third, we should promote the deep integration of cultural resources and tourism economy in the three regions for building the Beijing, Tianjin, and Hebei region into a world-class tourism destination.

Keywords: Intangible Cultural Heritage; Grand Canal Culture; Cultural Collaborative Development; Beijing Tianjin and Hebei

B.4 The Status, Problems and Suggestions on Cultural Construction of Beijing Municipal Administrative Center

Beijing Municipal Administrative Center Research Team / 075

Abstract: The research on the cultural construction of Beijing Municipal Administrative Center is an important proposition for emerging cultural formats. This report clarifies the approaches to promote the cultural construction of Beijing Municipal Administrative Center by observing the new changes and deep integration. This report comprehensively analyzes the location and cultural resources of Beijing Municipal Administrative Center from the perspectives of its location, cultural resources distribution, characteristics, connotation, and significance etc. Focusing on "three major buildings" "Universal Studios" "Zhangjiawan Design Town" "Songzhuang Art District" and "Taihu Performance Town", this report puts forward suggestions which are the core part on challenges of cultural construction of Beijing Municipal Administrative Center.

Keywords: Beijing Municipal Administrative Center; Cultural Construction; Historical and Cultural Resources

Ⅲ Cultural Inheritance and Conservation of Heritage

B.5 Report on the Preservation and Inheritance of Historic City in Beijing

Wang Weihua, *Sun Jiafeng* / 088

Abstract: In the year of 2022, the preservation of the historic city in Beijing has been promoted in depth, its management system has continued to refine, relevant policies and regulations have been further improved, the cultural interpretation and publicity work of the city continued to deepen. Application for the List of the World Heritage of the central axis has entered the sprint stage, the order of old city space control and urban organic update have been steadily implemented, the construction of the "three cultural belts" and the overall protection of the Royal garden in the western suburbs of Beijing were carried out in an orderly manner, new progress has been made in the excavation of city historical resources and utilization of cultural heritage. Cultural relics and museums business, cultural creative industries and cultural tourism have gained new advantages in development. In the new stage of preservation and inheritance of historic city in Beijing, the preservation work still needs to adhere to policy guidance and learn from practical experience. And continue to work hard on activated utilization of cultural relics, guarantee of public participation mechanism, restoration of ecological landscape, and inheritance of historical context to make greater achievements in the preservation of historic city in Beijing.

Keywords: Preservation of the Historic City; Application for the List of the World Heritage of the Central Axis; City of Museums

Abstract: This report draws on relevant indicators of sustainable development of culture from UNESCO and World Heritage organizations, and gives a case study of Beijing Central Axis for inheritance, protection and innovation, in order to discover the multi-value of cultural heritage resources for urban sustainability. The four main indicators, Governance and Resilience, prosperity and a better life, inclusion and public participation, communication and cultural development, are correspond to the relationship between cultural heritage and urban governance, urban economy, social education, and social consensus. Typical cases, key data and people's views in this paper aim to show the spillover effects of heritage resources on government management, social governance, environmental protection, industrial driving and cultural cultivation. The conclution may help more people how to optimize the heritage protection issues of Beijing Central Axis for a better future of Beijing.

Keywords: Cultural Heritage; Sustainable Development; Spillover Effect; Beijing Central Axis

Abstract: The utilization of cultural heritage refers to apply new uses and new values to cultural relics, Beijing has made great progresses on the conservation and utilization of cultural heritage, and played a positive exemplary role nationwide. In order to promote the work of conservation and utilization of cultural heritage, there are some problems like the deepening of utilization, adherence to traditional values and exploration of the Chinese path of cultural heritage utilization still needed to be thought and concerned.

Keywords: Movable Historical Relics; Immovable Historical Relics; Cultural Relics Activation; Beijing

Abstract: Beijing's Intangible Cultural Heritage protection and inheritance work steadily promoted sustainable development in 2022. The list system of representative projects has been gradually expanded and improved, the identification and management of representative inheritors are standardized and orderly, the theoretical research on Intangible Cultural Heritage continues to be refined and improved, and the publicity activities reflect people, objects and life. It has also formed highlights in the formulation of special policies for urgently needed Intangible Cultural Heritage protection projects, the construction of new landmarks of heritage and experience facilities, the entry of China's Intangible

Cultural Heritage into the international stage, and the major national strategy of Intangible Cultural Heritage service. In the face of the new situation, we should keep up with the good situation of tourism recovery to promote the activation of the use of Intangible Cultural Heritage, give full play to the advantages of the network platform to increase the dissemination and popularization of Intangible Cultural Heritage, and make concerted efforts to promote the construction of Intangible Cultural Heritage discipline and high-level personnel training. These measures will further improve the protection mechanism of the capital's Intangible Cultural Heritage, improve the protection and inheritance level, enhance the inheritance vitality of Intangible Cultural Heritage projects, and promote the construction of a national cultural center.

Keywords: Intangible Cultural Heritage; Protection; Inheritance; Beijing

Ⅳ Cultural Benefits for People and Public Service

Abstract: Beijing's public cultural services are based on the functional positioning of the capital, the value positioning is clearer, the construction and management of public cultural facilities are strengthened with the first best standard, people-oriented, ensure the rational layout of facility construction, strengthen services for special groups and specific areas, and make public cultural services more convenient and accessible and close to the masses. At the same time, use the rule of law to promote the continuous expansion and improvement of the city's public cultural service facility network, continuously improve the level of facility construction and management, promote the downward migration of cultural resources, interconnection, joint construction and sharing, and social participation, and deepen the integrated development of public cultural services in related fields. Improve the efficiency of public cultural services and continuously enhance the awareness of cultural acquisition among the citizens of the capital.

Keywords: Public Cultural Service System; Digital Construction; Beijing

Abstract: In 2022, Beijing promoted the development of innovation of digital cultural services, and made important progress in policy guidance, effectiveness of public cultural digital services, digital protection of cultural heritage, intelligent cultural tourism services, and support for the high-tech winter Olympics. This report reviews the current situation of the development of innovation of digital cultural services in Beijing in 2022, and points out that in order to enhance the development of digital cultural services, Beijing needs to continue to complement the public cultural digital resource pool and enrich the forms of public cultural services; promote the construction of the database of ancient capital culture and create a new image of ancient capital culture; explore the digital potential of cultural and tourism integration and innovate the product and service form of cultural and tourism; make innovations in the digital products of the Winter Olympics culture and carry forward the sport-cultural heritage of "Double-Olympic City".

Keywords: Digital Cultural Service; Public Cultural Service; High-tech Winter Olympics

Abstract: In the past several years, Beijing have advanced the development of facilities for public cultural services, and also pushed for the building of new public cultural spaces such as the City Study Room, Cultural Station, City Cultural Parlor, Cultural Square and so on, which are growing rapidly. This report summarizes Beijing's construction of New public cultural spaces, and analysis the new issues. It also proposes some countermeasures and suggestions for the development of Beijing Public Cultural Services.

Keywords: Urban Culture; New Public Cultural Space; Public Cultural Service System; Beijing

Abstract: Beijing has a deep foundation in theatrical culture, and the performance market has always been in a leading position in the country. Since the launch of the "Great Drama in Beijing" series of activities, significant achievements have been made. One is that the consumer market is showing resilience, and stage art is recovering in pain; Secondly, there are abundant theatrical activities, and various exhibitions and performances continue to exert strength; Thirdly, new types of performance spaces are constantly emerging, and small spaces and large markets are gradually merging. However, there are also problems in the development process, such as lagging academic construction and the need to strengthen software construction. It is recommended to leverage the power of capital universities and research institutes to promote academic construction establish practical, timely clarity the relationship between traditional acitivities and "Great Drama in Beijing" and feasible "Great Drama" standards as soon as possible, break down institutional barriers and encourage to try first.

Keywords: "Great Drama in Beijing"; National Cultural Center; Cultural Resources; Brand Effect

Abstract: In recent years, the construction of "City of museums" in Beijing has been steadily promoted and bright spots have burst out, which means that the integration of museum undertakings into urban development has achieved increasingly remarkable results. This report analyses the situation of Beijing museums around 2021, from the aspects of quantity and level, classification and scale, number of collections, exhibition and number of visitors. It summarizes lessons of Beijing, from government coordination, financial input, cultural supply, means of communication, etc. For the problem, this paper puts forward some suggestions, such as policy support, improvement facilities, strategic cooperation and promotion of digitalization.

Keywords: City of Museums; Cultural and Museum Undertaking; Digitalization

V Cultural Innovation and Integrated Development

Abstract: 2022 is the tenth year in Beijing's development history that marks the milestone of a new era. Developing the cultural industry is an important part of Beijing's construction of a national cultural center, and the cultural industry has become an important pillar industry for Beijing's economic and social development. Overall, the cultural industry maintained stable growth in 2022, achieving a certain degree of improvement in quality and efficiency. Specifically, the content production of Beijing's cultural industry presents a new mainstream paradigm of aesthetic modernity that combines tradition and modernity, state and individual, and local and international perspectives; The production mode of Beijing's cultural industry emphasizes the innovation and empowerment of digital technology, builds a platform for digital cultural and creative competitions and forums, strengthens the research and development of digital cultural technology, and promotes the digital integration and development of cultural undertakings and cultural industries; The consumption experience of Beijing's cultural industry focuses on the positioning of "China Fashion", "International Model" and "Fireworks" as an international consumption center city, actively promotes the innovation and exploration of cultural and creative parks that integrate scenic spots, parks, blocks and communities into one, creates a Beijing nightlife circle, promotes the integration of offline consumption and online consumption, actively cultivates cultural and creative IP, and promotes cross-border integration of cultural industries; The overseas promotion of Beijing's cultural industry takes the 2022 Beijing Winter Olympics as an opportunity to actively play the role of a service trade platform, deeply participate in international cultural industry division of labor and cooperation, create a group of globally competitive cultural enterprises, and promote the integration and development of cultural exchange and cultural trade; The public governance of Beijing's cultural industry is manifested in promoting a better combination of effective markets and promising governments, promoting the effective allocation and orderly development of land, labor, capital, technology, and data resources for the development of the cultural industry, and actively exploring innovative mechanisms for government governance of the cultural industry.

Keywords: Cultural Industry; High Quality Development; Digital Empowerment; Beijing

Abstract: In 2022, with the overall promotion of epidemic prevention and control and economic and social development, Beijing has achieved many innovations in the field of culture, finance and finance. Increase financial precision investment to ensure the construction of global cultural centers; strengthen policy and service support to alleviate the difficulties of cultural enterprises; increase investment in key areas to promote the high-quality development of culture in the capital; strengthen the construction of cultural and financial services platform to further optimize the business environment of cultural enterprises in the capital; provide cultural and financial customization services, and financial running water continues to promote Beijing's cultural prosperity. However, the field of cultural finance and finance in Beijing is also faced with some problems, such as insufficient promotion to the cultural consumption market, urgent attention to the loss of cultural talents, and efforts to revitalize the cultural investment and financing market. In this regard, Beijing can take measures to promote the expansion and quality of the cultural consumption market, strengthen the construction of cultural talents, and promote the prosperity of the cultural investment and financing market.

Keywords: Cultural Fiscal; Cultural Finance; Cultural Industry; Beijing

B.16 Report on Beijing's Culture and Tourism Industry Based on the Internal Circulation Pattern in the Year of Winter Olympics

Jing Yanfeng, Yin Hang, Lu Yuexiang and Liu Min / 267

Abstract: This report analyzes the overall situation of the development of Beijing tourism under the background of internal circular economy in the year of Winter Olympics. Compare the impact of the epidemic on the tourism industry in Beijing in last three years. From three dimensions of cognition, emotion and behavioral intention, selected Beijing residents as the main sample, investigate the consumption behavior of Beijing residents in ice and snow tourism. Predict the new trend of cultural tourism development in Beijing after the epidemic.

Keywords: Winter Olympic Games; High-quality Development of Culture and Tourism; Tourism Consumption

Abstract: In the tourism industry, the trend of theme parks is on the rise. Leveraging the spillover effect of theme parks and promoting the integration of culture, tourism and business development not only have a solid theoretical foundation, but also urgent practical needs and certain practical experience. The concept, mechanism, background, current situation, direction, and path must be clarified in order to meet practical needs, and of course, the clarification itself is also a theoretical innovation based on practice. Drawing on successful experience and closely combining theory with practice, 27 countermeasures and suggestions have been proposed in 6 parts, like implement a carrier for high-level integration of cultural and tourism businesses, and enhance the technological empowerment of high-level integration of cultural and tourism businesses.

Keywords: Theme Park; Integration of Culture and Tourism; Cultural Tourism

Abstract: In the process of promoting the digitization of culture and related industries, Beijing highlights and strengthens the application of digital twin technology in the field of inheriting traditional culture. By perfecting relevant policies and cultivating the cultural application scene of a new generation of information technology, digital twin technology has realized the innovative combination with traditional culture in the aspects of cultural function, cultural context and cultural role. In order to promote the utilization of cultural resources and cultural heritage, and strengthen the supporting role of digital twin technology to the capital culture and related industries, Beijing should focus on systematic planning, values integration and content innovation, as well as the guarantee of factor supply and other aspects to improve relevant measures.

Keywords: Traditional Resources; Digital Twins; Resource Digitalize

Abstract: The late stage of the COVID-19 epidemic has seen a downturn in the development of online games in Beijing. With the support policies from local government, Beijing internet game companies have reduced staff, salaries, and adjusted projects to overcome difficulties. Along with setting up an increasingly positive image, Beijing online game industry will promote the digital economy of the city into a new stage by building a complete industrial chain, making multiple types of high-quality products, holding more influential exhibitions, developing the e-sports industry, detailed implementing the industrial plans.

Keywords: Online Game Industry; Game Industrial Chain Completion; E-sport; Beijing

Abstract: In 2022, the development of Beijing's night-time economy achieved remarkable results. This report mainly outlines the development status and basic characteristics of the night-time economy from the aspects of policy formulation, consumption content and form, and supporting facilities. The spatial layout of Beijing's night economy is mainly characterized by night capital landmarks and has not yet formed a large-scale cluster network; The consumer experience is not yet diversified enough, and further exploration of local culture and tourism characteristics is still needed; The imbalance between individual nighttime consumption demand and traditional supply methods of nighttime consumption products under the normalization of epidemic prevention and control; The night management and service level in cities still need to be continuously improved. This report proposes that the further development and prosperity of the night economy still need to achieve the functional linkage of night capital landmarks and form a clustered night economy industrial chain; Promote the development of night economy with cultural assistance, and promote the deep integration of night economy and urban characteristic culture; Continue to improve the level of night service and management in cities, and achieve a win-win situation between improving night consumption environment and improving people's livelihoods.

Keywords: Night-time Economy; Cultural Consumption; Urban Characteristics

Ⅵ Cultural Communication and Mutual Learning Among Civilizations

Abstract: In 2022, Beijing's hosting of the Winter Olympics provided a major opportunity for cultural communication and cultural exchanges. At the same time, the continuous epidemic situation also brought challenges and obstacles to communication and exchanges. Beijing strived to overcome difficulties and effectively realized the global dissemination of Winter Olympic Games and Olympic culture, and won a worldwide reputation for the capital and the country. Generally speaking, Beijing's cultural communication and cultural exchange in 2022 was with remarkable achievements and steady progress.

Keywords: Cultural Communication; Cultural Exchange; Beijing

B.22 The Operation and Enlightenment of Cultural Brand Activities in International Metropolis

—*Taking Paris, London, New York, and Tokyo as Examples*

Zhang Li / 360

Abstract: The cultural brand activities in Paris, London, New York, and Tokyo are closely related to the history of urban development, national cultural development strategies, and traditional cultural resources, and are important components of national and urban cultural development. The cultural activities of these four international metropolises not only share commonalities but also exhibit local characteristics, serving as the pillar of local cultural industry development and an important component of the spiritual life of urban residents. In the process of shaping cultural brand activities, the leadership of local governments, the accumulation of historical and cultural resources, and the demand for modern lifestyles have become key influencing factors. Therefore, following the alignment between urban cultural development and national strategies, inheriting cultural traditions, and meeting the needs of contemporary cities are alternative solutions for shaping urban cultural activity brands and enhancing urban reputation.

Keywords: International Metropolis; World Famous Cultural Cities; International Forum; International Exhibition; International Art Festival

Abstract: The cultural development plan for the 14th Five-Year Plan period and the Party's 20th National Congress have listed enhancing the international influence of Chinese culture as one of the task goals, putting forward higher requirements for cultural output. In 2022, Beijing attaches great importance to the digital strategy, fully leveraging the role of digital technology and media in cultural outreach, to improve the digital level of international cultural communication. Cultural industries continue the internationalization process, with a batch of cultural products such as movies, games, and online literature exported overseas and receiving good market feedback. China's platforms and models in cultural industries have also made achievements in going global. The new formats of cultural industries have brought more possibilities for cultural exportation. At present, Beijing's cultural output has entered a stage of upgrading.

Keywords: Cultural Output; Cultural Communication; Cultural Trade; Beijing

皮 书

智库成果出版与传播平台

皮书定义

皮书是对中国与世界发展状况和热点问题进行年度监测，以专业的角度、专家的视野和实证研究方法，针对某一领域或区域现状与发展态势展开分析和预测，具备前沿性、原创性、实证性、连续性、时效性等特点的公开出版物，由一系列权威研究报告组成。

皮书作者

皮书系列报告作者以国内外一流研究机构、知名高校等重点智库的研究人员为主，多为相关领域一流专家学者，他们的观点代表了当下学界对中国与世界的现实和未来最高水平的解读与分析。截至 2022 年底，皮书研创机构逾千家，报告作者累计超过 10 万人。

皮书荣誉

皮书作为中国社会科学院基础理论研究与应用对策研究融合发展的代表性成果，不仅是哲学社会科学工作者服务中国特色社会主义现代化建设的重要成果，更是助力中国特色新型智库建设、构建中国特色哲学社会科学“三大体系”的重要平台。皮书系列先后被列入“十二五”“十三五”“十四五”时期国家重点出版物出版专项规划项目；2013~2023 年，重点皮书列入中国社会科学院国家哲学社会科学创新工程项目。

S 基本子库
UB DATABASE

中国社会发展数据库（下设 12 个专题子库）

紧扣人口、政治、外交、法律、教育、医疗卫生、资源环境等 12 个社会发展领域的前沿和热点，全面整合专业著作、智库报告、学术资讯、调研数据等类型资源，帮助用户追踪中国社会发展动态、研究社会发展战略与政策、了解社会热点问题、分析社会发展趋势。

中国经济发展数据库（下设 12 专题子库）

内容涵盖宏观经济、产业经济、工业经济、农业经济、财政金融、房地产经济、城市经济、商业贸易等12个重点经济领域，为把握经济运行态势、洞察经济发展规律、研判经济发展趋势、进行经济调控决策提供参考和依据。

中国行业发展数据库（下设 17 个专题子库）

以中国国民经济行业分类为依据，覆盖金融业、旅游业、交通运输业、能源矿产业、制造业等 100 多个行业，跟踪分析国民经济相关行业市场运行状况和政策导向，汇集行业发展前沿资讯，为投资、从业及各种经济决策提供理论支撑和实践指导。

中国区域发展数据库（下设 4 个专题子库）

对中国特定区域内的经济、社会、文化等领域现状与发展情况进行深度分析和预测，涉及省级行政区、城市群、城市、农村等不同维度，研究层级至县及县以下行政区，为学者研究地方经济社会宏观态势、经验模式、发展案例提供支撑，为地方政府决策提供参考。

中国文化传媒数据库（下设 18 个专题子库）

内容覆盖文化产业、新闻传播、电影娱乐、文学艺术、群众文化、图书情报等 18 个重点研究领域，聚焦文化传媒领域发展前沿、热点话题、行业实践，服务用户的教学科研、文化投资、企业规划等需要。

世界经济与国际关系数据库（下设 6 个专题子库）

整合世界经济、国际政治、世界文化与科技、全球性问题、国际组织与国际法、区域研究 6 大领域研究成果，对世界经济形势、国际形势进行连续性深度分析，对年度热点问题进行专题解读，为研判全球发展趋势提供事实和数据支持。

法律声明

“皮书系列”（含蓝皮书、绿皮书、黄皮书）之品牌由社会科学文献出版社最早使用并持续至今，现已被中国图书行业所熟知。“皮书系列”的相关商标已在国家商标管理部门商标局注册，包括但不限于LOGO（ ）、皮书、Pishu、经济蓝皮书、社会蓝皮书等。“皮书系列”图书的注册商标专用权及封面设计、版式设计的著作权均为社会科学文献出版社所有。未经社会科学文献出版社书面授权许可，任何使用与“皮书系列”图书注册商标、封面设计、版式设计相同或者近似的文字、图形或其组合的行为均系侵权行为。

经作者授权，本书的专有出版权及信息网络传播权等为社会科学文献出版社享有。未经社会科学文献出版社书面授权许可，任何就本书内容的复制、发行或以数字形式进行网络传播的行为均系侵权行为。

社会科学文献出版社将通过法律途径追究上述侵权行为的法律责任，维护自身合法权益。

欢迎社会各界人士对侵犯社会科学文献出版社上述权利的侵权行为进行举报。电话：010-59367121，电子邮箱：fawubu@ssap.cn。

社会科学文献出版社